불확실성 시대의

글로벌 마케팅

이건희 정재휘 정갑연 이재은 김용현 송윤아 배문규 공저

이프레스

머/리/말/

우리 기업을 둘러싼 국내외 시장 환경은 더욱 변동적이고 복잡하며 불확실해지고 있다. 이러한 시장 환경 아래에서 글로벌 기업과의 국내외 경쟁을 극복하고 지속적으로 성장하기 위해서는 우리 기업도 적극적인 해외진출을 통하여 글로벌 경영으로 나아가지 않을 수 없다.

우리 기업이 세계시장으로 나아가기 위해서 가장 필요한 것이 글로벌 마케팅에 대한 이해와 적용이다. 학문 영역에서만이 아니라 산업 전반에서 '마케팅'은 필수불가결한 분야로 자리매김하였다. 이러한 마케팅의 범위와 대상은 한국 경제의 성장과 더불어 확대되었다. 전 세계를 대상으로 한 글로벌 다국적기업의 출현과 한국 시장으로의 진출, 그리고 역으로 한국기업들이 글로벌 시장에 적극적으로 진출하게 됨에 따라 마케팅의 개념과 그 내용이 달라질 필요가 있었다.

그렇다면 글로벌 마케팅을 언급할 때 주의할 점은 무엇인가? 글로벌 마케팅은 내수시장 마케팅과 다른 환경에 직면한다는 점에서 차이를 나타낸다. 글로벌 시장의 경쟁환경은 기업의 지속 가능한 경쟁우위를 불확실하게 만들고 있다. 그렇기 때문에 글로벌 마케팅에서는 이러한 심화된 경쟁에서 살아남을 수 있는 고도의 전략과 정보가 중요하다. 아울러 이는 다국적기업의 전략 수립에 큰 영향을 미칠 수 있다.

이 책은 이러한 글로벌 마케팅 교육의 필요와 그 중요성을 인지하고, 이를 효과적으로 교육할 수 있는 내용을 중심으로 구성하였다. 각 장에서는 해당 주제에 따라 글로벌 다국적기업의 활동을 이해하고 구체적으로 마케팅 영역의 핵심개념과 실제 사례를 탐구, 설명하고 있다. 아울러 일반적 마케팅 활동의 개념과 주요 내용 설명에 그치지 않고 구체적인 사례와 실무에 대한 팁을 추가하여 내용을 더욱 풍부하게 구성하고자 하였다. 이 책의 특징은 다음과 같다.

첫째, 가장 적절한 최근의 도입 사례와 마무리 사례를 제시하고 있다. 경영 환경의 변화는 빠르게 진행되고 있다. 때문에 어제의 1등 기업이었을지라도 오늘은 어려움에 처할 수 있는 것이 경영의 현실이다. 그렇기 때문에 경영학 교재는 이러한 특성을 시의 적절하게 반영할 필요가 있다. 그러나 최적화된 사례를 개발하는 일은 항상 저자들에게 가장 큰 어려움이기도 하다. 다행히도 이 책의 공동저자들은 이러한 문제점을 충분히 인지하고, 충분한 논의의 과정을 거쳐 최신 사례를 발굴하기 위해 각별한 노력을 아끼지 않았다.

둘째, 이 책은 어려운 개념과 이론 중심의 교재가 아닌 실용서적으로서 실무 활용이 가능하도록 구성하였다. 전체적 내용을 이론 중심이 아닌 기업에 바로 활용 가능한 영역으로 설정하여 실무 중심 교재로 구성하였다. 따라서 이 책을 활용하여 수업하는 교수와 학생들이 글로벌 환경에 필요한 마케팅 영역의 핵심개념과 실무 사례 그리고 활용방법을 폭넓게 활용할 수 있을 것으로 기대한다.

셋째, 이 책은 매 장(chapter)마다 내용과 사례 그리고 마무리에 있는 중심 내용에 대한 질문에 이르기까지 일관성을 유지하는 체계로 구성하였다. 다수의 교재가 방대한 내용을 다루는 과정에 내용과 형식에서 일관성을 유지하지 못하는 오류를 보이기도 한다. 이 책은 이러한 문제를 사전에 예방할 수 있도록 각 장의 주요 학습목표를 구체적으로 제시하고, 사례 역시 이에 부합하는 내용으로 구성하였다. 이로써 글로벌 마케팅 영역을 세분하여 독립된 장으로 구성하면서도 각 장 안에서 일관성을 유지하는 동시에 영역 간의 개연성을 유지하고 있다. 이미 시중에는 대학교재를 목표로 한 많은 저작이 있다. 그 중에 이 책이 가장 우수하다고 감히 단언하기는 쉽지 않다. 그럼에도 이 책은 국내 유수 대학의 국제마케팅 관련 전공교수들이 공동으로 참여하여 논의의 질을 높였다는 점과 오늘의 현실을 반영하려 노력한 측면에서 의미를 가지고 있음을 자신할 수 있다. 덧붙여, 이 책을 쓰는 내내 모든 저자가 가장 중요하게 생각했던 대로, 이 교재로 수업하는 모든 학생들이 마케팅 영역에서 실무적 감각과 실전 사례를 풍부하게 익힐 수 있기를 희망한다.

2025년 7월 30일

저자 일동

차/례/

글로벌 마케팅 환경 PART 02

GLOBAL MARKETING

03 CHAPTER 글로벌 경제 환경

04 CHAPTER 글로벌 사회 · 문화 환경

05 CHAPTER 글로벌 정치 · 법적 환경

글로벌 마케팅 전략 PART 03

GLOBAL MARKETING

06 CHAPTER 글로벌 마케팅 조사

07 CHAPTER 글로벌 마케팅 전략

글로벌 마케팅 관리 및 통제 PART 04

GLOBAL MARKETING

08 CHAPTER 글로벌 제품관리

09 CHAPTER 글로벌 가격관리

10 CHAPTER 글로벌 유통관리

11 CHAPTER 글로벌 촉진관리

글로벌 마케팅의 미래 PART 05

GLOBAL MARKETING

12 CHAPTER 글로벌 마케팅의 새로운 이슈

글로벌 마케팅은 국경을 넘어 이루어지는 마케팅 활동이다. 따라서 글로벌 마케팅 개념을 이해하기 위해서는 기업이 왜 국경을 넘어 사업영역을 확대하는지, 즉 기업의 국제화 개념과 일반적인 마케팅 개념에 대한 이해가 선행되어야 한다. 이러한 이론적 기초 위에 글로벌 마케팅의 개념을 살펴본다.

GLOBAL
MARKETING

PART 01

글로벌 마케팅의 이해

CHAPTER 01

GLOBAL MARKETING

기업의 글로벌화

학 습 목 표

글로벌 마케팅은 국경을 넘어 이루어지는 마케팅 활동이므로 글로벌 마케팅의 출발점은 기업이 국경을 넘어 사업 영역을 확대하는 것, 즉 기업 국제화로부터 시작된다. 이 장에서는 기업의 글로벌화 과정과 글로벌 기업의 유형 및 전략에 대해 학습한다.

1. 글로벌화와 국제화 | 2. 글로벌화 과정 | 3. 기업의 글로벌화

4. 글로벌 기업의 유형 | 5. 글로벌 기업의 전략 유형

01 CHAPTER 기업의 글로벌화

도입사례 현대차 그룹, 미국에 전략적 투자

▶ 현대차그룹, 미국에 전략적 투자 2028년까지 4년간 210억 달러 집행한다

- 세계 최고 미래 기술력 보유 및 그룹의 최대 해외 사업국인 미국에 전략적 투자
- 한미간 경제교류 활성화로 국내 연관산업 성장 및 새로운 부가가치 창출 기대
- 자동차, 부품・물류・철강, 미래산업・에너지 등 주요 부문에 총 210억 달러

현대자동차그룹이 올해부터 4년간 미국에 210억 달러를 투자한다.

현대차그룹은 24일(현지시간) 올해부터 2028년까지 미국에서 자동차, 부품 및 물류, 철강, 미래 산업 등 주요 분야에 210억 달러를 투자한다고 밝혔다. 현대차그룹은 준공식을 앞둔 현대차그룹 메타플랜트 아메리카(HMGMA) 생산능력을 30만대에서 향후 50만대로 확대하는 한편 루이지애나주에 전기로 일관 제철소 건설을 추진한다. 로보틱스, AI 등 미래 산업 분야에서 미국 기업들과의 협력을 확대하고, 에너지 관련 인프라 투자도 시행할 계획이다. 미국은 현대차그룹의 최대 해외 투자 국가이자 사업 국가이며, 미래 분야에서 세계 최고의 기술력을 보유한 국가이다.

현대차그룹은 이번 투자를 통해 미국 제조업 재건 등 미국 행정부의 정책에 대응하고, 다양한 분야에서 사업 기회를 확대해 미국에서 톱티어 기업으로서 위상을 강화한다는 전략이다. 무엇보다 다각적인 미국 현지 사업 기반 확대를 통해 모빌리티를 비롯한 미래 사업 경쟁력을 강화하고, 기업 신뢰도를 높여 지속가능한 기업으로 확고히 자리매김한다는 구상이다. 동시에 현대차그룹의 투자로 한국과 미국의 경제 활성화가 촉진되고, 양국간의 경제협력이 더 확대될 것으로 기대된다. 또한 국내 연관 산업의 성장은 물론, 새로운 부가가치를 창출할 것으로 예상된다. 그동안 현대차그룹의 해외 투자는 해외 현지 브랜드 가치를 향상시키고 글로벌 수요를 증가시켰으며 그 결과 국내 자동차 및 부품산업의 성장으로 이어지는 선순환 구조를 형성해 왔다. 더불어 현대차그룹은 국내에 올해 역대 최대 규모인 연간 24조3천억 원 투자를 진행하고 있다.

❖ 미국 현지생산 120만대 체제 구축, 전기로 제철소 설립, 미래 산업 역량 강화에 투자

투자부분	투자금액	주요내용
자동차	86억 달러	HMGMA 20만대 증설 및 기존공장 설비 현대화
부품 · 물류 · 철강	61억 달러	전기로 제철소 건설, 부품 현지화율 증대
미래산업 · 에너지	62억 달러	로봇, AI, AAM 등 미래 분야 협력 확대,SMR 등

▲ 현대차그룹은 구체적으로 자동차, 부품 · 물류 · 철강, 미래산업 · 에너지 부문에 투자를 집행한다.

자동차 부문에서 현대차그룹은 미국 현지생산 120만대 체제 구축을 위해 총 86억 달러를 투자한다. 현대차그룹은 2004년 가동을 시작한 현대차 앨라배마공장(36만대)을 시작으로 2010년 기아 조지아공장(34만대), 올해 HMGMA(30만대)를 완공하며 미국에서 현재 100만대 규모의 생산능력을 갖추고 있다. 현대차그룹은 먼저 HMGMA 20만대 증설을 통해 생산능력을 총 50만대로 확대한다. 또한 앨라배마공장, 조지아공장 등 기존 공장도 고품질의 신차를 지속 생산할 수 있도록 생산설비의 현대화, 효율화 등 보완 투자를 진행한다. 이를 통해 향후 120만대 생산 체제 기반을 확실히 다진다는 목표다.

부품 · 물류 · 철강 부문에서는 완성차-부품사간 공급망 강화를 위해 현대차 · 기아와 동반진출한 부품 · 물류 · 철강 그룹사들이 총 61억 달러를 집행한다. HMGMA 생산능력 확대에 맞춰 설비를 증설해 부품 현지화율을 높이고, 배터리팩 등 전기차 핵심부품의 현지 조달을 추진한다. 이와 함께 미국 루이지애나 주에 270만톤 규모의 전기로 제철소를 건설한다. 저탄소 자동차 강판 특화 제철소로, 고품질의 자동차강판 공급 현지화를 통해 관세 등 불확실한 대외 리스크에 대응력을 높인다. 또한 견고한 철강 수요를 기반으로 안정적인 수익을 창출해 철강 분야 신성장 동력을 확보할 것으로 기대된다.

미래산업 · 에너지 부문에서는 63억 달러가 집행된다. 자율주행, 로봇, AI, AAM 등 미래 신기술과 관련된 미국 유수의 기업과 협력을 확대하고 현대차그룹 미국 현지 법인인 보스턴다이나믹스(Boston Dynamics), 슈퍼널(Supernal), 모셔널(Motional)의 사업화에 속도를 낸다.

출처: 현대자동차그룹 뉴스룸 (2025.3.25).

01 글로벌화와 국제화

오늘날 세계 경제를 설명할 때 '글로벌화(globalization)'는 가장 중요한 키워드이다. 1980년대부터 성행하던 글로벌화는 학자들의 관점과 분야에 따라 다양하게 정의되며 아직까지도 단일한 정의가 존재하지 않는다. 그러나 일반적으로 글로벌화는 국가별로

분리되어 있던 경제시장이 교역·투자 등의 확대로 국가 간 상호의존성이 높아져 궁극적으로 세계 경제시장이 단일화가 되는 현상을 의미한다. 즉, 국경에 따라 구분되던 시장이 자원·자본·상품·서비스 등의 이동이 보다 자유로운 하나의 시장으로 통합되는 것을 뜻한다. 기업 관점에서 글로벌화는 세계시장을 하나의 시장으로 바라보기 때문에 개별 국가를 대상으로 각각 다른 전략을 수립하던 기존과 달리 하나의 세계시장을 대상으로 통합된 경영활동 전략을 수립하는 것을 의미한다. 이러한 글로벌화는 기술의 발전, 정책 및 제도(무역장벽의 감소, 국제 대금결제 제도의 발전 등), 규모의 경제, 소비자 수요의 동질화 등에 의해 더욱 촉진되었다.

연구자의 기준에 따라 국제화는 글로벌화와 혼용되어 사용되거나 비슷한 개념으로 정의되기도 한다. 그러나 글로벌화와 국제화는 다른 개념이다. 글로벌화가 각국의 경제가 하나의 세계 경제로 통합되는 것을 의미한다면, 국제화는 서로 다른 국가의 고유성을 인정하면서 이루어지는 국가 간의 경제교류를 의미한다. 세계의 경제가 국경을 초월하여 통합되는 글로벌화가 국경과 고유성을 인정하고 경제교류가 이루어지는 국제화보다 상위 개념이라 할 수 있다. 기업 관점에서 국제화는 경영활동을 국내에서만 하지 않고 내부자원을 해외로 이전하면서 해외시장에 진출하여 국내외적인 경영활동을 위해 전략을 수립하는 것을 의미한다. 이해를 돕기 위해 음식으로 예를 들어 글로벌화와 국제화의 차이를 설명하자면, 김치는 우리나라의 고유성을 가지고 있으므로 국제화적인 음식이며 피자는 어느 나라의 고유의 음식이라는 인식이 사라지고 세계 공통의 개념을 가지고 있으므로 글로벌화적인 음식이다.

글로벌화와 국제화의 개념이 다르기 때문에 기업에 있어 글로벌 기업(global corporation)과 다국적 기업(multinational corporation)은 그 의미에 차이가 있다. 미국 하버드 대학교 교수인 시어도어 레빗(Theodore Levitt) 교수는 1983년 Harvard Business Review에서 세계적 기업과 다국적 기업은 다르다고 주장하였다. 세계적 기업은 전 세계를 하나의 독립체로 바라보고 낮은 상대적 비용으로 어디에서나 같은 방식으로 동일한 물건을 판매하는 기업이지만, 다국적 기업은 여러 나라에서 운영되며 높은 상대적 비용으로 각각의 제품 및 관행을 고려하여 판매하는 기업이라는 것이다(Theodore Levitt, 1983).

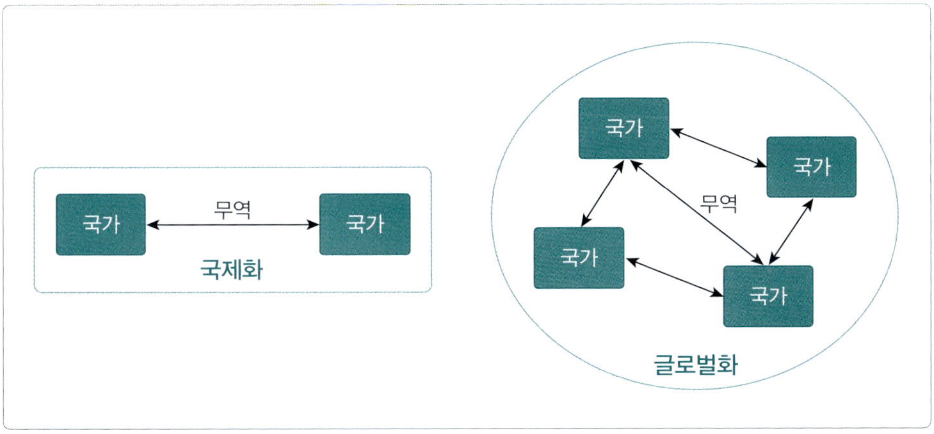

❖ **그림 1-1** 글로벌화와 국제화

02 글로벌화 과정

오늘날 경영환경을 이해함에 있어 중요한 키워드인 글로벌화는 갑자기 생겨난 현상이 아니라 과거부터 점진적으로 발전해온 현상이다. 유럽, 아시아, 아프리카, 아메리카 등의 초기 문명은 모두 국경을 넘나드는 무역 성장에 기여했으며, 글로벌화는 이러한 문명들의 교류 속에서 발전해왔다. 역사적으로 1980년대 이후부터 해외직접투자 및 기업 간 협력이 증가됨에 따라 글로벌화가 본격적으로 전개되었다고 본다. 과거부터 점진적으로 발전해온 글로벌화는 1830년부터 현재까지 그 발전단계를 4단계로 구분할 수 있다. 각 단계별 발전 원인과 주요 특징은 다음과 같다(〈표 1-1〉 참조).

❖ **표 1-1** 글로벌화 발전단계

글로벌화 단계	시기	발전 원인	주요 특징
1단계	1830~1880년대 말 (1880년 절정기)	• 산업혁명으로 철도와 해상수송(증기선) 도입 • 전신과 전화 발명	• 운송시스템의 발전 • 대형제조회사와 무역회사가 증가함에 따라 대규모 무역 가능 • 국가 간 원활한 정보 흐름 가능

2단계	1900~1930년	• 전기와 철강 생산량 증가	• 제조업, 채굴업, 농업에서 초기 다국적 기업(주로 유럽 및 북아메리카)의 등장과 지배
3단계	1948~1970년대	• GATT 출범 • 제2차 세계대전 종결 • 유럽 재건을 위한 미국의 마셜플랜(Marshall Plan)	• 무역 장벽을 점진적으로 낮추기 위한 노력의 결과로 GATT 출범 • 미국과 서유럽 그리고 일본에서 비롯된 초기 다국적 기업의 등장 • 세계적인 무역기업의 등장 • 자유로운 자본의 흐름에 따른 세계 금융시장의 성장
4단계	1980년~현재	• 정보, 통신, 제조, 운송 기술의 급진적인 성장 • 체제전환국의 국유기업 민영화, 신흥시장의 눈에 띄는 경제성장	• 제품, 서비스 및 자본이 국경을 넘는 국제무역의 높은 성장률 • 국제경영에 참여하는 중소기업과 대기업의 증가 • 신흥시장에 초점을 맞춘 수출 및 FDI 등의 활발한 활동

출처: Cavusgil, S. T., Knight, G., Riesenberger, J. R., Rammal, H. G., & Rose, E. L. (2014). "International business", Pearson Australia, p.32 인용하여 재구성.

1단계(1830~1880년대 말)에서는 철도와 효율적인 해상수송(증기선)이 도입되어 운송시스템이 발전하였고, 대형제조회사와 무역회사가 증가함에 따라 대규모의 무역이 가능하게 되었다. 1800년대 말에 전신과 전화의 발명은 국가 간 정보의 흐름을 원활히 이루어지게 해주었으며, 아울러 기업의 공급사슬 관리에도 큰 영향을 미쳤다.

2단계(1900~1930년)로 글로벌화를 발전시킨 원인은 전기와 철강 생산량의 증가였으며, 1929년에 시작된 사상 최대의 경기침체인 대공황(Great Depression) 직전까지 2단계의 글로벌화가 활발히 진행되었다. 1900년까지 네슬레, 쉘, 지멘스 등의 기업들은 해외 제조공장의 형태로 초기 자회사들을 설립하였다. 즉, 이 시기부터 오늘날의 다국적 기업들은 아시아와 아프리카, 중동 등 다양한 국가에서 초기 자회사를 설립하기 시작했다. 또한 제1차 세계대전이 발발하기 전부터 이미 많은 기업들은 세계적으로 경영활동을 수행하고 있었다.

3단계(1948~1970년대)의 글로벌화는 제2차 세계대전이 끝난 후에 시작되었다. 전쟁이 끝나고 가장 피해를 적게 입은 미국은 세계 경제강국이 되었으며, 미국은 서유럽 16개국에 대한 대외원조계획인 '마셜 플랜(Marshall Plan)[1]'을 추진하였다. 이러한 정부의 원조는 유럽의 경제활동을 촉진하는 데 도움이 되었다. 전쟁 전에는 통화와 자본 이동에 대하여 엄격하게 통제하였으며 관세 등의 무역장벽이 높았다. 이러한 국제무역에 대한 장벽을 낮추기 위해 호주와 영국 그리고 미국을 포함한 몇몇의 산업화된 국가들은 체계적인 방법을 강구하였다. 그 결과 1947년 제네바에서 23개국이 조인한 '관세 및 무역에 관한 일반 협정(General Agreement on Tariffs and Trade: GATT)'이 출범하게 되었다. 이후 GATT는 무역과 투자의 공정한 질서를 구축하기 위한 정식 국제기구인 '세계무역기구(World Trade Organization: WTO)'로 재출범한다. 또한 이 단계에서 미국과 서유럽 그리고 일본에서 비롯된 초기 다국적 기업들이 등장하였다. 유니레버(Unilever)와 필립스(Philips) 등은 경영활동을 하던 다른 국가들에 각각 독립적인 자회사를 설립하였으며, 캘로그(Kellogg)와 코카콜라(Coca-Cola) 등 많은 기업들이 국제적인 무역기업으로 발전하였다. 다국적 기업들은 점차 비용의 효율성을 고려하여 인건비가 낮은 개발도상국에 공장을 설립하기 시작했다. 이러한 다국적 기업활동의 증가와 무역 자유화에 대한 노력은 무역장벽과 통화 통제 완화 그리고 자유로운 자본의 이동을 가능하게 하여 궁극적으로 세계 금융시장의 통합으로 이어졌다.

일반적으로 오늘날 세계란 4단계의 글로벌화를 의미한다. 4단계(1980년~현재)의 글로벌화를 촉진시킨 원인으로 컴퓨터의 상용화와 인터넷 개발 등 통신과 제조 기술의 발전, 소련의 붕괴로 중동과 동유럽 시장의 개방, 중국을 포함한 동아시아의 경제적 산업화 등이 있다. 이 시기에 제품, 서비스 및 자본 등이 국경을 넘어 매매되는 국제무역과 해외투자가 급격하게 성장한 것이 주요 특징이다. 브라질과 인도 그리고 멕시코 같은 신흥시장이 성장하기 시작했으며, 특히 1980년대에 자본과 기술집약적인 부문의 해외직접투자가 크게 증가하였다. 정보와 통신 그리고 운송의 기술적 발전은 지리적으로 멀리 떨어져 있는 다국적 기업들 간의 국제적 운영과 관리를 용이하게 만들었다. 이러한 기술은 물품뿐만 아니라 은행, 보험, 소매업, 엔터테인먼트와 같은 서비스 분야의 글로벌화를 촉진시켰다. 또한 1980년대 이후 미국 지엠(GM)이 스웨덴의 사브(Saab)를 인수했고, 독일의 다임러 벤츠(Dimler-Benz AG)와 미국의 크라이슬러(Chrysler)는 합병하였고, 중국의 지리(Geely)가 스웨덴의 볼보(Volvo)를 인수하였듯 각 국가의 주요 기업들

1) 마셜 플랜(Marshall Plan)은 제2차 세계대전의 종전 후, 미국이 서유럽 16개국에 행한 대외원조계획으로 정식적 명칭은 유럽부흥계획(European Recovery Program: ERP)이다. 그러나 당시 미국의 국무장관이었던 조지 마셜이 공식적으로 처음 제안하여 그 이름을 따 '마셜 플랜'이라 한다.

이 다른 국가들의 기업을 인수하거나 합병하는 일이 보편화되었다.

기술의 발전으로 오늘날 수많은 기업들은 거대한 세계 경제시장 속에서 무역과 투자활동을 하고 있다. 글로벌화는 국가들 간 지리적 그리고 문화적 거리를 줄여나가며 거리를 소멸시키고 있다.

03 기업의 글로벌화

1) 기업의 글로벌화 동기

과거 기업은 국내시장 내에서의 경제활동을 통해 성장 및 생존이 가능했지만 지금의 글로벌화 시대에서는 국내 경제활동만으로는 성장 및 생존이 어려운 실정이다. 무역의 사조 변화 중 글로벌화는 국가 대 교역과 경제활동을 넘어 하나의 거대한 공급사슬로 시장에 대한 공급과 수요의 예측 및 생산을 가능하게 하고 있다. 따라서 기업은 지속적인 성장과 생존을 위한 생산 및 수요의 다변화를 추구하기 위하여 해외시장으로 진출하여 시장다각화나 기업활동의 다각화 등의 전략을 바탕으로 국내외로 경제활동을 펼치고 있다. 크게는 수요와 공급의 다변화지만 세부적으로 보면 기업의 글로벌화는 다음과 같은 동기를 가지고 있다.

① 정부가 무역협정, 관세장벽, 수입규제, 독점금지 등의 규제를 가하는 경우로부터 기업을 보호하기 위한 경우
② 현지국 기업이 보유하고 있지 않은 경쟁우위 요소(자본, 인적자원, 기술력, 정보, 노하우 등)를 활용하여 글로벌 시장에서 기업의 이윤을 확대하고자 하는 경우
③ 시장의 불확실성과 위험을 감안하더라도 국내보다 해외의 투자수익률이 높은 경우
④ 민족주의(nationalism) 고조 등을 원인으로 해외시장에서 해외 현지생산을 요구 및 강요당하는 경우

⑤ 대리인이나 라이선싱 제휴자와의 원만하지 않은 관계로 인해 직접 개입해야 하는 경우
⑥ 해외시장에서 애프터서비스(after service)[2] 제공이 어렵거나 다른 기술적인 난관에 봉착하는 경우
⑦ 자재, 부자재, 부품 등의 조달에 어려움이 있어 이를 극복하기 위함이거나 수송과 관련하여 물류비용이 과다하게 요구되는 경우
⑧ 기업이 경영활동에 있어 경기변동 등 다양한 위험을 지역분산화나 제품다각화로 회피하고자 하는 경우(포트폴리오 전략)
⑨ 주주의 이익 극대화나 그 외의 비경제적 동기(시장점유율 확대, 경영자의 태도, 우연한 자극, 경쟁기업 견제 등)에 의한 경우

이상의 동기 외에도 향후 기업의 글로벌화는 기술이나 정치 등과 같은 다양한 요인으로 진행될 수 있다.

2) 기업의 글로벌화 과정

오늘날 다수의 기업들은 경영활동을 국내만으로 국한시키지 않고 세계를 하나의 시장으로 바라보고 거대한 규모의 경영활동을 전개하고 있다. 이러한 다국적 기업의 형태는 처음부터 등장한 것이 아니고 점차 발전해 오면서 현재의 다국적 기업의 모습을 갖추게 되었다. 이러한 과정이 모든 기업들에게 적용되는 것은 아니다. 처음부터 세계시장을 표적으로 하여 다국적 기업으로 시작하여 고도로 글로벌화된 세계기업의 형태로 거듭난 경우도 존재한다. 그러나 대부분의 다국적 기업은 국내에서 생산하여 판매하는 국내기업으로 시작하여 수출을 통해 해외시장에 진출하는 수출기업으로 발전한다. 그리고 수출기업은 해외직접투자 전략을 채택하여 다국적 기업으로 나아가고 최종적으로 세계 지향적인 세계기업으로 국제화 단계가 진행된다.

2) 상품을 판 뒤 제조업자가 그 상품의 설치, 수리, 점검 따위를 책임지는 일.

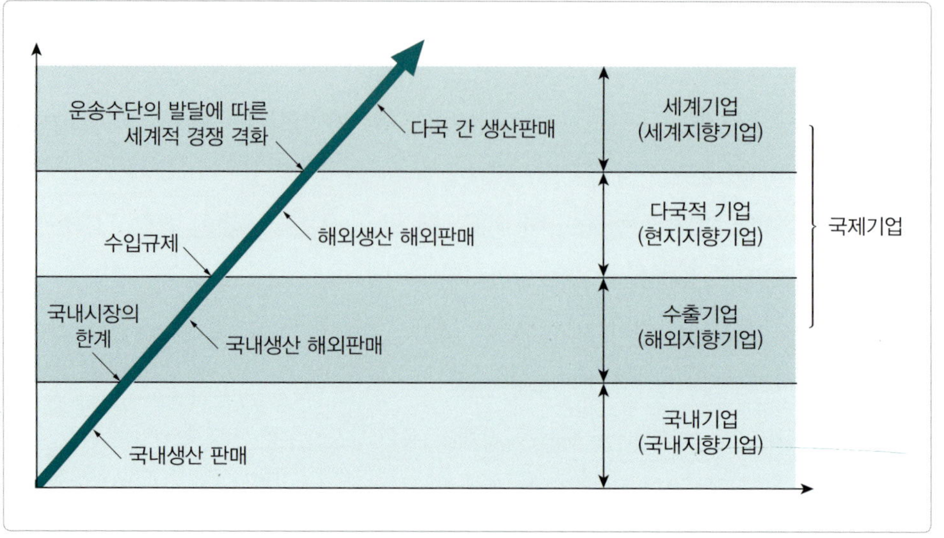

❖ **그림 1-2** 기업의 글로벌화 단계

출처: 조동성 (2007), p.411.

(1) 국내기업(국내지향기업)

처음 기업이 설립되는 경우 대부분 국내시장을 표적으로 생산 및 판매활동이 이루어지는 것이 일반적이다. 철저한 준비와 차별화 등의 노력을 하더라도 국내시장에서 성공적으로 자리 잡는 것은 쉬운 일이 아니다. 하물며 지리적 거리감과 정보수집의 어려움 등이 있는 해외시장에 진출하는 것은 더욱 쉬운 일이 아니다. 이러한 이유로 대기업 대비 자본과 경영능력이 낮은 중소기업을 중심으로 국내기업이 구성되어 있다. 국내기업은 생산시설의 효율화를 통해 국내시장 점유율을 증대시켜 이익을 극대화하고자 한다.

(2) 수출기업(해외지향기업)

시간이 지나면서 기업의 규모는 커지고 국내시장의 한계를 체감하거나 국내 수요의 침체로 판매가 부진해지는 순간 이를 탈피하기 위해 수출기업으로 전환하게 된다. 즉, 기업은 시장의 규모나 경쟁조건 등이 국내시장보다 해외시장이 유리하다고 판단되는 경우 해외시장 진출을 고려하게 된다. 이러한 내부적 요인뿐만 아니라 우리나라나 스위스, 네덜란드 등과 같이 국내시장 자체가 협소한 경우에도 해외시장 진출을 고려하게 된다. 초기에는 정보력 부족, 수출활동에 소요되는 비용, 환율과 관세 등의 무역의 위험 요소를 고려하여 비교적 지리적이나 문화적 거리감이 적은 국가들 위주로 수출활동을 전개한다. 이후 수출 경험과 노하우가 쌓이게 되면 시장규모나 다른 조건들이 보다 유리한 국가들로 수출대상국을 확대해 나간다. 우리나라를 보면 종합무역상사가 수출기업에 해당한다 할 수 있다.

(3) 다국적 기업(현지지향기업)

기업의 수출활동은 국내외의 여건 변화에 따라 많은 어려움을 겪게 된다. 임금상승으로 국내생산비가 증가하거나 수입국 정부의 국내기업 보호를 위한 관세 및 비관세장벽으로 수입규제를 강화하는 통상정책 등으로 수출에 많은 제약이 존재하게 된다. 이러한 상황 속에서 기업은 생존과 발전을 위해 무역규제를 피하거나 생산원가 절감을 위한 해외직접투자 전략을 채택하여 다국적 기업으로 나아간다. 다국적 기업은 해외직접투자 전략을 추구하므로 막대한 자본과 인력 그리고 노력 등을 국제경영활동에 투입해야 한다. 따라서 그 위험성이 높아지지만 기업의 글로벌화 과정에 있어 해외직접투자는 경영인에게 중요한 계기를 준다. 해외직접투자를 통해 해외에 진출하는 경우 경영자는 제반 여건이 현저히 다른 현지국가에서 성공적인 정착을 위해 근본적으로 시야를 국제적으로 넓혀야 한다.

(4) 세계기업(세계지향기업)

성공적인 해외직접투자를 한 다국적 기업은 노하우와 경험을 바탕으로 투자대상국과 투자규모를 확대하게 된다. 기업이 한 국가의 자원만을 가지고 한정된 시야 속에서 경영활동을 전개한다면 자원, 자본, 상품, 서비스 등의 이동이 보다 자유로운 하나의 시장으로 통합되는 오늘날의 글로벌화 속에서 살아남기 힘들 것이다. 이와 같은 문제점을 인식하고 세계기업은 본사와 현지기업(현지기업은 자회사와 지사를 포함하는 개념임)을 구분하지 않고 생산, 재무, 인사, 조직, 마케팅 등을 유기적으로 결합하여 세계적 공급사슬 관리(global supply chain management)를 추구하게 된다. 세계기업 단계에서 현지기업을 기준으로 경영활동 전개 방법을 살펴보면, 본사와 독립적으로 경영활동을 전개하거나 현지기업 상호 간 혹은 모국 본사와의 관계를 유지하면서 경영활동을 전개한다.

04 글로벌 기업의 유형

기본적으로 글로벌 기업은 본사가 여러 국가에 현지기업(자회사 또는 지사)을 소유하고 있는 형태이다. 펄뮤터(Permutter)는 1969년 다국적 기업의 유형을 본사와 현지기업 간의 역할 및 관계에 따라 본국중심주의, 현지국중심주의, 권역중심주의 그리고 세계중심주의로 구분하였다.

(1) 본국중심주의

본국중심주의(ethnocentrism)는 말 그대로 본국 시장을 중심으로 기업활동이 전개되는 유형이다. 기본적으로 본사의 경영시스템을 기반으로 현지기업이 운영되는 형태로서 성과평가의 기준이나 주요한 의사결정은 본사에 의해 이루어진다. 또한 현지기업의 요직에는 본국 출신의 인재를 파견하는 형태로 인사관리가 진행된다. 따라서 본사의 조직구조는 복잡하지만 현지기업은 비교적 단순한 구조를 보인다.

(2) 현지국중심주의

현지국중심주의(polycentrism)는 본국중심주의와 반대로 현지국 시장을 중심으로 활동이 전개되는 유형이다. 현지국에 대한 이해를 바탕으로 현지기업의 운영이 이루어지므로 요직에는 현지 시장의 이해도가 높은 현지국 출신의 인재를 채용한다. 또한 현지기업은 본사로부터 경영에 대한 상당한 권한을 위임받아 주요한 의사결정은 현지기업의 경영자에 의해 이루어진다. 따라서 본사와 현지기업의 조직구조는 다양하고 서로 독립적이다.

(3) 권역중심주의

권역중심주의(geocentrism)는 지리적으로 근접한 몇 개의 현지 자회사들을 하나의 지역 또는 권역을 중심으로 묶어서 관리하는 것을 말한다. 현지중심주의가 개별 현지국을 담당하는 각각의 현지 자회사들에 초점을 맞춘 경영관리활동인 반면, 권역중심주의는 권역을 한 단위로 하여 통합적으로 관리한다는 점에서 차이가 있다.

(4) 세계중심주의

세계중심주의(geocentrism)는 세계시장을 중심으로 활동이 전개되는 유형이다. 현지기업의 국가에 상관없이 범세계적인 시장을 하나의 단위로 보고 이에 알맞은 경영활동이 이루어지므로 본사와 현지기업 간의 구분은 큰 의미가 없다. 두 조직은 서로 활발한 정보를 교환하고 요직에는 국적과 상관없이 능력 있는 인재를 중용한다. 또한 주요한 의사결정은 본사와 현지기업이 모두 참여하여 결정한다. 따라서 본사와 현지기업의 조직구조는 복잡하고 상호의존적인 형태를 띤다.

05 글로벌 기업의 전략 유형

글로벌화의 영향으로 세계가 하나의 단일시장으로 변하더라도 기업은 상이한 각 국가의 시장구조와 선호도를 반드시 고려해야 한다. 따라서 기업은 국제경영전략을 수립함에 있어 기업의 경쟁우위와 국가들 간의 비교우위가 최적으로 결합하는 전략을 찾아야 한다. 기업의 경쟁우위는 차별화 우위 또는 원가우위를 말하며 가치사슬상의 여러 활동 중 어느 활동에 기업의 자원과 노력을 집중하여 경쟁력을 확보할 수 있는지에 대한 의사결정에 영향을 미친다. 그리고 국가들 간의 비교우위는 국가 특유의 우위로 기업의 가치사슬상의 특정한 활동을 어느 국가에서 수행하는 것이 유리한지에 대한 의사결정 시 중요한 역할을 한다.

1) 글로벌 통합에 대한 압력과 현지 적응에 대한 압력

기업이 글로벌 시장에 진출할 때 크게 두 가지 압력을 받게 되는데, 그것은 비용절감(글로벌 통합에 대한 압력)과 현지 적응에 대한 압력이다. 이러한 압력들은 기업에게 상반된 대응을 요구한다. 즉 원가절감 압력에 대처하기 위해 해외진출을 고려하는 기업은 경험곡선 효과와 입지경제를 활용하여 생산원가를 최소화해야 한다. 반면 현지의 적응압력에 대처하기 위해서는 국가마다 다른 소비자 기호와 선호도, 비즈니스 관행, 유통채널, 경쟁환경, 현지 정부정책에 맞도록 제품과 전략을 수정해야 한다. 그런데 국가마다 다른 제품과 마케팅 전략을 사용하면 중복투자가 발생하고, 표준화가 어려워지기 때문에 비용이 증가한다. 이처럼 기본적으로 상반되는 두 가지 압력에 어떻게 대처하느냐는 국제기업 경영자에게 매우 어려운 전략적 과제라 할 수 있다. [그림 1-3]은 글로벌 통합에 대한 압력, 즉 원가절감에 대한 압력을 야기하는 요인들에 대한 특징과 현지적응에 대한 압력을 야기하는 요인들의 특징을 설명하고 있다.

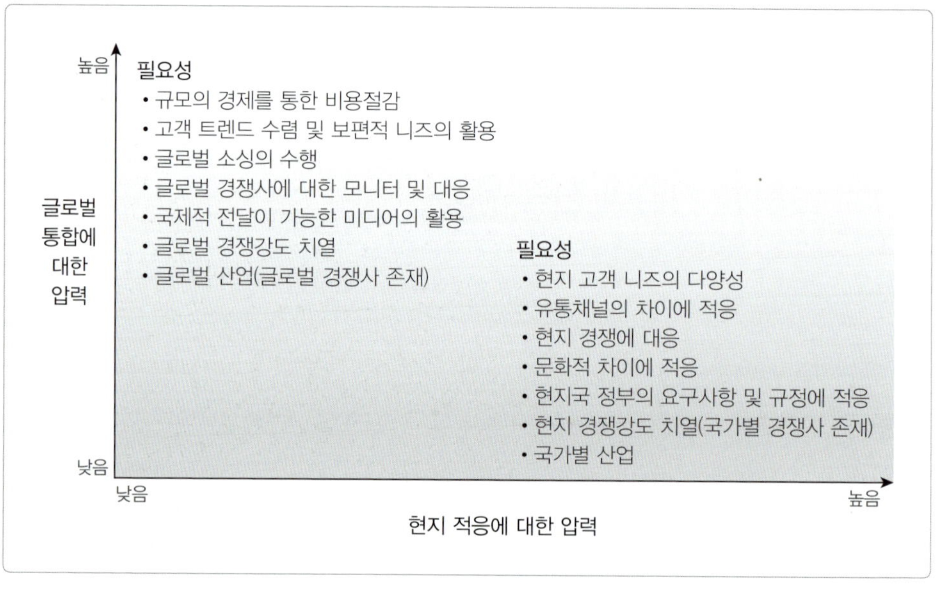

❖ **그림 1-3** 글로벌 통합에 대한 압력 및 현지 적응에 대한 압력

출처: Bartlett & Ghoshal (1989).

2) 바틀렛과 고샬의 통합-적응 모형(I-R Model)

앞에서 살펴본 것처럼 기업은 글로벌 전략을 선택할 때 크게 두 가지 압력, 즉 비용절감 압력과 현지 적응 압력을 받는다. 글로벌 시장에서 경쟁하는 기업들은 이 두 가지 압력에 어떻게 대응하는가에 따라서 [그림 1-4]와 같이 네 가지 전략으로 유형을 구분할 수 있다.

❖ **그림 1-4** Bartlett & Ghoshal의 통합과 적응 모형

출처: Bartlett & Ghoshal (1989).

(1) 글로벌 전략

글로벌 전략(global strategy)은 글로벌 통합정도는 높고 현지 적응에 대한 압력은 낮을 때 선택하게 되는 전략유형이다. 전 세계적으로 비용을 줄이기 위하여 주요 가치창출활동인 개발과 생산 및 마케팅 활동을 전 세계적으로 가장 적합한 소수 지역에서 통합하여 집중적으로 수행한다. 이러한 전략 유형의 목표는 규모의 경제 및 학습효과 그리고 입지경제를 최대한 활용하는 것이다. 즉, 범세계적 차원에서 원가 리더십 전략을 추구하는 것이다. 이러한 전략 유형을 선택한 기업은 글로벌 시장에서의 표준화와 원가절감을 위해 본사가 해외자회사에 대한 강력한 통제를 실행한다.

(2) 국제 전략

국제 전략(international strategy)은 글로벌 통합 수준도 낮고 현지 적응에 대한 압박도 낮은 상황에서 선택할 수 있는 가장 소극적 전략이다. 이 전략은 국내에서 개발되고 생산된 제품을 해외시장 환경에 맞춰 수정하지 않고 그대로 수출하는 경우에 해당한다. 이 전략은 제품에 대한 공통된 요구가 국제적으로 존재하나 경쟁이 치열하지 않기 때문에 표준화 전략을 추구하는 기업들의 경우처럼 원가절감의 필요성이 크지 않을 때 사용된다. 이 전략 유형에서 국제사업은 제품수명주기를 확장하고 국내시장의 성공을 복제하고 확장하는 것을 목표로 한다.

(3) 다국적 전략

다국적 전략(multinational strategy)은 글로벌 통합에 대한 압박은 낮으나 현지 적응에 대한 압박은 높은 경우 선택하게 되는 전략 유형이다. 이 전략은 소비자 기호와 선호도가 국가들 간에 상당한 차이가 존재하고 비용절감 압력이 높지 않을 때 적합하다. 또한 이 전략은 기능의 국가별 중복을 초래하고 제품의 대량생산을 어렵게 하기에 비용절감은 어려우나 현지화로 제품의 가치를 높여 가격을 높이거나 현지 수요를 높여 매출이 높아질 경우에 타당성이 있다. 이 전략의 경우 각 국 경영관리자에게 상당한 자율성과 권한을 위임함으로써 현지화 전략을 지원한다.

(4) 초국적 전략

초국적 전략(transnational strategy)은 글로벌 통합수준도 높고 현지 적응수준도 높은 경우에 선택하는 전략 유형이다. 이 전략은 전 세계적으로 제품 개발 및 마케팅, 생산활동을 통일시키되 현지의 지역사정 및 소비자 기호에 따라 제품과 마케팅 전략을 약간씩 수정하는 전략으로 현지적응 압력과 비용절감 압력을 동시에 달성하려는 전략이다. 하지만 이는 이론적으로는 이상적이나 현실적으로는 여러 가지 한계가 존재한다.

마무리사례 **"글로벌 500대 기업 중 韓 16곳 … 진출업종도 8개로 열세"**

전경련 자료…포춘 글로벌 500대 포함 한국 기업 수, 주요국보다 뒤처져

한국 기업, 21개 업종 중 8개 진출에 불과…산업 포트폴리오 다양성 낮아

글로벌 500대 기업 중 한국 기업은 16개에 불과한 것으로 나타났다. 중국과 미국 기업이 100개를 크게 웃도는 것과 대조적이다.

22일 전국경제인연합회가 '2022 포춘 글로벌 500(이하 글로벌 500)'의 국가별 현황을 분석한 결과, 한국은 글로벌 주요 기업의 수, 매출액, 진출 업종 등 지표에서 주요국에 비해 경쟁력이 낮았다.

글로벌 500에 포함된 기업 중 중국 기업이 136개(27.2%)로 가장 많고, 미국 기업이 124개(24.8%)로 미 · 중 기업 비중이 전체의 52.0%를 차지했다. 일본 기업은 47개(9.4%), 독일 기업은 28개(5.6%), 프랑스 기업은 25개(5.0%), 영국 기업은 18개(3.6%) 순이었으며, 한국 기업은 16개(3.2%)에 불과했다.

글로벌 500에 선정된 기업의 국가별 매출액 분석 결과, 미국 기업의 총 매출액은 11조 2,000억 달러, 1사당 평균매출액은 904억6,000만 달러로 중국(11조 달러, 1사당 809억8,000만 달러)보다 앞섰다. 글로벌 500에 선정된 한국 기업의 총 매출액은 9,962억 달러이며, 1사당 평균매출은 623억9,000만 달러로 주요국(G5 · 중국) 중 가장 낮은 수치를 보였다.

❖ 국가별 500대 기업 선정 현황(매출)

(단위: 억$)

구분	미국	중국	일본	독일	프랑스	영국	한국
매출액	112,173	110,127	29,986	20,959	16,320	12,662	9,982
평균매출	904.6	809.8	638.0	748.5	652.8	703.4	623.9

*주 1) 매출액은 포춘 글로벌 500에 포함된 국가별 모든 기업의 매출 합산

2) 평균매출은 매출액을 국가별 포춘 글로벌 500에 포함된 기업 수로 나누어 계산

* 자료: Fortune Global 500 List

2022년 포춘 글로벌 500의 국가별 업종 분포 현황을 분석한 결과, 글로벌 500에서 분류한 21개 업종 중 미국이 19개 업종에 분포해 가장 다양한 업종에 진출한 것으로 나타났다. 이어 중국 15개, 일본 · 프랑스 각 13개, 독일 11개, 영국 8개 순으로 조사됐다.

글로벌 500 업종에는 우주항공&국방, 의류, 비즈니스 서비스, 화학, 에너지, 엔지니어링&건설, 금융, 식료품&잡화, 음식료&담배, 헬스케어, 호텔/식당&레저, 생활용품, 산업재, 재료/소재/금속, 미디어, 자동차&부품, 유통, 전자/반도체, 통신, 운송, 종합상사 등이 있다.

포춘 글로벌 500에 속한 한국 기업은 총 8개 업종에 진출했으며, 전자/반도체, 금융, 자동차, 에너지 등 4대 업종에 12개 기업(75.0%)이 집중돼 있고, 우주항공, 헬스케어와 같은 신산업에 진출한 포춘 글로벌 500 한국 기업은 전무했다.

한국 기업이 진출한 업종의 수는 글로벌 500에서 업종별 분류를 시작한 2015년 이후 큰 변동이 없는 것으로 조사됐다. 2015년 당시에도 포춘 글로벌 500 중 한국 기업은 8개 업종에 분포해 있었으며, 매년 6~8개 업종을 유지한 것으로 나타났다.

수출 주력업종에서의 한국 기업과 글로벌 1위 기업의 실적 분석에서도 우리 기업의 열세가 나타났다. 전자/반도체, 자동차, 재료/소재/금속, 화학 등 4개 업종 분석 결과, 글로벌 1위 기업의 연간 매출액이 국내 1위 기업에 비해 1.5~4.6배 수준 높은 것으로 나타났다.

유환익 전경련 산업본부장은 "한국 기업에 대한 높은 수준의 규제로 기존 산업에서의 경쟁력이 약화될 뿐만 아니라, 신산업 분야에서 성공하는 기업을 찾아보기 어려운 것은 매우 아쉬운 상황"이라며 "글로벌 시장에서 한국을 대표할 수 있는 기업을 육성하기 위해 대기업에 대한 차별규제를 완화하는 것이 필요하다"고 강조했다.

출처: 데일리안 (2022.12.22).

학·습·정·리·문·제

1. 글로벌화와 국제화에 대해 설명하시오.

2. 기업의 글로벌화 동기에 대해 설명하시오.

3. 기업의 글로벌화 단계에 대해 설명하시오.

4. 펄뮤터 교수의 EPRG 모형에 대해 설명하시오.

5. 글로벌 전략 유형에 대해 설명하시오.

CHAPTER 02

GLOBAL MARKETING

글로벌 마케팅의 이해

학습목표

글로벌 마케팅은 국경을 넘어 이루어지는 마케팅 활동이다. 따라서 일반적인 마케팅의 기본 개념에 대한 이해가 선행되어야 하며 이를 바탕으로 글로벌 마케팅의 개념과 연구의 필요성, 특성, 주요 내용을 살펴본다.

02 CHAPTER 글로벌 마케팅의 이해

도입사례 **국내 캐주얼 브랜드, K-POP 타고 세계로 … 아시아 시장 진격**

현지 파트너십·팝업 경험 등 통해 글로벌 확장 박차

해외진출 가속화 … 중화권과 북미도 공략 예정

K-패션이 아시아를 넘어 글로벌 시장으로 무대를 넓히고 있다. K-POP 스타들이 전 세계적으로 젊은 세대 사이에서 막강한 영향력을 발휘하면서, 이들을 앞세운 국내 캐주얼 브랜드들이 속속 해외시장 공략에 나섰다. 동남아시아는 물론 대만, 중국, 북미까지 진출이 본격화되며, K-패션의 글로벌 경쟁력이 주목받고 있다.

삼성물산 패션부문의 에잇세컨즈가 필리핀의 수도 마닐라에 위치한 초대형 쇼핑몰 'SM 몰 오브 아시아' 2층에 약 420m^2 규모의 글로벌 1호점을 오픈했다. 에잇세컨즈는 필리핀의 대표적인 리테일그룹 수엔 코퍼레이션(Suyen Corporation)과 파트너십을 맺는 방식으로 현지에 진출했다. 1987년 설립된 수엔 코퍼레이션은 필리핀 현지에서 약 1600개에 달하는 매장을 운영하고 있으며, 사업 영역은 자체 브랜드 및 해외 패션 브랜드를 중심으로 뷰티, F&B 등 라이프스타일 전반을 아우르고 있다.

▲ 삼성물산 패션부문

에잇세컨즈는 필리핀 1호점을 시작으로 올해 하반기 마닐라에서 3호점 매장까지 오픈하고, 현지 반응에 따라 점차 확대해 나가기로 했다. 2호점은 이달 보니파시오 글로벌 시티에 위치한 업타운몰에 오픈되고, 3호점은 10월경 마닐라 중심부의 로빈슨 마닐라에 입점할 예정이다. 에잇세컨즈는 이번 필리핀 시장 진출을 시작으로 아시아 권역에서 다방면의 사업 기회를 모색해 나간다는 계획이다.

출처: 뉴시안 (2025.7.10).

01 마케팅의 개념

1) 마케팅이란

글로벌 마케팅을 효과적으로 수행하기 위해서는 먼저 마케팅에 대한 이해가 전제되어야 한다. 기업의 경영활동 중에서 가장 광범위하고도 포괄적인 기능 분야는 마케팅이라고 할 수 있으므로 '마케팅이란 무엇인가'를 한 마디로 정의하기는 쉽지 않다.

마케팅에 대해서는 지금까지 여러 학자들에 의해 다양한 정의가 내려졌지만, 미국마케팅학회(American Marketing Association: AMA)의 2007년 정의가 가장 일반적으로 받아들여지고 있다. 이에 따르면 마케팅이란 '고객, 의뢰인, 파트너 및 사회 전반에 가치가 있는 것을 창출·의사소통·전달·교환하는 활동, 기관, 그리고 과정'으로 정의하고 있다.

이러한 마케팅의 정의는 개념적으로 정교하기는 하지만 너무 추상적이어서 실제로 활용할 수 있는 마케팅의 정의로는 적합하지 못한 경우가 많다. 따라서 현실적으로 "마케팅은 고객만족을 통해 이윤을 추구하는 활동"으로 정의되기도 한다. 즉, 마케팅은 한편으로는 고객의 장기적 욕구를 충족시키면서 다른 한편으로는 기업의 목표, 즉 이윤추구를 하는 활동이다. 따라서 마케팅 관리자의 임무는 이윤추구와 고객만족이라는 두 가지 목표가 상충되지 않고 조화롭게 달성될 수 있는 방법을 찾아내어 이를 실행하고 감독하는 일이라고 할 수 있다.

마케팅의 개념을 이해하기 위해서는 판매 개념과 마케팅 개념의 차이에 대한 이해가 중요하다. 과거의 마케팅 개념은 기업 중심의 생산이나 판매지향적 개념이었으나 현대적 마케팅은 고객중심적 개념으로 변화하고 있다. 과거의 판매지향적 개념은 제품이 판매와 촉진 활동의 강화를 통해 매출을 증가시켜 이윤을 남기려는 것이었지만, 고객중심적 마케팅 개념은 시장의 고객들이 가진 욕구를 통합된 마케팅 활동을 통해 만족시킴으로써 이윤을 창조하려는 것이다. 즉, 고객지향적 마케팅 철학을 채택하고 있는 기업들은 고객을 단순히 상품의 판매 대상으로 보지 않고 그들이 상품과 관련하여 갖고 있는 문제들을 완전히 해결하여 만족을 얻을 수 있도록 하는 것이 목표이다. 따라서 상품기획, 가격결정, 광고, 판매촉진, 유통경로 관리 등의 모든 마케팅 활동의 초점이 시장의 고객들에게 맞추어져 일관성 있게 통합되고 조정된다.

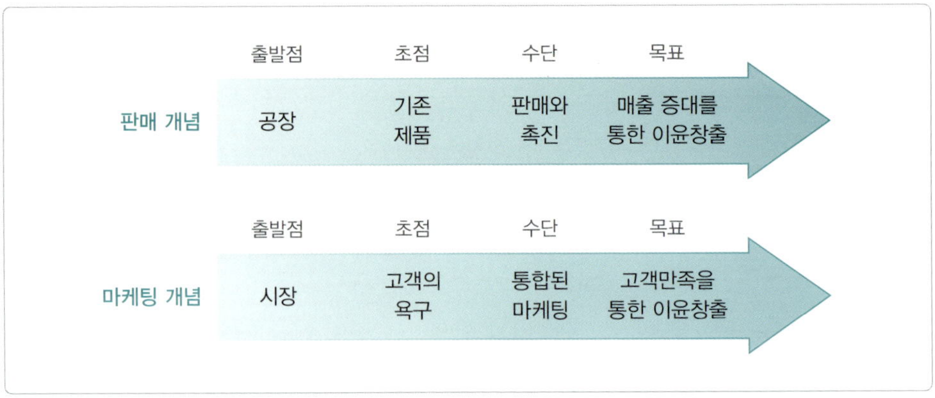

❖ **그림 2-1** 판매 개념과 마케팅 개념의 차이

출처: Kotler, P. & Armstrong, G. (1998). p.14.

최근에는 환경오염, 자원부족, 인구의 폭발적 증가, 세계적인 기아와 빈곤문제 등이 사회적인 중요 이슈로 등장함에 따라 사회적 마케팅(social marketing) 개념이 주목을 받고 있다. 즉 기업이 고객의 욕구를 발견하여 이를 충족시켜 주는 것이 장기적인 측면에서 볼 때 고객은 물론 사회 전체의 이해와 반드시 일치하지 않는 경우도 발생할 수 있다. 예컨대 의류용 세척제 산업의 경우 하얀 옷을 바라는 소비자의 욕구를 충족시켰으나 강과 하천을 오염시키고 물고기를 죽게 하는 등 환경을 오염시킨다거나, 청량음료 산업의 경우 1회용 용기의 사용을 증가시킴으로써 편의성을 바라는 소비자의 욕구를 충족시켰지만 엄청난 자원의 낭비와 환경오염을 초래하는 경우를 들 수 있다. 따라서 오늘날 기업은 사회 전체의 이익, 소비자 욕구충족, 기업 이윤의 세 가지 측면을 모두 고려하여 균형잡힌 마케팅 의사결정을 해야 한다. 그린마케팅(green marketing)이 대표적 예이다.

최근에는 이러한 흐름을 반영하여 다국적 기업의 글로벌 사회적 책임(global CSR)과 ESG 경영이 강조되면서, 다국적 기업들은 국경을 넘어 현지국에서 다양한 사회적 책임 활동을 통해 기업과 이해관계자의 관계를 통해 기업이 추구하는 사익과 사회가 추구하는 공익을 동시에 얻기 위해 노력하고 있다. 대표적인 예로 판매·영업 등 기업의 경영활동과 사회적인 이슈를 연계시키는 마케팅 기법인 '코즈마케팅(cause marketing)' 등이 있다.

2) 마케팅 믹스

마케팅은 하나의 시스템으로서 통제불가능한 외부환경 속에서 기업 내부의 제품·가격·유통경로·촉진 등의 요소를 통제함으로써 기업의 목표를 달성하게 된다. 마케팅 믹스(marketing mix)는 표적시장에서 마케팅 목표를 달성하기 위해 기업이 활용하는 마케팅 도구들의 집합을 말한다. 일반적으로 마케팅 믹스는 4P를 가리키는데 자세히 살펴보면 [그림 2-2]와 같다.

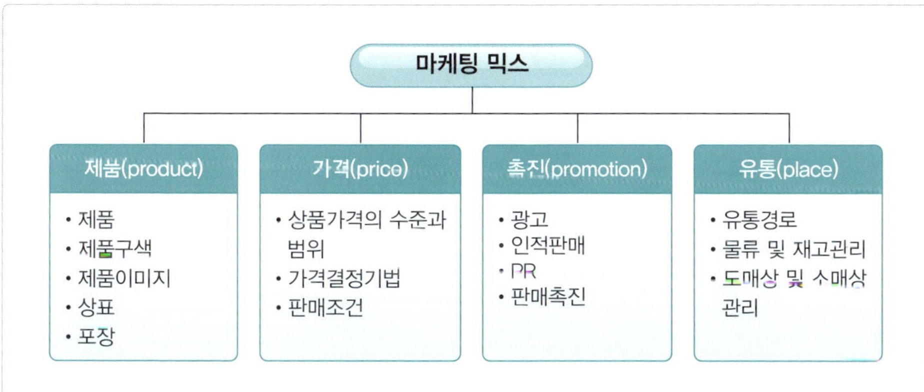

❖ **그림 2-2** 마케팅 믹스의 구성요소

- 제품계획(product planning): 제품, 제품구색, 제품 이미지, 상표, 포장 등의 개발과 관련된 의사결정을 말한다.
- 가격계획(price planning): 가격계획은 상품가격의 수준과 범위, 가격결정기법, 판매조건 등을 결정하는 것을 말한다.
- 촉진계획(promotion planning): 광고, 인적판매, PR(public relations), 판매촉진 등을 통해 고객이나 일반대중들에게 의사를 전달하는 일에 관한 의사결정을 말한다.
- 유통계획(distribution planning): 유통경로를 설계하고, 물류 및 재고관리, 도매상 및 소매상의 관리를 위한 계획을 세우는 것을 말한다.

3) 마케팅 관리 과정

마케팅 관리(marketing management)는 기업이 마케팅 목표를 달성하기 위해 마케팅 환경을 분석한 결과를 토대로 마케팅 전략을 수립하고 마케팅 믹스에 관한 계획을 만들어 이를 수행하고 실행하는 일련의 과정을 말한다. 마케팅 관리 과정은 크게 상황분석(마케팅 환경의 시장 기회 및 위협분석), 마케팅 목표의 설정, 마케팅 전략의 개발(STP의 결정), 마케팅 프로그램의 개발, 마케팅 프로그램의 실행과 평가의 5단계로 구성된다.

마케팅 계획 수립 과정의 첫 번째 단계는 상황분석이다. 기업은 환경에 대한 분석을 통해 환경이 주는 기회(opportunity)와 위협(threat)요인을 파악하고, 경쟁사와 자사에 대한 내부역량의 비교분석을 통해 강·약점(strength and weakness)을 파악하게 되는데, 이를 SWOT(strength, weakness, opportunity, threat) 분석이라고 한다.

SWOT 분석을 통해 외부환경의 기회와 위협, 자사의 강·약점이 파악되면, 기업은 다음으로 마케팅 목표를 설정해야 한다. 흔히 고려되는 마케팅 목표는 이익의 증대, 매출 혹은 시장점유율의 증대, 고객만족도의 향상 등을 들 수가 있다.

기업의 마케팅 목표가 설정이 되면 기업은 그 목표를 달성하기 위한 마케팅 전략을 개발하는 단계로 들어간다. 기업의 마케팅 전략은 시장세분화(segmentation), 표적세분시장의 선정(targeting), 그리고 포지셔닝(positioning)의 3단계로 구성되는데, 흔히 표적 마케팅 혹은 STP 전략으로 불린다. 마케팅 전략의 첫 번째 단계인 시장세분화는 매력적인 표적세분시장의 발견을 위해 전체 시장을 다양한 기준을 사용하여 동질적인 고객으로 구성된 각 세분시장으로 나누는 과정이다. 마케팅 전략의 두 번째 단계는 각 세분시장의 매력도를 평가하여 높은 수익을 실현할 수 있는 가장 매력적인 하나 또는 그 이상의 세분시장을 선정하는 것이다. 마케팅 전략의 마지막 단계는 선정된 표적시장에서 경쟁사와 차별화된 포지션을 정립하는 과정인데, 이를 시장 포지셔닝(marketing positioning)이라고 부른다.

표적세분시장의 선정과 경쟁사와의 차별화된 위상을 정립하는 포지셔닝 결정이 완료되면, 기업은 이를 실행하기 위한 구체적인 마케팅 프로그램을 개발하는 단계로 들어간다. 마케팅 프로그램의 개발은 앞에서 설명한 4P의 마케팅 믹스를 중심으로 이루어진다.

마케팅 계획 수립 과정의 마지막 단계는 개발된 마케팅 믹스 프로그램을 실제로 실행하고 그 결과를 평가하여 차기의 마케팅 계획 수립에 반영하는 과정이다.

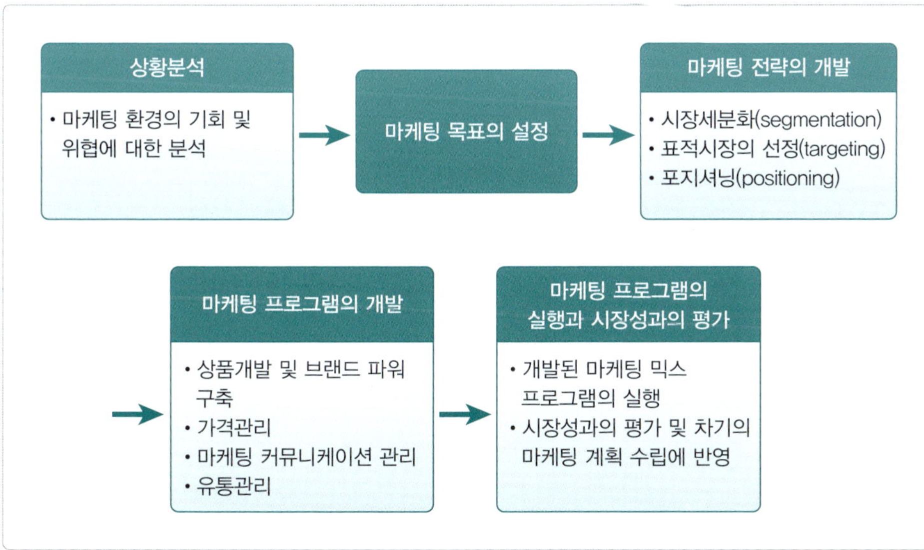

그림 2-3 마케팅 관리 과정

02 글로벌 마케팅의 이해

1) 글로벌 마케팅의 개념

마케팅은 국내시장에서 이루어지기도 하지만 국경을 넘어 세계시장이 하나의 시장처럼 된 현재 글로벌 시대에는 국제적인 마케팅 활동이 빈번히 수행되고 있다. 이처럼 '국경을 넘어 2개국 이상에서 일어나는 마케팅 활동'을 글로벌 마케팅(global marketing)이라고 한다.

글로벌 마케팅의 정의는 그 주된 활동 내용이나 강조점, 해외시장의 개입 정도, 혹은 학자에 따라 다양한 명칭이나 정의가 존재하고 있지만, 일반적으로 미국마케팅학회의 2007년도 마케팅의 정의를 인용하면 글로벌 마케팅이란 '둘 이상의 국가를 대상으로 고객, 의뢰인, 파트너 및 사회 전반에 가치가 있는 것을 창출·의사소통·전달·교환하는 활동, 기관, 그리고 과정'으로 정의할 수 있다. 보다 현실적인 측면에서 정의해 보면 '글로벌 마케팅은 글로벌 기업이 통제 불가능한 국내환경과 글로벌 환경의 제약하에서, 제품(product), 가격(price), 유통(place) 및 촉진(promotion) 등의 통제 가능한 마케팅 4P 요소들을 결합하여 기업의 마케팅 목표를 달성하기 위한 기업 활동'이라고 할 수 있다.

글로벌 마케팅의 정의나 명칭은 다음에 살펴볼 글로벌 마케팅의 발전 단계에 따라 국제 마케팅, 다국적 마케팅 등과 구분하여 사용되는 경우도 있지만, 때로는 혼용하여 사용되기도 한다. 이 책에서는 글로벌 마케팅으로 통일하여 사용하기로 한다.

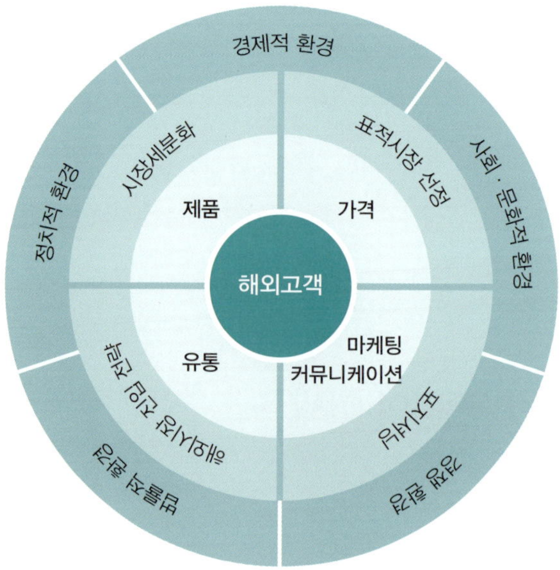

❖ **그림 2-4** 글로벌 마케팅의 체계

출처: 이철 (2020). p.20.

2) 글로벌 마케팅의 특징

글로벌 마케팅은 일반적인 마케팅의 이론과 개념, 그리고 기법이 그대로 이용되지만 기본적으로 하나의 국가 내에서만 이루어지는 국내 마케팅(domestic marketing)과는 국경을 넘어 2개국 이상에서 이루어진다는 점에서 다음과 같은 큰 차이가 있다.

(1) 시장환경의 상이

국내 마케팅은 단일한 시장환경에서 수행되지만 글로벌 마케팅은 서로 상이한 환경을 지닌 복수의 서로 다른 국가 시장을 대상으로 수행된다는 점에서 차이가 있다. 해외시장은 국내시장과 경제적·문화적·정치적·법률적 환경이 다르며, 또한 이와 같은 시장환경은 해외시장에서도 국가에 따라 달라진다. 이러한 마케팅 환경은 기업의 입장에서는 통제 가능한 마케팅 믹스 변수와는 달리 통제 불가능한 주어진 여건이며, 마케팅 기회를 포착할 수 있는 기회의 원천이자 마케팅 활동을 제약하는 위협요소가 되기도 한다. 따라서 글로벌 마케팅 관리자는 국내의 마케팅 환경에 더하여 복수의 이질적인 국가의 환경, 즉 글로벌 마케팅 환경을 분석하고 이해한 후에 이를 바탕으로 적절한 글로벌 마케팅 전략과 계획을 수립·집행해야 한다.

(2) 국가 간의 이전 활동

글로벌 마케팅의 또 다른 특징은 국가 간의 이전, 즉 국경을 넘는 활동을 전제로 한다는 점이다. 글로벌 마케팅은 재화 및 용역, 자본·기술·인력 등의 생산요소, 마케팅 전략과 프로그램, 그리고 마케팅 기법과 시스템의 국가 간 이전을 포함한다. 따라서 글로벌 기업은 내부적 요인과 해당 국가시장의 환경 등 외부적 요인을 고려하여 가장 효과적인 진입방식(emtry mode)을 결정해야 한다.

(3) 다수국가 시장

글로벌 마케팅 활동은 2개국 이상에서 동시에 수행된다. 따라서 다수국에서 동시다발적으로 이루어지는 마케팅 기능을 누가 수행하며, 전사적인 관점에서 이러한 활동을 어떻게 조정하고 통제하는가의 문제가 제기된다.

3) 글로벌 마케팅의 발전 단계

글로벌 마케팅은 일반적으로 기업의 국제화 정도에 따라 다음의 5단계를 거치면서 발전한다.

(1) 국내 마케팅

기업이 내수시장만을 대상으로 마케팅 활동을 전개하는 경우이다. 국내 마케팅(domestic marketing)은 내수시장이 충분히 크거나 해외진출에 필요한 인적·물적자원이 부족한 중소기업인 경우가 많으며, [그림 1-3]과 같이 기업의 국제화 단계 중 '내수지향 단계'에 해당하는 마케팅 활동이라고 볼 수 있다.

(2) 수출 마케팅

수출 마케팅(export marketing)은 해외시장을 대상으로 하는 수출 활동 중심의 활동이다. 그러나 해외시장에서의 마케팅 활동은 초보적 단계로서 주로 해외 바이어의 요구조건에 수동적으로 반응하여 적극적인 해외시장에서의 마케팅 활동이나 시장조사 활동이 없이 국내 수출업자나 외국 바이어를 통해 수출을 하게 된다. 앞서 살펴본 기업의 국제화 단계 중 '수출지향 단계'에 해당하는 마케팅 활동이다.

(3) 해외 마케팅

해외 마케팅(foreign marketing)은 기업 국제화 단계 중 '현지시장지향 마케팅 단계'에 해당하는 마케팅 활동으로 국내생산한 물품을 수출을 통해 해외시장에 공급하되 현지 시장에서의 마케팅 활동에 적극 개입하는 형태이다. 즉 현지 바이어에 의존하기보다는 독자적인 현지 판매법인 등을 설립하여 현지 시장이나 소비자에 대한 직접인 시장조사와 더불어 브랜드 관리는 물론 촉진, 유통 활동에도 적극 개입하게 된다.

(4) 다국적/국제 마케팅

다국적/국제 마케팅(multinational/international marketing)은 기업 국제화 단계 중 '현지시장지향 생산 단계'에 해당하는 마케팅 활동으로서 다수의 해외시장에 자체 생산시설을 갖추고 생산 및 마케팅 활동을 하는 것을 말한다. 그러나 다국적/국제 마케팅은 각각의 국가를 상이한 시장으로 보며 각 개별 해외시장에서의 접근과 해당 시장에서의 마케팅 활동을 주요 과제로 삼되, 각 국가시장을 대상으로 하는 마케팅 활동 간에 통합과 조정이 없다는 점에서 국가별 접근(multidomestic approach)이라고 할 수 있다.

(5) 글로벌 마케팅

글로벌 마케팅(global marketing)은 기업국제화의 마지막 단계인 '세계시장지향 단계'에 해당하는 마케팅이라고 할 수 있으며, 복수의 해외 생산입지와 복수 시장 간의 유기적 연결을 통해 세계적 관점에서의 최적화를 추구한다. 즉 전 세계를 하나의 동질적인 시장으로 간주하고 표준화된 제품을 강조하는 기업의 마케팅 활동에 초점을 두며, 범세계적인 통합과 조정능력이 매우 중요하다.

마무리사례 **쿠쿠, 환경가전 브랜드 '에코웨일' 론칭 … 고래런 캠페인으로 ESG 실천**

음식물 처리기 브랜드 '에코웨일' 알리기 위한 체험 마케팅 본격화

고래에서 영감받은 '에코웨일', 환경 메시지 담아 친환경 소비 공략

종합생활가전 기업 쿠쿠(대표이사 구본학)가 음식물 처리기 브랜드 '에코웨일' 론칭을 기념해 8월 1일(금)부터 9월 17일(수)까지 러닝 캠페인 '2025 고래런'을 실시한다.

2025 고래런은 쿠쿠가 자사의 환경가전인 음식물 처리기 브랜드 '에코웨일' 론칭을 기념해 바다 생태계 보호에 대한 중요성을 공유하고자 마련한 캠페인이다. 접수 기간은 7월 14일(월)부터 9월 14일(일)이며, 쿠쿠 공식 인스타그램의 프로필 링크를 통해 신청 가능하다. 참가자들은 대회 기간인 8월 1일(금)부터 9월 17일(수) 내에 5.7km 또는 9.9km 중 한 가지 거리를 선택해 자율적으로 완주 후 인증하면 된다. 5.7km는 에코웨일 브랜드가 론칭한 '5월 7일', 9.9km는 에코웨일 음식물 처리기의 수분제거율 '99%'를 상징한다.

쿠쿠는 에코웨일 브랜드의 인지도 및 호감도를 높이기 위해 재미 요소를 더한 마케팅 활동도 진행하고 있다. 쿠쿠는 최근 인터랙티브 웹 플랫폼 '메타브'에 성격유형을 진단하는 '운명의 고래 테스트'를 오픈했다. 자신이 해파리인 줄 알았던 고래가 스스로에 대해 깨닫기 위해 떠나는 여정을 콘셉트로 해 몰입감을 높였으며, 여러 선택지를 통해 자신의 성향에 맞는 고래 유형을 결과로 도출해 재미를 더했다. 해당 테스트에 참여한 후 인스타그램에 결과를 공유하면 추첨을 통해 1명에게 에코웨일 음식물 처리기를 증정하는 푸짐한 혜택도 선사한다.

한편, 쿠쿠는 업계 최초로 건조분쇄형과 미생물형 두 가지 타입의 음식물 처리기를 선보이며 시장 내 퍼스트 무버로서 입지를 강화하고 있다. 2020년 2월 디자인을 고도화한 1세대 언더싱크 타입 제품으로 음식물 처리기 시장에 진입했고, 경량화를 진행한 2세대 미생물 타입 제품, 미생물 관리를 개선한 3세대 미생물형, 다양한 식생활에 대응하기 위해 선보인 4세대 건조분쇄형, 강력건조통을 탑재한 5세대 건조분쇄형 제품까지 끊임없이 시장 수요에 반응해 왔다.

특히 지난 4월 말 선보인 에코웨일 6세대 음식물 처리기 인기에 힘입어 5월 쿠쿠의 음식물 처리기 판매량은 전년 동기 대비 568% 증가하며 폭발적인 성장세를 기록했다. 이처럼 음식물 처리기 제품 라인업 확대 및 마케팅 강화로 쿠쿠 환경가전 브랜드인 에코웨일 인지도를 확대해 나가고 있다.

쿠쿠 관계자는 "에코웨일은 고래에서 착안한 이름처럼 해양 환경 보호의 메시지를 전하는 쿠쿠의 환경가전 브랜드로, 에코웨일 브랜드를 더 많은 고객에게 알리고자 이번 고래런 캠페인과 성격유형 진단 테스트를 준비했다"며 "이번 캠페인을 통해 고객들이 환경가전의 필요성을 공감하고, 일상 속에서 지속가능한 라이프스타일을 실천하는 계기가 되길 바란다"고 전했다.

출처: 중앙이코노미뉴스 (2025.7.14).

학·습·정·리·문·제

1. 마케팅이란 무엇인가?

2. 글로벌 마케팅의 개념에 대해 설명하시오.

3. 글로벌 마케팅의 발전 단계에 대해 설명하시오.

4. 글로벌 마케팅의 주요 과제 및 내용에 대해 설명하시오.

글로벌 기업이 국내시장이 아닌 해외 현지 시장에서 마케팅 활동을 수행할 경우, 기업의 성과에 가장 큰 영향을 미치는 변수는 바로 글로벌 경제, 사회 · 문화, 정치 · 법률적 환경이다. 따라서 글로벌 마케팅을 수행하는 기업의 최고경영자, 특히 글로벌 마케팅 실무책임자는 기업의 마케팅 성과를 향상시키기 위해 반드시 해외시장의 경제적 환경, 사회 · 문화적 환경을 이해하고, 현지 환경에 적합한 최적의 마케팅 전략을 수립해야 한다.
또한, 해외시장의 고유한 정치 · 법률적 환경에 위배되지 않는 범위에서 마케팅 전략을 수립 · 수행해야 하며, 현지국에서 발생할 수 있는 정치적 위험을 최소화하는 노력도 선행되어야 한다. 따라서 Part 2에서는 글로벌 기업의 성공적인 글로벌 마케팅 전략 수립 및 수행, 성과 창출을 위해 반드시 이해해야 하는 글로벌 경제, 사회 · 문화, 정치 · 법률적 환경에 대해 학습한다.

GLOBAL
MARKETING

PART 02

글로벌 마케팅 환경

CHAPTER 03

GLOBAL MARKETING

글로벌 경제 환경

학습목표

이 장에서는 세계 각국의 경제 시스템의 차이에 대해 이해하고, 경제발전 단계에 따른 글로벌 마케팅 대응 방안에 대해 학습한다. 또한 각국의 경제발전에 대한 성과와 잠재력을 측정하는 방법에 대해 이해한다.

1. 경제 시스템의 개념 | 2. 경제발전 단계 | 3. 경제지표의 이해

CHAPTER 03 글로벌 경제 환경

도입사례 美선 5.79달러인데, 韓은 3.84달러 … 韓 '빅맥지수' 사상최저

한국의 '빅맥지수'가 사상 최저치까지 떨어졌다. 미국 달러화 대비 원화 가치의 저평가 정도가 전례 없이 심하다는 의미다.

3일 영국의 경제 주간지 이코노미스트에 따르면 올해 1월 기준 한국의 빅맥 가격은 약 3.84달러를 기록했다. 햄버거 브랜드 맥도날드가 한국에서 판매 중인 빅맥의 단품 가격 5500원에 미국 달러당 1431.2원인 당시 환율을 적용해 달러화로 나타낸 수치다. 기준 국가인 미국의 빅맥 가격(5.79달러)과 비교해 66.4% 수준이다. 빅맥지수로 0.664다.

동일한 상품은 어떤 시장에서든 가격이 같다는 경제학 이론 '일물일가(一物一價)의 법칙'에 따르면 빅맥은 한국에서든 미국에서든 같은 가치여야 하는데, 한국에서 33.6% 싸다는 이야기다. 만일 원 · 달러 환율이 949.91원이라면 한 · 미 빅맥이 같은 값을 나타냈을 것이다. 그러나 실제 환율이 1431.2원으로 높은(원화 가치는 낮은) 탓에 두 국가 간 빅맥 가격에 차이가 벌어졌다. 이를 두고 이코노미스트는 "원화 가치가 미 달러화보다 33.6% 저평가됐다"고 해석했다.

앞서 한국 빅맥지수는 관련 통계가 집계되기 시작한 2000년 4월 1.209(미국 달러화 대비 원화 가치 20.9% 고평가)였다. 해당 통계는 2008년 6월까지 1보다 소폭으로 높거나 낮은 수준을 이어가다 2009년 7월 0.754로 급락했다. 이후 0.8 안팎을 오르내리다 2022년 7월 0.68로 급격히 떨어졌다. 그러다 올해 1월 0.664까지 내려온 것이다.

한국 빅맥지수를 끌어내린 주요 원인은 '강달러 현상'인 것으로 분석(백석현 신한은행 이코노미스트)된다. 특히 2009년 7월엔 글로벌 금융위기의 영향이 강달러를 부채질했다. 2022년 7월엔 미국이 기준금리 인상 흐름을 탄 영향이 컸다. 올해 1월엔 '미국 우선주의'를 표방하는 도널드 트럼프 미 행정부가 출범하며 달러화 가치를 끌어올렸다. 강달러와 더불어 지난해 12월부터 한국 내 정국 불안이 조성되면서 원화 가치를 끌어내린 결과 한국 빅맥지수가 역대 최저치를 찍은 것으로 풀이된다. 이창용 한국은행 총재는 지난달 16일 기자간담회에서 "미 달러화 대비 원화 가치가 한국 경제의 기초체력에 비해 많이 내려갔다. 계엄이나 정치적인 이유로는 30원 정도 떨어졌다"는 뜻을 밝혔다.

원화 가치가 과도하게 떨어지면 수입 물가를 올려 내수 경기에 악영향을 주기 마련이다. 또한 한은이 경기부양 목적으로 기준금리를 내리고 싶어도 원화 가치 하락을 부추길 위험 탓에 주저하게 만드는 단점이 있

다. 일부 수출 기업의 가격 경쟁력을 높일 수 있지만, 갈수록 가격보다는 기술력을 강점으로 삼는 수출 기업이 늘고 있어 낮은 원화 가치의 이점은 쪼그라드는 추세다.

한국은 이웃 국가인 일본보다는 상황이 양호하다. 지난 1월 일본 빅맥지수는 0.537로 한국보다 낮은 수준을 나타냈다. 엔화 가치가 미국 달러화보다 46.3% 저평가됐다는 이야기다. 이렇게 된 배경에는 '엔저현상'이 있다. 일본의 기준금리가 세계에서 손꼽을 정도로 낮은 수준(0.5%)을 나타낸 영향이다. 또한 세계적으로 초저금리인 엔화를 빌려 금리가 높은 다른 국가의 자산에 투자하는 '엔 캐리 트레이드'가 여전한 점, 지난해까지 4년 연속 일본이 무역적자를 본 점 등도 엔화 약세를 부추겼다.

물론 빅맥지수만으로 특정 통화의 고평가 · 저평가 수준을 정확히 판단하기에는 한계가 있다. 국가마다 점포 임대료, 직원 임금, 세금 등이 달라 빅맥지수의 이론적 뿌리인 일물일가 법칙이 흔들릴 수 있기 때문이다. 그러나 국제결제은행(BIS)이 집계하는 실질실효환율 지수를 봐도 원화와 엔화의 저평가현상이 두드러진다. 지난해 12월 말 한국의 실질실효환율은 91.03(2020년=100)으로 집계 대상인 64개국 가운데 일본(71.3) 다음으로 낮았다. 해당 수치가 100 밑이면 주요 교역 상대국의 통화 대비 저평가됐다는 뜻이다.

출처: 중앙일보 (2025.2.3).

01 경제 시스템의 개념

경제 시스템(economic system)은 한 국가가 한정된 자원을 어떻게 배분하고, 무엇을 생산하며, 누가 소유할 것인지를 결정하는 제도적 틀을 의미한다. 인간의 욕구는 무한하지만 이를 충족시킬 수 있는 자원은 유한하기 때문에, 모든 사회는 희소한 자원을 효율적으로 배분하는 방법을 필요로 한다. 경제 시스템은 바로 이러한 자원배분 문제를 해결하기 위한 사회적 장치이다.

경제 시스템은 단순히 경제적 측면만을 다루는 것이 아니라, 한 사회의 정치적, 사회적, 문화적 가치관과 밀접하게 연관되어 있다. 예를 들어, 개인의 자유를 중시하는 사회는 시장 메커니즘을 선호하는 반면, 사회적 평등을 강조하는 사회는 정부의 적극적인 개입을 선호하는 경향이 있다.

경제 시스템은 크게 두 가지 기준에 따라 구분된다.

자원배분의 방식: 경제적 의사결정이 누구에 의해 이루어지는가?

- 시장경제: 개인과 기업이 자유로운 거래를 통해 자원배분을 결정
- 계획경제: 중앙정부가 체계적인 계획을 통해 자원배분을 결정

자원 소유의 주체: 생산수단의 소유권이 누구에게 있는가?

- 사적 소유: 개인과 기업이 토지, 자본, 기술 등 생산수단을 소유
- 공적 소유: 국가나 집단이 생산수단을 소유하고 관리

이 두 기준을 조합하면 시장경제(사적 소유 + 시장경제), 중앙계획경제(공적 소유 + 계획경제), 혼합경제(사적 소유 + 시장 메커니즘 + 정부 개입) 등으로 구분할 수 있다.

모든 경제 시스템은 희소성이라는 기본 조건하에서 다음 세 가지 근본적인 경제 문제에 대한 해답을 제시해야 한다.

● 무엇을 생산할 것인가?(what to produce?)

한정된 자원으로 어떤 재화와 서비스를 얼마만큼 생산할 것인지를 결정하는 문제이다. 예를 들어, 한 국가가 자동차와 컴퓨터를 생산할 수 있는 능력을 가지고 있다면, 각각을 얼마나 생산할 것인지를 결정해야 한다.

- 시장경제에서: 소비자의 수요와 기업의 이윤 동기에 의해 결정된다. 소비자들이 선호하고 기업이 이윤을 얻을 수 있는 재화가 더 많이 생산된다.
- 계획경제에서: 정부가 국가적 우선순위와 정책 목표에 따라 결정한다. 예를 들어, 중공업 발전을 우선시한다면 철강이나 기계류 생산에 더 많은 자원을 배분한다.
- 실제 사례: 코로나-19 팬데믹 초기, 많은 국가에서 마스크와 방역용품 생산을 우선시하기 위해 다른 제품의 생산을 줄이는 결정을 내렸다.

● 어떻게 생산할 것인가?(how to produce?)

주어진 재화를 어떤 방법과 기술을 사용하여 생산할 것인지를 결정하는 문제이다. 같은 제품이라도 노동집약적 방법과 자본집약적 방법 중 어느 것을 선택할지, 어떤 기술을 사용할지를 결정해야 한다.

- 시장경제에서: 기업들이 비용을 최소화하고 이윤을 극대화할 수 있는 가장 효율적인 생산방법을 선택한다. 노동비용이 높은 국가에서는 자동화 설비를 도입하고, 노동비용이 낮은 국가에서는 노동집약적 방법을 선택하는 경향이 있다.
- 계획경제에서: 정부가 고용정책, 기술 발전 전략 등을 고려하여 생산방법을 지시한다. 때로는 경제적 효율성보다 사회적 목표(예: 완전고용)를 우선시하기도 한다.
- 실제 사례: 독일은 높은 임금 수준을 자동화와 첨단기술로 보완하는 반면, 방글라데시는 상대적으로 저렴한 노동력을 활용한 의류 생산에 특화되어 있다.

● 누구를 위해 생산할 것인가?(for whom to produce?)

생산된 재화와 서비스를 사회 구성원들에게 어떻게 분배할 것인지를 결정하는 문제이다. 소득분배와 직결되는 문제로, 사회의 가치관과 정의관이 가장 명확하게 드러나는 영역이다.

- 시장경제에서: 개인의 소득과 지불능력에 따라 분배된다. 더 많은 소득을 가진 사람이 더 많은 재화와 서비스를 소비할 수 있다. 이는 효율성을 높이는 인센티브를 제공하지만, 소득불평등을 야기할 수 있다.
- 계획경제에서: 정부가 사회적 필요와 평등 원칙에 따라 분배를 결정한다. 기본적인 필수품은 모든 구성원에게 균등하게 배분하고, 사치품은 제한적으로 공급하는 방식을 취한다.
- 혼합경제에서: 기본적으로는 시장 메커니즘에 따르되, 정부가 복지정책, 누진세, 공공서비스 등을 통해 분배구조를 조정한다.
- 실제 사례: 북유럽 국가들은 높은 세율과 포괄적인 복지 시스템을 통해 시장에서 발생한 소득불평등을 정부가 적극적으로 조정한다.

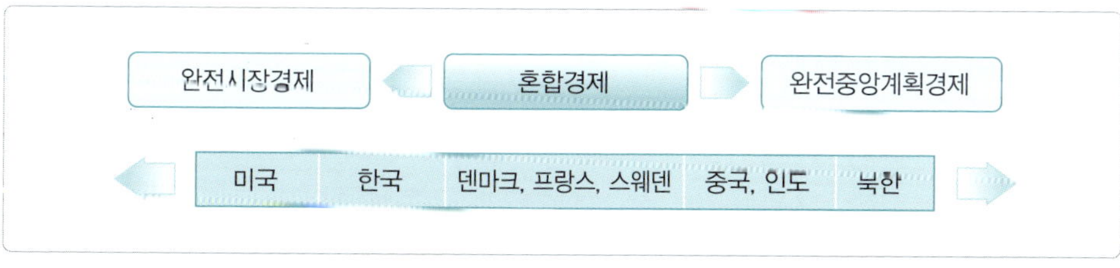

❖ **그림 3-1** 경제 시스템의 비교

1) 시장경제체제

시장경제체제(market economy) 또는 자본주의(capitalism)는 개인과 기업이 자원의 소유권을 갖고, 시장에서의 수요와 공급에 의해 자원배분이 결정되는 경제 시스템이다. 시장경제는 18세기 산업혁명 이후 서구 선진국을 중심으로 발달했으며, 현재 전 세계 대부분의 국가가 채택하고 있는 경제 시스템의 기본 골격을 이루고 있다.[1]

(1) 시장경제의 핵심 특징

시장경제의 가장 핵심적인 특징은 개인과 기업의 사유재산권을 법적으로 보장한다는 것이다. 사유재산권(private property rights)이란 경제 주체들이 재산을 자유롭게 소유하고, 사용하며, 처분할 수 있는 배타적 권리를 의미한다.[2] 이는 단순히 개인소유물에 대한 권리뿐만 아니라, 토지, 건물, 기계설비, 지적재산권 등 생산수단에 대한 소유권도 포함한다.

사유재산권의 보장은 경제 주체들에게 강력한 이윤추구 동기를 제공한다. 개인이나 기업이 자신의 노력과 투자를 통해 얻은 성과를 온전히 자신의 것으로 할 수 있기 때문에, 더 효율적으로 자원을 활용하고 혁신을 추구하려는 인센티브가 생긴다.[3] 예를 들어, 농부가 자신의 토지를 소유하고 있다면, 토지의 생산성을 높이기 위해 비료를 주거나 개량된 씨앗을 사용할 동기가 생긴다. 반면 토지가 공유재산이라면 개인의 노력이 개인의 이익으로 직결되지 않아 이러한 동기가 약해진다.[4]

또한 사유재산권은 계약의 자유와 밀접하게 연관되어 있다. 재산소유자는 자신의 재산을 다른 사람과 자유롭게 거래할 수 있으며, 이를 통해 시장에서의 자원배분이 이루어진다. 이러한 거래 과정에서 각자의 이익을 추구하는 개인들의 행동이 결과적으로 사회 전체의 효율성을 증대시킨다는 것이 시장경제의 기본 논리이다.[5]

1) Gregory Mankiw, 『경제학원론』

2) North, D. C. (1990). Institutions, Institutional Change and Economic Performance. Cambridge: Cambridge University Press.

3) Harold Demsetz (1967). "Toward a Theory of Property Rights," American Economic Review, Vol. 57, No. 2.

4) Garrett Hardin (1968). "The Tragedy of the Commons," Science, Vol. 162, No. 3859.

5) Ronald Coase (1960). "The Problem of Social Cost," Journal of Law and Economics, Vol. 3. pp. 1-44.

시장경제에서는 경제 주체들이 정부의 간섭 없이 자유롭게 경쟁할 수 있다. 이러한 자유경쟁은 아담 스미스가 『국부론』(1776)에서 제시한 '보이지 않는 손(invisible hand)' 개념의 핵심이다.[6] 스미스에 따르면, 각 개인이 자신의 이익을 추구하는 과정에서 의도하지 않게 사회 전체의 이익을 증진시키게 된다.

자유경쟁은 여러 긍정적 효과를 가져온다. 첫째, 기업들은 경쟁에서 살아남기 위해 더 나은 품질의 제품을 더 낮은 비용으로 생산하려고 노력한다. 이는 생산효율성의 향상과 기술혁신을 촉진한다. 둘째, 소비자들은 다양한 선택지 중에서 자신의 선호와 예산에 맞는 최적의 대안을 선택할 수 있다. 셋째, 비효율적인 기업은 시장에서 도태되고 효율적인 기업이 생존함으로써 전체적인 자원배분의 효율성이 높아진다. 그러나 자유경쟁이 항상 완전하게 작동하는 것은 아니다. 독점이나 과점 상황에서는 경쟁의 이익이 제한될 수 있으며, 이 경우 정부의 규제가 필요할 수 있다. 또한 경쟁이 지나치게 치열해지면 기업들이 단기이익에만 집중하여 장기적 투자나 연구개발을 소홀히 할 위험도 있다.

시장경제에서 가격은 단순히 재화와 서비스의 교환 비율을 나다내는 것이 아니라, 경제 전체의 자원배분을 조정하는 중요한 신호 역할을 한다. 가격 기구(price mechanism)는 수요와 공급의 변화를 반영하여 자동적으로 조정되며, 이를 통해 희소한 자원이 가장 필요한 곳에 배분되도록 유도한다. 예를 들어, 어떤 재화에 대한 수요가 급증하면 그 재화의 가격이 상승한다. 가격 상승은 두 가지 효과를 가져온다. 첫째, 수요 측면에서는 높은 가격으로 인해 일부 소비자들이 구매를 포기하거나 대체재를 찾게 되어 수요가 억제된다. 둘째, 공급 측면에서는 높은 가격이 더 큰 이윤을 의미하므로 기존 생산자들은 생산량을 늘리고, 새로운 생산자들은 시장 진입을 고려하게 되어 공급이 증가한다. 이러한 과정을 통해 수요와 공급이 새로운 균형점에 도달하게 된다. 가격기구의 이러한 조정기능은 중앙계획당국이 복잡한 계산을 통해 달성하려고 하는 자원배분을 자동적으로 이루어낸다는 점에서 매우 효율적이다. 또한 가격 변화는 실시간으로 이루어지므로 시장 상황의 변화에 신속하게 대응할 수 있다.

6) Adam Smith (1776). An Inquiry into the Nature and Causes of the Wealth of Nations (London: W. Strahan and T. Cadell), Book IV, Chapter 2.

(2) 시장경제의 성과와 한계

시장경제는 역사적으로 놀라운 경제성장과 기술 발전을 이끌어냈다. 경쟁을 통한 효율성 증대와 기술 혁신 촉진은 시장경제의 가장 큰 성취 중 하나이다. 기업들은 경쟁에서 우위를 점하기 위해 지속적으로 새로운 기술을 개발하고 생산 과정을 개선한다. 이러한 혁신 경쟁은 컴퓨터, 인터넷, 스마트폰과 같은 혁신적 기술의 탄생을 가능하게 했으며, 전체적인 생산성 향상을 통해 경제성장을 견인했다. 또한 시장경제는 소비자에게 풍부한 선택의 기회를 제공한다. 다양한 기업들이 서로 다른 특성의 제품과 서비스를 생산함으로써, 소비자들은 자신의 취향과 필요에 맞는 최적의 조합을 선택할 수 있다. 이는 소비자 만족도를 높이고 개인의 자유를 확대하는 효과를 가져온다. 개인의 경제적 자유와 인센티브 제공도 시장경제의 중요한 특징이다. 개인은 자신의 능력과 노력에 따라 경제적 성과를 얻을 수 있으며, 이는 개인의 자아실현과 사회적 기여에 대한 강력한 동기를 제공한다. 기업가정신(entrepreneurship)이 발달하고, 개인의 창의성과 혁신이 경제적 보상으로 연결되는 것도 시장경제의 긍정적 측면이다.

하지만 시장경제는 여러 한계와 문제점도 가지고 있다. 가장 대표적인 문제는 소득 불평등의 심화이다. 시장에서의 성과는 개인의 능력, 노력, 운, 그리고 초기 조건에 따라 크게 달라질 수 있다. 특히 자본과 기술을 많이 보유한 사람들이 더 큰 수익을 얻을 수 있는 구조로 인해 부의 집중현상이 발생할 수 있다. 이는 사회적 갈등을 야기하고 경제적 기회의 불평등을 지속화시킬 위험이 있다. 경기변동에 따른 경제적 불안정도 시장경제의 고질적인 문제이다. 시장경제는 호황과 불황이 주기적으로 반복되는 경기 변동을 겪게 되며, 이 과정에서 실업률이 급증하거나 기업들이 대량으로 도산하는 경우가 발생한다. 2008년 글로벌 금융위기나 코로나-19로 인한 경제적 충격은 시장경제의 불안정성을 보여주는 대표적인 사례이다. 시장실패현상도 시장경제의 중요한 한계이다. 독점이나 과점이 형성되면 경쟁의 이익이 사라지고 소비자 후생이 감소한다. 환경오염과 같은 부정적 외부효과가 발생하면 사회적 비용이 개인의 비용보다 커지게 되어 시장 메커니즘만으로는 최적의 해결책을 찾기 어렵다. 또한 교육, 의료, 국방과 같은 공공재의 경우 시장에서 적절히 공급되지 않을 수 있어 정부의 개입이 필요하다.

이러한 한계로 인해 현대의 대부분 국가들은 순수한 시장경제보다는 정부의 적절한 개입이 결합된 혼합경제체제를 채택하고 있다. 시장의 효율성을 최대한 활용하면서도 시장실패가 발생하는 영역에서는 정부가 보완적 역할을 수행하는 것이 현실적인 대안으로 인식되고 있다.

2) 계획경제체제

중앙계획경제체제(centrally planned economy) 또는 사회주의 경제체제는 정부가 모든 경제 활동을 계획하고 통제하는 시스템이다. 이 체제는 19세기 말 칼 마르크스의 사회주의이론에 기반하여 발전했으며, 20세기에 소련, 중국, 동유럽 국가들을 중심으로 실제로 구현되었다. 중앙계획경제는 시장 메커니즘의 한계와 자본주의체제의 모순을 해결하기 위한 대안적 경제 시스템으로 제시되었다.

(1) 중앙계획경제의 핵심 특징

중앙계획경제체제의 가장 기본적인 특징은 생산수단의 대부분이 국가 또는 집단 소유라는 점이다. 토지, 공장, 기계설비, 자연자원 등 주요 생산수단은 사적 개인이 아닌 국가나 집단체가 소유하며, 개인의 사유재산권은 일상생활에 필요한 소비재에 한해 제한적으로만 인정된다. 이러한 국유화 정책은 생산수단을 통한 자본가의 이윤추구를 원천적으로 차단하고, 사회 전체의 이익을 위해 자원을 활용하겠다는 사회주의적 이념에 기반한다. 국유화의 범위는 국가에 따라 다소 차이가 있었지만, 일반적으로 중요한 기간산업부터 시작하여 점진적으로 확대되는 방식을 취했다. 소련의 경우 1917년 혁명 이후 은행, 철도, 중공업을 시작으로 국유화를 추진했으며, 1928년부터는 농업집단화를 통해 농업 부문까지 국가의 통제하에 두었다. 이러한 국유화 정책은 자본가계급의 소멸과 계급 없는 사회 건설이라는 이념적 목표와 직결되어 있었다.

중앙계획경제에서는 시장의 수요와 공급에 의한 자원배분 대신, 정부가 국가 차원에서 모든 경제활동을 계획하고 조정한다. 이는 중앙계획위원회와 같은 전담기구를 통해 이루어지며, 생산 목표, 자원배분, 가격, 임금, 투자 방향 등 경제의 모든 측면이 계획의 대상이 된다. 가장 대표적인 형태는 5개년 계획으로, 장기적인 경제발전방향과 구체적인 생산 목표를 설정한다. 소련의 제1차 5개년 계획(1928~1932)은 중공업 우선 발전과 농업집단화를 통해 급속한 산업화를 추진했으며, 이후 다른 사회주의국가들이 이를 모델로 삼았다. 중국 역시 1953년부터 5개년 계획을 도입하여 현재까지도 국가 발전의 기본 틀로 활용하고 있다.

중앙계획의 장점은 국가 차원에서 우선순위를 정하고 자원을 집중적으로 배분할 수 있다는 점이다. 특히 후진국이 단기간에 산업화를 달성하거나, 전쟁이나 자연재해와 같은 비상 상황에서 국가의 역량을 결집해야 할 때 효과적일 수 있다. 그러나 동시에 계획 수립과 집행 과정에서 발생하는 정보의 비대칭성과 관료주의적 비효율성이라는 근본적인 문제를 안고 있다.

중앙계획경제체제는 소득불평등 해소와 사회적 평등을 핵심 목표로 설정한다. 이는 사회주의이념의 기본 원리인 "각자의 능력에 따라, 각자의 필요에 따라"라는 분배 원칙에 기반한다. 생산수단의 사회적 소유를 통해 자본에서 발생하는 이윤을 사회 전체가 공유하고, 계획적 분배를 통해 모든 사회 구성원의 기본적 필요를 충족시키고자 한다. 실제로 사회주의국가들은 무상교육, 무상의료, 완전고용 보장, 주택 공급 등을 통해 사회 구성원들의 기본적 생활을 보장하려고 노력했다. 소련의 경우 1960년대까지 상당한 수준의 사회보장제도를 구축했으며, 서구 자본주의국가들에 비해 상대적으로 낮은 소득불평등을 유지했다. 이러한 평등지향적 정책은 특히 교육과 의료 부문에서 상당한 성과를 거두었으며, 많은 사회주의국가들이 낮은 문맹율과 평균 수명을 달성할 수 있었다.

(2) 중앙계획경제의 성과와 한계

중앙계획경제체제는 역사적으로 몇 가지 중요한 성과를 보여주었다. 소득분배의 상대적 평등성은 가장 두드러진 특징 중 하나였다. 생산수단의 사회적 소유와 계획적 분배를 통해 극단적인 빈부격차를 방지하고, 모든 사회 구성원이 기본적인 생활 수준을 유지할 수 있도록 했다. 특히 교육, 의료, 주거 등 기본적 사회서비스를 국가가 책임지는 체계를 구축함으로써 사회적 안전망을 제공했다. 장기적이고 안정적인 경제계획 수립이 가능하다는 점도 중요한 장점이었다. 시장경제에서는 단기적 이윤추구로 인해 장기 투자가 소홀해질 수 있지만, 중앙계획경제에서는 국가가 장기적 관점에서 대규모 투자를 추진할 수 있었다. 소련의 급속한 중공업화나 중국의 인프라 건설 등이 대표적인 사례이다. 사회적 필수재의 안정적 공급도 중앙계획경제의 성과 중 하나였다. 식량, 주택, 의료, 교육 등 국민 생활에 필수적인 재화와 서비스를 시장 상황에 관계없이 안정적으로 공급할 수 있었다. 이는 경제 위기나 전쟁과 같은 비상 상황에서 특히 중요한 의미를 가졌다.

하지만 중앙계획경제체제는 근본적인 한계와 문제점들을 노출했다. 가장 심각한 문제는 효율적 자원배분의 어려움이었다. 중앙계획당국이 수많은 재화와 서비스의 적정 생산량과 가격을 정확히 계산하는 것은 사실상 불가능했으며, 이로 인해 만성적인 공급부족이나 과잉생산이 발생했다. 1980년대 소련에서 빵과 우유는 풍부했지만 고기와 과일은 부족했던 현상이 대표적이다. 기업과 개인의 혁신 동기 부족도 심각한 문제였다. 개인의 노력이나 성과가 개인적 보상으로 연결되지 않는 구조에서는 생산성 향상이나 기술 혁신에 대한 인센티브가 약할 수밖에 없었다. 이는 '소비에트 농담'에서도 잘 드러나는데, "그들이 임금을 주는 척하니까 우리도 일하는 척한다"는 말이 당시 상황을 잘 보여주고 있다. 소비자 선택권의 제한도 중요한 한계였다. 정부가 생산할 상품의 종류와 수량을 정하기 때문에 소비자들은 제한된 선택지 내에서만 선택할 수 있었다. 이는 소비자 만족도를 저하시키고 경제의 다양성과 창의성을 제약하는 요인이 되었다. 정보처리의 한계도 중앙계획경제의 근본적 문제 중 하나였다. 하이에크가 지적했듯이, 중앙당국이 사회 전체의 분산된 정보를 모두 수집하고 처리하는 것은 불가능하며, 이로 인해 비효율적인 의사결정이 불가피했다. 또한 관료주의적 비효율성과 부패도 시간이 갈수록 심화되어 체제의 정당성을 훼손하는 요인이 되었다.

이러한 한계들로 인해 1980년대 말부터 대부분의 사회주의국가들이 시장 메커니즘을 도입하는 개혁을 추진했다. 소련의 페레스트로이카, 중국의 개혁개방, 베트남의 도이모이 정책 등이 그 예이다. 현재 순수한 형태의 중앙계획경제를 유지하는 국가는 북한과 쿠바 정도이며, 이들 국가도 부분적으로 시장 요소를 도입하고 있는 상황이다.

3) 혼합경제체제

현실적으로 순수한 시장경제나 중앙계획경제를 채택하는 국가는 거의 없다. 대부분의 국가들은 시장 메커니즘과 정부 개입을 적절히 결합한 혼합경제체제(mixed economy)를 운영하고 있다. 혼합경제는 20세기 중반 케인즈 경제학의 영향과 두 차례 세계대전, 1929년 대공황의 경험을 통해 발전되었으며, 시장의 효율성과 정부의 안정성을 동시에 추구하는 현실적인 대안으로 자리잡았다.

(1) 혼합경제의 이론적 배경과 발전

혼합경제체제의 이론적 기초는 존 메이너드 케인즈의 『고용, 이자 및 화폐의 일반이론』(1936)에서 찾을 수 있다. 케인즈는 1929년 대공황을 통해 시장이 항상 완전고용 균형을 달성하지 못한다는 것을 입증했으며, 경기침체 시 정부의 적극적인 개입이 필요하다고 주장했다. 이는 아담 스미스 이래 지배적이었던 자유방임주의(laissez-faire) 정책에 대한 근본적인 도전이었다.

케인즈 이론은 정부가 재정정책과 통화정책을 통해 경기 변동을 조절하고 완전고용을 달성할 수 있다고 보았다. 특히 유효수요 부족으로 인한 경기침체 시에는 정부 지출 확대를 통해 총수요를 늘려야 한다고 강조했다. 이러한 케인즈주의 정책은 제2차 세계대전 이후 서구 선진국들의 경제정책 기조가 되었으며, 혼합경제체제의 이론적 토대를 제공했다. 또한 시장실패(market failure)이론의 발전도 혼합경제 정당화에 중요한 역할을 했다. 아서 피구(Arthur Pigou)가 제시한 외부효과(externality) 개념과 폴 사무엘슨(Paul Samuelson)의 공공재(public goods)이론은 시장 메커니즘만으로는 해결할 수 없는 영역이 존재함을 보여주었다. 이는 정부 개입의 경제학적 근거를 제공하고 혼합경제체제의 필요성을 뒷받침했다.

(2) 혼합경제의 핵심 특징과 정부 개입 영역

혼합경제체제에서는 기본적으로 시장 메커니즘에 의한 자원배분을 인정하면서도, 시장실패가 발생하는 영역에서는 정부가 적극적으로 개입한다. 이러한 정부 개입은 체계적이고 선택적으로 이루어지며, 시장의 효율성을 해치지 않으면서도 사회적 목표를 달성하고자 한다.

① 독과점 규제와 공정경쟁 정책

시장경제의 핵심인 자유경쟁이 제대로 작동하기 위해서는 독과점의 형성을 방지하고 공정한 경쟁 환경을 조성해야 한다. 정부는 독점금지법과 공정거래법을 통해 기업의 시장지배력 남용을 방지하고, 기업 결합과 인수합병을 규제한다. 미국의 셔먼법(Sherman Act, 1890)과 클레이턴법(Clayton Act, 1914)은 현대적 경쟁정책의 출발점이 되었으며, 이후 각국이 유사한 법제를 도입했다. 한국의 경우 1981년 독점규제 및 공정거래에 관한 법률을 제정하여 경제력 집중을 방지하고 공정한 거래질서를 확립하고자 했다. 특히 대기업집단에 대한 규제와 중소기업 보호정책을 통해 경제민주화를 추진하고 있다. 공정거래위원회는 기업의 불공정거래행위를 감시하고 시정조치를 취하며, 소비자 이익 보호와 경쟁 촉진을 위한 정책을 수립한다.

② 공공재의 공급과 사회간접자본 건설

공공재는 비경합성(non-rivalry)과 비배제성(non-excludability)의 특성을 가지고 있어 시장에서 적절히 공급되지 않는다. 국방, 치안, 사법, 기초과학연구 등은 대표적인 순수 공공재로서 정부가 직접 공급해야 한다. 또한 도로, 항만, 공항, 통신망 등 사회간접자본(infrastructure)은 경제 전체의 생산성 향상에 기여하지만 초기 투자비용이 크고 투자 회수 기간이 길어 민간 부문만으로는 충분히 공급되기 어렵다. 교육과 의료서비스는 준공공재(quasi-public goods)의 성격을 가지고 있다. 이들 서비스는 개인에게 직접적인 편익을 제공하지만 동시에 사회 전체에 긍정적 외부효과를 가져온다. 교육받은 시민은 개인의 소득증대뿐만 아니라 사회의 생산성 향상과 민주주의 발전에도 기여한다. 따라서 정부는 의무교육제도와 공교육 시스템을 통해 교육 서비스를 직접 공급하거나 보조금을 지원한다.

③ 외부효과의 내부화와 환경 정책

외부효과는 경제 주체의 행동이 제3자에게 의도하지 않은 편익이나 비용을 발생시키는 현상이다. 특히 부정적 외부효과인 환경오염은 시장 메커니즘만으로는 해결하기 어려운 대표적인 시장실패 사례이다. 기업이 생산 과정에서 발생시키는 대기오염이나 수질오염은 사회 전체에 비용을 부담시키지만, 기업은 이러한 사회적 비용을 고려하지 않고 생산량을 결정한다. 정부는 환경세(pigouvian tax), 배출권 거래제, 환경 규제 등을 통해 외부효과를 내부화한다. 탄소세나 배출권 거래제는 온실가스 배출에 따른 사회적 비용을 기업이 부담하도록 하여 친환경적 생산을 유도한다. 유럽연합의 배출권 거래제(EU ETS)와 한국의 K-ETS는 시장 메커니즘을 활용한 환경정책의 대표적 사례이다.

④ 소득재분배와 사회보장제도

시장경제에서는 개인의 능력과 기회의 차이로 인해 소득불평등이 발생할 수 있다. 혼합경제체제에서는 누진세제, 사회보험, 공공부조 등을 통해 소득재분배를 추진한다. 누진세제는 소득이 높을수록 더 높은 세율을 적용하여 세후 소득의 불평등을 완화한다. 사회보험은 국민연금, 건강보험, 고용보험, 산재보험 등을 통해 노령, 질병, 실업, 산업재해 등의 사회적 위험으로부터 국민을 보호한다. 북유럽 국가들의 포괄적 복지국가 모델은 높은 세율과 광범위한 사회보장제도를 통해 사회적 평등을 추구하는 대표적인 사례이다. 스웨덴의 경우 GDP 대비 사회복지 지출이 30%를 넘으며, 무상교육, 무상의료, 관대한 육아휴직제도 등을 통해 높은 수준의 사회적 평등을 달성하고 있다.

(3) 국가별 혼합경제의 다양한 모델

각 국가는 역사적, 문화적, 정치적 배경에 따라 서로 다른 형태의 혼합경제를 발전시켜 왔다. 이러한 차이는 정부와 시장의 역할분담, 복지제도의 규모, 노사관계의 특성 등에서 나타난다.

① 앵글로색슨 모델: 자유주의적 혼합경제

미국과 영국으로 대표되는 앵글로색슨 모델은 시장 메커니즘을 최대한 활용하면서 정부의 역할을 최소한으로 제한하는 자유주의적 혼합경제를 추구한다. 이 모델에서는 기업의 자유로운 활동을 보장하고 노동시장의 유연성을 중시한다. 복지제도는 상대적으로 제한적이며, 주로 최소한의 사회안전망 제공에 초점을 맞춘다. 미국은 세계에서 가장 자유로운 시장경제 중 하나로 평가받지만, 동시에 연방정부와 주정부가 독점규제, 금융규제, 환경규제 등을 통해 시장에 개입한다. 2008년 금융위기 당시 대형 금융기관들을 구제한 것은 정부의 적극적인 시장 개입의 사례이다. 영국 역시 1980년대 대처 정부의 민영화와 규제완화 정책 이후 시장친화적 정책을 추진하고 있지만, NHS(국민보건서비스)와 같은 사회주의적 요소도 유지하고 있다.

② 라인강 모델: 사회적 시장경제

독일과 프랑스로 대표되는 라인강 모델은 시장경제의 효율성과 사회적 연대를 결합한 사회적 시장경제(soziale marktwirtschaft)를 추구한다. 이 모델에서는 정부의 적극적인 경제 개입과 강력한 사회보장제도가 특징이다. 독일의 사회적 시장경제는 제2차 세계대전 이후 루드비히 에르하르트에 의해 도입되었으며, 자유로운 시장경제와 사회적 형평성을 동시에 추구한다. 독일은 강력한 노동조합과 경영진이 참여하는 공동결정제도(mitbestimmung)를 통해 노사 간 협력을 제도화했다. 또한 직업교육과 도제제도를 통해 숙련된 노동력을 양성하고 제조업 경쟁력을 유지하고 있다. 프랑스는 국가 주도의 경제계획과 대규모 국영기업을 통해 전후 경제 재건과 현대화를 추진했다. 비록

1980년대 이후 민영화가 진행되었지만, 여전히 정부의 경제적 역할이 상당히 크며, 포괄적인 사회보장제도를 유지하고 있다.

③ 동아시아 모델: 발전국가형 혼합경제

한국, 일본, 싱가포르 등 동아시아 국가들은 정부 주도의 경제발전정책을 통해 단기간에 경제성장을 달성한 발전국가(developmental state) 모델을 발전시켰다. 이 모델에서는 정부가 경제발전의 방향을 설정하고 전략 산업을 육성하는 적극적인 역할을 수행한다.

한국의 경우 1960년대부터 정부 주도의 수출 지향 공업화 정책을 통해 압축 성장을 이루어냈다. 과거 경제기획원과 같은 경제 관료 조직이 경제계획을 수립하고, 금융 시스템을 통해 전략 산업에 자금을 배분했다. 재벌 대기업과의 파트너십을 통해 중화학공업과 수출산업을 집중 육성했다. 1997년 외환위기 이후 시장 메커니즘을 확대하는 구조조정을 추진했지만, 여전히 정부의 경제적 역할이 상당히 크다. 현재 한국은 기본적으로 시장경제 원리를 따르면서도 교육, 의료, 사회보장 등의 영역에서는 정부의 역할이 큰 혼합경제체제를 운영하고 있다. 국민건강보험, 국민연금 등 사회보험제도가 발달했으며, 고등교육까지 상당 부분 정부가 지원한다. 또한 대기업집단에 대한 규제와 중소기업지원정책을 통해 경제 민주화를 추진하고 있다.

혼합경제체제는 시장의 효율성과 정부의 안정성을 결합한 현실적인 대안으로서, 각국의 특수한 상황에 맞게 다양한 형태로 발전하고 있다. 글로벌화와 기술 변화, 인구 고령화 등 새로운 도전에 직면하여 혼합경제의 모습도 지속적으로 변화하고 있으며, 이는 글로벌 마케팅 전략 수립에 중요한 고려사항이 되고 있다.

❖ **표 3-1** 경제시스템의 비교

구분	시장경제	중앙계획경제	혼합경제
자원배분 주체	시장(개인, 기업)	정부	시장 + 정부
소유권	사적 소유	국가 소유	사적 소유 + 공적 소유
가격결정	수요와 공급	정부 결정	시장 + 정부 규제
소득분배	시장 결과	정부 계획	시장 + 재분배 정책
대표 국가	미국, 영국	쿠바	한국, 독일, 프랑스

4) 경제 시스템과 글로벌 마케팅

글로벌 마케팅 관점에서 볼 때, 기업들은 진출하고자 하는 국가의 경제 시스템을 정확히 파악해야 한다. 경제 시스템에 따라 시장 진입방식, 투자 규모, 현지 파트너십 전략 등이 달라지기 때문이다. 특히 시장경제중심 국가에서는 경쟁력과 효율성이, 정부 개입이 큰 국가에서는 정부와의 관계와 규제 준수가 더욱 중요한 성공 요인이 된다.

(1) 시장경제국가에서의 마케팅 전략

시장경제가 발달한 국가에서는 소비자의 선택권이 넓고 경쟁이 치열하다. 따라서 기업들은 차별화된 제품과 서비스를 통해 경쟁우위를 확보해야 한다. 미국이나 독일과 같은 선진 시장경제국가에서는 기술 혁신, 품질 우수성, 브랜드가치 등이 핵심 경쟁 요소가 된다. 예를 들어, 삼성전자가 미국 스마트폰 시장에서 성공할 수 있었던 것은 애플과 차별화된 혁신적 기술과 디자인을 통해 소비자들의 선택을 받았기 때문이다. 시장경제국가에서는 정부 규제보다는 소비자 만족도와 시장 점유율이 성공의 핵심 지표가 된다.

(2) 중앙계획경제국가에서의 마케팅 전략

중앙계획경제체제나 정부 개입이 강한 국가에서는 정부의 정책 방향과 일치하는 사업 전략이 중요하다. 북한이나 쿠바와 같은 국가에서는 정부가 모든 경제활동을 통제하기 때문에, 정부 승인 없이는 시장 진입 자체가 불가능하다. 이러한 국가에서는 정부간 협정이나 국제기구를 통한 진출이 일반적이다. 중국의 경우 사회주의 시장경제를 표방하면서도 여전히 정부의 경제적 역할이 크다. 따라서 중국에 진출하는 글로벌기업들은 중국 정부의 정책 방향을 면밀히 분석해야 한다. 최근 중국 정부가 추진하는 '공동부유(共同富裕)' 정책이나 환경보호 정책에 부합하는 사업 모델을 제시하는 것이 성공의 열쇠가 될 수 있다.

(3) 혼합경제국가에서의 마케팅 전략

혼합경제국가에서는 시장 메커니즘과 정부 정책을 모두 고려한 균형잡힌 접근이 필요하다. 한국, 일본, 프랑스 등 혼합경제국가에서는 기업의 경쟁력과 동시에 사회적 책임도 중요하게 평가된다. 예를 들어, 유럽연합 국가들에 진출하는 기업들은 엄격한 환경 규제와 노동자 보호 정책을 준수해야 한다. 독일의 경우 재생에너지와 친환경 기술에 대한 정부 지원이 강하므로, 이 분야의 기술력을 보유한 기업들이 유리한 위치에 있다. 또한 노동조합의 영향력이 강한 국가에서는 노사관계 관리가 중요한 성공 요인이 된다.

(4) 경제 시스템 변화에 따른 전략 조정

글로벌 기업들은 진출국의 경제 시스템 변화에도 주의를 기울여야 한다. 베트남이나 인도와 같은 국가들은 과거 중앙계획경제에서 시장경제로 전환하는 과정에 있어, 기업들은 이러한 변화에 맞춰 전략을 조정해야 한다. 베트남의 도이모이(Đổi Mới) 정책 이후 많은 외국 기업들이 베트남에 진출했지만, 여전히 공산당의 정치적 통제가 강하므로 정치적 리스크 관리가 중요하다. 반면 인도는 1991년 경제 자유화 이후 시장경제 요소가 강화되었지만, 복잡한 연방제 구조와 다양한 주별 규제로 인해 현지화 전략이 특히 중요하다.

02 경제발전 단계

현대 글로벌 경제에서 국가들은 서로 다른 경제발전 단계에 위치하고 있으며, 이러한 차이는 글로벌 마케팅 전략 수립에 있어서 핵심적인 고려사항이다. 경제발전 단계는 단순히 소득 수준의 차이를 넘어서 경제구조, 산업발달 정도, 사회제도의 성숙도, 기술혁신 능력 등을 종합적으로 반영한다.

각국의 발전 단계에 따라 소비자의 구매력과 선호도, 유통 인프라의 발달 정도, 정부의 규제 환경과 정책 방향, 그리고 시장의 성장 잠재력이 현저히 달라진다. 예를 들어, 선진국 소비자들은 제품의 기능성뿐만 아니라 브랜드 가치나 환경 친화성을 중시하는 반면, 개발도상국 소비자들은 가격 대비 성능을 더 중요하게 여기는 경향이 있다.

국제사회에서는 이러한 경제발전의 차이를 체계적으로 분류하기 위해 다양한 기준을 사용하여 국가들을 선진국(developed countries), 신흥국(emerging economies), 개발도상국(developing countries)으로 구분한다. 이러한 분류는 학술적 연구의 목적뿐만 아니라 국제무역정책, 해외 직접투자 결정, 개발 원조 배분, 그리고 다자간 경제협력의 기준으로도 활용된다.

특히 글로벌 기업들에게는 이러한 발전 단계별 분류가 시장 진입 전략, 제품 개발 방향, 가격 정책, 유통채널 선택 등 모든 마케팅 의사 결정의 출발점이 된다. 따라서 각 발전 단계의 특징과 그에 따른 시장환경을 정확히 이해하는 것은 성공적인 글로벌 마케팅을 위한 필수조건이라 할 수 있다.

❖ **그림 3-2** 국가별 경제자유지수(2025년)

출처: Freedom House (2025). (https://freedomhouse.org/explore-the-map?type=all&year=2025)

1) 선진국

(1) 선진국의 정의와 기준

선진국(developed countries)은 높은 수준의 경제발전과 생활 수준을 달성한 국가들을 지칭한다. 선진국을 정의하는 명확하고 통일된 기준은 없지만, 일반적으로 다음과 같은 특징들을 종합적으로 고려하여 분류한다.

- 경제적 지표: 세계은행(World Bank) 기준으로 2023년 현재 1인당 국민총소득(GNI per capita)이 2만 달러 이상인 고소득 국가들이 선진국으로 분류되는 경우가 많다. 하지만 소득 수준만으로는 선진국을 완전히 정의할 수 없으며, 경제 구조의 고도화 정도도 중요한 기준이 된다. 선진국의 경제는 1차 산업(농업)과 2차 산업(제조업)의 비중이 상대적으로 낮고, 3차 산업(서비스업)과 4차 산업(지식기반 산업)의 비중이 높다. 미국의 경우 GDP에서 서비스업이 차지하는 비중이 80% 이상이며, 금융, 정보통신, 전문서비스 등 고부가가치 서비스업이 발달되어 있다.
- 사회적 지표: 유엔개발계획(UNDP)이 발표하는 인간개발지수(Human Development Index: HDI)도 선진국 판별의 중요한 기준이다. HDI는 기대수명, 교육 수준, 소득 수준을 종합하여 계산되며, 0.8 이상의 점수를 받는 국가들을 '매우 높은 인간개발 수준' 국가로 분류한다. 2023년 기준으로 아이슬란드(0.972), 스위스(0.970), 노르웨이(0.962) 등이 최상위권을 차지하고 있으며, 한국은 0.937로 20위를 기록했다.
- 기술적 지표: 세계지적재산권기구(WIPO)가 발표하는 글로벌 혁신지수(Global Innovation Index)나 세계경제포럼(WEF)의 글로벌 경쟁력 지수 등도 선진국의 특징을 보여주는 지표들이다. 선진국들은 연구개발(R&D) 투자 비중이 높고, 특허 출원 수가 많으며, 혁신적인 기업들이 많이 분포되어 있다.

(2) 주요 선진국 현황

- OECD 회원국: 경제협력개발기구(OECD) 회원국들이 일반적으로 선진국으로 인식된다. 2025년 현재 38개국이 OECD에 가입되어 있으며, 이들 국가들은 민주주의와 시장경제를 기반으로 하는 선진국 클럽의 성격을 갖고 있다.

- G7 국가들: 미국, 일본, 독일, 영국, 프랑스, 이탈리아, 캐나다는 세계 경제를 주도하는 주요 선진국들이다. 이들 국가는 세계 GDP의 약 40%를 차지하며, 국제 경제 정책에서 큰 영향력을 행사한다.
- 북유럽 국가들: 노르웨이, 스웨덴, 덴마크, 핀란드, 아이슬란드는 높은 소득 수준과 함께 사회복지제도가 잘 발달된 대표적인 선진국들이다. 이들 국가는 사회적 평등과 지속가능성을 중시하는 발전 모델을 보여준다.
- 아시아 선진국: 일본, 한국, 싱가포르, 대만, 홍콩 등은 아시아 지역의 대표적인 선진국 또는 선진경제체제로 분류된다. 특히 한국은 1960년대 최빈국에서 출발하여 50여 년 만에 선진국 대열에 합류한 유일한 사례로 주목받고 있다.

(3) 선진국의 특징과 마케팅 시사점

선진국 시장은 높은 구매력과 까다로운 소비자 요구로 특징지어진다. 소비자들은 단순히 제품의 기능만을 중시하는 것이 아니라 디자인, 브랜드 가치, 환경 친화성, 사회적 책임 등을 종합적으로 고려한다. 또한 선진국 시장은 규제가 까다롭고 표준이 높다. 유럽연합의 CE 마킹, 미국의 FDA 승인 등 엄격한 품질 및 안전기준을 충족해야 시장 진입이 가능하다. 하지만 이러한 높은 진입장벽을 넘어서면 안정적이고 수익성 높은 시장을 확보할 수 있다.

2) 신흥국

(1) 신흥국의 개념과 특징

신흥국(emerging economies) 또는 신흥시장국(emerging market countries)은 전통적인 개발도상국에서 선진국으로 이행하는 과정에 있는 국가들을 지칭한다. 이들 국가는 빠른 경제성장률, 산업화 진전, 시장경제 도입 등의 특징을 보이며, 글로벌 경제에서 그 중요성이 점점 커지고 있다.

신흥국의 핵심 특징은 높은 경제성장률이다. 일반적으로 연평균 GDP 성장률이 4~6% 이상을 기록하며, 이는 선진국의 2~3% 성장률을 크게 상회하는 수준이다. 이러한 고성장은 풍부한 노동력, 낮은 임금 수준, 외국인 직접투자 유입, 수출 증대 등에 기인한다.

또한 신흥국들은 급속한 도시화와 중산층 확대를 경험하고 있다. 농촌에서 도시로의 인구이동이 활발하게 진행되고 있으며, 이는 소비시장의 확대와 구조 변화로 이어진다. 중국의 경우 1980년 도시화율이 19.4%에 불과했지만 2020년에는 63.9%로 급증했다.

(2) 주요 신흥국 그룹

- BRICS 국가들: 브라질(Brazil), 러시아(Russia), 인도(India), 중국(China), 남아프리카공화국(South Africa)으로 구성된 BRICS는 가장 대표적인 신흥국 그룹이다. 이들 5개국은 세계 인구의 약 40%, 세계 GDP의 약 25%를 차지하며, 글로벌 경제성장의 주요 동력이 되고 있다.
- 중국: 세계 2위의 경제 대국으로 1978년 개혁개방 이후 연평균 9%가 넘는 고도성장을 지속해왔다. 최근에는 성장률이 다소 둔화되었지만 여전히 글로벌 제조업과 무역의 중심지 역할을 하고 있다.
- 인도: 세계 최대 인구국으로 젊은 인구 구조와 IT 서비스업의 발달이 특징이다. 2023년 기준 7% 이상의 경제성장률을 기록하며 세계에서 가장 빠르게 성장하는 대형 경제국이다.
- ASEAN 신흥국: 베트남, 태국, 말레이시아, 인도네시아, 필리핀 등 동남아시아 국가들도 중요한 신흥시장이다. 이들 국가는 중국의 임금 상승으로 제조업 생산기지가 이전되면서 새로운 성장 동력을 얻고 있다.
- 기타 신흥국: 멕시코, 터키, 폴란드, 체코, 칠레 등도 각 지역의 중요한 신흥국으로 분류된다. 이들 국가는 지역별 특성에 맞는 발전 모델을 보여주고 있다.

(3) 신흥국 시장의 기회와 도전

신흥국 시장은 글로벌 기업들에게 큰 기회를 제공한다. 빠른 경제성장과 중산층 확대로 인해 소비시장이 급속히 확대되고 있으며, 상대적으로 경쟁이 덜 치열하여 시장 점유율 확보가 용이할 수 있다. 또한 낮은 생산비용을 활용한 생산기지로서의 가치도 크다. 하지만 신흥국 시장은 동시에 여러 도전 과제도 안고 있다. 정치적 불안정, 환율변동성, 인프라 부족, 복잡한 규제 환경 등이 대표적인 리스크 요인들이다. 또한 소득 불평등이 심하여 시장이 계층별로 분절되어 있는 경우가 많다.

3) 개발도상국

(1) 개발도상국의 정의와 현황

개발도상국(developing countries)은 경제발전 수준이 상대적으로 낮지만 발전 가능성을 가진 국가들을 지칭한다. 세계은행 기준으로 1인당 GNI가 1,086~4,255달러인 중간소득국가와 1,085달러 이하인 저소득국가를 포함한다. 개발도상국들은 대부분 농업이나 원자재 수출에 의존하는 경제 구조를 가지고 있으며, 제조업과 서비스업의 발달이 상대적으로 미흡하다. 또한 교육 수준이 낮고 의료 시설이 부족하며, 사회간접자본이 충분히 구축되지 않은 특징을 보인다.

(2) 개발도상국의 분류

- 최빈개발도상국(LDCs): 유엔이 지정한 최빈개발도상국은 2023년 현재 46개국으로, 주로 아프리카와 아시아 지역에 분포하고 있다. 이들 국가는 1인당 GNI가 1,018달러 이하이며, 경제적 취약성과 인적자원 개발 수준이 낮은 특징을 보인다.
- 사하라 이남 아프리카: 에티오피아, 탄자니아, 우간다, 말리 등이 포함되며, 대부분 농업에 의존하는 경제 구조를 가지고 있다.
- 아시아 최빈국: 아프가니스탄, 방글라데시, 캄보디아, 라오스, 미얀마 등이 해당된다.
- 중간소득 개발도상국: 브라질, 멕시코, 아르헨티나, 남아프리카공화국 등 일정 수준의 경제발전을 이룬 국가들이다. 이들 국가는 신흥국으로 분류되기도 하지만, 여전히 소득불평등이나 인프라 부족 등의 문제를 안고 있다.

(3) 개발도상국 시장의 특징과 전략

개발도상국 시장은 낮은 구매력으로 인해 가격에 민감한 특성을 보인다. 따라서 기업들은 현지 소득 수준에 맞는 저가형 제품을 개발하거나, 기존 제품의 기능을 단순화한 제품을 출시하는 경우가 많다. 타타 자동차의 나노(Nano)나 샤오미의 저가형 스마트폰이 대표적인 사례이다. 또한 개발도상국에서는 인프라 부족으로 인해 유통채널이 제한적인 경우가 많다. 전통적인 소매점이나 재래시장이 여전히 중요한 유통채널이며, 온라인 쇼핑몰의 보급은 아직 초기 단계인 국가들이 많다. 따라서 현지 유통업체와의 파트너십이나 직접 판매 네트워크 구축이 중요하다.

03 경제지표의 이해

경제발전 단계를 정확히 파악하기 위해서는 먼저 각국의 경제 규모와 수준을 측정하는 기본적인 경제지표들을 이해해야 한다. 국제사회에서 가장 널리 사용되는 대표적인 경제지표는 국내총생산(GDP)과 국민총소득(GNI)이며, 이들 지표는 국가 간 경제력 비교와 발전 단계 분류의 기준이 되고 있다. 하지만 이러한 전통적인 경제지표들은 중요한 정보를 제공하는 동시에 여러 한계점도 가지고 있어, 종합적인 경제 분석을 위해서는 이들 지표의 특성과 한계를 정확히 이해할 필요가 있다.

1) 대표적인 경제지표

(1) 국내총생산

국내총생산(Gross Domestic Product: GDP)은 일정 기간(보통 1년) 동안 한 국가의 영토 내에서 생산된 모든 최종재화와 서비스의 시장가치를 합한 것이다. GDP는 '영토 기준(territorial principle)'을 적용하여, 국적에 관계없이 해당 국가 내에서 이루어진 모든 경제활동을 포함한다. 예를 들어, 한국에 있는 외국계 기업의 생산 활동은 한국의 GDP에 포함되지만, 해외에 있는 한국 기업의 생산 활동은 포함되지 않는다.

(2) 국민총소득

국민총소득(Gross National Income: GNI)은 한 국가의 국민이 국내외에서 벌어들인 모든 소득의 합계이다. GNI는 '국적 기준(nationality principle)'을 적용하여, 거주지에 관계없이 해당 국가 국민의 모든 경제활동에서 발생하는 소득을 포함한다. 따라서 해외에서 근무하는 한국인의 소득은 한국의 GNI에 포함되지만, 한국에서 근무하는 외국인의 소득은 포함되지 않는다. GNI는 과거 국민총생산(Gross National Product: GNP)과 개념적으로 유사하지만, 계산방식에서 약간의 차이가 있다. 1993년 유엔의 국민계정체계(system of national accounts) 개정 이후 GNP 대신 GNI가 표준지표로 사용되고 있다.

(3) GDP와 GNI의 차이점과 활용

GDP와 GNI의 차이는 '해외로부터의 순요소소득'이다. 이는 자국민이 해외에서 벌어들인 소득에서 외국인이 자국에서 벌어들인 소득을 뺀 것이다. 수식으로 표현하면 "GNI = GDP + 해외로부터의 순요소소득"이 된다. 대부분의 국가에서 GDP와 GNI는 비슷한 수준이지만, 해외 투자나 해외 근로자가 많은 국가에서는 상당한 차이를 보일 수 있다. 예를 들어, 룩셈부르크나 아일랜드처럼 다국적 기업의 유럽 본부가 많이 위치한 국가들은 GDP가 GNI보다 높게 나타나는 경향이 있다. 반면 필리핀이나 방글라데시처럼 해외 근로자의 본국 송금이 많은 국가들은 GNI가 GDP보다 높게 나타난다.

(4) 1인당 지표: 규모 vs 수준의 구분

GDP나 GNI의 절댓값은 한 국가의 경제 규모를 나타내지만, 국민 개개인의 생활 수준을 보여주지는 못한다. 예를 들어, 중국의 GDP는 한국보다 약 8배 크지만, 인구도 약 27배 많기 때문에 1인당 GDP로 계산하면 한국이 중국보다 3배 이상 높다. 이러한 이유로 경제발전 단계를 분류할 때는 주로 1인당 지표를 사용한다. 또한, 1인당 GDP는 해당 국가 내에서 창출되는 부가가치를 인구수로 나눈 것으로, 그 국가의 생산성 수준을 나타낸다. 반면 1인당 GNI는 그 국가 국민 개인이 평균적으로 얻을 수 있는 소득 수준을 보여준다. 세계은행은 1인당 GNI를 기준으로 국가들을 저소득국(1,085달러 이하), 중간소득국(1,086~13,845달러), 고소득국(13,846달러 이상)으로 분류한다.

글로벌 마케팅 관점에서 GDP는 해당 국가 내 시장의 규모를 파악하는 데 유용하고, GNI는 그 국가 국민들의 실제 소득 수준을 이해하는 데 더 적합하다고 할 수 있다. 특히, 글로벌 기업의 관점에서 경제 규모는 전체 시장의 크기를, 1인당 소득은 개별 소비자의 구매력을 의미한다. 중국이나 인도처럼 경제 규모는 크지만 1인당 소득이 상대적으로 낮은 국가에서는 대중시장을 겨냥한 저가제품이, 스위스나 노르웨이처럼 1인당 소득이 높은 국가에서는 프리미엄 제품이 더 적합할 수 있다.

(5) GDP와 GNI의 한계점

① 정적 특성(시점 기준)의 문제

GDP와 GNI는 특정 시점의 경제 상황을 보여주는 정적인 지표이다. 이들 지표는 한 해 동안의 경제 성과를 측정하지만, 경제의 동적인 변화나 성장 추세를 직접적으로 보여주지는 못한다. 예를 들어, 2021년 기준으로 한국과 스페인의 1인당 GDP는 비슷한 수준이지만, 한국은 빠른 성장세를 보이는 반면 스페인은 상대적으로 정체되어 있어 미래 전망이 다르다. 또한 GDP는 경기변동의 영향을 크게 받는다. 2020년 코로나-19로 인해 많은 국가들이 마이너스 성장을 기록했지만, 이것이 해당 국가들의 장기적인 경제 역량이 퇴보했다는 의미는 아니다. 따라서 경제발전 단계를 판단할 때는 단일 연도의 지표보다는 여러 해에 걸친 추세를 종합적으로 고려해야 한다.

② 물가 수준 미반영의 문제

명목 GDP나 GNI는 각국의 물가 수준 차이를 반영하지 못한다는 근본적인 한계가 있다. 같은 1달러라도 미국에서의 구매력과 인도에서의 구매력은 크게 다르다. 인도의 1인당 GNI가 미국의 1/20 수준이라고 해서 인도 국민의 실제 생활 수준이 미국 국민의 1/20에 불과하다고 볼 수는 없다. 이러한 문제는 특히 개발도상국의 경제력을 과소평가하는 결과를 낳는다. 개발도상국은 일반적으로 선진국보다 물가 수준이 낮기 때문에, 명목환율로 계산한 소득보다 실제 구매력이 높을 수 있다. 예를 들어, 방글라데시에서 1달러로 살 수 있는 상품의 양은 미국에서 1달러로 살 수 있는 상품의 양보다 훨씬 많다.

③ 분배 상황 무시의 문제

GDP와 GNI는 경제의 총량만을 측정할 뿐, 소득이 어떻게 분배되어 있는지는 보여주지 못한다. 1인당 GDP가 높다고 해서 모든 국민이 높은 소득을 누리는 것은 아니며, 소수가 대부분의 부를 독점하고 있을 수도 있다. 극단적인 예로, 인구 100명 중 1명이 연간 100만 달러를 벌고 나머지 99명이 연간 1만 달러를 버는 것과 인구 100명이 모두 연간 10만 9천 달러를 번다고 할 때 두 경우의 1인당 소득은 같다. 하지만 실제 소비시장의 구조는 완전히 다르다. 전자의 경우 극소수를 위한 초고가시장과 대다수를 위한 저가시장으로 분절되지만, 후자의 경우 균질한 중산층시장이 형성된다.

아프리카나 라틴아메리카의 많은 국가들이 이러한 문제를 보여주는 대표적인 사례이다. 남아프리카공화국의 1인당 GDP는 중간소득국 수준이지만, 지니계수가 0.63으로 세계에서 가장 불평등한 국가 중 하나이다. 이는 소수의 부유층과 다수의 빈곤층으로 시장이 양극화되어 있음을 의미한다.

이러한 한계점들로 인해 GDP나 GNI만으로는 한 국가의 진정한 경제발전 수준이나 국민의 삶의 질을 정확히 파악하기 어렵다. 특히 시장의 역동성, 실질구매력, 소득분포 등을 종합적으로 고려해야 한다. 이러한 필요성에 따라 구매력평가(PPP) 조정지표, 경제성장률, 소득분배지표, 그리고 인간개발지수(HDI) 등 다양한 보완 지표들이 개발되어 활용되고 있다.

2) 보완지표

전통적인 GDP와 GNI 지표의 한계를 극복하기 위해 경제학자들과 국제기구들은 다양한 보완지표들을 개발해왔다. 이러한 보완지표들은 물가 수준의 차이, 경제의 동적 변화, 소득분배 상황 등을 반영하여 각국의 경제발전 수준을 보다 정확하고 종합적으로 평가할 수 있게 해준다. 특히 글로벌 마케팅 관점에서 이러한 보완지표들은 시장의 실질적 잠재력과 소비 패턴을 이해하는 데 핵심적인 정보를 제공한다.

(1) 구매력평가: 실절적 생활수준 측정

구매력평가(Purchasing Power Parity: PPP)는 각국의 물가 수준 차이를 조정하여 실질적인 경제 규모와 생활 수준을 비교할 수 있게 해주는 방법이다. PPP의 기본 아이디어는 동일한 재화와 서비스가 환율을 고려했을 때 모든 국가에서 같은 가격을 가져야 한다는 '일물일가의 법칙(law of one price)'에서 출발한다.

명목환율로 계산한 경제지표는 각국의 실질적인 구매력을 제대로 반영하지 못하는 경우가 많다. 예를 들어, 2024년 기준으로 인도의 1인당 GNI는 명목환율 기준으로 약 2,731달러이지만, PPP 기준으로는 약 11,110달러로 4배 이상 높게 나타난다. 이는 인도의 물가 수준이 미국보다 현저히 낮기 때문에 같은 금액으로도 더 많은 재화와 서비스를 구매할 수 있기 때문이다.

PPP 환율은 각국에서 동일한 재화와 서비스 묶음(바스켓)을 구매하는 데 필요한 비용을 비교하여 계산된다. 국제비교프로그램(International Comparison Program: ICP)에서는 155개 기본 항목으로 구성된 표준 바스켓을 사용하여 전 세계 약 180개국의 PPP 환율을 3년마다 조사한다. 가장 간단하고 널리 알려진 PPP 지표는 영국의 경제전문지 『이코노미스트』가 1986년부터 발표하고 있는 빅맥지수(Big Mac Index)이다. 이는 맥도널드의 빅맥 햄버거 가격을 기준으로 각국의 환율이 적정 수준인지를 평가하는 지표로, PPP의 개념을 쉽게 이해할 수 있게 해준다. 2024년 기준으로 미국에서 빅맥 한 개의 가격은 5.79달러인 반면, 중국에서는 24.4위안(약3.52달러)이다. 이를 바탕으로 계산한 PPP 환율은 1달러당 4.38위안이 되며, 이는 실제 환율인 7.07위안보다 낮아 위안화가 저평가되어 있음을 시사한다.

PPP 조정지표는 글로벌 기업들이 각국 시장의 실질적 잠재력을 평가하는 데 매우 유용하다. 명목 GDP만 보면 작아 보이는 시장도 PPP 기준으로는 상당한 규모일 수 있다. 중국의 경우 2024년 PPP 기준으로는 미국을 앞선 세계 최대 경제국이다. 또한 PPP는 적정가격 수준을 결정하는 데도 도움이 된다. 글로벌 기업들은 PPP 조정 소득을 참고하여 현지 구매력에 맞는 가격 전략을 수립할 수 있다. 예를 들어, 애플은 인도에서 아이폰의 현지 조립을 통해 가격을 낮추고, 구형 모델을 지속 판매하여 현지 구매력에 맞는 제품 포트폴리오를 구성하고 있다.

(2) 경제성장률: 동적 변화 파악

경제성장률은 일정 시간 동안 한 국가의 경제 규모가 얼마나 증가했는지를 백분율로 나타낸 지표이다. 일반적으로 실질 GDP 성장률을 의미하며, 물가상승분을 제거한 실질적인 경제 활동의 증가를 측정한다. 경제성장률은 다음과 같은 공식으로 계산된다.

$$경제성장률 = (당년도\ 실질\ GDP - 전년도\ 실질\ GDP) / 전년도\ 실질\ GDP \times 100$$

경제성장률은 한 국가의 경제 역동성과 미래 잠재력을 파악하는 핵심 지표이다. 높은 성장률을 지속하는 국가는 소득 수준이 빠르게 향상되고 시장 규모가 확대되어 글로벌 기업들에게 매력적인 투자 대상이 된다.

경제성장률은 국가의 발전 단계에 따라 다른 패턴을 보인다. 일반적으로 개발도상국은 5~10%의 높은 성장률을 기록하는 반면, 선진국은 2~4%의 안정적인 성장률을 유지한다. 이는 경제발전의 수렴이론(convergence theory)으로 설명할 수 있는데, 소득 수준이 낮은 국가일수록 선진국의 기술과 제도를 도입하여 빠른 성장이 가능하지만, 소득 수준이 높아질수록 성장률은 점차 둔화된다는 것이다. 예를 들어, 한국은 1960~1990년대에 연평균 8~9%의 고도성장을 기록했지만, 2000년대 이후에는 3~4% 수준으로 성장률이 둔화되었다. 반면 중국은 1980년대부터 2010년대까지 연평균 9% 이상의 고도성장을 지속했지만, 최근에는 6~7% 수준으로 성장률이 낮아지고 있다.

경제성장률을 분석할 때는 몇 가지 주의사항이 있다. 첫째, 단기적 변동에 지나치게 의존해서는 안 된다. 2020년 코로나-19로 인해 대부분의 국가가 마이너스 성장을 기록했지만, 이는 일시적 충격으로 장기적 성장 잠재력과는 구별해서 봐야 한다. 둘째, 기저효과(base effect)를 고려해야 한다. 경제 규모가 작은 국가는 작은 절대적 증가로도 높은 성장률을 기록할 수 있다. 예를 들어, 에티오피아가 연 10% 성장한다고 해서 미국이 연 3% 성장하는 것보다 경제적 성과가 좋다고 단순히 판단할 수는 없다.

경제성장률은 미래 시장 잠재력을 예측하는 중요한 지표이다. 높은 성장률을 지속하는 국가는 소득증가로 인해 소비 패턴이 빠르게 고도화되고, 새로운 제품과 서비스에 대한 수요가 급증한다. 베트남이나 방글라데시처럼 6~7%의 높은 성장률을 기록하는 국가들은 향후 10~20년 내에 중산층이 크게 확대될 것으로 전망되어 글로벌 기업들의 주목을 받고 있다.

(3) 지니계수: 소득분배 상황

지니계수(Gini coefficient)는 이탈리아 통계학자 코라도 지니(Corrado Gini)가 1912년 개발한 소득불평등 측정지표이다. 지니계수는 0에서 1 사이의 값을 가지며, 0에 가까울수록 평등하고 1에 가까울수록 불평등하다는 것을 의미한다. 때로는 0~100 사이의 백분율로 표시하기도 한다. 지니계수는 로렌츠 곡선(Lorenz curve)을 기반으로 계산된다. 로렌츠 곡선은 인구의 누적 비율을 x축에, 소득의 누적 비율을 y축에 놓고 그린 곡선으로, 완전평등선(45도선)과 로렌츠 곡선 사이의 면적을 완전평등선 아래 전체 면적으로 나눈 값이 지니계수가 된다.

2023년 기준으로 세계에서 가장 평등한 국가는 슬로베니아(지니계수 0.244)이고, 가장 불평등한 국가는 남아프리카공화국(0.630)이다. 일반적으로 북유럽 국가들은 0.25~0.30 수준의 낮은 지니계수를 보이는 반면, 아프리카와 라틴아메리카 국가들은 0.40~0.60 수준의 높은 지니계수를 기록한다. 한국의 지니계수는 0.354(2020년 기준)로 OECD 평균(0.315)보다 다소 높지만, 미국(0.390)이나 일본(0.334)과 비슷한 수준이다. 중국의 경우 0.465로 상당히 높은 불평등을 보이고 있으며, 이는 급속한 경제성장 과정에서 지역 간, 계층 간 격차가 확대되었기 때문이다.

소득분배 상황은 글로벌 마케팅 전략 수립에 중요한 영향을 미친다. 지니계수가 높은 국가에서는 시장이 고소득층과 저소득층으로 양극화되어 있어 중간 가격대의 제품보다는 프리미엄 제품과 저가제품이 더 잘 팔리는 경향이 있다. 이를 '모래시계 경제(hourglass economy)' 또는 '바벨 전략(barbell strategy)'이라고 부른다. 예를 들어, 브라질(지니계수 0.489)에서는 명품 브랜드와 저가 브랜드가 모두 잘 팔리지만 중간 가격대 브랜드는 고전하는 경우가 많다. 반면 독일(지니계수 0.298)처럼 소득분배가 비교적 평등한 국가에서는 중간 가격대의 제품이 큰 시장을 형성한다. 경제학자 쿠즈네츠는 '경제가 발전하면 불평등은 초기에 증가하다가 후에 완화된다'는 쿠즈네츠 곡선을 제시했다. 하지만 최근 연구는 이 가설이 항상 성립하지 않음을 보여주며, 선진국에서도 불평등이 심화되는 경향이 나타나고 있다. 이는 글로벌 마케팅 전략 수립 시, 시장 구조의 변화를 동적으로 파악할 필요가 있음을 보여준다.

PPP, 경제성장률, 지니계수 등의 보완지표들은 각각 경제의 다른 측면을 보여준다. PPP는 실질적 구매력을, 경제성장률은 역동성을, 지니계수는 소득분배 상황을 나타낸다. 글로벌 마케팅 전략을 수립할 때는 이러한 지표들을 종합적으로 고려하여 각 시장의 특성을 정확히 파악해야 한다. 예를 들어, 인도는 높은 경제성장률(7%)과 큰 경제규모(PPP 기준 세계 3위)를 보이지만 높은 소득불평등(지니계수 0.357)로 인해 시장이 분절되어 있다. 따라서 인도 시장에 진출하는 기업들은 고소득층을 대상으로 한 프리미엄 전략과 저소득층을 대상으로 한 가격 경쟁 전략을 동시에 고려해야 한다.

3) 종합적 발전 지표

(1) GDP 중심 발전의 문제

제2차 세계대전 이후 국제사회는 경제성장을 발전의 동의어로 여기는 경향이 강했다. 이러한 사고방식하에서 한 국가의 발전 수준은 주로 GDP나 1인당 소득으로 측정되었고, 정책의 우선순위도 경제성장률 제고에 맞춰졌다. 이른바 '낙수효과(trickle-down effect)'이론에 따라 경제가 성장하면 그 혜택이 자동적으로 모든 계층에게 전달될 것이라고 믿었다. 그러나 1970년대부터 이러한 GDP 중심의 발전관에 대한 의문이 제기되기 시작했다. 많은 개발도상국들이 상당한 경제성장을 이루었음에도 불구하고 빈곤, 불평등, 문맹, 질병 등의 문제가 해결되지 않았기 때문이다. 브라질의 경우 1960~1980년대에 연평균 7% 이상의 고도성장을 기록했지만, 소득불평등은 오히려 심화되었고 빈곤층의 삶의 질은 크게 개선되지 않았다.

(2) 삶의 질에 대한 관심 증대

1970년대 들어 서구 선진국에서도 경제성장의 한계에 대한 인식이 확산되기 시작했다. 로마클럽의 『성장의 한계(The Limits to Growth)』 보고서는 무한한 경제성장이 환경파괴와 자원 고갈을 초래할 수 있다고 경고했다. 또한 리처드 이스털린(Richard Easterlin)의 연구는 일정 수준 이상의 소득에서는 소득증가가 행복이나 만족도 증가로 이어지지 않는다는 '이스털린 역설(Easterlin paradox)'을 제시했다. 이러한 배경하에서 발전의 목표가 단순한 경제적 풍요가 아니라 인간의 복지와 삶의 질 향상이어야 한다는 인식이 확산되었다. 교육, 보건, 환경, 인권, 성평등 등 경제적 지표로는 측정할 수 없는 가치들의 중요성이 부각되기 시작했다. 또한, 아마르티아 센(Amartya Sen)은 1998년 노벨경제학상을 수상한 인도 출신의 경제학자로, 발전경제학과 복지경제학 분야에서 혁신적인 이론을 제시했다. 그의 가장 중요한 기여 중 하나는 '역량접근법(Capability Approach)'이다. 역량접근법의 핵심은 개인의 복지를 소득이나 재화의 소유가 아닌, 그 사람이 실제로 달성할 수 있는 '기능(functionings)'과 '역량(capabilities)'으로 평가해야 한다는 것이다. 기능이란 개인이 실제로 하고 있거나 되고 있는 상태(being and doing)를 의미하며, 역량은 개인이 달성할 수 있는 다양한 기능들의 집합을 뜻한다. 예를 들어,

영양상태가 좋은 것, 교육을 받는 것, 정치적 참여를 하는 것, 사회적 관계를 맺는 것 등이 모두 중요한 기능들이다. 같은 소득을 가진 두 사람이라도 나이, 성별, 건강상태, 사회적 환경 등에 따라 이러한 기능들을 달성할 수 있는 역량이 다를 수 있다. 따라서 진정한 평등은 소득의 평등이 아니라 역량의 평등이어야 한다는 것이 센의 주장이다.

(3) 국제기구의 역할

유엔을 비롯한 국제기구들도 이러한 패러다임 변화에 중요한 역할을 했다. 1972년 스톡홀름 유엔인간환경회의는 환경과 발전의 관계에 대한 국제적 관심을 불러일으켰고, 1987년 브룬트란트 위원회의 『우리 공동의 미래(Our Common Future)』는 지속가능 발전의 개념을 제시했다. 1990년 UNDP는 『인간개발보고서(Human Development Report)』를 처음 발간하며 HDI를 도입했다. 이는 마흐부브 울 하크(Mahbub ul Haq)와 아마르티아 센의 이론을 바탕으로 사람들의 선택 기회를 확장하는 것을 발전의 핵심으로 제시한 것이다.

(4) 인간개발지수(HDI)의 구성과 의미

HDI는 건강(출생 시 기대수명), 교육(평균 교육연수와 기대 교육연수), 적정한 생활수준(1인당 GNI, PPP 기준)의 세 가지 차원을 바탕으로 구성된다. 이 세 지표는 각각 0~1 사이의 지수로 환산된 후 기하평균으로 통합된다. 2023년 기준 HDI 상위국가는 아이슬란드(0.972), 스위스(0.970), 노르웨이(0.962) 등이 최상위권을 차지하고 있으며, 한국은 0.937로 20위를 기록했다. 가장 낮은 국가는 남수단(0.388), 소말리아(0.404), 중앙아프리카공화국(0.404) 등이다.

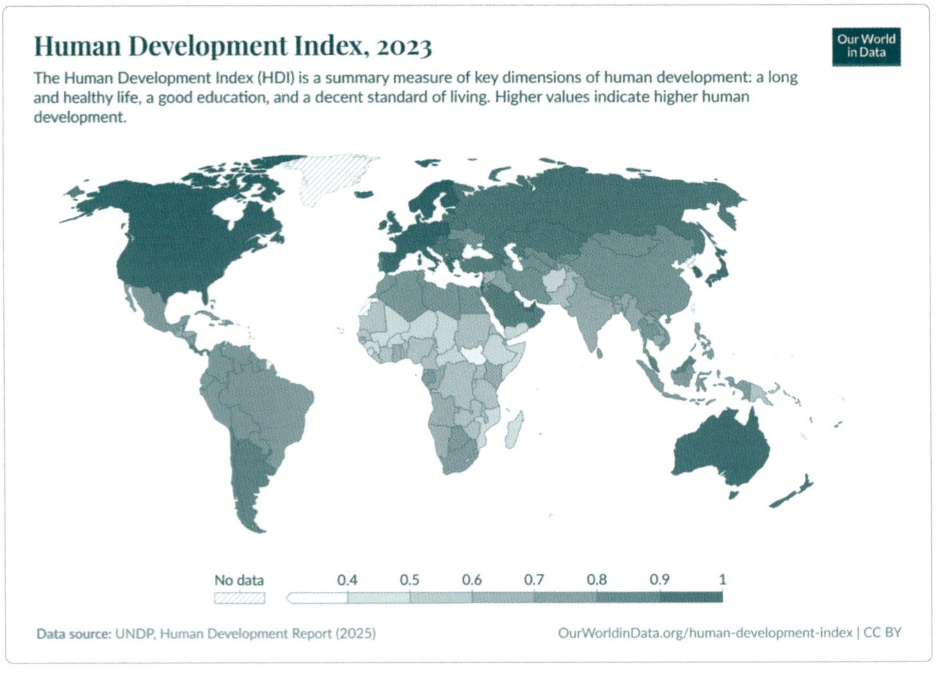

❖ **그림 3-3** 세계 인간개발지수 분포도

출처: Our World in Data (2025). (https://ourworldindata.org/human-development-index)

4) 경제 위험 요소

글로벌 경제 환경을 이해하는 데 있어서 각국의 발전 단계와 경제지표만큼 중요한 것이 경제적 위험 요소들이다. 이러한 위험 요소들은 단기적으로 경제 상황을 급변시킬 수 있으며, 글로벌 기업의 마케팅 전략과 투자 결정에 직접적인 영향을 미친다. 특히 인플레이션, 실업, 환율변동과 같은 거시경제적 불안정 요인들은 시장의 구매력과 소비 패턴을 크게 좌우하므로, 이에 대한 정확한 이해와 분석이 필요하다.

(1) 인플레이션

인플레이션(inflation)은 일반적인 물가 수준이 지속적으로 상승하는 현상을 의미한다. 즉, 화폐의 구매력이 시간에 따라 감소하는 것으로, 같은 금액으로 구매할 수 있는 재화와 서비스의 양이 줄어드는 것을 뜻한다. 인플레이션은 보통 소비자물가지수(Consumer Price Index: CPI)의 변화율로 측정되며, 다음과 같은 공식으로 계산된다.

$$인플레이션율 = (당년도\ CPI - 전년도\ CPI) / 전년도\ CPI \times 100$$

소비자물가지수는 일반 가계가 일상생활에서 구입하는 대표적인 상품과 서비스의 가격 변동을 측정하는 지표이다. 한국의 경우 식료품, 주류 및 담배, 의류, 주거, 가계용품, 보건, 교통, 통신, 오락 및 문화, 교육, 음식 및 숙박, 기타 상품 및 서비스 등 12개 대분류, 482개 품목으로 구성되어 있다.

인플레이션의 원인과 유형은 첫째, 수요 견인 인플레이션(demand-pull inflation)이다. 총수요가 총공급을 초과할 때 발생하는 인플레이션이다. 경기 호황으로 소비와 투자가 급증하거나, 정부의 확장적 재정정책이나 통화정책으로 인해 시장에 유동성이 과도하게 공급될 때 나타난다. 2020~2022년 코로나-19 팬데믹 기간 중 각국 정부의 대규모 경기부양책과 공급망 차질이 결합되어 발생한 인플레이션이 대표적인 예이다. 둘째, 비용 상승 인플레이션(cost push inflation)이다. 이는 생산비용의 상승으로 인해 발생하는 인플레이션이다. 원자재 가격 상승, 임금 인상, 에너지 가격 급등 등이 주요 원인이 된다. 1970년대 두 차례의 석유 파동으로 인한 스태그플레이션(stagflation)이나, 2021~2022년 러시아-우크라이나 전쟁으로 인한 에너지 및 곡물 가격 급등이 이에 해당한다. 마지막으로 구조적 인플레이션(structural inflation)은 개발도상국에서 주로 나타나는 현상으로, 경제 구조의 불균형으로 인해 발생한다. 농업 부문의 생산성이 낮아 식량 공급이 수요에 못 미치거나, 수입 의존도가 높아 환율변동에 민감하게 반응하는 경우가 해당된다.

인플레이션의 경제적에 미치는 영향은 첫째, 구매력 감소와 소비 패턴 변화으로 나타난다. 인플레이션이 발생하면 명목소득이 동일하더라도 실질소득은 감소한다. 이는 소비자들의 구매력을 직접적으로 약화시키며, 특히 고정소득층과 저소득층에게 더 큰 타격을 준다. 소비자들은 가격 상승에 대응하여 소비를 줄이거나 저가제품으로 대체하는 경향을 보인다. 예를 들어, 2021~2022년 글로벌 인플레이션 시기에 많은 소비자들이 브랜드 제품에서 저가형 제품으로, 외식에서 집밥으로 소비 패턴을 변화시켰다. 이는 글로벌 기업들로 하여금 가격 전략을 재검토하고 가성비 중심의 제품 라인을 강화하도록 만들었다. 둘째, 불확실성 증대와 투자 위축이다. 높은 인플레이션은 미래에 대한 불확실성을 증가시켜 기업의 투자 결정을 어렵게 만든다. 실질금리가 하락하여 저축 동기가 약화되고, 투기적 행동이 증가할 수 있다. 또한 장기계약의 경우 인플레이션으로 인한 손실을 우려하여 계약 기간이 단축되거나 물가연동조항이 포함되는 경우가 많아진다. 셋째, 소득재분배 효과이다. 인플레이션은 채무자에게는 유리하고 채권자에게는 불리한 영향을 미친다. 명목부채는 그대로인 반면 화폐가치가 하락하기 때문이다. 하지만 이러한 효과는 소득계층별로 다르게 나타나는데, 일반적으로 저소득층이 생필품 가격 상승에 더 민감하게 반응한다.

(2) 실업률

실업률(unemployment rate)은 경제활동인구 중에서 일할 의사와 능력이 있음에도 불구하고 일자리를 구하지 못한 사람들의 비율을 나타낸다. 국제노동기구(ILO) 기준에 따라 다음과 같이 계산된다.

실업률 = (실업자 수 / 경제활동인구) × 100

여기서 경제활동인구는 15세 이상 인구 중 취업자와 실업자를 합한 것이며, 실업자는 ① 일할 능력과 의사가 있고, ② 적극적으로 구직활동을 하고 있으며, ③ 즉시 취업이 가능한 사람으로 정의된다. 실업의 경제사회적 영향은 첫째, 개인적 차원의 영향으로 실업은 소득상실로 인한 직접적인 경제적 타격뿐만 아니라 자존감 저하, 우울감, 사회적 고립 등 심리적 영향도 크다. 장기실업자의 경우 기술 및 네트워크의 퇴화로 인해 재취업이 더욱 어려워지는 악순환에 빠질 수 있다. 둘째, 사회적 차원의 영향으로 높은 실업률은 사회 전체의 생산성을 저하시키고 사회보장비용을 증가시킨다. 특히 청년실업률이 높을 경우 사회 불안과 정치적 불안정을 야기할 수 있다. 2010년대 아랍 지역의 민주화운동인 '아랍의 봄'도 높은 청년실업률이 중요한 배경 중 하나였다.

(3) 경제고통지수

경제고통지수(misery index)는 미국의 경제학자 아서 오쿤(Arthur Okun)이 1970년대에 개발한 지표로, 인플레이션율과 실업률을 단순 합산하여 국민이 체감하는 경제적 고통의 정도를 측정한다.

경제고통지수 = 인플레이션율 + 실업률

이 지수는 경제 상황을 하나의 숫자로 간단하게 표현할 수 있어 정치적으로도 많이 활용된다. 일반적으로 지수가 10 이하면 양호, 10~20은 보통, 20 이상이면 심각한 상황으로 평가된다.

2023년 기준으로 주요국의 경제고통지수를 살펴보면, 베네수엘라(1,746), 레바논(327), 수리남(123) 등이 극도로 높은 수치를 기록하고 있다. 반면 스위스(4.2), 일본(5.1), 싱가포르(5.8) 등은 낮은 수치를 보인다. 한국의 경우 2023년 인플레이션율 3.6%, 실업률 2.9%로 경제고통지수는 6.5 수준이다. 이는 OECD 평균보다 낮은 양호한 수준이지만, 체감 물가상승률이나 청년실업률을 고려하면 실제 국민이 느끼는 고통은 더 클 수 있다.

(4) 환율

환율(exchange rate)은 한 국가의 화폐를 다른 국가의 화폐로 교환할 때의 비율을 의미한다. 즉, 외국 화폐 1단위를 자국 화폐로 표시한 가격이다. 환율 표시에는 두 가지 방법이 있다. 직접표시법(direct quotation)은 외국 화폐 1단위를 자국 화폐로 표시하는 방법이다. 한국에서 사용하는 방식으로, USD/KRW 1,300원은 1달러를 1,300원으로 교환한다는 의미이다.

다음은 간접표시법(indirect quotation):으로 자국 화폐 1단위를 외국 화폐로 표시하는 방법이다. 영국에서 주로 사용하며, GBP/USD 1.25는 1파운드를 1.25달러로 교환한다는 의미이다.

환율변동은 수출입 경쟁력에 직접적인 영향을 미친다. 자국 화폐 약세는 수출 가격 경쟁력을 높이고 수입품 가격을 상승시킨다. 반대로 자국 화폐 강세는 수출 경쟁력을 약화시키지만 수입 비용은 절감시킨다. 또한, 환율변동은 수입 물가를 통해 국내 물가에 영향을 미친다. 원화 약세 시 수입 원자재와 에너지 가격이 상승하여 생산비용이 증가하고, 이는 최종적으로 소비자물가 상승으로 이어진다.

Brief Case 수요둔화 · 원자재값 상승 · 물류비 증가 … 삼성 · LG 울리는 3대 리스크

삼성전자와 LG전자가 나란히 2021년 3분기 최대 실적을 거뒀지만 예전과 달리 불안한 전망을 숨기지 않았다. 양사는 실적 설명자료에 '불확실성', '리스크' 등의 단어를 곳곳에 배치했다. 글로벌 공급망 문제로 반도체 제품 수요가 원활하게 확대되고 있지 못하고 있는데다, 원자재값 상승 · 물류비 증가 등 인플레이션 우려가 지속적으로 리스크 요인으로 작용하고 있기 때문이다.

▶ 구매자 우위 시장으로 전환 … "협상 난이도 높아졌다"

삼성전자의 3분기 최대 실적의 일등공신은 당연히 반도체다. '삼성전자'가 아닌 '삼성반도체'라는 말이 나올 정도로 영업이익의 63.5%를 차지했다. 하지만 반도체 둔화 우려가 커지면 삼성전자 전체 실적도 하락할 수밖에 없는 상황이다.

삼성전자는 과거와 달리 내년도 메모리반도체 시황에 대해 구체적인 언급을 하지 못했다. 한진만 삼성전자 메모리 전략마케팅실장(부사장)은 이날 실적발표 컨퍼런스콜에서 "코로나-19 일상 회복 영향, 부품 수급 및 원자재 가격 상승 등 거시적 요인으로 내년 메모리 시황에 대한 불확실성이 아주 크다"는 말로 대신했다 .

그간 삼성전자는 여전히 메모리 수요가 건재하다는 자신감을 보여왔다. 삼성전자가 주력하는 D램 · 낸드플래시 등 메모리 반도체 가격이 올해 말, 내년 초부터 본격적인 하강국면에 진입할 것이라는 전망이 시장을 중심으로 지속적으로 나왔던 시점에서였다.

하지만, 이날 실적 발표에선 과거와 달리 한발 물러선 태도를 보인 것이다. 실제 해외 전력난, 차량용 반도체 및 원자재 수급 문제 등 글로벌 공급망 문제가 장기화하면서 메모리 수요도 덩달아 줄어들고 있다. 메모리 수요가 줄면 메모리 가격이 떨어지고 생산자가 아닌 구매자가 가격을 결정하는 '구매자 우위' 시장으로 바뀔 수밖에 없다, 한 부사장은 "고객사들과 메모리 시황 전망에 대해 시각차가 존재하고 이에 따라 가격협상 난이도가 높아진 상황"이라고 설명했다.

다만 과거와 달리 '메모리 사이클' 주기나 변동폭이 줄고 있는 점은 위안거리다. 한 부사장은 "과거보다 '메모리 사이클'의 주기나 변동 폭이 줄었고 (삼성전자의) 재고도 낮기 때문에 크게 우려할 상황은 아니라고 본다"고 했다. 여기에 서버용, 모바일용 메모리 수요는 건재하다는 점도 긍정적 요인이다.

파운드리(반도체 수탁생산) 시장 전망은 나쁘지 않다. 삼성전자는 올 4분기 첨단공정과 성숙공정 모두 수요 강세가 지속하는 가운데 분기 매출이 전분기 대비 10% 이상 성장하며 신기록을 경신할 것으로 예상했다. 삼성전자는 아마존 · 테슬라 등 글로벌 빅테크들이 대거 시스템반도체 설계에 나서는 상황에서 중장기적 수익을 끌어올리기 위해 대거 투자에 나서겠다는 계획이다.

삼성전자는 "파운드리의 경우 평택공장 생산능력 확대와 미국 팹(공장) 신설 검토 등 EUV(극자외선) 공정에서 고객 니즈(수요)를 최대한 충족할 수 있는 양산 능력을 확보하기 위해 인프라와 장비 등 전례 없는 투자를 진행 중"이라고 밝혔다. 그러면서 "이런 계획에 따라 2017년 대비 올해 생산능력이 1.8배 확대됐고 2026년까지 약 3배 가까이 큰 폭으로 확대할 계획"이라고 소개했다.

▶ '가전은 LG' 이름값 했지만 … 리스크 확대

LG전자 역시 3분기 매출액 18조7,867억 원을 거두며 역대 사상 최대 실적을 기록했다. 생활가전을 담당하는 H&A사업본부는 단일 사업 처음으로 매출 7조 원을 넘겼고, TV 등을 판매하는 HE사업본부도 4조1,815억 원의 매출을 기록하며 '가전은 LG'라는 이름값을 했다.

백신접종률이 높아지면서 야외활동이 늘어나 내구재 소비가 줄어들 가능성이 컸지만 위생과 건강 관련 건조기·스타일러·식기세척기 등을 적극적으로 판매하고 공간 인테리어 가전인 LG 오브제컬렉션의 인기가 더해져 매출이 늘었나. 여기에 올레드TV·초대형 TV 등 프리미엄 제품을 강화한 게 주효했다.

그러나 LG전자 역시 향후 전망은 불확실했다. 원자재 가격 상승과 해상 및 항공 물류비 증가로 원가 인상 부담이 크고 '블랙프라이데이' 등 연말 성수기에 경쟁사 간 마케팅 전쟁에 따른 영업이익률이 떨어질 우려가 적지 않다. TV 역시 '위드코로나'로 인해 수요가 대폭 줄어들 것으로 보인다. 미래 먹을거리로 전장사업을 밀고 있지만, 차량용 반도체 공급부족과 물류 대란 등으로 완성차 업체 생산 차질에 따라 전장사업이 활짝 날개를 펼 시점이 미뤄지고 있다.

LG전자 측은 "주요 국가들이 위드 코로나 정책 시행을 적극 검토하면서 경제 활성화에 대한 기대감이 커지고 있지만, 불확실성이 여전히 존재한다"며 "프리미엄 제품의 판매 비중을 확대하고 공급망 관리를 통해 물류비 상승 영향을 최소화해 나가고 있다"고 했다.

출처: 이데일리 (2022.1.24).

마무리사례

2020년 이후 글로벌 경제 뒤흔들 5대 이슈는

2019년 미중 무역 분쟁, 영국의 EU 탈퇴 등 글로벌 경제에서 높은 위상을 차지하고 있는 주요 국가 간 갈등이 크게 불거졌으며, 이로 인해 경제활동의 불확실성이 증대되어 글로벌 투자 심리 또한 위축되었다. 이러한 글로벌 경제환경에서 나타난 경제 이슈에 대해 살펴보고자 한다.

▶ 주요국의 4차 산업혁명 주도권 경쟁

세계 경제의 저성장 국면이 계속되면서 신성장동력 확보를 위해 미국, 독일, 일본, 중국 등 주요국을 중심으로 전 세계가 4차 산업에 뛰어들었다. 미국은 대체로 기술 및 자금력을 보유한 민간기업들이, 독일과 일본은 정부와 민간의 공동협력체가, 중국은 정부가 주도적 역할을 수행하고 있다.

최근에는 미국과 중국을 중심으로 4차 산업혁명 주도권을 확보하기 위한 경쟁이 심화되었다. 미국이 구글, 마이크로소프트, GE 등 주요 기업들의 기술혁신 역량을 바탕으로 4차 산업혁명과 관련된 전반적 분야에서 우수한 경쟁력을 보유하고 있던 와중에 중국의 경쟁력이 빠르게 성장한 것이다. 특히 중국은 연구 인프라 개선, 풍부한 데이터 등에 힘입어 AI, 빅데이터 등의 분야에서 미국의 경쟁자로 부상했다.

미국은 제조혁신 자체보다는 IoT, 빅데이터, Cloud 등의 산업인터넷 부문에 주력하고, B2C 시장을 주요시장으로 설정하며, Industry Internet 등을 수립하여 대응하고 있다. 또한, 4차 산업혁명에 대비하는 측면에서 대통령 과학기술 자문회의가 8대 ICT 연구개발 분야를 선정 · 제시하여 중점 육성하고 있다.

중국은 공업화와 정보화의 결합, IT 기술과 제조업의 융합 촉진을 비롯한 공업 기초능력의 강화, 품질과 브랜드의 강화, 환경을 배려한 제조의 추진, 제조업의 구조 조정, 서비스형 제조업과 생산성 서비스업의 발전, 제조업의 국제화 수준의 향상 등이 강조되고 있으며, "이노베이션에 의한 구동", "품질 우선", "그린 발전", "구조의 최적화", "인력이 중심"이라는 5가지 방침이 세워져, 중국 제조업의 주요 문제점을 강하게 의식하고 그 개선을 환기하고 있다.

▶ 무역질서 개편

전 세계의 무역질서가 변화하고 있다. 무역과 수출, 수입의 의존성을 줄이고 보호무역주의를 강화하는 등 통상환경이 변화하고 있다.

이는 미 · 중갈등과 코로나-19의 가중 여파로 보인다. 우선 미 · 중갈등으로 인해 많은 나라들이 순간적으로 수출과 수입에 대해 어려움을 겪고 정치적 눈치를 보았다. 코로나 19로 인해 대부분의 나라들이 경제적 손실을 입었다.

이러한 환경 속에서 몇몇의 나라들은 자국 산업이 국제 경쟁력을 갖출 때까지 국가가 국내산업을 보호하는 보호무역주의 정책을 갖추는 경향을 보이고 있다. 보호무역주의를 통해 자국이 입은 경제손실을 만회하고, 정치적 위험이 덜하며 자국의 경쟁력을 높일 수 있는 내수시장을 택한 것이다.

현재 미국이 보호무역주의로 돌아서는 경향이 큰 편이다. 만약, 미국의 보호무역주의 기조가 강해진다면 한국의 수출에 큰 영향을 미칠 것으로 보이며, 높아진 물가상승률로 인해 중국의 수입이 감소하고 한국의 대중 수출도 감소할 것으로 보인다. 이러한 피해에 대비하려면 한국은 수출경쟁력을 확보하기 위해 수출 다변화 전략을 사용하고 자체생산의 비율을 늘리는 등 다양한 변화가 필요할 것이다.

▶ 글로벌 가치사슬의 변화

글로벌 가치사슬 내 아세안과 중국의 역할이 변화 중이다. 과거 중국이 담당했던 '글로벌 최종재 생산거점' 역할이 점점 저임금 노동력이 풍부한 아세안 지역으로 이전되는 모습이다.

이는 미 · 중 무역전쟁과 중국의 노동력이 전처럼 저렴하지 않다는 이유 때문이다. 미 · 중 무역전쟁으로 인해 느낀 정치적 위협과 임금, 토지비용의 상승으로 인해 중국에 집중된 글로벌 가치사슬을 분산시키는 디커플링 현상이 나타나고 있다.

이러한 환경의 변화로 중국의 투자조건이 좋지 않음을 느낀 각 기업들은 베트남, 인도네시아, 무슬림 시장 등 가치사슬 다변화 노력을 하고 있다.

출처: 한국무역협회 (2021.1.10).

학·습·정·리·문·제

1. 경제 시스템의 형태와 특징에 대해 설명하시오.

2. 국가 경제발전 단계를 구분하고 각 단계를 특징에 대해 설명하시오.

3. 글로벌 마케팅 담당자가 국가의 경제적 성과를 평가하고자 할 때 사용할 수 있는 유용한 지표는 무엇인지에 대해 설명하시오.

4. 글로벌 마케팅 담당자가 경제적 성과 외에 관련한 성과를 평가하고자 할 때 사용할 수 있는 유용한 지표가 무엇인지에 대해 설명하시오.

CHAPTER 04

GLOBAL MARKETING

글로벌 사회 · 문화 환경

학습목표

이 장에서는 문화의 개념과 구성요소를 이해하고, 글로벌 마케팅 활동에 영향을 미치는 문화적 요인들의 중요성을 인식한다. 특히 사회문화의 다양한 분류방식과 대표적인 분석도구(Hofstede, Hall, Kluckhohn-Strodtbeck, Trompenaars 모델 등)를 학습하여, 문화적 차이를 분석하고 이를 글로벌 마케팅 전략에 효과적으로 적용할 수 있는 역량을 기른다. 나아가, 자기준거기준(self-reference criterion)과 문화적 편견을 극복하는 방법을 통해, 다양한 문화 환경에 적응하고 사회문화적 변화에 능동적으로 대응하는 글로벌 마케팅 전략 수립의 기초를 마련한다

04 CHAPTER 글로벌 사회 · 문화 환경

도입사례 현대차, 인도에서 통했다 … 성공의 열쇠는 '철저한 현지화'

"현대차는 인도만을 위한 아예 새로운 신차를 만들었습니다. 시장에 대한 존중을 보여주면서 인도인들의 자존심을 세워준 거죠."

현대차그룹이 글로벌 판매 3위의 반열에 오를 수 있었던 배경에는 인도 시장이 있었다. 2017년 사드(THAAD · 고고도미사일방어체계) 사태로 주력 신흥시장이었던 중국에서 점유율이 급락하자 그 빈자리를 인도가 빠르게 메웠다. 2022년 인도는 일본을 제치고 세계 3위 규모의 자동차 소비시장으로 떠올랐다. 14억의 거대한 인구를 바탕으로 1인당 GDP가 꾸준히 성장하면서 중산층이 두터워진 영향이다.

2024년 기준 인도 승용차 시장 규모는 430만대로, 2030년에는 600만대를 가뿐히 넘길 것으로 예상된다. 거대 소비시장과 저렴한 인건비, 정부 주도의 제조업 지원 등에 힘입어 자동차 생산기지로서 경쟁력도 높아졌다. 최근 미 · 중 무역갈등이 심화되면서 중국 내 생산 리스크가 부각된 점도 인도에겐 호재다. 현대차 · 기아를 비롯해 도요타, 스즈키, 르노, MG 등 다양한 글로벌 브랜드들이 현지에 공장을 짓고 생산 능력을 확대하고 있다.

현재 현대차그룹은 인도에 120만대 생산체제를 구축하고 있다. 현대차 첸나이 공장의 생산능력이 80만대, 기아 아난타푸르 공장이 41만대다. 여기에 GM으로부터 인수한 인도 푸네공장의 생산능력 20만대가 더해지면, 올해 하반기 현대차그룹은 150만대 현지 생산체제를 갖추게 된다.

철저한 현지화 전략을 기반으로 현대차는 2000년대 이후 인도 승용차 시장점유율 2위 자리를 놓치지 않고 있다. 2019년 17.3%로 역대 최대 점유율을 찍은 이후 15% 내외의 점유율을 꾸준히 유지하는 중이다. 일본과 인도의 합작사 마루티스즈키(41%)를 제외하면 해외 단일 브랜드로서는 1위다. 최근 점유율은 소폭 하락했지만 인도 자동차 시장이 가파르게 성장하면서 판매 대수는 폭발적으로 늘었다. 2010년 35만대 수준이었던 현대차의 인도 판매량은 지난해 60만대까지 성장했다. 기아까지 합치면 현대차그룹은 인도에서 연간 85만대를 파는 셈이다. 이는 현대차 · 기아의 해외 판매량의 14%에 달한다.

2024년 기준 현대차 · 기아의 합산 점유율은 20%에 달한다. 그룹사별로 보면 1위인 마루티스즈키(41%)에 이은 2위이며, 타타모터스(13%), 마힌드라(12%) 등 자국 브랜드보다도 높은 순위다.

▶ "인도 찜통더위 견디도록 설계" … 상트로 개발 비화

▲ 현대차의 인도 현지 전략형 차종인 1세대 상트로와 터번

상트로는 현대차의 경차 아토스와 동일한 플랫폼에서 개발됐다. 아토스의 후면 디자인은 박스카 형태로 직선으로 뚝 떨어지는 스타일이다. 반면 상트로는 전고(차량의 높이)를 약간 낮추는 대신 후면 디테일에 곡선을 살려 후석 승객을 위한 공간을 확보했다. 인도는 작은 차에도 대가족이 꽉꽉 끼어 탄다. 현대차는 디자인을 변경해서라도 2열 좌석 공간을 조금이라도 더 확보해주는 편이 낫다는 판단을 내렸다. 비록 상트로가 아토스보다 전고를 살짝 낮췄지만 여전히 다른 브랜드의 경쟁모델보다는 전고가 높은 편이었기에 충분한 여유가 있었다. 터번을 자주 쓰는 인도인들은 전고가 높은 상트로를 '톨보이(tallboy)'라고 부르며 좋아했다.

현대차가 상트로 개발 과정에서 가장 신경 쓴 부분은 엔진과 에어컨 성능의 조화다. 열대 몬순 기후에 속하는 인도의 낮 기온은 대부분 48℃를 넘었으며, 도로 표면 온도는 55℃에 달했다. 대도시도 도로 사정이 좋지 않은데다 차량까지 많아서 교통 체증이 극심했다. 찜통 같은 도로 위에서 열기를 식히기 위해 에어컨을 세게 틀면 엔진의 움직임이 둔해졌고 연비도 나빠졌다. 이를 해결하기 위해 현대차는 기어의 변속을 최소화하면서도 충분한 힘을 낼 수 있는 엔진 개발에 몰두했다. 또 경차에는 상대적으로 넉넉한 크기인 135cc의 에어컨 컴프레서를 표준화하며 에어컨 성능을 끌어올렸다.

소비자 조사에서 불거진 또 다른 문제는 1년 이상 탄 차량에서 두드러지는 잔진동이었다. 도로 사정이 좋지 않은 지역에서 탄 차는 진동에 대한 불편함이 더했다. 이를 위해 현대차는 용접점 사이의 거리를 줄여 비틀림 강성을 높이고 차체의 변형을 최소화했다. 용접점 사이의 거리를 줄이려면 기존보다 용접 포인트를 두 배 이상으로 늘려야 했다. 시간과 비용이 드는 문제였다. 수부 전 사장은 "이 문제를 반드시 개선해야 한다는 의견이 팀 내 만장일치로 모아졌다"며 "이때부터 구성원 모두가 리더처럼 행동하기 시작했고, 우리가 잠재적인 승자가 될 수 있다는 확신이 생겼다"고 말했다.

1998년 데뷔한 상트로는 인도 소형차 시장 점유율 9%로 시작해 다음 해 25%까지 점유율을 늘렸다. 2000년에는 소형차 부문에서 경쟁차인 마루티 젠을 제치고 1위로 올라서는 기염을 토했다. 철저한 현지화는 개발뿐만 아니라 마케팅에서도 빛을 발했다. 발리우드(Bollywood)의 슈퍼스타 샤룩 칸을 브랜드 홍보 대사로 영입해 브랜드 인지도를 높였다. 덕분에 현대차는 인도 시장에 진출한 지 6개월 만에 점유율 2위 업체로 급부상했다.

▲ 현대차 인도 첸나이 공장에 걸려 있는 깃발과 생산라인

▶ "현대차와 차별화" 뒤늦게 진출한 기아의 과제

2019년부터 기아는 인도 안드라프라데시주 아난타푸르에 연간 30만대 규모의 공장을 가동했다. 이곳에서 셀토스, 쏘넷, 카렌스 등 인도 현지 전략형 차량을 생산했다. 인도 내수뿐만 아니라 중동, 아프리카, 라틴아메리카로 수출 물량 생산도 병행했다.

그래서 기아가 선택한 키워드는 '프리미엄'과 'SUV'였다. 현대차보다 고급화 전략을 펴고 SUV 위주로 진용을 갖췄다. 이를 위해 인도만을 위한 프리미엄 SUV인 셀토스를 선보였다. 셀토스는 세련된 디자인과 고급스러운 실내 마감, 첨단 인포테인먼트 시스템(상위 트림 터치스크린 10.25인치), 동급 수준의 최고 안전 사양 등을 갖춰 출시됐다. 마침 인도 소비자 선호도도 소형차, 경차에서 SUV로 옮겨가던 시기였다. 기아의 차별화 전략은 완벽하게 적중했다. 셀토스는 출시 두 달 만에 인도에서 가장 많이 팔린 SUV에 올랐으며, 기아는 이듬해인 2020년 점유율 6%를 넘어섰다. 모든 브랜드를 통틀어 최단기간에 세운 성과다. 박 전 사장은 "돌이켜보면 기아가 코로나 팬데믹 직전인 2019년 인도에 진출한 타이밍도 매우 적절했다"며 "덕분에 폭발하는 시장 수요에 맞춰 두 브랜드 합산 점유율 20%를 달성할 수 있었다"고 평가했다.

출처: 아시아경제 (2025.4.21).

현대자동차와 기아의 인도 시장 진출 사례는 글로벌 기업들에게 철저한 현지화 전략의 중요성을 일깨워준다. 현대차는 단순히 기존 모델을 수출하는 것이 아니라 인도 시장만을 위한 맞춤형 신차를 개발하고, 기후·도로 환경·소비자 특성까지 고려한 제품 설계를 통해 인도인의 실생활에 밀접한 가치를 제공했다. 예를 들어, 인도의 찜통더위에 대응한 강력한 에어컨 성능, 대가족을 고려한 공간 설계, 터번 착용자를 위한 높은 전고 디자인 등은 모두 철저한 시장조사와 소비자분석의 결과였다. 또한 브랜드 인지도 제고를 위한 발리우드(Bollywood)[1] 스타 활용은 문화적 친밀감을 형성함으로써 초기 시장 안착을 가능케 했다.

이 사례는 글로벌 기업이 자사 브랜드의 일관성을 유지하면서도, 현지 시장의 특성에 맞춘 현지화 전략과의 융합이 필요하다는 점을 보여준다. 특히 기아는 후발 주자임에도 불구하고 '프리미엄 SUV'라는 포지셔닝을 명확히 하여, 급성장하는 인도 SUV 시장의 흐름을 정확히 읽고 소비자의 니즈를 만족시켰다. 이는 글로벌 기업이 현지화를 추진할 때 단순한 로컬 대응을 넘어, 현지 시장 내 세분화된 수요와 트렌드까지 반영한 차별화 전략이 효과적일 수 있다는 교훈을 제공한다. 따라서 글로벌 진출을 고려하는 기업들은 현지 소비자 존중과 문화적 환경의 구체적 반영을 통해 신뢰를 얻고, 장기적으로 브랜드 경쟁력을 강화해야 할 것이다.

01 문화의 개념

문화는 그 복합적이고 다층적인 성격 때문에 명확히 정의하기 어렵다. 한국의 사례를 들면, 전통적으로 집단주의와 민족주의 성향이 강하며 타 문화 수용성은 상대적으로 낮다. 반면 미국 사회는 개인주의와 개인의 성취를 강조하고, 타 문화에 대한 수용성이 높다.

문화에 대해 처음 학술적으로 정의한 영국의 인류학자 에드워드 테일러(Edward Tylor)는 문화를 '지식, 신앙, 예술, 도덕, 법, 관습 등 인간이 사회의 일원으로 습득하는 모든 능력과 습관의 총체적 복합체'로 설명했다. 네덜란드의 심리학자 헤이르트 호프스테더(Geert Hofstede)는 문화를 '한 집단을 다른 집단과 구별하는 집단적 정신 프로그램(collective mental program)'으로 정의했다. 이처럼 문화에 대한 정의는 다양하지만, 일반적으로 문화는 '한 세대에서 다음 세대로 전해지는 개인 혹은 집단의 삶의 방식'으

1) 발리우드(Bollywood)는 인도 힌디어 영화 산업을 지칭하는 용어로, 전 세계적으로 가장 큰 영화 산업 중 하나임. 봄베이(Bombay, 뭄바이의 옛 영어 지명)와 할리우드(캘리포니아의 Hollywood, 미국 영화 산업의 중심지)의 합성어로 만들어졌음.

로 정의할 수 있다(Green & Keegan, 2020).

문화를 구성하는 주요 요소는 개인의 가치관과 태도, 종교, 언어 등이 있다.

02 문화의 구성요소와 중요성

1) 가치관과 태도

(1) 가치관

가치관(value)은 개인 심리의 근본을 이루는 요소로, 사람들의 생각, 신념, 행동, 의견 등에 근본적인 영향을 준다. 가치관은 한 사람이 살아가면서 행동과 판단의 기준이 되는 중요한 기준점이다. 글로벌 마케팅에서 각국의 가치관을 고려하는 이유는 가치관에 따라 소비자의 행동이 크게 달라지기 때문이다.

미국의 경우, '노동을 통해 성취감을 얻고 물질적 보상은 노력의 대가로 당연하다'고 여기는 가치관이 있다. 반면, 그리스인들은 여유로운 생활과 검소함을 더 가치 있게 여긴다. 종교 또한 사람의 가치관에 큰 영향을 준다. 예를 들어, 이슬람교도들은 술, 담배, 마약과 같은 물질적 욕구나 세속적인 음악과 영화를 부정적으로 인식하며 법적으로도 엄격하게 제한한다.

가치관은 주로 어린 시절부터 부모, 가족, 친구, 교사 등 주변 사람들로부터 학습되지만 고정되어 있지 않고 사회적 환경과 개인적 경험에 따라 변할 수 있다. 첫째, 개인의 선택이나 사회적 환경 변화로 가치관이 변할 수 있다. 예컨대, 코로나-19 이후 디지털 플랫폼의 확산으로 인해 직접 은행 업무를 처리하던 사람들이 비대면 디지털 방식을 선호하게 되었다. 둘째, 역사적 사건이나 식민지배로 인해 강제적으로 가치관이 변화할 수 있다. 홍콩은 오랜 기간 영국 식민지배를 겪으며 영국의 가치관이 강제로 이식되었다. 시간이 지나면서 홍콩의 고유한 가치관이 희석되고 영국식 가치관이 자리 잡게 된 것이다. 셋째, 문화적 접촉과 문화적 혼합으로 인해 가치관이 변할 수 있다. 외국인이 한국에 이주해 한국 문화와 언어를 배우는 과정에서 일부 한국의 가치관을 수용하며 개인의 가치관이 변화할 수 있다.

[그림 4-1]은 가치관의 변화가 발생할 수 있는 환경을 보여주고 있다. 글로벌 K-팝 그룹 트와이스는 다양한 국적의 멤버들로 구성되어 문화 다양성의 대표 사례로 자주 언급된다. 계명대학교의 외국인 유학생 캠프 또한 다양한 문화권의 학생들이 모여 한국 문화를 경험하고 상호 교류하는 장으로, 글로벌 시대의 문화적 수용성과 교류의 중요성을 보여준다. 이들은 공동 활동을 통해 서로의 문화를 자연스럽게 경험하고, 새로운 융합된 가치관을 형성한다. 이러한 현상을 문화적 크레올화(cultural creolization)라고 한다.

❖ **그림 4-1** 다국적 그룹 트와이스 및 계명대 외국인 유학생 캠프 사례

(2) 태도

태도란 일반적으로 개인이 보유한 가치관을 기반으로 특정 대상이나 개념에 대해 갖는 긍정적이거나 부정적인 평가, 감정, 행동적 경향을 의미한다. 다시 말해, 태도는 어떤 대상이나 상황에 대해 일관되게 반응하도록 학습된 경향이며, 관련된 믿음과 신념의 집합체로 정의할 수 있다(Green & Keegan, 2020).

예를 들어 한국인은 전통적으로 집단주의적 성향이 강하기 때문에 찜질방이나 대중목욕탕과 같은 공공시설에 대해 긍정적인 태도를 보인다. 반면 개인주의를 우선시하는 미국인은 타인 앞에서 자신의 신체를 드러내는 것에 대해 보수적이고 불편하게 느끼는 경향이 있어 대중시설 이용을 꺼릴 수 있다. 이처럼 태도는 부모, 가족, 교사, 친구와 같은 사회적 환경을 통해 학습되고 시간이 지나면서 변화할 수 있다.

글로벌 마케팅 전략 수립 시 마케터들은 각국 소비자들이 보유한 태도의 특성을 이해하는 것이 필수이다. 특히 시간과 노동에 대한 태도의 차이를 명확히 인식해야 한다.

① 시간에 대한 태도

문화권에 따라 시간 개념과 태도는 크게 다르다. 북미 문화권 사람들은 일반적으로 모노크로닉 시간관념(monochronic time perception)을 가지고 있으며, 시간을 '돈'이나 '자원'과 같은 가치로 여긴다. 그들은 일을 순차적으로 처리하는 방식을 선호하며, 업무 처리를 할 때에도 철저히 정해진 순서를 지킨다. 예컨대 은행에서 고객 업무를 처리할 때 한 고객의 업무를 완전히 끝낸 뒤에 다음 고객의 업무로 넘어가는 방식이 이에 해당한다. 또한 시간을 자원으로 보기 때문에 '시간 절약'을 매우 중요하게 여긴다.

반면 라틴아메리카, 중동, 지중해 지역 및 일부 유럽 국가들은 폴리크로닉 시간관념(polychronic time perspective)을 가지고 있어 여러 업무를 동시에 수행하는 것을 선호하며, 시간 개념을 상대적으로 유연하게 생각한다. 이들은 엄격한 시간 일정보다는 인간관계 형성과 신뢰 구축을 위한 비공식적 모임이나 개인적 관계에 높은 가치를 부여한다. 따라서 약속 시간이나 일정 준수에 있어 비교적 느슨한 경향이 있으며, 시간을 '자원'이나 '돈'과 같은 물리적 실체로 간주하지 않는다.

이러한 시간에 대한 태도의 차이는 글로벌 비즈니스에서 종종 마찰을 일으킨다. 예를 들어, 북미 사업가들이 중동 사업가들과 협력할 때 비즈니스 목적 외의 모임을 시간낭비로 간주하고 참석을 꺼린다면, 신뢰 형성에 어려움을 겪을 수 있고, 결과적으로 사업 성공 가능성도 낮아질 수 있다. 반대로 중동 사업가들에게 비공식적 만남은 공식적 업무의 연장이자 필수적인 신뢰 구축 과정이다.

② 노동에 대한 태도

노동에 대한 태도 또한 문화권마다 차이가 크다. 북미 문화권에서는 노동을 신성시하며 노동을 통해 개인이 구원받을 수 있다고 믿는다. 열심히 일할수록 더 큰 성취를 얻을 수 있다고 생각하여 여가시간보다는 노동시간에 더 많은 비중을 둔다. 따라서 열심히 일하지 않는 사람을 부정적으로 평가하는 경향이 있으며, 미국인들은 '일하기 위해 사는' 태도를 선호한다.

반대로 프랑스 문화권에서는 노동도 중요하지만 개인의 여가와 가족 생활을 매우 중요하게 생각한다. 프랑스 사람들은 노동과 개인 생활 사이의 균형을 중요하게 여기며, '잘 살기 위해 일하는' 태도를 더 선호한다. 이러한 문화적 차이로 인해 미국인은 프랑스 사람들을 다소 게으르다고 느낄 수 있고, 반대로 프랑스 사람들은 미국인을 지나치게 일에만 몰두하는 워커홀릭(workaholic)으로 간주할 수 있다.

프랑스 사람들은 가족, 친구, 동료들과 함께 점심을 하며 긴 대화를 나누는 것을 삶의 중요한 일부분으로 여기며, 이러한 식사 문화 때문에 점심 식사는 보통 2~3시간이 걸린다. 반면 미국인들은 점심 식사 시간을 일반적으로 1시간 이내로 제한하고, 그 이상의 시간을 소비하는 것을 낭비로 생각하는 경향이 있다.

❖ **그림 4-2** 파리의 레스토랑 풍경: 여가와 삶의 질을 중시하는 프랑스 식문화의 단면

2) 종교

전 세계적으로 다양한 종교가 존재하지만, 그중에서도 불교, 힌두교, 기독교, 이슬람교, 유대교, 천주교 등이 대표적이다. 각각의 종교는 신자들의 개인적인 믿음과 가치관뿐만 아니라 삶의 방식과 태도에도 직접적으로 영향을 미치며, 이는 소비행동과 구매 의사결정에도 뚜렷하게 반영된다. 따라서 글로벌 마케팅 담당자는 해외시장 진출을 위한 제품과 서비스 개발 시 현지의 종교적 가치와 행동 양식을 철저히 이해해야 한다.

예를 들어 서구의 기독교 문화권에서는 노동을 통해 얻은 부의 축적을 정당하고 바람직하게 여기지만, 힌두교 문화권에서는 부의 축적을 탐욕이나 물질적 집착으로 인식하여 다소 부정적으로 받아들이는 경향이 있다. 또한 힌두교에서는 소를 신성시하여 소고기의 판매와 섭취가 금기시되며, 유대교와 이슬람교에서도 돼지고기 섭취를 금지한다. 이 때문에 인도 시장에 진출한 맥도날드는 현지의 종교적 특성을 고려해 햄버거의 주 재료를 소고기 대신 닭고기나 생선 등으로 대체하여 제품을 제공하고 있다.

전 세계적으로 무슬림 인구가 지속적으로 증가하면서 할랄 시장도 빠르게 성장하고 있다. 2020년 기준으로 전 세계 무슬림 인구는 약 19억 명으로, 이는 세계 인구의 약 25%에 해당하며 꾸준히 증가하고 있는 유망한 시장이다. 글로벌 기업들은 할랄 시장의 선점을 위해 다양한 마케팅 전략을 펼치고 있다. 예를 들어 KFC는 인도네시아에서 라마단 기간을 겨냥한 옥외 광고와 할인 프로모션을 실시하여 단식 종료 후 저녁 시간에 소비자들이 매장을 찾도록 유도하였다. 라마단은 이슬람력 9월에 행해지는 금식 기간으로, 해가 떠 있는 동안에는 음식뿐만 아니라 물과 담배 등도 섭취하지 않는다. KFC의 맞춤형 마케팅 전략은 성공적이었으며, 결과적으로 인도네시아에 위치한 200개 점포에서 라마단 기간 동안 약 20%의 매출 증가 효과를 거두었다(Green & Keegan, 2020).

한국 기업들도 이러한 세계 무슬림 시장의 기회를 놓치지 않기 위해 할랄 인증을 적극적으로 받고 있다. 제주특별자치도개발공사는 제주삼다수 생산 과정에서 물과 접촉하는 시설에 동물성 원료가 사용되지 않았다는 할랄 인증을 받았으며, 대상은 김치와 고추장 제품에 대한 할랄 인증을 획득해 무슬림 시장을 적극 공략하고 있다. 복잡하고 시간이 오래 걸리는 할랄 인증을 한국 기업이 적극적으로 추진하는 이유는 빠르게 성장하고 있는 할랄 시장의 매력적인 특성 때문이다. 코트라(KOTRA)의 보고서에 따르면 글로벌 할랄 식품 산업의 규모는 2021년 1조 1,700억달러에서 2023년 약 3조달러까지 성장할 것으로 전망되고 있다(한국일보, 2022).

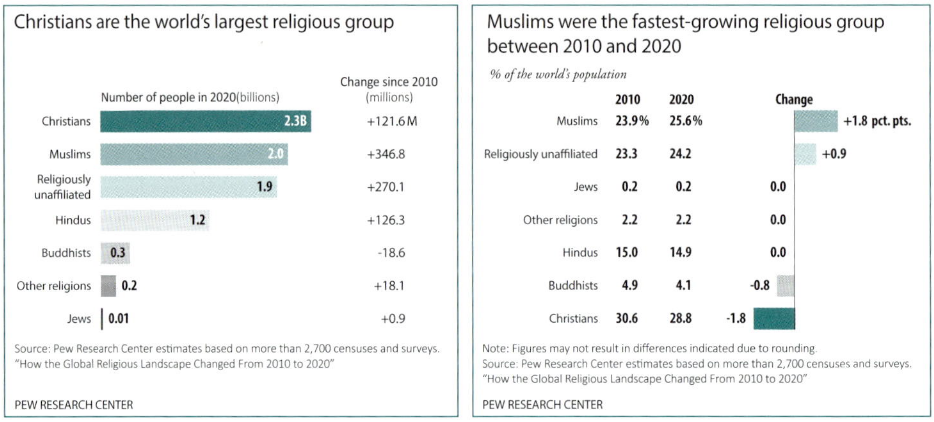

❖ **그림 4-3** 2010년~2020년의 세계 종교 지형 변화

출처: The Global Religious Landscape (2025). (www.pewresearch.org/religion/2025)

이처럼 종교는 기업의 글로벌 마케팅 활동에 상당한 영향을 주므로, 마케팅 담당자는 종교적 특성과 생활양식을 깊이 있게 이해하여 효과적인 마케팅 전략과 프로그램을 개발하는 것이 필수적이다.

3) 언어: 음성 언어와 비음성 언어

언어는 가치관, 태도, 종교와 마찬가지로 문화를 구성하고 구분하는 중요한 수단이다. 언어는 한 국가 내에서 국민 간의 결속을 강화하는 동시에, 다른 국가와의 차별성을 명확히 해주는 역할을 한다. 예를 들어, 한국인은 한국어를 사용하고, 일본인은 일본어를 사용하는 것처럼, 언어는 문화정체성과 밀접하게 연관되어 있다. 만약 서로 다른 국가가 같은 언어를 공유한다면, 문화의 전파가 훨씬 수월해지고 상거래도 더욱 활발하게 이루어질 수 있다. 미국, 영국, 캐나다, 호주, 뉴질랜드와 같이 영어를 공용어로 사용하는 국가들 사이에서 상대적으로 문화적 동질성이 높은 이유도 여기에 있다. 반대로, 같은 국가라도 언어가 다양할 경우 문화적으로 이질성이 발생할 수 있으며, 문화적 확산과 상거래에 있어 장벽으로 작용할 수 있다. 예를 들어 인도의 경우 2020년 기준으로 456개의 언어가 사용되며 122개의 주요언어와 1,599개의 기타 언어가 있다.

이처럼 말이나 글로 전달되는 언어를 음성언어(verbal language)라고 한다. 음성언어는 글로벌 마케팅 활동에 직접적인 영향을 미치며, 특히 브랜드명, 광고 문구, 제품 설명 등에서 중요하게 작용한다. 한 언어에서 긍정적인 의미로 받아들여지던 표현이 다른 언어권에서는 부정적인 인상이나 오해를 불러일으킬 수 있다. 대표적인 사례로, 한국의 자전거 브랜드인 '대영자전거'는 미국 시장에 진출할 당시 제품명이 미국 소비자들에게 'Die Young(젊어서 죽는다)'처럼 들려 큰 혼란을 일으켰다. 이는 제품 인식에 부정적인 영향을 주었고, 결국 시장 진입에 실패하는 원인 중 하나가 되었다.

한편, 언어는 단지 말과 글로 표현되는 것에 국한되지 않는다. 이외의 방식으로 의미를 전달하는 모든 형태의 표현은 비음성언어(non-verbal language)에 해당한다. 여기에는 제스처, 표정, 시선, 침묵, 공간 활용, 시간에 대한 인식 등이 포함된다. 비음성언어도 글로벌 마케팅 환경에서 매우 중요한 요소로 작용한다. 예를 들어, 일본이나 한국과 같은 고배경 문화권에서는 침묵이 존중과 동의의 표현일 수 있지만, 미국이나 독일과 같은 저배경 문화권에서는 침묵이 부정적인 신호로 받아들여질 수 있다. 아프리카의 탄자이나 마사이족은 외부인에게는 다소 낯설고 충격적으로 느껴질 수 있는 인사 문화가 존재한다. 가령, 오랜만에 만난 친척이나 소중한 친구에게 반가운 마음을 표현할 때, 상대방의 얼굴에 침을 뱉는 행동을 하는 경우가 있다. 이는 무례함이나 불쾌감을 나타내는 것이 아니라, 오히려 깊은 애정과 기쁨을 상징하는 문화적 표현이다.

이러한 행위는 아프리카 탄자니아 지역이 물 부족 지역이라는 환경적 요인과도 관련이 있다. 침은 인간이 가진 가장 기본적인 수분 자원으로 여겨지며, 그 침을 건넨다는 것은 곧 '내가 가진 소중한 자원을 너와 나누겠다'는 의미로 해석된다. 즉, 침을 뱉는 행동은 단순한 몸짓이 아니라, 존중과 환대의 상징으로 작용하는 것이다.

이처럼 문화적 행위는 같은 행동일지라도 문화적 배경에 따라 그 의미가 완전히 달라질 수 있으며, 글로벌 커뮤니케이션에서 문화 리터러시가 왜 중요한지를 보여주는 대표적인 사례라고 할 수 있다. 이처럼 비음성언어는 문화에 따라 해석방식이 다르기 때문에 글로벌 비즈니스를 수행하는 과정에서 반드시 주의 깊게 고려되어야 한다.

03 사회문화의 분류와 분석도구

글로벌 마케팅 담당자는 국가별로 상이한 문화적 요소들의 특징을 이해해야 할 뿐만 아니라, 문화를 분석, 평가할 수 있는 모형을 활용하여 기업의 운영과 마케팅 활동에 적극 반영해야 한다. 국가별로 상이한 문화적 특징에 맞게 비즈니스, 마케팅 방식도 차별화해야 한다. 현지국의 문화적 배경을 이해하면 현지 소비자의 반응을 미리 예측하고 차별화된 마케팅 전략을 수립할 수 있으므로 글로벌 사업의 성공 가능성은 높아질 것이다. 반대로, 현지의 문화에 대한 깊이 있는 이해 없이 마케팅 활동을 수행하거나, 현지국의 문화적 배경을 무시하고 글로벌 기업의 본사가 위치하고 있는 본국의 방식대로 사업을 진행할 경우 현지 사업은 실패할 가능성이 높다. 전 세계의 많은 학자들은 국가별로 문화적 특징을 분류할 수 있는 문화모형을 제시하기 위해 노력해 왔다. 문화를 분류하고 분석할 수 있는 방법으로서 가장 널리 알려진 호프스테더(Hofstede), 홀(Hall), 클로크혼(Kluckhohn)과 스트로드백(Strodtbeck)의 문화 가치지향성 모형, 트롬페나스(Trompenaars)와 햄든-터너(Hampden-Turner)의 7차원 문화모형 등에 대해 소개한다.

1) 호프스테더 문화모형

헤이르트 호프스테더(Geert Hofstede)의 문화 차원 연구는 1960년대 후반부터 1970년대 초반에 IBM이라는 다국적기업 내에서 진행된 직원 태도 조사에서 출발했다. 당시 IBM은 전 세계적으로 동일한 설문조사를 실시하고 있었으며, 호프스테더는 이 방대한 자료를 분석하여 국가 간 문화적 차이를 체계적으로 밝혀냈다. 호프스테더는 초기에 40개국의 데이터로 분석을 시작했으나, 이후 연구가 확장되면서 50개국 이상으로 분석 대상이 확대되었다.

호프스테더는 1980년에 출간된 책『Culture's Consequences: International Differences in Work-Related Values』에서 4개의 문화차원을 제시했다. 이 차원들은 '권력거리(power distance index)', '개인주의 대 집단주의(individualism versus collectivism)', '남성성 대 여성성(masculinity versus femininity)', '불확실성의 회피(uncertainty avoidance index)'였다. 이후 호프스테더는 1988년 중국 가치 설문지(chinese value survey)를 바탕으로 다섯 번째 차원인 '장기지향성 대 단기지향성(long-term versus short-term orientation)'을 추가했다(Hofstede & Bond, 1988).

호프스테더는 2010년에 마이클 민코프(Michael Minkov)와의 공동 연구를 통해 여섯 번째 차원인 '자유방임 대 절제(indulgence versus restraint)'를 추가함으로써 현재의 6차원 문화모형이 완성되었다(Hofstede, Hofstede, & Minkov, 2010).

최근에는 The Culture Factor Group(이전의 Hofstede Insights)이 이 연구를 계속 발전시키고 있으며, 특히 '남성성 대 여성성' 차원은 남자와 여자라는 젠더의 이분법적 표현에 따른 성역할 고정화 및 사회적 편견과 차별의 우려를 반영하여 '성취·성공에 대한 동기부여(motivation towards achievement and success)'로 명칭이 변경되었다. 이러한 변화는 호프스테더 문화모형이 현대 사회의 요구와 감수성에 맞게 지속적으로 발전하고 있음을 보여준다.

호프스테더의 문화 차원 연구는 국가 간 문화적 차이를 체계적으로 측정하고 비교할 수 있는 정량적 틀을 제공했다는 점에서 의미가 있다. 그 전까지는 문화적 차이가 주로 질적 방법을 통해 연구되거나, 개별 현상으로만 이해되었던 반면, 호프스테더는 대규모 데이터를 통해 이를 측정 가능한 차원으로 구체화했다. 호프스테더 연구의 중요성은 다음과 같은 측면에서 찾아볼 수 있다.

첫째, 그의 문화 연구는 국제경영과 글로벌 마케팅 분야에서 문화 간 차이가 비즈니스에 미치는 영향을 이해하는 기반을 마련했다. 기업들은 이제 해외시장 진출 시 문화적 차이를 단순한 장애물이 아닌, 분석하고 전략적으로 대응해야 할 요소로 인식하게 되었다.

둘째, 호프스테더의 문화 연구는 글로벌 경영환경에서 문화적 다양성에 대한 체계적 이해의 중요성을 부각시켰다. 글로벌 시장에서 성공하기 위해서는 제품과 서비스뿐만 아니라 이를 수용하는 시장의 문화적 맥락을 이해하는 것이 매우 중요한 요인임을 보여주었다.

셋째, 학술적 측면에서 호프스테더의 문화차원은 문화 비교 연구의 새로운 패러다임을 제시했다. 호프스테더의 연구는 국제경영학, 마케팅, 커뮤니케이션, 조직행동 등 다양한 분야에서 가장 많이 활용되는 문화 분석 프레임워크 중 하나가 되었다.

넷째, 이 연구는 글로벌 경영환경에서 효과적으로 소통하고 협력하는 데 필요한 문화적 지능(cultural intelligence) 개념의 발전에도 기여했다. 문화적 지능(Cultural Intelligence: CQ)은 다양한 문화적 배경을 가진 사람들과 효과적으로 상호작용하고 적응할 수 있는 능력을 의미하는데, 호프스테더의 문화연구는 상이한 사회의 문화적 차이를 인식하고 이에 적응할 수 있는 지식을 제공함으로써 문화적 지능을 형성하는 데 기초자료로 활용되고 있다.

(1) 권력거리(PDI)

권력거리(Power Distance Index: PDI)는 한 사회의 구성원들이 '권력이 불평등하게 분배되는 것을 얼마나 수용하는지의 정도'를 의미한다. 권력거리가 큰 문화에서는 위계질서가 자연스럽게 받아들여지고, 직장내 상사와 부하직원 간 불평등을 쉽게 용인하는 경향이 있다. 권력거리가 큰 문화권에 속하는 조직은 대체로 위계적 구조와 집권화를 선호하며, 권력은 위세, 권한, 상속의 특징을 가진다. 또한, 권력거리가 큰 문화권에서 의사결정은 상위층에서 하향식으로 이루어지며, 지위와 서열이 중요한 사회적 가치로 여겨진다. 반면, 권력거리가 작은 문화에서는 평등을 강조하고 비형식적 의사소통이 선호된다. 권력거리가 작은 문화에서 기업 내 상사와 부하직원 간의 관계는 수평적이며 의사결정에 있어 협의식 스타일을 선호한다. 또한, 권력거리가 낮은 문화에서는 평등한 관계와 참여적 의사결정, 권력의 분산이 일반적이며, 지위보다는 능력과 성과가 중시되는 특징이 나타난다. 호프스테더의 연구결과 필리핀, 말레이시아, 멕시코, 인도 등은 권력거리가 큰 문화권에 속하는 것으로 나타났으며, 스웨덴, 네덜란드, 호주 등은 권력거리가 작은 문화권으로 속하는 국가로 나타났다.

권력거리 차원이 글로벌 마케터에게 주는 시사점은 다음과 같다. 먼저 제품 포지셔닝의 측면을 살펴보면 권력거리가 큰 문화에서는 지위와 위신을 강조하는 제품 포지셔닝이 효과적일 수 있다. 명품 브랜드들은 이러한 문화에서 사회적 지위의 상징으로 포지셔닝될 수 있다. 마케팅 커뮤니케이션의 측면에서 볼 때, 권력거리가 큰 문화에서는 권위 있는 인물(전문가, 유명인)의 추천이 효과적이며, 권력거리가 작은 문화에서는 평등과 접근성을 강조하는 메시지가 더 호소력이 있다. 마지막으로 유통전략의 측면에서 볼 때 권력거리가 큰 문화에서는 고급스러운 쇼핑 환경과 개인화된 서비스가 중요하며, 권력거리가 작은 문화에서는 실용적이고 접근하기 쉬운 유통채널이 선호된다.

(2) 개인주의 대 집단주의(IDV)

개인주의 대 집단주의(Individualism versus Collectivism: IDV) 차원은 '사회 구성원들이 얼마나 개인주의적인 성향 혹은 집단주의적인 성향을 보이는지 정도'를 측정하는 지표이다. 개인주의 성향이 강한 국가에서는 집단보다는 개인의 자유, 개인의 의사결정과 이익 등을 강조한다. 개인주의 문화는 개인이 자신과 직계가족만을 돌보는 느슨한 사회적 관계망을 선호하는 경향이 나타나며, 개인의 자율성, 독립성, 자기표현이 중시된다. 개인주의 문화에서는 개인의 성취와 권리를 중시하며, '나'를 중심으로 생각하는 특징이 있다. 또한, 개인주의 문화에서는 과업이 관계보다 우선시되고, 직접적이고 명시적인 커뮤니케이션이 선호되는 특징이 있다.

반면, 집단주의 성향이 강한 국가(호프스테더의 연구에서 개인주의 성향이 낮은 국가)에서는 개인이 태어날 때부터 강한 결속력을 가진 내집단(가족, 친척, 조직 등)에 통합되어 충성심을 가지고 보호받는 사회로, 자신이 속한 집단, 가족이나 직장 등에 대해 강한 소속감과 연대감을 중시한다. 집단주의 문화에서는 집단의 조화와 관계를 중시하며, '나' 보다는 '우리'를 중심으로 생각하는 특징이 있다. 또한, 집단주의 문화에서는 관계가 과업보다 우선시되고, 간접적이고 맥락적인 커뮤니케이션이 선호된다.

개인주의 대 집단주의 차원이 글로벌 마케터에게 주는 시사점은 다음과 같다. 먼저 이 차원은 소비자의 동기를 이해하는 데 좋은 도구가 될 수 있다. 예를 들어 개인주의 문화에서는 자기표현, 개성, 독립성이 주요 구매동기가 되며, 집단주의 문화에서는 소속감, 사회적 조화, 집단 내 위치가 중요한 동기가 된다. 또한, 광고 메시지 측면에서도 두 차원은 큰 차이를 보일 수 있다. 개인주의 문화에서는 '당신만을 위한', '자신을 표현하세요' 등과 같은 개인 중심 메시지가 효과적이며, 집단주의 문화에서는 '가족을 위한', '함께하는' 등과 같은 집단 중심 메시지가 더 호소력이 있다. 또한 소비자와의 관계 형성 측면에서도 의미 있는 차이가 나타날 수 있다. 예컨대, 개인주의 문화에서는 혁신과 차별화가 브랜드 충성도 구축에 더 중요할 수 있으며, 집단주의 문화에서는 관계 기반 마케팅과 장기적 브랜드 관계 구축이 더 효과적일 수 있다.

(3) 불확실성의 회피성향(UAI)

불확실성의 회피성향(Uncertainty Avoidance Index: UAI)은 '한 사회의 구성원들이 불확실한 상황이나 알 수 없는 미래에 대해 느끼는 불편함의 정도와 이러한 상황을 어느 정도로 용인할 수 있는지의 정도'를 의미한다. 불확실성의 회피성향이 높은 문화에서는 구조화된 환경과 명확한 규칙을 선호한다. 또한, 불확실성의 회피성향이 높은 문화에서는 변화와 모호함에 대한 저항이 크며, 의사결정에 있어 위험 회피적인 성향을 보인다. 불확실성의 회피성향이 높은 문화의 사람들은 불확실성, 모호성 등을 줄이기 위한 각종 법적, 제도적 장치를 선호한다. 조직 구성원들의 행동은 대체로 적극적이며 공격적인 성향을 보이며, 장기근속을 선호하기 때문에 이직률은 낮다. 또한 조직 구성원들의 행동과 역할에 대한 불확실성을 제거하기 위한 공식적 절차, 규정들이 발달해 있으며, 조직의 변화 가능성은 대체로 낮다.

반면, 불확실성의 회피성향이 낮은 문화에서는 모호함에 대한 수용도가 높고 규칙이 덜 강조된다. 또한 불확실성의 회피성향이 낮은 문화에서는 유연성, 적응력, 혁신 등을 중시하며, 변화와 모호함에 대한 수용도가 높고, 의사결정에 있어 위험감수적인 성향을 보인다. 불확실성의 회피성향이 낮은 문화권에 속한 사람들은 미래의 불확실성이나 모호성에 대해 크게 불안해하지 않는다. 따라서, 변화나 새로운 아이디어를 적극적으로 수용하는 경향이 있으며, 다른 문화권의 비즈니스 관행에 대해서도 수용하려는 태도를 보인다. 미래에 대한 불확실성에 대해 크게 위험을 느끼지 않기 때문에 장기근속에 대한 동기부여는 높지 않다. 따라서 불확실성의 회피성향이 낮은 문화권에서 종업원의 이직률은 상대적으로 높게 나타난다.

불확실성의 회피차원이 글로벌 마케터에게 주는 시사점은 다음과 같다. 먼저, 신제품 출시 전략의 측면에서 본다면 불확실성의 회피성향이 높은 문화에서는 상세한 제품정보, 보증, 시험 사용 기회 등을 제공하여 소비자의 불안을 줄이는 것이 중요하다. 반면, 불확실성의 회피성향이 낮은 문화에서는 혁신과 새로움을 강조하는 것이 더 효과적인 신제품 출시 전략이 될 수 있다. 다음으로 마케팅 메시지 측면에서 보면, 불확실성의 회피성향이 높은 문화에서는 안전성, 품질보증, 전문가 추천 등을 강조하는 메시지가 효과적이며, 불확실성의 회피성향이 낮은 문화에서는 모험, 독특함, 창의성을 강조하는 메시지가 더 호소력이 있다.

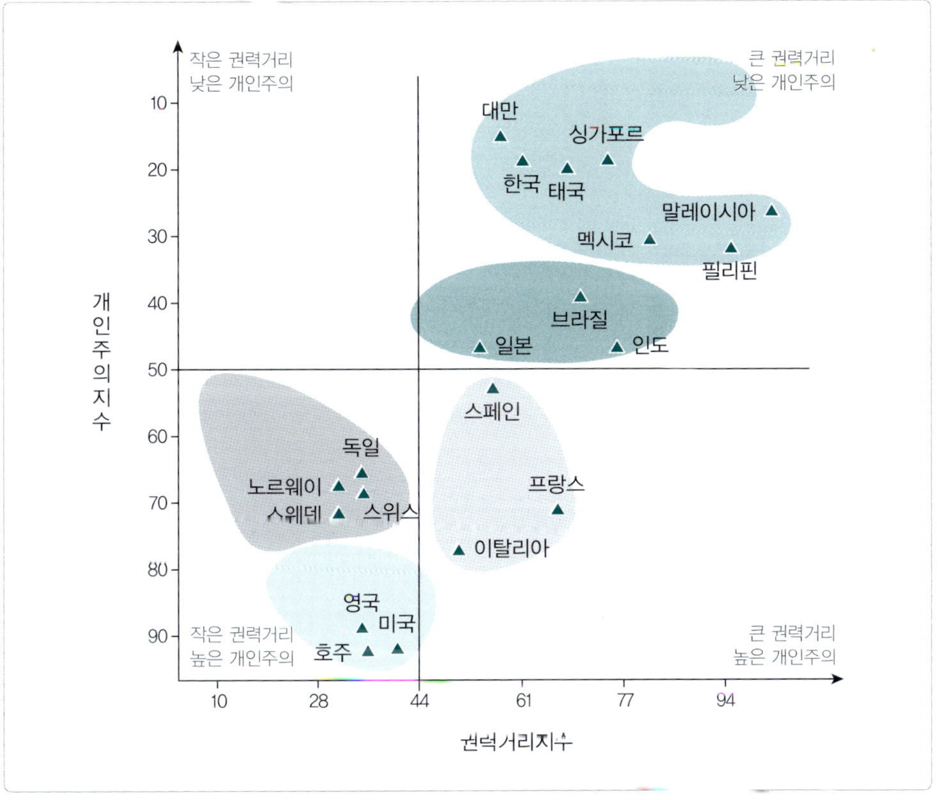

❖ **그림 4-4** 개인주의 차원과 권력거리 차원

(4) 성취 · 성공에 대한 동기부여(MAS)

이 차원은 이전에는 '남성성 대 여성성(Masculinity versus Femininity)'으로 불렸으나, The Culture Factor Group(이전의 Hofstede Insights)에서는 남자와 여자라는 젠더의 이분법적 표현에 따른 성역할 고정화 및 사회적 편견과 차별의 문제를 피하기 위해 '성취·성공에 대한 동기부여(Motivation towards Achievement and Success: MAS)'로 명칭을 변경했다. 이 차원은 한 사회가 무엇에 의해 동기부여되는지를 보여준다. 즉, 경쟁에서 이기는 것(결단력 있는 문화, 높은 MAS, 과거의 남성성의 문화)에 의해 동기부여되는지, 아니면 자신이 좋아하는 일을 하고 삶의 질을 중시하는 것(합의지향적 문화, 낮은 MAS, 과거의 여성성의 문화)에 의해 동기부여되는지로 구분할 수 있다.

예전에 남성성의 문화로 불렸던, 결단력 있는 문화(높은 MAS)는 물질적 성취, 영웅주의, 자기주장, 물질적 보상을 위한 경쟁이 강조된다. 또한, 결단력 있는 문화는 전반적으로 더 경쟁적이며, '일하기 위해 사는' 성향을 보인다. 반면 예전에 여성성의 문화로 불렸던 합의지향적 문화(낮은 MAS)에서는 협력, 겸손, 약자에 대한 배려, 삶의 질 등이 중시된다. 합의지향적 문화는 결단력이 있는 문화에 비해 더 합의지향적이며, '살기 위해 일하는' 성향을 보인다.

성취·성공에 대한 동기부여 차원이 글로벌 마케터에게 주는 시사점은 다음과 같다. 먼저 제품 개발의 측면에서 보면, 결단력 있는 문화(높은 MAS 문화, 과거의 남성성의 문화)에서는 성능, 효율성, 기술적 우수성을 강조한 제품이 선호되며, 합의지향적 문화(낮은 MAS 문화, 과거의 여성성의 문화)에서는 사용편의성, 지속가능성, 삶의 질 향상에 초점을 둔 제품이 더 인기를 끌 수 있다. 다음으로 광고 소구점의 측면에서 보면 결단력 있는 문화(높은 MAS 문화, 과거의 남성성의 문화)에서는 성공, 성취, 우수성을 강조하는 소구점이 효과적이며, 합의지향적 문화(낮은 MAS 문화, 과거의 여성성의 문화)에서는 관계, 조화, 웰빙을 강조하는 소구점이 더 효과적이다. 마지막으로 브랜드 이미지 측면에서 보면 결단력 있는 문화(높은 MAS 문화, 과거의 남성성의 문화)에서는 강함, 자신감, 성공을 반영하는 브랜드 이미지가, 합의지향적 문화(낮은 MAS 문화, 과거의 여성성의 문화)에서는 친화력, 지속가능성, 사회적 책임을 반영하는 이미지가 선호된다.

다음 [그림 4-5]는 호프스테더의 연구대상 국가들을 불확실성 회피 차원과 성취·성공에 대한 동기부여 차원(구 남성성 vs 여성성 차원) 두 축을 기준으로 각 국가의 위치를 표시한 것이다. 먼저 미국, 캐나다 등 북미 국가들과 영국, 홍콩, 싱가포르, 호주, 인도 등의 국가들은 상대적으로 낮은 불확실성 회피, 결단력 있는 문화(높은 남성성) 성향을 가지는 것으로 나타났다. 아시아 국가 중 한국, 대만, 태국과 유럽 국가 중 스페인과 프랑스는 비교적 높은 불확실성 회피 성향을 보이며, 합의지향적 문화(낮은 남성성, 높은 여성성) 성향을 가지는 것으로 나타났다.

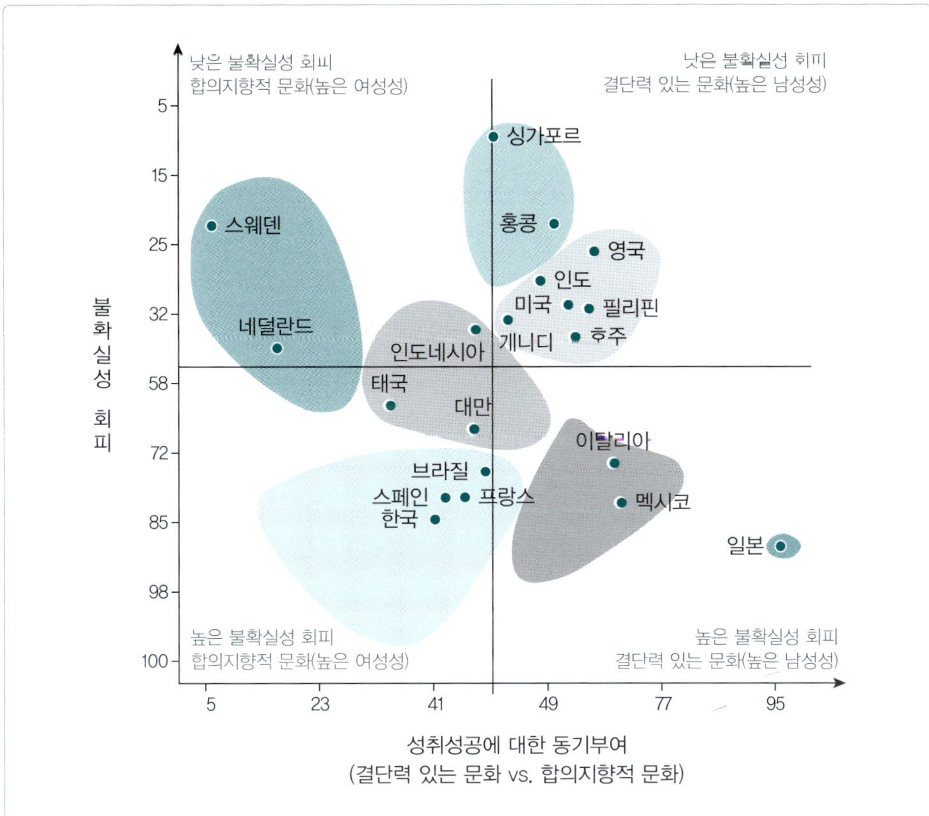

❖ **그림 4-5** 불확실성 회피차원과 성취 · 성공에 대한 동기부여 차원

(5) 장기지향성 대 난기시향싱(LTO)

미셸 본드(Michael Bond, 1987)와 24명의 연구팀은 중국학자들과 공동으로 개발한 '중국 가치조사(Chinese Value Survey: CVS)'[2] 설문조사를 통해 22개국 대학생들을 대상으로 분석한 결과 호프스테더의 연구결과에 없는 새로운 가치 차원을 발견하였다. 장

2) Chinese Culture Connection (1987). Chinese Values and the Search for Culture-Free Dimensions of Cultures. Journal of Cross-Cultural Psychology, 18(2): 143-164.

기지향성 대 단기지향성(Long-Term versus Short-Term Orientation: LTO)은 끈기, 절약, 꾸준함, 전통에 대한 존중 등 4가지 동양적 가치항목들로 구성되어 있으며, 이러한 차원들은 호프스테더가 발견한 서구 중심의 문화척도를 보완해 줄 수 있는 새로운 문화차원으로 간주된다. 이 차원은 유교적 역동성(confucian dynamism) 또는 장기지향성(long-term orientation) 차원으로 명명되었다.

장기지향성 점수가 높은 문화권에서는 전통, 절약과 저축, 인내와 꾸준함 등과 같은 덕목을 강조한다. 또한, 장기지향성의 사회에서는 장기적 목표와 결과를 위한 인내를 미덕으로 여기고, 실용적 접근과 상황에 맞는 적응이 강조된다. 반면에 단기지향성이 높은 문화권에서는 저축보다는 소비지향적이며, 투자에 대한 단기적 결과를 강조한다. 또한, 단기지향성의 사회에서는 사회가 과거와 현재를 중시하며, 즉각적인 결과와 만족을 추구한다.

장기지향성 지수는 중국, 홍콩, 대만, 일본, 한국 순으로 높게 나타났으며, 동아시아 경제가 성장할 수 있었던 이유 중 하나는 바로 장기지향성 지수와 관련되어 있다고 학자들은 설명하고 있다.[3] 예를 들어 절약은 저축을 낳고, 저축은 개인 혹은 기업이 재투자를 위한 자본을 형성하게 된다. 또한, 꾸준함과 인내는 사업을 시작하는 기업가에게 필수적인 자산이다. 이처럼 장기지향성은 저축보다는 소비를 강조하고, 단기적인 투자를 강조하는 서구의 문화가치와는 대비되는 동양적인 문화차원이라 볼 수 있다.

장기지향성 대 단기지향성 차원(Long-Term versus Short-Term Orientation: LTO)이 글로벌 마케터에게 주는 시사점은 다음과 같다. 먼저 제품 개발 및 포지셔닝 측면에서 보면, 장기지향적 문화에서는 내구성, 품질, 장기적 가치를 강조한 제품이 선호되며, 단기지향적 문화에서는 즉각적 만족, 트렌드, 현재의 즐거움을 강조한 제품이 더 인기를 끌 수 있다. 다음으로 가격 전략 측면에서 보면, 장기지향적 문화에서는 투자 관점에서의 가격책정과 장기적 비용효율성이 중요하며, 단기지향적 문화에서는 즉각적 할인과 촉진 활동이 더 효과적이다. 마지막으로 고객 관계 관리 측면에서 보면, 장기지향적 문화에서는 장기적 관계 구축과 고객 생애 가치에 초점을 맞추는 것이 중요하며, 단기지향적 문화에서는 즉각적인 고객만족과 서비스 속도가 더 중시된다.

3) Kahn, H. (1979). World Economic Development 1979 and Beyond. Journal of Economic Issues, 15(3): 809-812; Hofstede, G. (1990). Cultures and Organizations: Software of the Mind, London, McGraw-Hill.

(6) 자유방임 대 절제(IVR)

자유방임 대 절제(Indulgence versus Restraint: IVR)는 호프스테더의 문화 차원 이론에서 가장 늦게 추가된 여섯 번째 차원이다. 이 차원은 2010년 호프스테더가 불가리아의 사회학자 미할 민코프(Mihail Minkov)와 공동 연구를 통해 추가했다. 호프스테더와 민코프는 세계가치조사(world values survey) 데이터를 분석하면서 기존의 5개 문화 차원으로는 설명되지 않는 새로운 패턴을 발견했으며, 특히 행복감, 삶의 통제감, 그리고 도덕적 규범의 중요성에 대한 국가별 차이가 뚜렷하게 나타나 이 차원을 추가했다.

자유방임(indulgence)은 '사회가 삶의 즐거움과 자연스러운 인간 욕구의 충족을 비교적 자유롭게 허용하는 경향'을 나타낸다. 자유방임 문화에서는 삶의 즐거움, 여가, 친구와의 교류를 중시하며, 소비와 즐거움을 추구하는 것에 긍정적이다. 또한, 자유방임 문화에서는 낙관적 태도와 높은 행복감이 특징이다. 반면, 절제(restraint)는 '사회가 엄격한 사회적 규범을 통해 욕구의 충족을 억제하고 규제하는 경향'을 나타낸다. 절제 문화에서는 욕구 억제, 절제된 행동, 엄격한 도덕적 규율을 중시한다. 또한, 여가와 소비에 대해 보다 부정적이며, 상대적으로 비관적 태도를 보인다.

자유방임 대 절제 차원이 글로벌 마케터에게 주는 시사점은 다음과 같다. 먼저 제품 카테고리의 측면에서 보면 자유방임 문화에서는 즐거움, 여가, 사회적 활동 관련 제품 및 서비스가 더 큰 시장을 형성하는 반면, 절제 문화에서는 필수품과 실용적 제품이 더 중요시된다. 다음으로 마케팅 메시지 측면에서 보면 자유방임 문화에서는 즐거움, 자유, 자기만족을 강조하는 메시지가 효과적이며, 절제 문화에서는 실용성, 절약, 책임감을 강조하는 메시지가 더 호소력이 있다. 마지막으로 소셜 미디어의 측면에서 보면 자유방임 문화에서는 소셜 미디어를 통한 적극적인 브랜드 참여와 공유가 더 활발하게 이루어지는 반면, 절제 문화에서는 더 보수적인 온라인 행동이 관찰된다.

(7) 호프스테더 문화모형에 대한 평가와 한계점

호프스테더의 문화모형은 문화라는 복잡한 개념을 계량화·지수화함으로써 세계 각국의 문화를 체계적으로 비교·분석할 수 있는 틀을 제공하고, 이를 기업의 글로벌 경영전략 및 글로벌 마케팅 활동에 실무적으로 적용할 수 있는 방법론을 제시했다는 점에서 높은 평가를 받고 있다. 또한 호프스테더의 문화모형은 경영학 분야에서 강조하는 리더십, 동기부여, 조직 유형과 밀접한 관계가 있다. 예를 들면, 미국, 영국과 같은 개인주의 성향이 강하고 권력거리가 작은 국가들의 경우 상급자와 하급자들 간의 관계는 수평적이고 참여형의 리더십을 선호한다. 반대로 집단주의 성향이 강하고 권력거리가 큰 한국, 일본의 경우 수직적 관계와 강력한 리더십이 더 적합할 수 있다. 사무용 가구 제조업체인 미국 Steelcase의 경우, 글로벌 마케팅 전략 수립 및 제품 디자인 개발 과정에서 호프스테더의 문화모형을 적극적으로 활용하고 있다. 예를 들어, 인도와 중국은 미국, 영국에 비해 장기지향성 지수가 높아 지속적인 관계 구축을 중시하는 문화적 특성을 보이므로, 장기적 관점에서 고객과의 신뢰관계를 구축하는 것이 핵심 전략으로 작용한다. 한편, 네덜란드는 합의지향적 문화(낮은 MAS, 과거의 여성성의 문화)에 속한 국가로서 협력과 조화를 중시하는 문화적 특성으로 인해 코로나-19로 촉발된 재택근무 및 유연근무 체계가 도입되어도 조직 운영에 큰 지장이 없었으나, 결단력 있는 문화(높은 MAS 문화, 과거의 남성성의 문화)에 속한 인도의 경우 성취와 경쟁을 중시하는 문화적 특성상 전문직 종사자의 재택근무는 기존 업무관행과 상충하는 이례적 현상으로 인식되었다(Green & Keegan, 2020).

호프스테더의 문화 차원 이론은 국제경영과 다문화 연구 분야에 지대한 영향을 미쳤으나, 그 방법론적, 개념적, 실용적 측면에서 여러 한계점과 비판에 직면해 있다. 이러한 비판적 고찰은 호프스테더 이론을 적용할 때 주의해야 할 점들을 알려주며, 동시에 문화 연구의 발전 방향을 제시한다는 점에서 중요하다.

방법론적 측면에서 보면, 호프스테더 연구의 가장 큰 한계는 표본의 제한성에 있다. 초기 연구는 IBM이라는 단일 다국적기업의 직원만을 대상으로 했으며, 이는 국가 문화의 다양성을 충분히 반영하지 못할 수 있다. 특히 조사 대상이 주로 중산층 사무직 직원이었다는 점에서 사회 전체의 문화적 스펙트럼을 대표하기 어렵다는 비판이 있다. 또한, 초기 데이터는 1960년대와 1970년대에 수집되었으므로, 그 이후 세계화, 디지털화, 정치적 변화 등으로 인한 문화적 가치의 변화를 충분히 반영하지 못한다는 한계가 있다. 더불어, 호프스테더가 사용한 설문 문항이 문화적 편향을 포함하고 있을 가능성이 있으며, 다양한 언어로의 번역 과정에서도 의미 전달의 정확성 문제가 제기될 수 있다.

개념적 측면에서는 국가와 문화를 동일시하는 경향이 주요 비판 대상이다. 호프스테더의 연구는 국가 단위로 문화를 측정하고 비교하는데, 실제로는 많은 국가가 다문화적이며 국경을 넘는 문화권이 존재한다. 예를 들어, 스위스의 독일어권, 프랑스어권, 이탈리아어권 지역은 서로 다른 문화적 특성을 가질 수 있으나, 이러한 내부적 다양성이 충분히 고려되지 않았다. 또한, 6개의 차원만으로 문화의 복잡성을 충분히 포착하기 어렵다는 비판도 있다. 실제 문화는 더 복잡하고 다차원적인 특성을 가지며, 이를 몇 가지 지표로 단순화하는 것은 문화적 의미를 놓칠 위험이 있다. 더불어, 호프스테더의 연구가 서구적 관점과 가치를 바탕으로 설계되었다는 비판도 존재한다. 이는 비서구 문화의 고유한 차원과 가치를 간과할 수 있으며, 문화 간 비교의 객관성을 저해할 수 있다.

실용적 측면에서의 한계점도 주목할 필요가 있다. 문화는 정적이지 않고 동적으로 변화하는데, 호프스테더 모델은 문화를 비교적 고정된 것으로 다루는 경향이 있다. 고정된 점수는 시간이 지남에 따라 유효성이 떨어질 수 있으며, 특히 디지털화, 세계화, 사회적 변동의 영향으로 문화적 가치는 지속적으로 변화한다는 점을 고려해야 한다. 또한, 국가 수준의 점수는 개인의 행동을 예측하는 데 제한적으로만 사용될 수 있다. 같은 국가 내에서도 개인 간 상당한 문화적 차이가 존재하며, 이를 간과하면 개인의 행동과 가치를 국가 문화로 과도하게 일반화할 위험이 있다. 호프스테더 모형은 세대 간 문화적 차이도 충분히 고려하지 않는다. 예를 들어, 디지털 네이티브 세대와 기성세대는 같은 국가 내에서도 상당히 다른 문화적 가치와 행동 양식을 보일 수 있다.

글로벌 마케팅 분야에서도 호프스테더 모델 적용에 한계점이 존재한다. 이 모델은 경제적, 정치적, 기술적, 법적 요인 등 문화 외적 요소가 소비자행동에 미치는 영향을 충분히 고려하지 않는 경향이 있다. 또한, 국가 간 문화적 차이에 초점을 맞추다 보니, 국경을 초월한 유사한 라이프스타일과 가치를 가진 글로벌 소비자 세그먼트(예: 글로벌 청년 문화, 코스모폴리탄 비즈니스 엘리트)를 간과할 수 있다. 특히 디지털 기술의 발전과 소셜 미디어가 문화적 가치와 소비 패턴에 미치는 영향을 충분히 반영하지 못한다는 점은 현대 마케팅 환경에서 중요한 한계로 작용한다.

이러한 한계점에도 불구하고, 호프스테더의 문화 차원 이론은 여전히 문화 간 비교 연구와 국제 비즈니스 분야에서 중요한 기반을 제공한다. 다만, 이 모델을 적용할 때는 상기한 한계점을 인식하고, 다른 문화 연구 접근법과 함께 보완적으로 활용하는 것이 바람직하다. 또한, 지속적인 데이터 업데이트와 모델의 재검증을 통해 현대 사회의 문화적 변화를 반영하려는 노력이 필요하다. 호프스테더의 문화모형은 문화라는 복잡한 개념을 수로 지수화하고 이를 세계 각국의 문화를 해석하는 데 적용할 수 있게 됨으로써 각 국가의 문화를 쉽게 이해할 수 있는 가이드라인을 제공하였다는 점에서, 그리고 관련 연구 영역에 많은 공헌을 하였다는 점에서 여전히 높이 평가받고 있다. 따라서 호프스테더의 연구결과를 참조하되, 연구결과를 해석하여 글로벌 기업의 경영활동에 적용할 경우 신중하게 접근할 필요가 있다.

2) 홀의 고배경-저배경 문화모형

(1) 고배경-저배경 문화 이론의 개념과 특징

인류학자인 에드워드 홀(Edward T. Hall)은 문화 성향을 이해하는 방법으로 고배경, 저배경 문화라는 개념을 제시하였다(Hall, 1976). 그의 고배경-저배경 문화 이론(high-low context culture theory)은 글로벌 경영전략과 글로벌 마케팅 분야에서 문화적 차이를 이해하는 데 근본적인 이론적 토대를 제공해 왔다. 이 이론은 1976년 그의 저서 『Beyond Culture』에서 처음 제시되었으며, 시간과 공간에 대한 문화적 개념화뿐만 아니라 정보가 전달되고 해석되는 방식의 차이에 초점을 맞추고 있다. 홀은 국가별 문화에 따라 사람들은 주어진 상황에서 상이하게 반응하기 때문에 의사소통과 정보를 처리하는 방식은 다양할 수밖에 없다고 보았다. 좀 더 구체적으로 설명하면, 문화권에 따라 사람들은 일을 처리함에 있어 상황과 배경을 해석하는 방식이 다양하므로, 홀은 각국의 문화 성향을 파악하기 위해서는 우선적으로 배경에 대한 해석과 의사소통, 정보처리방식에 대안 이해가 선행되어야 한다고 주장하였다.

홀의 이론에서 가장 중심이 되는 개념은 '배경'이다. 배경이란 메시지가 전달되는 상황적, 관계적, 문화적 환경을 의미한다. 홀은 이 배경의 중요성과 의존도에 따라 문화를 고배경(high-context)과 저배경(low-context)으로 구분했다.

고배경 문화(high-context culture)는 메시지 자체보다 상황과 관계, 비언어적 신호 등 배경에 많은 정보가 내포되어 있는 문화를 의미한다. 이러한 문화에서는 직접적인 언어 표현보다 상황이나 관계, 미묘한 사회적 신호를 통해 의미가 전달된다. 고배경 문화에서는 구성원들 간에 공유된 가치와 이해가 깊고, 집단의 조화와 관계 유지가 중시된다. 고배경 문화의 사람들은 논리적인 이유보다 직관이나 기분에 더 지배되는 경향이 강하며, 말하는 사람의 말 그 자체보다 목소리 톤이나 얼굴 표정, 몸짓, 포즈가 더 중요하며, 심지어 말하는 사람의 집안내력이나 지위를 의사소통의 중요한 배경으로 포함시키기도 한다. 따라서, 사람들과 의사소통 시 주변상황과 배경을 암묵적으로 이해하는 방법을 자연스럽게 습득하게 되며, 이러한 상황과 배경을 이해할 때 그 문화권에서 적합한 의사표현을 할 수 있는 것이다. 고배경 문화권에서 비즈니스 거래 시, 법률적인 문서보다는 사람들 간의 관계를 더 중시하는 경향이 있으며 신뢰를 중요시한다. 따라서, 고배경 문화권에 속하는 중동, 아시아, 아프리카, 남미 지역 국가에서 비즈니스 거래를 할 경우, 계약서 작성 이전에 사람들 간에 먼저 신뢰를 쌓는 작업을 하는 것이 중요하다. 한국, 일본, 중국과 같은 동아시아 국가들과 아랍 국가들이 전형적인 고배경 문화권으로 분류된다.

반면, 저배경 문화(low-context culture)는 메시지 자체에 명확하고 직접적인 정보가 포함되어 있으며, 배경에 대한 의존도가 낮은 문화를 의미한다. 이러한 문화에서는 명시적이고 직접적인 언어 표현이 선호되며, 의사소통의 효율성과 명확성이 중시된다. 미국 캐나다 등 북미권 국가와 서유럽 국가들이 속하는 저배경 문화권에서는 사람들의 의사소통이 대체로 논리적이고 직선적인 특징을 가진다. 저배경 문화의 사람들은 대체로 논리와 사실, 방향성을 중요하게 생각하기 때문에 명확한 의사전달을 위해 정확한 단어 사용을 선호한다. 사람들과의 관계보다는 개인의 서명이 포함된 문서나 법률적인 효력을 가지는 서류가 보증서 역할을 한다. 법률적인 효력이 의사결정 혹은 비즈니스 과정에서 매우 중요하므로 법과 관련한 사법체계와 절차는 매우 중요하다. 따라서 고배경 문화권에 비해 저배경 문화권의 의사소통은 대화 내용 자체만 보고 판단할 수 있기 때문에 상대적으로 명쾌하고 배경의 이해 없이 쉽게 이해할 수 있다. 미국, 독일, 스위스, 스칸디나비아 국가들이 대표적인 저배경 문화권으로 분류된다.

중요한 점은 고배경과 저배경이 이분법적으로 완전히 분리된 개념이 아니라, 연속선상에 존재한다는 것이다. 즉, 모든 문화는 이 연속선상의 어딘가에 위치하며, 상황과 맥락에 따라 고배경적 요소와 저배경적 요소를 모두 가질 수 있다.

상이한 두 문화권의 차이는 의사소통뿐 아니라 공간을 인식하고, 구분하는데 있어서도 차이가 있다. 중동, 남미 지역 국가의 사람들은 가깝게 접근해서 이야기하는 것을 선호한다. 일례로 사우디아라비아 사람들의 코인사가 대표적이며, 가까울수록 친밀감과 신뢰가 쌓인다고 생각한다. 그러나 미국과 같은 저배경 국가 사람들은 사람들과 대면 시 일정거리를 유지하면서, 지나친 신체적 접근은 회피하는 편이다. 협상에 있어서도 두 문화권은 극명한 차이를 보여준다. 고배경문화권에 속하는 중국은 기본적으로 협상에 참여하는 모든 당사자에게 이익이 되어야 한다는 호혜평등 원칙을 강조하면서, 협상을 느긋하게 이끌어 가는 경향이 있다. 상대방과의 신뢰형성 과정도 중시하므로, 공식적 행사 외에도 만찬, 연회, 관광 등의 비공식 일정도 매우 중시하는 경향이 있다. 이와는 반대로 미국인들은 논리와 주장을 명확하게 제시하고 실제적 행동을 더 중시하므로 협상은 매우 빠르게 진행되는 편이다. 여유 있게 시간을 들이며, 상대방을 알아가는 과정을 중시하는 중국과는 달리, 미국인들은 처음부터 솔직하게 조건을 제시하고 합리성을 추구한다.

❖ **표 4-1** 고배경 문화와 저배경 문화 특징 비교

특징	고배경(high-context) 문화	저배경(low-context) 문화
법, 변호사	덜 중요하다.	아주 중요하다.
개인의 말	그 개인에 대한 보증이다.	신뢰되지 않으며, 서면으로 남겨둔다.
공간개념	서로 어울리는 공간을 중요시한다.	개인적 공간을 중요시하며 침해받기 싫어한다.
실패에 대한 책임	조직의 최고위층이 진다.	조직의 최하위층으로 돌려진다.
시간개념	시간구분이 분명하지 않다.	시간은 돈이며, 매사는 한 번에 하나씩 처리된다.
협상	협상은 오래 걸린다. 협상의 목적은 당사자들을 서로 아는 데 있다.	신속하게 진행된다.

출처: 이장로 · 신만수 (2018).

(2) 글로벌 마케팅에의 시사점

홀의 고배경-저배경 문화 이론은 글로벌 마케터들에게 다양한 실용적 시사점을 제공한다. 이러한 시사점은 마케팅 커뮤니케이션, 제품 개발, 브랜딩 전략, 고객관계 관리 등 다양한 영역에 적용될 수 있다.

마케팅 커뮤니케이션 전략에 있어서, 고배경 문화에서는 간접적이고 배경 중심적인 메시지가 효과적일 수 있다. 예를 들어, 한국이나 일본과 같은 고배경 문화에서는 감성적 호소와 이미지 중심의 광고가 효과적인 경우가 많다. '소중한 당신을 위한'과 같은 광고 메시지는 제품의 기능보다 정서적 연결과 관계를 강조한다. 반면 독일이나 미국과 같은 저배경 문화에서는 제품의 특성, 가격, 성능을 직접적으로 비교하는 광고가 더

효과적일 수 있다. '더 얇고, 더 가볍고, 더 강력한' 등과 같은 메시지처럼 직접적인 제품 특성을 강조하는 경우가 이에 해당한다.

제품 현지화 전략에서도 이 이론은 중요한 지침을 제공한다. 고배경 문화에서는 제품의 상징적 의미와 사회적 지위가 중요시되므로, 명품 브랜드의 제품 포장이나 디자인이 더 정교하고 화려한 경향이 있다. 반면 저배경 문화에서는 기능성과 실용성이 더 중요시되어, 제품의 실질적인 가치와 효용성을 강조하는 전략이 효과적일 수 있다.

협상 및 비즈니스 관계 구축에 있어서도 차이가 있다. 고배경 문화에서는 비즈니스 관계 구축에 시간과 인내가 필요하며, 계약 체결 전에 신뢰 관계가 먼저 형성되어야 한다. 예를 들어, 중국에서는 '관시(關係, Guanxi)'[4]라는 개인적 네트워크와 관계가 비즈니스 성공의 핵심 요소이다. 반면 저배경 문화에서는 계약 조건과 법적 측면이 더 중요시되며, 관계보다 거래 자체에 초점을 맞추는 경향이 있다.

디지털 마케팅 전략에서도 이 이론은 적용될 수 있다. 고배경 문화에서는 소셜 미디어를 통한 관계 구축과 커뮤니티 형성이 중요할 수 있으며, 인플루언서 마케팅이 효과적일 수 있다. 반면 저배경 문화에서는 검색 엔진 최적화(SEO)와 콘텐츠 마케팅을 통한 명확한 정보 제공이 더 효과적일 수 있다.

(3) 홀(Hall) 문화연구의 한계점

홀의 고배경-저배경 문화 이론은 글로벌경영과 글로벌 마케팅 분야에 중요한 통찰을 제공하지만, 몇 가지 한계점도 가지고 있다.

첫째, 이 이론은 종종 지나치게 일반화되고 단순화되는 경향이 있다. 문화는 복잡하고 다층적인 현상이며, 단순히 고배경 또는 저배경으로 분류하는 것은 문화 내의 다양성과 변화를 간과할 수 있다. 예를 들어, 동일한 국가 내에서도 지역, 세대, 사회계층에 따라 의사소통방식과 문화적 가치가 다를 수 있다. 한국의 젊은 세대는 기성세대에 비해 더 직접적인 의사소통방식을 선호하는 경향이 있으며, 이는 기존의 고배경 문화 분류와 차이를 보인다.

둘째, 이 이론은 1970년대에 개발되었으며, 그 이후 글로벌화와 디지털 혁명으로 인해 문화 간 경계가 더욱 유동적이 되었다. 인터넷과 소셜 미디어의 등장으로 다양한

4) 관시(關係)는 중국 문화에서 핵심적인 개념으로, 개인 간의 장기적이고 상호 호혜적인 인간관계 네트워크를 의미함. 관시는 중국 사회에서 개인이나 조직 간의 사회적 자본(Social Capital)을 형성하는 핵심 메커니즘으로, 상호 이익과 장기적 협력을 기반으로 하는 비공식적 제도로 간주됨.

문화권의 사람들이 더 쉽게 소통하고 영향을 주고받게 되었으며, 이로 인해 전통적인 고배경-저배경 구분이 흐려지고 있다. 예를 들어, 글로벌 기업에서 일하는 전문가들은 자신의 문화적 배경과 상관없이 유사한 비즈니스 관행과 의사소통방식을 공유하는 경우가 많다.

셋째, 이 이론은 문화를 국가 단위로 분류하는 경향이 있어, 국가 내 다문화적 특성을 간과할 수 있다. 현대 사회에서는 많은 국가가 다양한 문화적 배경을 가진 사람들로 구성되어 있으며, 이는 단일한 문화적 분류를 어렵게 한다. 미국과 같은 국가는 다양한 문화적 배경을 가진 이민자들로 구성되어 있으며, 이들은 자신의 문화적 관행과 의사소통방식을 유지하는 경우가 많다.

넷째, 이 이론은 문화적 변화의 역동성을 충분히 반영하지 못할 수 있다. 문화는 정적인 것이 아니라 지속적으로 변화하고 발전하는 것이며, 경제적, 기술적, 사회적 변화에 따라 문화적 규범과 가치도 변화한다. 예를 들어, 한국과 일본과 같은 전통적인 고배경 문화도 글로벌화와 디지털화의 영향으로 점차 직접적인 의사소통방식을 수용하고 있다.

마지막으로, 이 이론은 개인적 차이와 상황적 요소를 충분히 고려하지 않을 수 있다. 동일한 문화권 내에서도 개인의 성격, 교육 배경, 국제적 경험 등에 따라 의사소통방식이 다를 수 있으며, 또한 상황의 공식성, 관계의 친밀도, 의사소통의 목적 등에 따라서도 고배경적 또는 저배경적 의사소통방식이 선택적으로 사용될 수 있다.

(4) 홀의 문화연구의 활용

에드워드 홀의 고배경-저배경 문화 이론은 그 한계점에도 불구하고, 글로벌 비즈니스 환경에서 문화적 차이를 이해하고 효과적인 의사소통전략을 수립하는 데 여전히 중요한 시사점을 제공한다. 현대 비즈니스 환경에서 이 이론을 효과적으로 적용하기 위해서는 다음과 같은 접근이 필요하다.

첫째, 문화적 일반화를 인식하되 개인적 차이와 상황적 맥락을 고려해야 한다. 특정 국가나 지역이 고배경 또는 저배경 문화로 분류될 수 있지만, 실제 비즈니스 상황에서는 개인의 성격, 경험, 교육 배경 등이 의사소통방식에 큰 영향을 미칠 수 있다. 따라서 문화적 지식을 기반으로 하되, 각 상황과 개인에 맞게 접근방식을 조정하는 유연성이 필요하다.

둘째, 문화적 지능(cultural intelligence)을 개발해야 한다. 이는 다양한 문화적 환경에서 효과적으로 기능할 수 있는 능력을 의미하며, 문화적 지식, 문화적 감성, 문화적 행동 적응력을 포함한다. 글로벌 마케터와 비즈니스 리더는 이러한 문화적 지능을 개발함으로써, 다양한 문화적 맥락에서 효과적으로 소통하고 관계를 구축할 수 있다.

셋째, 디지털 환경에서의 문화적 차이를 이해해야 한다. 이메일, 화상회의, 소셜 미디어 등 디지털 커뮤니케이션 도구의 사용이 증가함에 따라, 이러한 매체에서의 문화적 차이를 이해하고 적절히 대응하는 것이 중요하다. 예를 들어, 고배경 문화에서는 디지털 의사소통에서도 관계 구축과 맥락 공유가 중요할 수 있으며, 이를 위해 화상회의나 직접적인 소통을 선호할 수 있다.

마지막으로, 문화적 다양성을 존중하고 가치 있게 여기는 태도가 필요하다. 문화적 차이는 문제나 장애물이 아니라, 다양한 관점과 접근법을 통해 창의성과 혁신을 촉진할 수 있는 기회로 인식되어야 한다. 글로벌 비즈니스 환경에서 성공하기 위해서는 다양한 문화적 관점을 포용하고, 이를 통해 더 풍부하고 복합적인 비즈니스 전략을 개발할 수 있는 능력이 필요하다.

결론적으로, 에드워드 홀의 고배경-저배경 문화 이론은 문화적 차이에 대한 이해의 출발점으로서 여전히 가치가 있다. 하지만 현대 글로벌 비즈니스 환경에서 이 이론을 적용할 때는 문화의 복잡성, 다양성, 변화하는 특성을 인식하고, 보다 유연하고 맥락 중심적인 접근이 필요하다. 문화적 차이를 이해하고 효과적으로 대응하는 능력은 글로벌 비즈니스 환경에서 경쟁우위를 확보하는 핵심 요소 중 하나이며, 이를 위해 지속적인 학습과 적응이 요구된다.

3) 클로크혼과 스트로드백의 문화 가치지향성 모형

클로크혼과 스트로드백(Florence Kluckhohn & Fred Strodtbeck)은 1961년 문화 비교 연구에서 획기적인 이론적 틀을 제시하였다. 이들은 서로 다른 문화권의 사람들이 공동적으로 직면하는 인간 존재의 근본적 문제들에 대해 어떻게 다른 답을 제시하는지를 체계적으로 분석하고자 하였다. 이를 위해 모든 인간 사회가 반드시 해결해야 하는 6가지 보편적 가치 딜레마를 제시하고, 각 문화권이 이러한 딜레마에 대해 어떤 선택을 하는지에 따라 문화를 분류하는 모형을 개발하였다.

(1) 인간의 본성에 대한 관점(human nature orientation)

이 차원은 '인간의 근본적 성격은 무엇이며, 그것이 변화 가능한가?'라는 철학적 질문에 대한 문화적 답변을 다룬다. 미국인들은 기본적으로 인간을 가변적이고 개선 가능한 존재로 인식한다. 이들은 개신교적 직업윤리의 영향으로 인간이 노력과 근면함을 통해 구원받을 수 있다고 믿으며, 교육과 훈련을 통해 개인의 능력과 성격을 개발할 수 있다고 확신한다. 따라서 미국 기업들은 직원 교육과 개발 프로그램에 막대한 투자를 하며, '두 번째 기회' 문화를 중시한다. 실패한 직원도 재교육을 통해 개선될 수 있다고 보는 것이다.

반면 일본인들은 인간의 본성이 태생적으로 결정되어 변화하기 어려운 것으로 인식한다. 이는 유교적 사상과 불교적 업(業, Karma) 사상[5]의 영향으로, 개인의 기질과 능력이 선천적으로 정해져 있다고 믿는다. 따라서 일본 기업들은 신입사원 채용 시 매우 신중하고 까다로운 과정을 거치며, 한 번 채용된 직원은 평생 고용을 전제로 한다. 교육보다는 '적합한 인재 선발'이 더 중요하다고 보는 것이다.

(2) 인간과 자연의 관계(man-nature relationship)

이 차원은 '인간과 자연 환경 사이의 관계는 어떠해야 하는가?'에 대한 문화적 가치관을 탐구한다. 미국인들은 역사적으로 광활한 신대륙을 개척해 온 경험을 바탕으로 자연을 정복하고 개발해야 할 대상으로 인식한다. 이들에게 자연은 인간의 편익을 위해 활용되어야 하는 자원이며, 기술과 과학을 통해 자연의 한계를 극복할 수 있다고 믿는다. 이는 대규모 도시 개발, 댐 건설, 우주 개발 등에서 확인할 수 있으며, 기업 경영에서도 환경을 통제하고 변화시키는 적극적 전략을 선호한다.

반면, 중국인들은 도교와 유교 사상의 영향으로 인간과 자연의 조화로운 공존을 추구한다. 이들은 자연의 리듬과 질서를 존중하며, 무리한 개발보다는 지속 가능한 발전을 중시한다. 중국 기업들의 장기적 경영 철학과 점진적 발전 전략도 이러한 문화적 배경에서 이해할 수 있다. 또한, 아랍과 인도 문화권은 자연을 인간이 순응해야 할 절대적 힘으로 인식한다. 이슬람의 '알라의 뜻'이나 힌두교의 '카르마' 사상은 인간의 한계를

5] 불교적 업(業, Karma) 사상은 개인의 현재 상황과 미래가 과거의 행위에 의해 결정된다는 인과응보의 법칙을 의미함. 업 사상의 핵심은 모든 행위가 그에 상응하는 결과를 가져온다는 것으로, 선한 행위는 좋은 결과를, 악한 행위는 나쁜 결과를 초래한다고 봄.

인정하고 자연의 섭리에 순응하는 것을 강조한다.

(3) 인간관계의 지향성(relational orientation)

이 차원은 '개인과 집단 중 무엇을 우선시해야 하는가?'라는 사회 조직의 근본 원리를 다룬다. 미국, 캐나다, 영국 등은 개인의 자율성과 독립성을 최고 가치로 여긴다. 이들 문화에서는 개인의 성취, 자유로운 선택, 개성 발현이 사회 발전의 원동력으로 간주된다. 기업 조직에서도 개인의 창의성과 리더십을 강조하며, 성과에 따른 차등 보상과 개인 책임을 중시한다. CEO나 전문경영인에게 강력한 권한을 부여하는 것도 이러한 개인주의 문화의 반영이다.

반면, 중국, 일본, 한국 등 유교 문화권은 집단의 화합과 안정을 우선시한다. 개인의 욕구보다는 가족, 조직, 사회의 이익을 앞세우며, 상하관계의 질서와 연장자에 대한 존경을 중시한다. 기업에서도 합의에 의한 의사결정, 가족경영, 종신고용 등이 일반적이며, 개인보다는 팀의 성과를 강조한다.

(4) 활동 양식(activity orientation)

이 차원은 '어떤 종류의 활동이 가장 바람직한가?'에 대한 문화적 선호를 분석한다. 미국인들은 측정 가능하고 구체적인 성과를 중시하며, 목표 설정, 계획 수립, 성과 측정이 체계화되어 있다. 이들은 끊임없는 도전과 개선을 통해 더 나은 결과를 얻으려 하며, '일하기 위해 사는' 문화를 보인다. 기업에서도 분기별 실적, KPI 관리, 성과급 제도 등이 발달해 있다.

반면, 일본인들은 상대적으로 과정과 관계의 질을 중시하며, 즉각적인 성과보다는 장기적인 관계 구축과 조화로운 협력을 선호한다. 이들에게는 '어떻게 일하는가'가 '얼마나 많이 성취하는가'보다 중요할 수 있다.

(5) 시간 지향성(time orientation)

이 차원은 '과거, 현재, 미래 중 어느 시점에 가장 큰 가치를 두는가?'를 탐구한다. 미국인들은 '더 나은 미래'를 위한 계획과 투자를 중시한다. 이들은 과거의 전통에 얽매이기보다는 혁신과 변화를 통해 발전할 수 있다고 믿으며, 기업 경영에서도 단기간의 뚜렷한 성과를 요구한다. 분기별 실적 발표, 연간 성과 평가 등이 일반적이며, 주주들도 빠른 투자 수익을 기대한다.

일본과 중국 등은 과거의 지혜와 경험을 소중히 여기며, 조상의 가르침과 전통적 방식을 존중한다. 기업 경영에서도 창업 정신, 기업 역사, 장기적 관점의 투자를 중시하며, 급작스러운 변화보다는 점진적이고 안정적인 발전을 추구한다. 일본 기업의 100년 경영철학이나 중국 기업의 세대 간 승계 등이 그 예이다.

(6) 공간 지향성(space orientation)

이 차원은 '개인적 공간과 공유 공간 중 무엇을 선호하는가?'에 대한 문화적 가치관을 다룬다. 서구인들은 개인의 사생활과 독립성을 중시하여 업무공간에서도 개인 사무실, 독립적인 작업 환경을 선호한다. 중요한 회의나 협상은 외부의 방해를 받지 않는 폐쇄적 공간에서 진행하며, 개인정보와 업무 기밀을 철저히 보호한다. 재택근무나 개인 작업 시간도 존중받는다.

한국과 일본 등에서는 함께 일하는 공동체의식을 중시하여 개방형 사무실, 공유 작업 공간을 선호한다. 상사와 부하직원이 같은 공간에서 일하며, 회의나 토론도 모든 구성원이 참여할 수 있는 열린 장소에서 진행하는 경우가 많다. 이는 정보 공유와 팀워크를 중시하는 문화적 특성의 반영이다.

(7) 클로크혼과 스트로드백 모형의 이론적 기여와 한계

클로크혼과 스트로드백의 문화 가치지향성 모형은 문화를 단순한 관찰 대상이 아닌 체계적으로 분석 가능한 가치체계로 접근했다는 점에서 의의가 있다. 특히 서로 다른 문화권의 사람들이 보이는 행동의 차이를 근본적인 가치관의 차이로 설명함으로써, 문화적 다양성에 대한 깊이 있는 이해를 제공한다. 그러나 이 모형은 몇 가지 한계를 갖는다. 첫째, 6가지 차원만으로는 문화의 복잡하고 다층적인 특성을 완전히 포착하기 어렵다. 둘째, 호프스테더의 문화모형처럼 통계적으로 검증된 측정도구가 없어 객관적인 문화 간 비교가 제한적이다. 셋째, 각 문화를 하나의 고정된 패턴으로 분류함으로써 문화 내부의 다양성이나 시대적 변화를 간과할 수 있다. 그럼에도 불구하고 이 모형은 직관적이고 이해하기 쉬운 틀을 제공함으로써 글로벌 마케터들이 문화적 차이를 이해하고 적절한 경영전략을 수립하는 데 유용한 지침을 제공한다는 점에서 여전히 가치 있는 이론으로 평가받고 있다. 〈표 4-2〉는 클로크혼과 스트로드백의 문화 가치지향성 모형의 특징을 제시하고 있다.

❖ **표 4-2** 클로크혼과 스트로드백의 문화 가치지향성 모형

문화 요소	행위 및 사고차원	경영시사점
인간의 본성	• 기본적으로 선 • 기본적으로 악 • 선과 악의 혼합	• Theory Y, 참여적 경영 선호 신뢰 • Theory X, 동료와 부하에 대한 불신 • 중개자의 역할 강조
인간과 자연의 관계	• 자연을 지배 • 자연과의 조화 • 자연에 복종	• 계획을 강조, 조직문화 변화에 긍정적인 반응 • 작업장에서의 공개적인 마찰 회피성향, 타인의 존중 • 외부통제 수용성이 높음, 조직문화 변화에 부정적 반응
인간관계	• 개인주의적(수평적 관계를 중시) • 집단주의적(수직적 관계를 중시) • 권위주의적	• 그룹의 이익보다는 개인의 이익과 목적을 중시 경쟁을 강조 • 그룹 내 관계가 상사, 직무에 대한 태도에 영향을 줌 • 권위에 대한 존중, 연공서열, 위계적 의사소통
활동양식	• 동적 • 통제적 • 정적	• 성과를 중시함, 높은 일의 중요성 • 자기통제를 강조 • 계획과 성과를 덜 중시, 지위는 선천적으로 결정됨
시간지향성	• 미래지향적 • 현재지향적 • 과거지향적	• 과거 성과보다 미래 계획이 우선시됨. 변화와 훈련을 중시 현재의 안건이 우선시됨 • 과거 성과를 기초로 한 계획수립. 과거의 전통 중시
공간지향성	• 사적 • 공·사 혼합 • 공적	• 개인적 소유를 중시, 격리된 장소에서의 미팅이 보통 • 공사의 구분 • 공개회의를 선호, 장소공유 선호

출처: 이장로 · 신만수 (2018).

4) 트롬페나스와 햄든-터너의 7차원 문화모형

1990년대 초반, 글로벌 비즈니스 환경에서 문화적 차이에 대한 이해의 필요성이 높아지면서 다양한 문화적 분석모형이 개발되었다. 그 중에서도 네덜란드 출신의 학자이

자 컨설턴트인 폰스 트롬페나스(Fons Trompenaars)와 영국의 경영학자 찰스 햄든-터너(Charles Hampden-Turner)가 개발한 7차원 문화모형은 국제적으로 큰 주목을 받았다. 이들은 1993년 출간한 저서 『Riding the Waves of Culture: Understanding Diversity in Global Business』에서 이 모형을 처음으로 체계적으로 제시하였다.

트롬페나스와 햄든-터너는 40개국 이상의 국가에서 4만 명이 넘는 관리자들을 대상으로 한 광범위한 설문조사와 연구를 통해 이 모형을 발전시켰다. 특히 그들은 약 6,000개의 문제와 딜레마에 대한 10만 건 이상의 응답을 수집하여 국가 및 조직문화 차이에 관한 깊이 있는 통찰을 제시하였다. 이러한 풍부한 데이터를 바탕으로 그들은 문화적 차이를 분석하고 이해할 수 있는 일곱 가지 차원의 프레임워크를 발전시켰다.

이 모형은 주로 호프스테더(Hofstede)의 문화 차원 모형과 비교되곤 하는데, 호프스테더가 주로 업무 가치에 초점을 맞추었던 것과 달리, 트롬페나스는 개인이 직장과 일상생활 모두에서 어떻게 행동하는지를 이해하는 데 중점을 두었다. 트롬페나스의 모형은 사람들의 생각과 관점에 대한 통찰을 얻는 데 중점을 두며, 더 총체적인 접근방식을 취한다.

(1) 7차원 문화모형의 의미와 구성

트롬페나스의 7차원 문화모형은 모든 문화가 직면하는 세 가지 보편적 문제, 즉 인간관계, 시간, 그리고 환경과의 관계를 바탕으로 개발되었다. 이 모형은 인간관계, 시간, 그리고 환경과의 관계라는 세 가지 기본 범주 내에서 일곱 가지 문화적 차원을 도출하였으며, 이 차원들을 서로 대립하는 태도적 성향의 쌍으로 표현한다. 이 일곱 가지 차원 중 처음 다섯 가지는 인간관계와 관련이 있고, 여섯 번째는 시간 개념, 마지막 차원은 환경과의 관계를 나타내고 있다.

트롬페나스의 7차원 모형은 단순히 문화적 차이를 기술하는 데 그치지 않고, 이러한 차이가 국제경영 및 국제마케팅에 어떤 영향을 미치는지에 대한 실질적인 시사점을 제공한다. 이 모형은 다문화적 환경의 기업들이 계약, 인센티브, 팀 역학, 비판, 승진 관행 등 다양한 영역에서 문화적 차이를 이해하는 데 도움을 준다.

이 모형의 핵심적인 가치는 글로벌 마케터들이 문화적 차이를 단순히 '옳고 그름'의 문제로 보지 않고, 다양한 문화적 맥락에서 사람들이 어떻게 문제를 해결하고 딜레마를 조정하는지를 이해하는 데 있다. 이는 트롬페나스가 '문화란 한 집단이 문제를 해결하고 딜레마를 조정하는 방식'이라고 정의한 것에서도 잘 나타난다.

(2) 7차원 문화모형의 세부내용

① 보편주의 대 특수주의

보편주의 대 특수주의(universalism vs. particularism) 차원은 규칙, 법, 원칙의 적용에 있어서 일관성을 중시하는지, 아니면 관계와 상황을 고려한 유연성을 중시하는지를 나타내는 문화적 차원이다. 보편주의 문화에서 사람들은 규칙, 법률, 일반화된 원칙을 특정 관계보다 우선시한다. 보편주의 문화에서 사람들은 모든 사례를 동일하게 다루려고 하며, 친구나 가까운 사람에게도 동일한 규칙을 적용하는 특징을 보인다. 또한, 보편주의 문화에서 사람들은 규칙을 관계보다 더 중요하다고 여기고, 계약과 협약을 엄격하게 준수하며, 법적 시스템을 잘 발달시킨다.

반면, 특수주의 문화에서 사람들은 특정 상황과 관계를 추상적인 규칙보다 더 중요하게 여기며, 각 상황의 특수성과 관계의 맥락을 중요하게 고려한다. 특수주의 문화에서 사람들은 법률이나 규칙보다 의무감이나 관계를 더 중요하게 생각할 수 있다. 이들은 계약을 단지 시작점으로 간주하며, 상황 변화에 따라 수정할 수 있다고 본다.

글로벌 마케터들은 보편주의적 문화와 특수주의적 문화 간의 차이를 이해함으로써 다양한 시장에서 효과적으로 소통하고 운영할 수 있다. 보편주의 대 특수주의 차원은 글로벌 마케터에게 다음과 같은 시사점을 제공한다. 먼저, 계약 및 협상전략 측면에서 글로벌 마케터는 보편주의적 문화에서 명확하고 상세한 계약을 중시해야 하지만, 특수주의적 문화에서는 관계 구축과 융통성을 더 중요하게 고려해야 한다. 다음으로 마케팅 메시지 측면에서 마케터는 보편주의적 문화에서 규칙과 품질 표준을 강조하는 메시지를 사용해야 하는 반면, 특수주의적 문화에서는 개인화된 관계와 특별한 대우를 강조하는 메시지를 활용해야 한다. 마지막으로 고객서비스 측면에서 글로벌 기업은 보편주의적 문화에서 일관된 서비스와 공정성을 제공해야 하지만, 특수주의적 문화에서는 개인적인 관계와 상황에 따른 유연한 대응을 더 중요하게 고려해야 한다.

캐나다, 미국, 영국, 호주 등은 보편주의적 문화를 대표하며, 이들 국가에서 사람들은 일반적으로 규칙을 관계보다 우선시한다. 반면, 라틴아메리카, 한국, 중국, 러시아 등은 특수주의적 성향이 강한 문화로, 이들 지역의 사람들은 관계와 상황에 따라 규칙을 유연하게 적용할 수 있다고 본다. 예를 들어, 미국 기업이 한국이나 중국 시장에 진출할 때 단순히 계약서에만 의존하기보다 개인적 관계와 신뢰 구축에 투자하는 것이 중요하다. 반면, 한국 기업이 미국이나 유럽 시장에서 성공하기 위해서는 명확한 규칙과 절차를 준수하는 것이 필요하다.

② 개인주의 대 공동체주의

개인주의 대 공동체주의(individualism vs. communitarianism) 차원은 개인의 이익과 자유를 우선시하는지, 아니면 공동체의 이익과 조화를 우선시하는지를 나타내는 문화적 차원이다. 호프스테더의 문화차원인 개인주의-집단주의와 유사하지만, 트롬페나스는 더 구체적으로 의사결정 과정과 책임 소재에 초점을 맞춘다. 개인주의적 문화에서 사람들은 개인의 자유, 성취, 책임을 강조하며 의사결정은 주로 개인이 수행한다. 또한, 개인주의 문화에서 사람들은 개인적 책임과 권리를 강조하며, 경쟁과 자기 동기부여를 가치 있게 여긴다.

반면, 공동체주의적 문화에서 사람들은 집단의 목표, 협력, 사회적 응집력을 우선시하며, 집단의 조화를 중시한다. 공동체주의적 문화에서 사람들은 의사결정을 종종 합의를 통해 수행하며, 공유된 책임과 연대를 강조한다. 또한 공동체주의적 문화에서 사람들은 협력과 상호 의존성을 가치 있게 여긴다.

개인주의 대 공동체주의 차원은 글로벌 마케터들에게 다음과 같은 시사점을 제시한다. 먼저 브랜드 포지셔닝 측면에서 글로벌 마케터는 개인주의적 문화에서 개인적 혜택, 독특함, 자아실현을 강조하는 효과적인 포지셔닝을 구축해야 하는 반면, 공동체주의적 문화에서는 집단소속감, 사회적 조화, 가족적 가치를 강조하는 포지셔닝을 개발해야 한다. 다음으로 광고 측면에서 마케터는 개인주의적 문화에서 개인의 선택과 자유를 강조하는 광고를 제작해야 하는 반면, 공동체주의적 문화에서는 집단정체성과 사회적 승인을 강조하는 광고를 활용해야 한다. 마지막으로 제품 측면에서 글로벌 기업은 개인주의적 문화에서 개인화와 맞춤화된 제품을 제공해야 하는 반면, 공동체주의적 문화에서는 집단 활동과 공유 경험을 지원하는 제품을 개발해야 한다.

미국, 호주, 영국은 개인주의적 성향이 강한 문화를 대표하며, 일본, 한국, 중국과 같은 아시아 국가들은 전통적으로 공동체주의적 성향을 강하게 나타낸다. 예를 들어, 미국의 마케팅에서는 '당신만의 방식으로'와 같은 개인화된 메시지가 효과적인 반면, 한국이나 일본에서는 '우리 모두 함께'와 같은 집단적 메시지가 더 큰 반향을 일으킬 수 있다.

하지만 트롬페나스가 지적했듯이, 문화는 지속적으로 변화한다. 예를 들어, 멕시코는 전통적으로 공동체주의적 성향이 강했지만, 최근 점차 개인주의적 문화로 변화하고 있다. 따라서 글로벌 마케터 및 경영자들은 문화가 고정적이지 않고 변화할 수 있음을 고려하여 문화차원을 이해할 필요가 있다.

③ 중립적 대 감정적

중립적 대 감정적(neutral vs. affective) 차원은 사람들이 대인관계나 업무 상황에서 감정을 어떻게 표현하고 통제하는지를 나타내는 문화적 차원이다. 중립적 문화에서 사람들은 감정을 억제하고 객관성을 유지하는 것이 중요하기 때문에 감정을 공개적으로 표현하는 것을 자제하고, 객관적이고 냉정한 태도를 유지한다.

반면, 감정적 문화에서 사람들은 감정을 자유롭고 자연스럽게 표현하는 것을 정상적이고 적절하게 여긴다. 즉, 감성적 문화에서 사람들은 감정을 즉각적이고 공개적으로 표현하는 것을 자연스럽게 받아들이며, 풍부한 비언어적 의사소통과 열정적인 대화를 활발하게 나타내는 것이 특징이다.

중립적 대 감정적 차원은 글로벌 마케터에게 다음과 같은 시사점을 제시한다. 먼저 커뮤니케이션 측면에서 글로벌 마케터는 중립적 문화에서 논리적이고 사실 기반의 메시지를 사용해야 하는 반면, 감정적 문화에서는 감정을 불러일으키고 열정을 자극하는 메시지를 활용해야 한다. 다음으로 판매 접근법 측면에서 마케터는 중립적 문화에서 제품의 기능과 효율성을 강조해야 하는 반면, 감정적 문화에서는 제품이 유발하는 감정을 강조해야 한다. 마지막으로 협상 측면에서 글로벌 기업은 중립적 문화에서 감정을 배제한 채 사실과 논리에 집중하는 협상 전략을 채택해야 하는 반면, 감정적 문화에서는 관계와 감정적 연결을 구축하는 협상 전략을 사용해야 한다.

한국, 일본, 영국 등은 중립적 문화를 대표하며, 이들 국가에서 사람들은 공개적인 감정 표현, 특히 분노나 과도한 열정 표현을 불편하게 여긴다. 반면, 스페인, 이탈리아, 멕시코와 같은 국가들은 감정적 문화로 분류되며, 이들 문화에서 사람들은 웃음, 열정적인 대화, 신체접촉을 더 자연스럽게 받아들인다. 예를 들어, 일본 시장에 진출하는 글로벌 브랜드는 과도하게 감정적인 광고 캠페인을 자제하고 더 절제된 톤을 사용할 수 있는 반면, 이탈리아나 스페인 시장에서는 감정적이고 열정적인 메시지가 더 큰 반향을 일으킬 수 있다.

④ 구체적 대 확산적

구체적 대 확산적(specific vs. diffuse) 차원은 사람들이 업무와 사생활, 공적 영역과 사적 영역을 어떻게 구분하는지를 나타내는 문화적 차원이다. 구체적 문화에서 사람들은 업무와 개인 생활을 명확하게 구분하며, 직장에서 명확한 의사소통과 직접적인 접근 방식을 선호한다. 반면, 확산적 문화에서 사람들은 업무와 개인 생활이라는 두 영역을 상호 연결된 것으로 보며 경계를 모호하게 인식한다. 즉 확산적 문화에서 사람들은 업무와 개인 생활을 상호 연결된 것으로 여기며, 간접적인 커뮤니케이션과 맥락적 이해를 중요하게 생각한다.

구체적 대 확산적 차원은 글로벌 마케터에게 다음과 같은 시사점을 제공한다. 먼저 관계 구축 측면에서 글로벌 마케터는 구체적 문화에서 빠르고 효율적인 비즈니스 관계를 구축해야 하는 반면, 확산적 문화에서는 오랜 시간에 걸친 신뢰와 개인적 관계를 구축해야 한다. 다음으로 비즈니스 접근법 측면에서 마케터는 구체적 문화에서 계약과 작업 범위를 명확하게 정의해야 하는 반면, 확산적 문화에서는 비즈니스 절차에 더 많은 유연성을 제공해야 한다. 마지막으로 마케팅 전략 측면에서 글로벌 기업은 구체적 문화에서 제품이나 서비스의 특정 혜택에 초점을 맞추는 마케팅 전략을 실행해야 하는 반면, 확산적 문화에서는 브랜드의 전체적인 이미지와 관계에 더 중점을 두는 마케팅 전략을 채택해야 한다.

독일, 미국, 영국, 네덜란드는 구체적 문화를 대표하며, 이들 국가에서 사람들은 업무와 개인 생활을 명확하게 구분한다. 반면, 한국, 중국, 일본, 스페인과 같은 국가들은 확산적 문화로 분류되며, 이들 문화에서 사람들은 업무관계를 종종 개인적 관계로 확장한다. 예를 들어, 독일이나 미국에서 사람들은 회의를 업무 시간 내에 효율적으로 진행하고 사적인 대화를 최소화하는 반면, 중국이나 일본에서 사람들은 비즈니스 관계 구축을 위해 업무 외 시간에 함께 식사를 하거나 사교 활동을 하는 것을 중요하게 여긴다.

⑤ 성취 대 귀속

성취 대 귀속(achievement vs. ascription) 차원은 사회적 지위와 존경이 어떤 기준에 의해 결정되는지를 나타내는 문화적 차원이다. 성취 중심 문화에서는 개인의 성과와 업적을 통해 지위가 획득된다. 즉, 성취 중심 문화에서는 '당신이 무엇을 했는가'가 중요하며, 실력과 성과에 기반한 평가가 이루어진다.

반면, 귀속 중심 문화에서는 연령, 계급, 성별, 교육, 가족 배경과 같은 요소에 기반하여 지위가 부여된다. 즉, 귀속 중심 문화에서는 '당신이 누구인가'가 중요하며, 존경과 권위는 종종 사회적 위치와 관련이 있다.

성취 대 귀속 차원은 글로벌 마케터에게 다음과 같은 시사점을 제공한다. 먼저 브랜드 메시징 측면에서 글로벌 마케터는 성취 중심 문화에서 성과와 효과를 강조하는 메시지를 활용해야 하는 반면, 귀속 중심 문화에서는 전통, 명성, 역사를 강조하는 메시지를 사용해야 한다. 다음으로 제품 포지셔닝 측면에서 마케터는 성취 중심 문화에서 제품의 성능과 혁신성을 부각시켜야 하는 반면, 귀속 중심 문화에서는 브랜드의 전통과 사회적 지위를 강조해야 한다. 마지막으로 인적 자원 관리 측면에서 글로벌 기업은 성취 중심 문화에서 능력 기반의 승진과 보상 시스템을 운영해야 하는 반면, 귀속 중심 문화에서는 연공서열과 지위 인정 시스템을 중시해야 한다.

미국, 영국, 독일, 스칸디나비아 국가들은 성취 중심 문화를 대표하며, 이들 국가에서는 개인의 기술과 성과가 권위와 지위의 주요 원천 역할을 한다. 반면, 일본, 이탈리아, 프랑스는 귀속 중심 문화로 분류되며, 이들 문화에서는 연령, 교육 배경, 사회적 연결망이 더 중요한 역할을 수행한다. 한국은 이들 두 차원이 혼재되어 있지만 귀속 성향이 더 강하게 나타나는 특징을 보인다. 예를 들어, 미국이나 독일에서는 젊은 기업가가 혁신적인 아이디어로 빠른 성공을 달성할 수 있는 반면, 일본이나 한국과 같은 국가에서는 나이와 경험이 존중을 받으며, 젊은 리더가 나이 많은 직원들의 존중을 얻기 위해 추가적인 노력을 기울여야 한다.

⑥ 순차적 대 동시적 시간

순차적 대 동시적 시간(sequential vs. synchronic time) 차원은 사람들이 시간을 선형적이고 순서대로 진행되는 것으로 인식하는지, 아니면 여러 일을 동시에 처리하는 순환적 시간으로 인식하는지를 나타내는 문화적 차원이다. 순차적 시간 문화에서 사람들은 시간을 직선적이고 분할 가능한 것으로 여기며, 일정과 마감일을 엄격하게 준수한다. 따라서 순차적 시간 문화의 사람들은 한 번에 하나의 작업에 집중하는 것을 선호한다.

반면 동시적 시간 문화에서 사람들은 시간을 순환적이고 여러 활동이 동시에 이루어질 수 있는 것으로 인식한다. 동시적 시간 문화의 사람들은 시간을 순환적이고 유연한 것으로 인식하기 때문에 여러 작업을 동시에 처리할 수 있으며, 상황에 따라 일정과 마감일을 조정할 수 있다. 동시적 시간 문화에서 사람들은 관계와 맥락을 엄격한 시간 제약보다 중요하게 여긴다.

순차적 대 동시적 시간 차원은 글로벌 마케터에게 다음과 같은 시사점을 제공한다. 먼저 프로젝트 관리 측면에서 글로벌 마케터는 순차적 시간 문화에서 명확한 일정과 단계별 계획을 수립해야 하는 반면, 동시적 시간 문화에서는 더 유연하고 적응 가능한 접근 방식을 채택해야 한다. 다음으로 비즈니스 협상 측면에서 마케터는 순차적 시간 문화에서 효율성과 신속한 결정을 중시해야 하는 반면, 동시적 시간 문화에서는 관계 구축과 신중한 고려를 우선시해야 한다. 마지막으로 마케팅 메시지 측면에서 마케터는 순차적 시간 문화에서 즉각적인 결과와 시간 절약을 강조하는 메시지를 사용해야 하는 반면, 동시적 시간 문화에서는 지속성과 장기적 가치를 강조하는 메시지를 활용해야 한다.

독일, 미국, 영국, 스위스와 같은 국가들은 순차적 시간 문화를 대표하며, 이들 문화에서 사람들은 시간 엄수와 효율적인 일정 관리를 매우 중요하게 여긴다. 반면, 라틴 아메리카, 중동, 남부 유럽 국가들은 동시적 시간 문화로 분류되며, 이들 문화에서 사람들은 시간을 더 유연하게 해석한다. 예를 들어, 독일이나 스위스에서 사람들은 약속 시간에 늦는 것을 무례하게 여기고 비즈니스 회의를 정확한 시간에 시작하고 종료하는 반면, 라틴 아메리카나 중동 국가에서 사람들은 약속 시간을 더 유연하게 해석하고 관계 구축을 일정보다 우선시한다. 한국의 경우 순차적 시간 개념이 더 강하게 나타난다.

⑦ 내적 대 외적 통제

내적 대 외적 통제(internal vs. external control) 차원은 사람들이 환경을 통제하고 지배할 수 있다고 믿는지, 아니면 환경과 조화를 이루며 적응하는 것이 중요하다고 믿는지를 나타내는 문화적 차원이다. 내적 통제 문화에서 사람들은 자신의 운명을 스스로 결정한다고 믿으며, 환경을 통제하고 지배할 수 있다고 믿는다. 또한, 이들은 할 수 있다는 정신이 강하며 적극적인 문제해결과 자기주도적인 접근방식을 강조한다.

반면, 외적 통제 문화에서 사람들은 운명이나 환경의 힘이 개인보다 크다고 믿으며, 상황에 유연하게 적응하는 것을 미덕으로 여긴다. 따라서 외적 통제 문화의 사람들은 자연과 조화를 이루며 적응해야 한다고 믿는다. 외적 통제 문화에서 사람들은 유연성, 타협, 조화를 강조하며, 환경과의 조화 및 상황에 적응하려는 성향을 강하게 나타낸다.

내적 통제 대 외적 통제 차원은 글로벌 마케터에게 다음과 같은 시사점을 제공한다. 먼저 제품 개발 측면에서 글로벌 마케터는 내적 통제 문화에서 환경을 통제하고 문제를 적극적으로 해결하는 제품을 개발해야 하는 반면, 외적 통제 문화에서는 자연과 조화를 이루고 환경에 적응하는 제품을 제공해야 한다. 다음으로 리더십 측면에서 마케터는 내적 통제 문화에서 주도적이고 결단력 있는 리더십을 보여줘야 하는 반면, 외적 통제 문화에서는 유연하고 상황에 적응하는 리더십을 발휘해야 한다. 마지막으로 위기관리 측면에서 글로벌 기업은 내적 통제 문화에서 적극적인 위기관리와 직접적인 개입을 실행해야 하는 반면, 외적 통제 문화에서는 상황 변화에 따른 적응과 조화로운 접근 방식을 채택해야 한다.

미국, 영국, 호주는 내적 통제 문화를 대표하며, 이들 문화에서 사람들은 '우리가 원하면 무엇이든 할 수 있다'와 같은 자기결정적 태도를 강조한다. 반면, 한국, 중국, 러시아, 사우디아라비아와 같은 국가들은 외적 통제 문화로 분류되며, 이들 문화에서 사람들은 상황 적응력과 환경과의 조화를 더 중요시한다.

예를 들어, 미국이나 호주의 기업들은 종종 시장을 통제하고 형성하는 데 초점을 맞추는 반면, 아시아 국가들의 기업들은 시장 변화에 대응하고 적응하는 전략을 더 중시하는 경향을 보인다. 또한, 내적 통제 문화의 마케터는 '운명을 통제하라'와 같은 메시지를 강조할 수 있는 반면, 외적 통제 문화에서 마케터는 '자연의 흐름을 따르라'와 같은 메시지를 사용하는 것이 더 효과적이다.

(3) 7차원 문화모형의 시사점과 한계

트롬페나스의 7차원 문화모형은 글로벌경영과 글로벌 마케팅 분야에서 여러 가지 중요한 의미를 지닌다. 첫째, 이 모형은 문화적 차이를 단순히 '옳고 그름'의 이분법으로 보지 않고, 서로 다른 문제해결방식과 가치 체계로 이해하는 프레임워크를 제공한다. 둘째, 이 모형은 문화적 차이를 단순히 국가적 차원에서만 분석하지 않고, 조직문화와 개인 행동 패턴에도 적용할 수 있는 유연한 틀을 제시한다.

하지만 이와 같은 시사점에도 불구하고 트롬페나스의 7차원 모형은 몇몇 한계점도 지니고 있다. 먼저 모든 문화모형과 마찬가지로, 트롬페나스의 모형도 복잡한 문화적 현실을 단순화하는 경향이 있다. 문화는 다층적이고 역동적이며, 단일차원으로 완전히 설명할 수 없는 복잡한 현상이라는 점을 고려해야 한다. 또한, 이 모형은 문화적 고정관념을 강화시킬 수 있는 우려가 있다. 마지막으로 글로벌화와 기술 발전으로 인해 문화는 지속적으로 변화하고 있지만, 이 모형은 현재의 문화적 현실을 정확하게 반영하지 못할 수 있다는 한계점을 지닐 수 있다.

04 문화적 편견 극복을 통한 글로벌 마케팅 전략

다국적 기업이 글로벌 마케팅 활동을 성공적으로 수행하기 위해 명심해야 할 사항은 다음과 같다.

1) 자기준거 기준 극복하기

글로벌 마케팅 담당자는 해외시장을 분석하고 전략을 수립할 때 무의식적으로 자신의 문화적 배경과 경험을 기준으로 타국의 문화권을 평가하고 판단하는 경향이 있다. 이러한 현상을 자기준거 기준(self-reference criterion)이라고 하며, 제임스 리(James Lee)에 의해 처음 제안된 개념이다. 자기준거 기준은 문화적 근시안을 초래하여 해외시장 분석과 마케팅 전략 결정 과정에서 왜곡된 판단을 유발할 수 있다. 따라서 글로벌 마케팅 담당자가 우선적으로 갖춰야 할 역량 중 하나는 바로 자기준거 기준을 인식하고 극복하는 능력이다.

제임스 리는 문화적 근시안을 효과적으로 극복하기 위한 4단계 개념 틀을 제시하였다(Lee, 1966).

첫째, 본인이 속한 본국의 문화적 특징과 규범 관점에서 발생할 수 있는 문제를 파악하고 목표를 설정한다.

둘째, 해외 현지국에서 나타날 수 있는 문화적 특징과 규범 관점에서 발생 가능한 문제를 객관적으로 파악하고 목표를 설정한다. 이 단계에서는 주관적 판단을 최대한 배제하는 것이 중요하다.

셋째, 앞선 두 단계에서 드러난 자기준거 기준을 철저히 점검하고, 마케팅 의사결정 과정에서 자기준거 기준이 문제를 더욱 복잡하게 만들 수 있는지 검토한다.

넷째, 자기준거 기준과 무관하게 문제를 재정의하고, 현지 시장 상황에 적합한 해결 방안을 도출하여 마케팅 전략을 수립한다.

예를 들어, 월마트는 아시아 시장 진출 초기에 많은 어려움을 겪었다. 그 주요 원인은 미국식 운영방식을 그대로 현지 시장에 적용하는 자기준거 기준의 함정에 빠졌기 때문이다. 인도네시아 시장에 진출한 월마트는 미국에서 하던 대로 모든 상품에 가격표를 붙이고 고정된 가격으로 판매했다. 그러나 인도네시아 소비자들은 상품 거래 시 가격 흥정을 선호하는 문화를 갖고 있었기 때문에, 현지의 전통시장이나 소규모 가게가 월마트보다 훨씬 더 매력적으로 다가왔다. 월마트의 판매방식은 현지 소비자의 문화적 기대와 맞지 않아 시장 진입 초기 어려움을 겪었다.

한편, 자기준거 기준을 극복한 글로벌 마케팅의 대표적 사례로 [그림 4-6]에서 보듯이, 넷플릭스의 인기드라마 '오징어 게임'과 월트 디즈니사의 글로벌 전략이 있다. '오징어 게임'은 각국의 언어와 문화를 고려한 섬세한 번역을 통해 세계적으로 큰 성공을 거두었다. 월트 디즈니는 영화 제작 과정에서 자기준거 기준과 자국 중심주의를 철저히 경계하며, 각국의 문화와 취향에 따라 소품의 색상이나 배치를 다르게 적용하였다. 예컨대, 영화 '인사이드 아웃'에서는 미국판에는 하키 경기를, 국제판에는 전 세계적으로 인기 있는 축구 경기를 넣는 등 문화적 특성을 고려한 맞춤형 전략을 구사하였다.

◀ 영어 버전

◀ 국제 버전

❖ **그림 4-6** 자기준거 기준 극복사례: 넷플릭스 '오징어 게임' 및 월트 디즈니사의 '인사이드 아웃'

이처럼 해외시장에서 성공한 사례들은 대부분 자기준거 기준을 인식하고 효과적으로 극복한 경우가 많다는 점을 기억해야 한다.

2) 문화에 대한 기본적인 이해와 학습

글로벌화가 급속히 진행되면서 다양한 문화권과의 교류가 필연적으로 증가하고 있다. 이러한 환경 속에서 글로벌 기업이 성공적으로 시장에 진출하고 안착하기 위해서는 단순한 제품과 서비스의 수출을 넘어 해당 국가의 문화적 배경에 대한 깊은 이해가 필수적이다. 이때 핵심적으로 요구되는 역량이 바로 문화 리터러시(cultural literacy)이다. 문화 리터러시는 특정 국가나 지역의 문화적 가치, 신념, 언어, 행동양식을 이해하고 존중할 수 있는 능력으로, 이는 글로벌 마케팅 전략 수립의 전제조건이라 할 수 있다.

문화 리터러시는 마케팅뿐 아니라 경영 전반에서 매우 실질적인 영향력을 가진다. 예를 들어, 소비자행동은 문화적 가치에 따라 크게 달라질 수 있으며, 광고 메시지나 패키지 디자인, 유통전략도 이에 맞추어 현지화(localization)해야 효과를 극대화할 수 있다. 실제 사례로, 맥도날드(McDonald's)는 인도 시장에서 힌두교 문화권의 특성을 고려하여 소고기 대신 닭고기와 야채 기반 메뉴인 '치킨 마하라자 맥'과 '맥알루 티키'를 출시하고, 채식주의 고객을 위한 메뉴를 강화하여 성공적으로 현지화에 성공하였다([그림 4-7]). 반면, 월마트(Walmart)는 인도네시아 시장에서 미국식 고정 가격 정책을 고수하다가 흥정 문화를 중시하는 현지 소비자의 외면을 받으며 시장 철수에 이르렀다. 이처럼 문화에 대한 무지 혹은 편견은 사업 실패의 주요 원인이 될 수 있다.

나아가 문화 리터러시는 인사관리, 조직운영, 협상 전략에도 깊은 영향을 준다. 예를 들어, 수직적 위계 문화를 중시하는 한국이나 일본과 같은 문화권에서는 상사의 지시를 중시하는 경향이 있어 명확한 역할분담과 의사결정 구조가 중요하다. 반면, 스웨덴이나 네덜란드처럼 평등주의적 가치를 중시하는 문화권에서는 수평적 커뮤니케이션이 더 효과적일 수 있다. 다문화 팀을 운영할 때, 각 구성원의 문화적 배경을 이해하고 존중하지 않으면 오해와 갈등이 발생할 가능성이 크다. 따라서 글로벌 기업은 직원 교육, 커뮤니케이션 방식, 리더십 스타일 등 다양한 영역에서 문화적 요소를 반영한 전략을 수립해야 한다.

❖ **그림 4-7** 맥도날드의 인도 시장 현지화 메뉴 사례

마무리사례 **CJ제일제당, 비비고 앞세워 K-푸드 세계화 이끈다**

글로벌 현지화 · 제품 다변화 전략으로 K-푸드 확산
"K-브랜드의 기회를 선점하고, 글로벌 리딩 기업으로 도약할 것"

CJ제일제당은 세계 시장에서 K-푸드의 세계화를 선도하는 대표적인 기업으로 자리매김하고 있다. 그 중심에는 2010년 론칭된 비비고가 있다. 비비고는 단순한 한식 제품을 넘어 한국 식문화를 전 세계에 알리는 중요한 역할을 하며, CJ제일제당은 이를 바탕으로 지속적인 성장을 거듭하고 있다. 특히 비비고를 통한 현지화 전략은 전 세계 소비자들의 입맛을 사로잡으며, K-푸드가 확장될 수 있는 가능성을 보여주고 있다.

2024년 파리 올림픽에서 비비고는 한식의 세계화를 더욱 가속화했다. 코리아하우스 내 비비고 푸드 부스는 현지인 및 전 세계 방문객들로부터 큰 인기를 끌었다. 떡볶이, 만두, 김치 주먹밥 등의 한식 메뉴가 제공되었으며, 하루 500인분이 4시간 만에 완판되는 등 뜨거운 반응을 얻었다. 현지 방문객들은 "맵지만 중독성 있는 맛"이라며 K-푸드에 대한 높은 관심을 드러냈다.

CJ제일제당은 한식을 넘어 K-라이프스타일의 세계화 가능성을 확인하며, 단순 수출형 식품 기업을 넘어, 현지 생산과 유통체계를 갖춘 글로벌 식문화 기업으로 도약하고 있다는 평가를 받고 있다.

▶ 비비고와 슈완스 인수, 글로벌 성장의 핵심 동력

CJ제일제당은 2010년 글로벌 브랜드 비비고(Bibigo)를 론칭하며 K-푸드 수출의 패러다임을 바꿨다. 비비고는 한식의 세계화를 목표로 한 CJ의 전략 브랜드로, 단순한 제품군이 아닌 '식문화 플랫폼'으로 진화했다. 2013년 국내 출시된 '비비고 왕교자'는 출시 1년 만에 국내 냉동만두 시장에서 1위를 차지했고, 2015년 미국 시장 진출 이후 빠른 성장을 이어갔다.

비비고는 단순히 한식을 수출하는 것이 아니라, 글로벌 소비자들의 취향에 맞춘 레시피, 패키징, 브랜딩을 통해 현지화를 시도한 점이 주효했다. 예컨대 미국 시장에서는 Mandu나 Mini Wontons라는 명칭을 사용하며 소비자 인지도를 높였다.

이러한 성장의 결정적 분기점은 2019년 미국 냉동식품 기업 슈완스 인수였다. 약 2조 원 규모의 인수로, CJ제일제당은 미국 내 냉동식품 생산시설과 유통망을 확보하며 현지 생산-유통체계를 완성했다.

비비고는 현재 미국 전역의 주요 대형 유통망인 코스트코, 월마트, 타깃 등에서 판매되고 있으며, LA 레이커스와의 파트너십을 통해 브랜드 인지도를 더욱 확장하고 있다. 이를 통해 비비고는 미국 시장을 넘어 북미 시장에서도 중요한 브랜드로 자리 잡았다. 2024년, 비비고는 B2C 그로서리 만두 시장에서 41%의 점유율을 기록하며 단일 브랜드 기준으로 압도적인 1위를 기록 중이다.

▶ 유럽 · 오세아니아 · 동남아로 확장 … 현지화 전략 본격화

CJ제일제당은 대표 브랜드 비비고를 앞세워 글로벌 식품 시장에서 빠르게 성장하고 있다. 2021년 9조5,662억 원이었던 식품 부문 매출은 2024년 11조3,530억 원으로 증가했고, 같은 기간 해외 매출은 28% 성장해 4조3,638억 원에서 5조5,814억 원으로 늘었다. 해외 매출 비중도 45.6%에서 49.2%로 상승하며 전체 매출의 절반 수준으로 올라섰다.

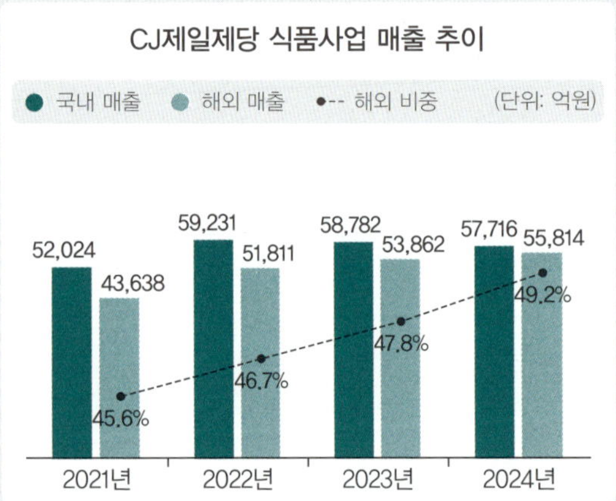

▲ CJ제일제당 식품사업 매출 추이

특히 유럽 시장에서는 2018년 독일 냉동식품 전문기업 마인프로스트를 인수한 데 이어, 2022년 영국, 2023년 프랑스에 각각 법인을 설립하며 현지 생산과 유통을 강화했다. 헝가리에도 생산공장을 신설해 유럽 전역에 대한 공급 능력을 키웠으며, 최근 유럽 지역 식품 매출은 연간 1000억 원을 돌파했다.

오세아니아 시장에서는 호주 울워스와 콜스, 뉴질랜드 IGA 등 대형 유통체인에 입점해 유통망 입점률이 80%를 넘는 등 안정적인 시장 기반을 구축했다.

동남아 지역에서는 2022년 베트남에 대규모 통합 생산기지를 설립해 말레이시아, 태국, 싱가포르 등으로 수출하는 C2C(국가 간 기업 직거래) 모델을 운영 중이다. 특히 무슬림 소비자들을 위한 할랄 인증 제품을 개발해 현지화에 성공했으며, 이를 발판으로 중동 시장 진출도 본격화하고 있다. CJ제일제당은 단순 수출을 넘어서 현지화 전략과 생산 거점 확보를 통해 글로벌 식문화 기업으로 도약하고 있다.

▶ '넥스트 만두' 전략 … K-푸드 카테고리 다변화

CJ제일제당은 비비고 만두에 이어 차세대 글로벌 주력 제품군 개발에 역량을 집중하고 있다. 넥스트 만두 전략은 단순한 품목 확대를 넘어, 1년에 1조 원 이상의 매출을 올리는 품목을 보유하고도 이에 안주하지 않고 새로운 먹거리를 끊임없이 키워내기 위해서다.

현재 CJ제일제당이 전략적으로 육성 중인 제품군은 떡볶이, 김밥, 핫도그 등 K-스트리트푸드를 비롯해 가공밥, 김, 김치, K-치킨 등으로 다양화되고 있다. 이들 제품은 미국과 유럽 등 주요 글로벌 시장에서 입점과 판매가 확대되고 있으며, 일부 품목은 현지 대형 마트의 HMR(가정간편식) 코너에서 경쟁 제품을 제치고 주요 상품으로 자리잡고 있다.

▲ 전 세계로 뻗는 K–푸드: 호주와 영국에서 주목받는 '비비고'

건강과 지속 가능성을 중시하는 글로벌 소비 트렌드에 발맞춰, 식물성 대체식품 및 비건 제품 라인업도 빠르게 강화 중이다. 현재 CJ제일제당은 유럽, 인도, 아프리카 등 40개국에 식물성 만두를 수출하고 있으며, 각국 소비자에 맞춘 맞춤형 제품 개발에도 속도를 내고 있다. 특히 최대 시장인 미국에서는 만두와 피자 등 주요 제품의 판매 확대를 통해 시장지배력을 더욱 강화한다는 방침이다. 이와 함께 유럽과 오세아니아 등 전략 신규 시장에서는 K-푸드 글로벌 전략 제품(GSP) 포트폴리오를 확대하고, 대형 유통채널 입점도 적극 추진할 계획이다.

CJ제일제당 관계자는 "선제적인 해외 현지 인프라 구축을 통해 다시 주목받고 있는 K-트렌드의 기회를 선점하고, 글로벌 리딩기업으로 도약할 것"이라고 밝혔다.

출처: 조선일보 (2025.5.12).

CJ제일제당 '비비고'의 글로벌 마케팅 전략은 한식의 단순한 수출을 넘어, 현지화와 인프라 확장을 기반으로 한 '식문화 브랜드' 구축의 성공 사례로 평가할 수 있다. '비비고' 브랜드는 현지인의 입맛과 문화적 감수성을 반영한 제품 개발, 전략적 유통채널 진입, 그리고 스포츠·팝업 스토어 등 문화 접점을 활용한 마케팅 활동을 통해 글로벌 소비자에게 한식의 가치를 효과적으로 전달하고 있다. 특히 미국 시장에서의 슈완스 인수는 생산–유통–마케팅이 통합된 현지화 체계 구축의 핵심 계기로 작용했으며, '비비고 만두'가 B2C 시장 점유율 1위를 달성하는 데 결정적인 역할을 했다. 이는 글로벌 시장 공략 시 단순 수출형 모델보다 현지 인프라와 소비자 맞춤 전략이 필수적임을 보여준다.

또한 CJ제일제당은 K–푸드의 세계화를 넘어 K–라이프스타일의 확장 가능성을 적극 모색하고 있다. 유럽, 오세아니아, 동남아 등으로의 시장 다변화는 지역별 생산기지 구축과 할랄 인증 제품 개발 등 철저한 로컬 전략을 바탕으로 한다. 특히 '넥스트 만두' 전략은 제품 포트폴리오를 떡볶이, 김밥, K–치킨, 식물성 대체식품 등으로 확대함으로써 장기적 성장 동력을 확보하고 있다. 이러한 전략은 글로벌 소비자들이 요구하는 건강, 지속 가능성, 간편식 트렌드에 선제적으로 대응하는 것이며, CJ제일제당은 단순한 식품기업을 넘어 글로벌 식문화 선도 기업으로 도약할 수 있는 기반을 구축하고 있다.

학·습·정·리·문·제

1. 문화의 개념을 정의하고, 그 구성요소를 설명하시오.

2. 호프스테더(Hofstede)가 제안한 6가지 문화차원을 각각 설명하고 예시를 들어 제시하시오.

3. 홀(Hall)의 고배경 문화(High-context Culture)와 저배경 문화(Low-context Culture)의 특징을 비교하여 설명하시오.

4. 클로크혼(Kluckhohn)과 스트로드백(Strodtbeck)의 문화 가치지향성 모형을 구성하는 주요 차원과 그 특징을 설명하시오.

5. 트롬페나스(Trompenaars)와 햄든-터너(Hampden-Turner)의 7차원 문화모형을 설명하고, 각 차원의 구체적인 예시를 들어 설명하시오.

6. 글로벌 마케팅에서 나타나는 문화적 편견(자기준거 기준)의 개념을 설명하고, 이를 효과적으로 극복하기 위한 전략과 사례를 제시하시오.

GLOBAL
MARKETING

CHAPTER 05

GLOBAL MARKETING

글로벌 정치 · 법적 환경

학습목표

이 장에서는 세계 각국의 정치체계와 법률 환경 차이를 이해하고, 이러한 환경이 글로벌 기업의 마케팅 전략에 어떤 영향을 주는지에 대해 논의한다. 정치 환경과 관련된 내용은 주요 국가의 무역정책 변화와 보호무역 기조 흐름과 글로벌 마케팅의 연관성을 설명하며, ICRG, EIU, BERI 등 정치적 위험 평가지표의 구성과 활용 방법에 대해 논의하였다. 이후 글로벌 법률 시스템에서는 국제 지적재산권 체계를 기반으로 특허 · 상표 · 지리적 표시 등 다양한 IP 유형을 구분하고, 기업의 마케팅 전략에서 IP 보호의 중요성을 설명하였다.

05 CHAPTER 글로벌 정치 · 법적 환경

도입사례 **미국의 무역정책 변화의 여파**

미국의 대외무역정책은 1993년 빌 클린턴 행정부, 2001년 조지 부시 행정부, 2009년 오바마 행정부까지 보편적 자유무역주의를 기준으로 수립되었다. 이후 2017년 트럼프 행정부 1기는 미국 우선주의를 택하였으며, 2021년 바이든 행정부는 동맹 간 자유무역주의를 표방하였다. 2025년 트럼프 행정부 2기는 보편관세 및 상호관세에 중점을 둔 보호무역주의를 채택하고 무역정책을 진행 중에 있다.

두 번째 임기의 트럼프 행정부는 미국 국내법을 근거하여 즉각적이고 광범위한 상호관세를 추진 중이다. 미국의 무역확장법 232조에 근거한 품목별 관세와 보편관세, 그리고 국제비상경제수권법에 근거한 국가별 관세와 상호관세 등을 부과하고 있다.

트럼프 행정부 2기의 관세정책 목표는 취임과 동시에 서명한 대통령 행정명령(America First Trade Policy)에서 확인할 수 있다. 미국 백악관(The White House)에서 공개하고 있는 이 행정명령은 4개의 섹션으로 구성되어 있다.

① 배경: 미국 경제, 미국 노동자, 국가 안보 최우선 무역 및 경제 정책과 투자 및 생산 촉진

② 불공정하고 불균형한 무역 문제 해결: (a) 무역 적자 원인 조사와 글로벌 추가 관세 등 정책을 통한 조치, (b) 관세 및 대외무역 수입을 관리하기 위한 대외세입청(ERS) 설립 검토, (c) 불공정 무역관행 검토 및 미국 헌법을 통한 대응 조치, (d) USMCA(미국-멕시코-캐나다 협정) 평가 및 권고, (e) 환율 정책 검토, (f) 자유무역협정 수정 권고, (g) 기업의 수출 시장 확보를 위해 협상국 식별, (h) 반덤핑 및 상계관세 적용 검토 등

③ 대 중국과의 경제 및 통상 정책: (a) 미국-중국 간 무역협정 검토, 필요에 따라 관세 부과 및 기타 조치 진행, (b) 중국의 추가 관세 조정, (c) 미국의 지식재산권의 중국 현황 평가 등

④ 기타 경제안보: (a) 미국 국가 안보를 위협하는 수입품 조사 및 조정, (b) 철강 및 알루미늄을 제외한 면제 조치의 효과 검토, (c) 미국의 수출통제 집행 정책 등 권고, (d) 국가 안보 위협에 대응하기 위한 아웃바운드 투자 보안 프로그램 수정 등

미국은 '무역 안보' 개념을 중심에 두고, 특정 국가의 무역 활동이 자국 산업에 손해를 끼친다고 판단되면 이를 국가 안보에 대한 위협으로 간주하여 즉각적인 보호조치를 시행한다. 해당 논리에 의해 '25년 4월까지 미

국은 중국에 기존 관세에 추가관세 부과, 캐나다 및 멕시코에 25% 관세 부과, 철강 및 알루미늄 25% 관세 부가, 베네수엘라의 석유 및 가스 수입국 대상 관세 25% 부과, 자동차 25% 부과, 전 세계 모든 국가 대상 상호관세 10% 부과, 국가별 개별 상호관세 추가 부과 등 다양한 국가 및 품목을 대상으로 관세를 부과하고 있다.

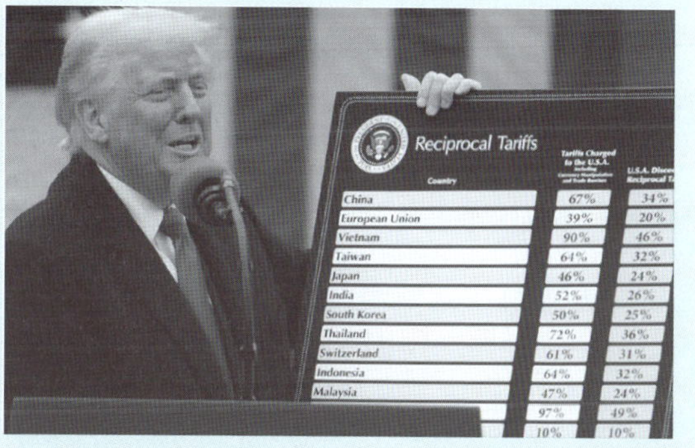

▲ 트럼프 행정부의 관세 정책
사진 출처: BBCNEWS 코리아 (2025.4.3).

다만, 트럼프 행정부의 보호무역주의에 입각한 국가 및 품목별 추가관세 부과에 대한 예측이 어렵다는 것이다. 이는 정치적 위험에 속하여, 위험을 극복하고자 보복관세(미국이 부과한 관세와 유사한 비율의 관세 부과), 협상(미국 내 직접 투자 등)을 진행하고 있다. 하지만, 미국의 보편관세 10% 부과는 2025년 글로벌 성장률 하락(-0.19%)으로 연결될 것으로 예측하고 있다(국제금융센터).

01 글로벌 정치 환경의 이해와 이슈

각국의 다양한 문화 환경이 존재하는 것과 같은 맥락으로 각국의 정치 환경(political environment)은 상이한 모습을 보이고 있다. 기업의 글로벌 마케팅 활동은 진출 대상 국가의 국민과 기업, 그리고 권력을 행사하는 정부기관, 정치집단 등 정치 환경을 대상으로 진행된다. 이들 각 글로벌 마케팅 활동 대상은 유기적인 상호작용을 하고 있어 해당 국가의 정치 시스템에 대한 이해와 정치 환경에서 발생하는 다양한 이슈를 분석하고 대응해야 할 필요성이 높다.

정치 시스템은 국가별로 다양하게 구분할 수 있고 크게는 민주주의와 전체주의로 구분할 수 있다. 민주주의(democracy)는 국민이 대표(representatives)인 정치 시스템이며, 표현·집회·언론의 자유가 보장되고 개인의 재산권과 자유를 인정한다. 또한 독립된 사법 시스템을 구축하고 있으며, 국가 정보에도 자유롭게 접근이 가능하다. 한국을 포함한 미국, 캐나다, 호주, EU 국가 등이 민주주의 정치 시스템을 따르고 있다. 또한,

민주주의 시스템 국가는 법을 기반으로 국가를 운영하고 있으며, 이를 통해 국민의 재산권을 보호하고 있다. 즉, 해당 국가를 대상으로 하는 글로벌 기업의 마케팅 활동에 대한 불확실성은 낮은 편이지만, 지식재산권, 세금, 독점, 각종 규제 등 정치적·법률적 대응 방안을 마련할 필요가 있다.

전체주의(totalitarianism)는 개인 및 특정 정당이 국가 권력을 통제하고 있다. 전체주의는 사회주의적 전체주의, 신정(theocratic), 부족(tribal) 등의 형태로 구분된다. 해당 국가를 대상으로 마케팅 활동을 진행하면 법적 절차보다 정부의 규제를 받을 수 있다. 전체주의 시스템 국가는 민주주의 시스템 국가를 제외한 대부분의 국가가 해당되고, 중국, 북한, 베트남, 다수의 이슬람 및 아프리카 국가 등이 있다.

글로벌 마케팅에서 정치 환경에서 발생할 수 있는 주요 이슈는 주권, 정치적 위기, 세금, 자산압류 등이다. 주권(sovereignty)은 국가 의사를 최종으로 결정하는 권리를 의미한다. 다만, 모든 국민이 주권행사에 참여하기에는 어려우므로 자신들의 대표자를 선정하고 최종 의사결정을 진행한다. 의사결정 대상은 개인의 주관적 이익이 아닌 국가의 객관적 이익이기 때문에, 국민의 대표자인 정부는 국가의 발전 단계와 정치 경제적 제재를 기준으로 국가 운영의 방향성을 결정한다.

정치적 위기(political risk)는 글로벌 기업의 활동에 위협을 줄 수 있는 정치 환경을 의미한다. 기업은 수출지향 단계를 시작으로 현지에서 직접 제품을 생산하고 판매하는 현지지향 단계를 거쳐 관세장벽 등 다양한 문제를 해결하기 위한 세계지향 단계로 발전한다. 기업의 수출 및 해외직접투자 활동에 있어, 대상국의 정치적 불안정성, 부패, 외환의 위험(foreign currency risk)은 마케팅 활동을 포함한 기업의 다양한 활동에 위험요인으로 작용한다. 따라서, 글로벌 기업들은 대상 국가의 다양한 정치적 위기 요인을 종합적으로 분석하여, 해당 요인이 기업 활동에 영향을 주는지를 파악하고 이를 경영 활동에 반영하여야 한다.

세금은 정부가 스스로 사회문제 해결, 보건·복지, 고용, 교육, 국방 등의 기능을 수행할 수 있도록 세수(稅收)하는 금액이다. 글로벌 기업은 해당 국가의 수입세와 관세 등 수출입 과정에서 부과되는 세금과 함께, 조세(租稅)와 같이 소득 및 부(富)의 일부를 납세하는 정도에 대한 주의가 필요하다.

금융제재(Financial sanction)의 일종인 자산압류는 글로벌 기업의 위협요인 중 하나이다. 최근 국제교역량의 증가와 해외직접투자 활성화에 따라 정부가 제재대상의 자산을 압류 및 동결, 거래금지시키기도 하며, 이는 해당 기업에게 큰 위기로 작용한다. 과거 금융제재는 특정 기업 및 대상의 보유자산을 동결하는 것이 주된 방식이었으나, 최근에는 제재대상과 함께 관계가 있는 기업 및 단체를 국제금융시스템에서 퇴출하는 방법을 활용하고 있다.

1) 민주주의와 전체주의

(1) 민주주의의 특징 및 글로벌 경영의 시사점

민주주의는 국가의 주권은 국민에게 있으며, 국민이 국가의 주인인 정치 시스템이다. 국민이 정치적 평등에 근거하기 때문에, 법률을 결정하는 데 참여하고 자신의 의견을 자유롭게 말할 수 있다. 또한 대표를 선출할 수 있는 선거권을 가지고 있으며, 사유재산을 보장하는 등 다양한 특징을 가지고 있다. 민주주의(democracy)의 어원은 기원전 미케네 시대의 다모스(damos)에서 유래되었지만, 16세기 유럽에서 종교 개역 및 전제적 군주와의 투쟁 과정을 통해 현재의 모습으로 발전하였다.

민주주의는 직접민주주의(direct democracy)와 대의민주주의(representative democracy)로 구분하며, 직접민주주의는 국민이 직접 정치 쟁점을 결정하는 것이다. 현대에는 직접민주주의국가는 드물지만, 스위스의 경우 시민집회(citizens' assemblies)와 주민투표(referendums) 등의 형식으로 직접민주주의를 운영하고 있다. 대의민주주의는 국민이 자신들의 대표자를 선거를 통해 선출하고, 이들이 정책과 법률을 결정할 수 있는 권한을 부여한다. 오늘날 대부분의 민주주의를 선택한 국가는 대의민주주의 방식을 사용한다.

Freedom House's는 세계 국가의 자유지수 조사결과를 발표하고 있다. 한국, 북미와 남미, 유럽, 호주, 남아프리카, 일본 등은 자유민주국가로 나타났으며, 인도와 동남아시아, 아프리카 일부 국가 등은 부분적으로 자유로운 국가로 평가되었다.

민주주의국가들은 공공부문 관리, 법 및 제도, 개인 및 집단의 재산권, 조직의 책임, 투명성, 정보공유, 정보접근의 자유 등을 중요하게 생각하며, 시장경제를 통한 경제성장을 촉진한다. 민주주의국가는 글로벌 기업의 투자 촉진을 유도하며, 해당 기업을 법적으로 보호하는 등의 환경을 조성하고 있다. 즉, 민주주의는 법체계를 통해 기업의 활동을 보장하고, 소비자는 자유로운 소비 활동을 진행하여 시장경제 활성화와 경제발전을 지원한다. 다만, 개도국과 같이 시장경제 인프라가 아직 성숙되지 못한 국가에서는

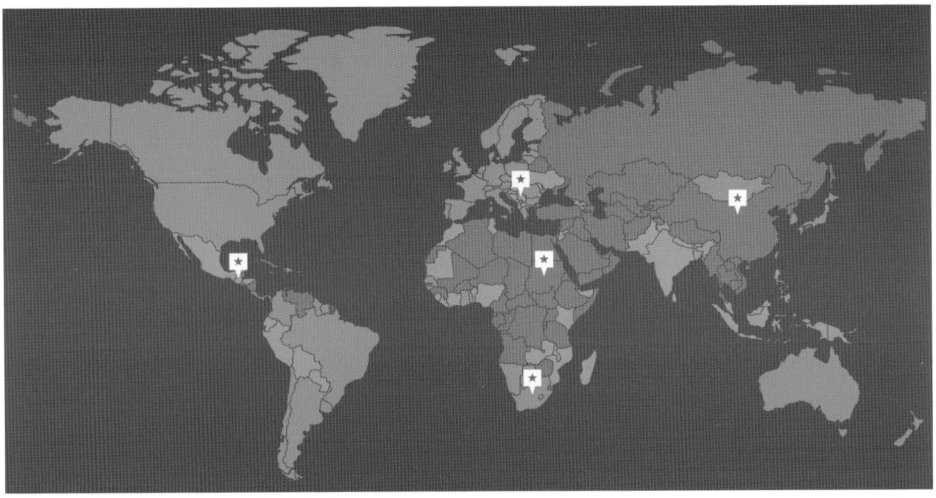

❖ **그림 5-1** 자유의 지도

출처: Freedom House's, Freedom in the World report covering the year 2022(2023)
(https://freedomhouse.org/explore-the-map?type=all&year=2025)

민주주의가 경제발전을 지원하는 순환구조가 작동하지 않을 수도 있다. 민주주의는 경제발전을 위한 선행조건이지만, 해당 국가의 경제발전을 지원하는 우수한 정책, 대표자들의 책임 및 공정성, 소득균등 등이 복합적으로 성숙되어야 한다.

Brief Case 민주주의 도입 이후 경제발전에 성공하지 못한 사례

▶ 에티오피아연방민주공화국

에티오피아는 1991년까지 사회주의를 유지하였으나 1991년 '인민혁명민주전선(EPRDF)'이 집권하면서 한국 및 대만의 개발과정을 벤치마킹하여, 경제부흥을 위한 민주개발 국가제도를 추구하였다.

다만, 에티오피아는 법 및 제도 등 국가 시스템 부족, 낮은 교육 품질, 민족 간 갈등, 부패 등이 만연하여, 경제성장이라는 목표를 달성하지 못하였다. 여기에 에티오피아 내 무력 충돌(2018년 구지 오로모족과 게데오족 충돌, 2020년 티그라이주 무력 충돌 등)이 발생하여 2021년 국가비상사태를 선포하였다.

이러한 내전과 경제발전 인프라 부족으로 2017년 말 기준 에티오피아의 외환보유고는 32억 US달러(참고, 동년 한국의 외환보유고는 약 4,000억 달러)로 매우 열악하였다.

▲ 에티오피아 내전 현황

출처: 서울신문 (2020.11.15).

▲ 내전을 피해 수단으로 도강하는 에티오피아 난민

에티오피아는 2022년 내전 상황 종식을 선포하였으며, 2023년 BRICS(경제적으로 빠르게 성장하는 브라질, 러시아, 인도, 중국, 남아프리카 공화국의 앞 글자를 딴 합성어)에 가입하여 2024년부터 정식 회원국이 되었다. 에티오피아는 다시, 민주주의 및 경제발전을 위한 도약을 준비하고 있다. 에티오피아는 BRICS 가입 이후 2023/24 회계연도에 동년 대비 86백만 달러가 증가한 74억 달러의 세수를 기록하였으며, 일부 분야에서 외국인 투자를 허용하고(에티오피아 투자청), 중국 철도건설공사(CRCC)에 철도 관리경영권을 이양하는 등 다양한 경제발전 방안을 모색하고 있다.

▲ 제16차 브릭스 정상회의(2024년 10월) 중 발언하는 아비 아흐메드 총리

출처: Ethiopian News Agency (https://www.ena.et/web/eng/w/eng_5343740)

(2) 전체주의의 특징 및 글로벌 경영의 시사점

전체주의(totalitarian)는 정부가 사적 생활을 통제하면서, 개인의 자유를 보장하지 않는 경향이 있다. 전체주의는 시대적 상황에 따라 다양하게 정의되고 있지만, 프리드리히(Carl Joachim Friedrich)는 유일한 사상과 헌법 정당, 무력에 대한 독점, 문화 및 미

디어에 대한 통제, 국가 계획에 의한 경제로 정의하였다(윤형호, 2020).

전체주의는 권력의 중앙집중화로 인해 혁명 과정의 혼란을 방지하고, 경제성장을 조기에 달성하고 효율적으로 진행할 수 있다는 장점이 있다. 다만, 복수정당을 인정하지 않아 견제기능이 상실되고 개인은 공동체 발전을 위한 것이라는 존재의 가치로 접근하는 특징이 있다.

전체주의의 대두는 19세기 산업혁명 이후 기술의 발달로 경제성장을 이룩하였지만 이와 함께 사회적 폐해도 발생한 데 기인한다. 특히, 노동자의 삶의 변화와 궁핍화 등은 빌레르메(L. Villermé, 1940), 로랑(Laurent, 1856) 등의 사회분석자료에서 확인할 수 있다. 이후, 푸리에(Fourier)는 산업혁명 이후 노동자의 빈곤을 극복하기 위해서 사회를 재구성해야 하고, 이를 통해 다양한 사회구성원이 조직화된다면 구성원의 열정을 실행할 수 있는 조화로운 공동체가 된다고 주장하였다.

전체주의의 중앙집권화와 분배에 대한 중요성 등은 개인주의와 자유로운 시장경제를 추구하는 민주주의와 반대 성격을 보인다. 글로벌 기업이 전체주의를 선택한 국가에 진출하기 위해서는 정부의 허락이 필요하다. 또한, 법 및 제도적 장치가 부족하여, 글로벌 기업의 재산권 보장이 불확실하다. 그리고 마케팅 활동을 포함한 경영 활동을 진행하기 위해서도 정부의 허락이 필요하기 때문에, 로비 등의 정부와의 관계 개선 활동이 요구된다.

전체주의를 채택한 국가에는 남미 및 아프리카, 그리고 중국, 베트남같이 경제발전을 이룩한 국가와 함께, 쿠바와 라오스, 북한 등 경제발전 실적이 낮은 국가들이 있다. 전체주의국가 중 중국과 베트남같이 글로벌 기업의 활동이 비교적 원활한 국가도 있다. 그러나 정부의 규제와 불확실성에 대한 대응방안으로 현지 기업과의 제휴 등의 직접적인 방법과 지속적인 정부의 규제정책 등의 정보를 분석할 필요가 있다.

2) 주권

주권(sovereignty)은 국가주권 및 국권이라고도 하는데, 국가의 절대적이며 영구적 권력(Jean Bodin)으로 정의된다. 주권은 영도와 국민을 포함하여 국가의 3대 요소 중 하나이며, 국가 의사를 국가 스스로 결정하고 실행하는 대내적인 주권과 다른 나라와 수교를 통해 외교관계를 맺고 국제사회에서 독립적인 권한을 행사하는 대외적인 주권으로 구분된다.

1648년 이후 국가주권은 웨스트팔리아조약(Peace of Westphalia) 혹은 베스트팔렌조약(Westfälischer Friede)에 따라 국가 중심적인 모습을 보였다. 웨스트팔리아조약은 봉건사회에서 전쟁에 패배한 국가에게 일방적인 요구가 아닌, 협상(외교회의)을 통해 조약 내용을 체결하여 주권에 대한 개념을 태동시켰다. 이후 국가들은 외교의 중요성을 인식하고 타 국가 대비 비교우위를 점유하기 위해 산업화와 경제성장정책을 추진하여, 자국의 주권을 강화 및 확대하였다.

주권 강화 및 확대의 결과로 해당국의 경제 상황 혹은 산업화 상황에 따라 개발도상국, 신흥산업국, 선진국 등으로 국가 발전 단계를 정의하게 되었다. 개발도상국은 주로 1차 산업(농업, 어업, 광업 등)과 노동집약적인 산업에 치중하고 있고 국가 인프라와 법률적 제도가 발달하지 못한 특징을 보인다. 개발도상국 정부는 경제성장 촉진을 원활한 해외 조달 및 수출을 위한 규제완화를 진행하나 자국의 발전을 위해 전략산업에 대한 보호정책을 펼치기도 한다.

반면에 선진국으로 성장한 국가 정부는 자국의 주권을 더욱 공고히하기 위해 빈독점금지법 및 반덤핑 규제 등 공정경쟁을 촉진하는 체계를 중요하게 생각한다. 관세 및 무역에 관한 일반협정(GATT) 및 WTO의 반덤핑협정에 따라 미국은 베트남을 비시장경제(NME, Non-Market Economy) 국가로 지정하고 있다(2024년 8월 기준). 비시장경제 국가는 시장경제에 기초하여 경제활동을 하는 시장경제 국가와 반대로 비용 및 가격 결정 구조가 시장원칙에 위배하는 것으로 결정된 국가를 의미한다. 비시장경제 국가로 지정된 국가는 덤핑 조사과정에서 시장경제 국 대비 일반적으로 높은 반덤핑 관세가 부가된다. 비시장경제 지정을 극복하기 위해 관련 국가들은 민영화를 통해 정부의 영향력을 줄이고 있으며, 베트남 또한 국영기업의 외국인 지분 제안 완화와 민영화 가속을 위한 법령인 Decree 60/2015/ND-CP을 통해 외국인 투자 유치를 유도하고 있다.

그리고 주권에 대한 기존 트렌드는 글로벌화 과정을 통해 변화하고 있다. 제품과 자본, 인력을 포함한 기술 등은 세계화 추세에 따라 다양한 국가에서 상호 연결되며, 다국적기업의 출현을 통해 국가중심적인 주권의 의미가 옅어지고 있다.

위와 같이 선진국의 공정경쟁촉진의 보호정책과 세계화 심화에 따른 주권에 대한 의미 변화는 글로벌 마케팅 활동의 더욱 효과적인 통제수단을 마련해야 할 것이다.

3) 정치적 위험

(1) 정치적 위험의 유형

각 국가의 정치 환경은 시기마다 혹은 정치 이념이나 국가 이해관계의 변화 등이 정책에 반영되어, 유기적으로 모습을 바꾼다. 이러한 근본적인 변화와 해당 국가의 경제 상황 변화, 분쟁, 갈등 등이 해당 국가에 진출한 기업의 투자자산이나 수익성에 부정적인 영향을 주는 것을 정치적 위험이라고 한다. 정치적 위험에 대한 다양한 학자들은 다음과 같이 언급하였다.

> "국가 정부가 사업 거래를 방해하거나 계약조건을 변경하거나 전적으로 또는 부분적으로 외국 소유의 사업 재산을 몰수하는 행위로 인해 정치적 위험이 발생한다."
>
> - Weston & Sorge (1972).

또한 Robock(1971)는 정치적 위험을 "① 비즈니스 환경에서 불연속성이 발생할 때, ② (정치 환경 변화가) 예측하기 어려운 경우, ③ (불연속성이) 정치적 변화로 인해 발생할 때"라고 언급하였다. 이는 비즈니스 환경, 즉 기업의 영업 활동에 차질을 주는 원인이 정치 환경 변화이고 기업이 이를 예측할 수 없을 때 정치적 위험이 발생한다는 의미이다. 종합하면, 정치적 위험이란 기업 활동과 목표 달성에 부정적인 영향을 주는 정치적 요인으로, 기업은 해당 요인을 예측하기 어려운 상황으로 정의할 수 있다.

영국의 경제지인 이코노미스트(EIU), 미국 상업환경위험정보(BERI, 본부는 스위스 제네바), 국제국가위험가이드(ICRG) 등은 전 세계 국가별 정치적 위험수준을 평가하고 있다. 정치적 위험수준 평가는 각 기관에서 도출한 지표(index)로 진행되며, 이를 통해 기업이 진출하고자 하는 국가의 잠재적 손실 정도와 그 원인을 사전에 파악할 수 있다. 다만, 각 기관별 정치적 위험에 접근하는 시각이 상이하다. EIU는 전쟁, 폭력 수준, 분쟁, 부패 등 산업 인프라 전반을 위협할 수 있는 사건에 초점을 두고 있으며, BERI는 사회구조(반다양성, 인구밀도, 종교 등)에 따른 혼란에, PRS그룹은 국제국가위험가이드(ICRG)에서 정치적 혼란 가능성, 소유지분 제한, 현지 운영 제한 등의 지표에 집중하고 있다.

❖ **표 5-1** 정치적 위험 요인

EIU	BERI	ICRG
전쟁 상황 소요 사태 자연스러운 정치 이양 정치 목적의 폭력 국제분쟁 정부의 친기업주의 효과적인 제도 관료주의 투명성 및 공정성 부패 범죄 정도	정치적 안정성 외국인 투자 태도 국유화 물가상승 국제수지 관료주의적 행정 정도 경제성장 통화의 태환성 계약의 강제성 노무비/생산성 전문적 보조기능 통신, 수송 등 하부구조 내국인 경영진 단기신용 장기자본	정부 안정 정도 사회 경제 조건 투자 여건 대내적 마찰 대외적 마찰 부패 정도 군부의 정치 참여 정도 종교적 갈등 법적 안정 민족 갈등 민주주의 책임의식 관료주의

출처: EIU, BERI - Llewellyn D. Howell (1998). The handbook of country and political risk analysis, 2nd ed. PRS Group, East Syracuse, N.Y.; ICRG - Howell, L. D. (2011). International country risk guide methodology. East Syracuse, NY: PRS Group, 7.

이와 유사하게 국제투명성기구(transparency international)는 매년 세계 국가의 부패 인식 수준을 평가하고 이를 발표하고 있다. 2024년 부패인식지수에 의하면 덴마크, 핀란드, 싱가포르 등이 부패 정도가 낮은 것으로 나타났으며, 시리아, 베네수엘라, 소말리아, 남수단 등이 부패 수준이 높은 것으로 나타났다.

유럽은 비교적 정부의 부패 수준이 낮은 것으로 평가되고 있으나, 스위스, 룩셈부르크, 아일랜드 등은 금융 허브의 투명성에 대한 의문으로 과거에 비해 평가 점수가 낮게 나타나고 있다. 조지아는 EU 가입 중단에 따른 대규모 시위가 발생하였으며, 세르비아는 행정부의 지배력과 통제로 제도적 취약성이 커지고 있다. 알바니아는 해외투자 유치에 성공하였으나, 환경 문제를 감수하고 있다. 반면에 알바니아는 반부패 검찰과 법원(특별반부패기구, SPAK)이 전 대통령을 체포하는 등의 활동이 국민에게 신뢰를 받고 있으며, 몰도바 또한 대통령 산하 반부패 전문법원을 설립하여 사법 개혁을 추진하여 부패지수가 개선되었다.

아프리카 국가 중 말리, 기니, 니제르, 가봉 등은 국가의 위헌적 행동과 부패로 정치적 위험도가 높게 나타났다. 가봉의 경우 중앙아프리카의 가장 부유한 국가이나, 2023

년 대통령 선거 이후 발생한 군사 쿠데타로 혼란이 발생하였다. 콩고민주공화국과 잠비아는 공적자금 부실관리와 금융 투명성 부족 등으로 높은 부패지수를 보이고 있다. 이와는 반대로 세이셸과 앙골라 등의 국가는 반부패 조치를 위한 사법 시스템을 구축하여 실행하고 있어, 과거 대비 부패 수준이 낮게 나타났다.

아시아 태평양 지역의 국가 중 뉴질랜드와 싱가포르는 매우 낮은 수준의 부패지수를 보이고 있고 이후 호주, 홍콩, 일본, 부탄, 대만, 한국 등이 부패 통제 정책을 진행 중이다. 북한과 미얀마 등은 권의주의적 정권이 유지되고 있어, 부패 수준이 높게 나타났으며, 파키스탄과 스리랑카 또한 국가 부채 증가와 정치적 불안정을 보이고 있다.

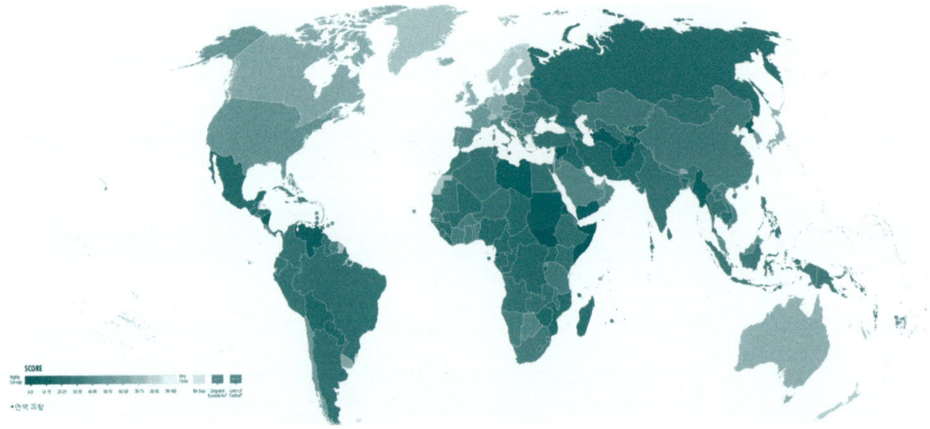

❖ **그림 5-2** 2024년 부패인식지수(CPI)

출처: https://www.transparency.org/en/cpi/2024

(2) 정치적 위험의 영향

글로벌 기업은 1개 이상의 국가에 진입하여 기업 활동을 진행하고 있다. 다만, 진출 국가의 소비자 트렌드를 잘못 파악하거나 가격정책의 실패와 제품 및 서비스의 기능적인 부족 등은 기업 목표 달성을 불가능하게 한다. 또한, 진출 국가 정부의 규제 변화, 관세를 포함한 조세제도 변화, 분쟁이나 사회적 충돌 등의 정치적 위험요인은 다국적기업의 글로벌 마케팅 활동을 포함한 모든 기업 활동에 부정적 영향을 줄 수 있다. 기업이 정치적 위험 상황을 예측 및 통제하기는 어려우며, 기업에 미치는 영향 또한 다양할 수 있다.

정치적 위험 중 전쟁, 폭동, 국가 체제 전환 등의 상황은 기업을 포함한 산업 전반에 위협이 된다. 2021년 7월 남아프리카공화국의 부패 혐의를 받고 있던 제이콥 주마 전 대통령이 수감된 이후 이를 반대한 시민들이 폭동을 일으켰다. 해당 소요사태로 남아프리카공화국 더반지역의 LG전자 사업장에 시민들이 진입하여, 장비 및 제품을 약탈당하고 생산 시설과 물류창고는 방화로 전소하였다. 콰줄루나탈주의 삼성전자 물류창고 또한 약탈과 방화 등의 피해를 입었다. 소요사태는 13일 만에 소강상태를 보였지만, LG전자와 삼성전자의 피해(각각 수천만 달러 이상)는 매우 컸다.

❖ **그림 5-3** 남아공 LG전자 사업장의 방화 및 약탈

출처: 연합뉴스 (2021.10.20).

국가의 전략산업 보호 및 특정 문제해결을 위해 정부에서 해당 산업관련 규제 정책과 벌금 등의 법적 조치도 정치적 위험에 속한다. 규제는 국가의 행정부담(administrative burden)을 완화하는 정책으로 크게 규제 위반 시 벌금 및 구류 선고를 하는 명시적 정부규제(explicit government regulation), 최종 목표값을 규제하는 성과기반규제(performance based egulation), 그리고 인증 및 등급제도를 도입하여 규제하는 공동규제(co-regulation), 정부가 기업에게 요구하는 준규제(quasi regulation)와 정부의 영향력이 배제된 기업 스스로의 행동규약인 자율규제(self-regulation)가 있다. 정부에서 규제 정책을 실행(implementation)하고 강제(enforcement)하는 이유는 경제성장과 사회적 효용성을 확보하기 위해서이며, 최근 환경안전, 산업안전, 식품안전 등의 분야로 확대되는 추세이다. 대표적으로 식품안전규제인 HACCP(Hazards Analysis and Critical Control Points)과 매사추세츠 독성물질사용감소법(TURA)에 따른 규제가 있다.

급격한 정치 환경 변화는 경제 정책에 영향을 주어, 기업에 직접적인 영향을 미친다. 주로 세금인상, 각종 규제, 외국인 투자 정책 등으로 나타나며, 이를 통해 해외 기업 자본의 현지화를 진행한다. 글로벌 기업이 현지법인을 설립하면 해당 국가에 법인세와 부가가치세 등을 납부해야 하며, 유무형 제품이 국경을 통해 거래될 경우 관세를 납부한다. 2025년 미국의 트럼프 행정부의 대규모 관세정책 변화는 세계 경제에 커다란 영향을 주고 있다. 관세정책 변화는 대미수출기업에게 경제적 타격을 주며, 이는 수출국의 해당 산업 생산 감소와 고용축소 등으로 확대된다. 미국의 테슬라는 2021년 캘리포니아주 실리콘밸리에서 텍사스주 오스틴으로 본사를 이전했는데 텍사스의 기업 유치 전략 중 세금우대 혜택이 주요 이유였다. 구글 및 마이크로소프트, 애플 등의 IT 기술 기업과 화이자와 같은 의약품 제조기업 등은 세율이 비교적 낮은 아일랜드로 본사를 이전하였다.

국유화(nationalization)는 조세정책(법인세, 관세 등)보다 넓은 개념으로 정부가 특정 산업 전반의 기업을 통제할 때 발생하며, 이는 국제법에 따라 정부의 합법적 활동으로 인정된다. 대표적인 사례로 베네수엘라는 석유 및 전력 등 에너지산업과 곡물산업, 건축자재산업 등을 국유화하였으며, 베네수엘라에 진출한 관련 글로벌 기업의 막대한 손실을 초래하였다.

마지막으로 정부에서 기업에게 가장 큰 피해를 주는 몰수(confiscation)는 보상이 주어지는 국유화와 다르게 배상이 없는 금융제재를 의미한다. 몰수의 유형은 자산압류와 동결, 그리고 최근에는 금융시장 접근을 제한하는 방법을 사용한다. 정부가 기업의 자산을 몰수하는 이유는 다양하지만, 특히 불법활동에 참여한 기업이 주요 제재 대상이다. 2020년 북한의 조선무역은행은 중국, 리비아 등에 있는 비밀 지점에서 미국 금융시스템을 이용하여 약 3조 원 규모의 자금세탁을 진행하였다. 이는 대북제재 위반으로 관련자 33명(북한 국적 28명, 중국 국적 5명)이 기소되었으며, 북한 관련 자산 6천 351만 달러가 몰수되었다.

❖ **표 5-2** 정치적 위험 종류별 결과 및 기업 대응방안

정치적 위험 종류	정치적 위험 결과	진출 기업 대응방안
급격한 폭동, 전쟁 등	사업장 파괴, 도난, 절도, 방화 등	기업 철수, 재투자
규제정책의 변화	수출 불가 및 감소, 리콜 등	제품 및 서비스 개선
세금인상	가격 상승으로 목표 달성 불가능	제품 및 서비스 다각화, 타 국가 진출
국유화	자산 손실, 현지투자(자본 현지화)	국제투자분쟁해결센터(ICSID)에 중재 요청
몰수	자산 손실, 자산 접근 불가	

(3) 정치적 위험 관리

정치적 위험 관리는 해당 위험을 회피하거나 늦추는 방법, 위험에 적응하는 방법 그리고 기업의 본사에서 로비, 기업 간 연대 등의 활동으로 위험 상황을 감소시킬 수 있도록 지원하는 방법과 마지막으로 발생할 수 있는 손실을 최대한 감소시킬 수 있도록 진출 전략 수정, 투자보험가입 등이 있다. 이처럼 다양한 방법은 기업이 해당 국가에 자본을 투자하기 전과 후로 구분하여 정리할 수 있다.

자본을 투자하기 전 해당 국가의 정치적인 위험이 높거나 근미래에 위험이 증가할 것으로 예상이 된다면, 투자를 늦추거나 포기하는 회피전략을 사용할 수 있다. 그리고 투자규모와 시기를 수정하는 방법과 직접투자형식이 아닌 수출과 라이선싱 등의 방법을 통해 해당 국가에 진출하는 선택할 수 있다. 또한, 위험을 분산하기 위해 하나의 국가에 집중하는 방식보다 다양한 국가에 생산기지 건설 및 시장 개발 전략을 진행하는 방식, 해외투자보험 등을 통해 다양한 정치적 위험 상황에서 발생하는 손실을 보장할 수 있는 방안을 마련하는 방법도 있다. 현지 기업과의 협력 또한 정치적 위험 가능성이 있는 국가에 진출할 수 있는 관리방법 중 하나이다.

자본을 투자한 이후 해당 국가에 정치적 위험 상황이 발생한다면, 해당 기업은 현지 정부 대상의 협상력이 감소한다. 이는 이미 자본을 투자하였기 때문에 위험 상황에서의 자본의 손실과 이를 회피하기 위한 사업철수에 소요되는 비용이 발생하기 때문이다. 따라서, 자본을 투입한 이후 정치적 위험을 관리하는 방법은 본사가 해당 국가 정부 대상의 로비활동을 하거나 진출 기업과의 연대를 통해 해당 국가에 경제적 기여도 증대, 국제투자분쟁해결센터를 통한 법적 보호 조치, 현지 시장 완전철수 등의 관리방법이 있다.

다만, 글로벌 기업은 투자 전과 후 모든 상황에서 지속적인 정치 상황 분석과 모니터

링 활동을 진행해야 한다. 이를 통해 정치적 위험 상황을 조기에 파악하여, 이를 대비한 리스크 전략을 수립하여, 자본의 손실을 최소화하는 노력이 필요하다.

02 글로벌 법률의 이해와 위험 회피

1) 국제법

국제법은 17세기 베스트팔렌 조약을 시작으로 18세기의 급격한 과학기술 발달에 따른 국가 간 교류 증가에 따라 발전하였다. 이후 19세기 무역 관계의 질서와 관련된 법률과 중립 국가의 지위를 보장하는 조약 등의 국제법이 대두되었다. 20세기에 접어들면서 국가 간 법적 분쟁 해결을 위한 유엔국제사법재판소(www.icj-cij.org)가 설립[1]되어, 국가를 대상으로 국제법 원칙의 심리를 진행하여 판결을 한다. 다만, 국제법은 다양한 국가들과 연계되어 있기 때문에, 특정 상황이 국제법에 접촉되는지에 따른 다양한 해석이 존재한다. 일례로 조약과 관습에 대해 영미권은 이 둘을 구분하고 있지만, 유럽권은 이 둘을 모두 규칙으로 인정하고 있다. 이에 따라 유엔국제사법재판소 법률 제38조 1항은 국제관계 분쟁에 대해 국제법 판결의 적용 범위를 규정하고 있다.

a. 분쟁을 제기한 국가들에 의해 명시적으로 승인된 규칙을 형성하는 일반 또는 국제조약
b. 법으로 채택된 일반 관행 증거로서의 국제적 관습
c. 문명국가들에 의해 인식된 일반적인 법률
d. 59조 항목. 법률 결정을 위한 보조수단으로서 다양한 국가의 사법부 및 국제법 학자가 제시한 법적 판단 및 학설

1] 전신은 상성국제법원(PCIJ)이며, 제2차 세계대전 이후 ICJ가 승계

이처럼 국내에서 통용되는 법률이 국제법의 확대로 충돌하고 수용하는 과정이 진행되고 있으며, 자국이 사용하는 법률의 형태가 관습법과 성문법 그리고 이슬람법인지에 따라 다양한 양상을 보이고 있다.

보통법(common law)은 영미권에서 주로 사용하며, 판례를 통해 현상을 판단하는 법률 시스템을 사용하며, 만약 법규가 없다면, 법원이 새롭게 공포된다. 성문법(civil law)은 유럽국가에서 주요 사용하며, 민법의 형태로 나타난다. 성문법은 문서의 형식으로 자세하게 표시된 법을 입법기관이 절차와 형식을 통해 공포한다.

보통법을 사용하는 영국과 미국은 권력분립제도 도입 후 법률 제정은 의회가 진행하며, 국제조약과 같이 국가와 국가 혹은 국가와 국제기구 등의 합의는 정부에서 진행한다. 따라서, 국제법에서는 '법률과 조약'을 일원화하고 있지만, 보통법을 국내법으로 사용하고 있는 국가는 이를 구분하기 때문에 충돌이 발생한다. 반면, 성문법을 사용하는 국가는 법률 전문가들이 분쟁해결을 위해 법 조항에 따른 체계적인 의사결정을 진행하고 있어, 보통법에 비해 국제법과 국내법과의 큰 충돌은 비교적 적게 나타난다.

종교법은 종교의 교리, 계율, 신념 등을 기반하며, 이슬람교, 힌두교, 유대교 등 다양하다. 이중 이슬람교의 경우 코란은 법률을 형성하며, 하디스는 금지된 제품과 행동에 대해 설명하고 있다. 이슬람법 또한 이슬람국가와 비이슬람국가의 관계에 대한 규범이 있으며, UN 협약에 서명하여 국제법을 수용하고 있다.

❖ **표 5-3** 국제법의 이해

구분	보통법	성문법	종교법
특징	• 기존 사법 결정(판례) 중심의 분쟁 해결 • 기존 관습이 법규범으로 인정 • 미국과 유럽, 호주 등	• 문장 형식의 법규범 중심의 분쟁 해결 • 일정 절차를 통해 공포 • 독일, 프랑스, 한국, 일본 등	• 종교의 규범 기준으로 판단 • 이슬람교, 힌두교, 유대교 등을 믿는 국가
국제법과 관계	• 국제법과 국내법의 충돌 발생	• 비교적 낮은 국제법과 국내법의 충돌	• 이슬람법 내 국제관계에 대한 규범

2) 법률적 위험 회피

글로벌 시대의 성숙으로 물적 및 인적 자원은 국가 경계를 넘어 진출하고 있어, 법률 영역 또한 영내에서 영외로 확장하는 양상을 보이고 있다. 글로벌 기업이 지속적으로 확장하는 법적 위험을 회피하기 위해서 관할권(jurisdiction)의 범위를 인식해야 한다. 관할권은 글로벌 기업이 특정 국가에 진출했을 때, 해당 국가의 조세법, 증권거래법, 산업재산권 및 저작권 등과 기업에 통상적으로 적용하는 법규의 적용 범위이다. 다음으로 지식재산권, 반독점법 등이 기업 활동에 있어 법률적 위험에 속한다.

(1) 관할권

관할권은 국제법과 보통법(영미법)에 통용되며, 영외에서 발생한 분쟁에 대한 국내법의 적용 범위 및 영외 소재 기업의 행위에 대한 국내법 적용 범위 등을 지정하는 것이다. 관할권의 종류는 법정관할, 재정관할, 합의관할, 전속관할 등이며, 법정관할은 사물관할과 토지관할, 직분관할 등으로 구분된다. 다만, 글로벌화의 가속화로 각 국가의 관할권 영역이 중첩되고 경합되어 충돌할 수 있다. 따라서, 글로벌 기업은 각 국가별 관할권에 대한 이슈를 지속적으로 파악할 필요가 있다.

Brief Case 한국에서 역외 적용을 규정하고 있는 법률

▶ 「독점규제 및 공정거래에 관한 법률」

제3조(국외에서의 행위에 대한 적용) 국외에서 이루어진 행위라도 그 행위가 국내 시장에 영향을 미치는 경우에는 이 법을 적용한다.

▶ 「자본시장과 금융투자업에 관한 법률」

제2조(국외행위에 대한 적용) 이 법은 국외에서 이루어진 행위로서 그 효과가 국내에 미치는 경우에도 적용한다.

▶ 「외국환거래법」

제2조(적용 대상) ① 이 법은 다음 각 호의 어느 하나에 해당하는 경우에 적용한다.

1. 대한민국에서의 외국환과 대한민국에서 하는 외국환거래 및 그 밖에 이와 관련되는 행위
2. 대한민국과 외국 간의 거래 또는 지급 · 수령, 그 밖에 이와 관련되는 행위(외국에서 하는 행위로서 대한민국에서 그 효과가 발생하는 것을 포함한다)
3. 외국에 주소 또는 거소를 둔 개인과 외국에 주된 사무소를 둔 법인이 하는 거래로서 대한민국 통화(通貨)로 표시되거나 지급받을 수 있는 거래와 그 밖에 이와 관련되는 행위

4. 대한민국에 주소 또는 거소를 둔 개인 또는 그 대리인, 사용인, 그 밖의 종업원이 외국에서 그 개인의 재산 또는 업무에 관하여 한 행위
5. 대한민국에 주된 사무소를 둔 법인의 대표자, 대리인, 사용인, 그 밖의 종업원이 외국에서 그 법인의 재산 또는 업무에 관하여 한 행위

글로벌 기업은 생산, 유통, R&D 등 모든 기업 활동과 관련된 관할권에 주의해야 한다. 특히, 마케팅 활동의 경우 저작권, 부당한 표시 및 광고 행위, 소비자보호법 등 다양한 법률과 연계되어 있기 때문에 기업 및 마케팅 담당자는 분쟁이 발생하기 전 모국과 진출 기업의 관할원에 대한 이해가 필요하다.

(2) 지식재산권

지식재산권(intellectual property right)이란 개인 및 조직의 지적 활동을 통해 만들어진 창작물에 부여된 배타적 독점권을 의미한다. 개인의 예술작품 및 발명과 기업의 상표 및 상호 등이 지식재산권에 포함되어 법률적 보호대상이 된다. 글로벌 기업은 지식재산권에 매우 중요한 의미를 부여하고 있다. 글로벌 기업을 포함한 모든 기업은 시장 성공을 보장할 수 없는 연구개발 활동을 진행하며, 연구개발은 오랜 기간과 인력이 투입된다. 하지만, 노력의 결과물인 지식과 특허를 법으로 보장받지 못한다면, 경쟁기업이 이를 복제하여 시장진출을 할 수도 있다. 이는 기업이 연구개발 분야 투자를 회피하게 하여, 소비자들은 혁신적 상품 및 서비스를 제공받을 수 없는 환경을 조성한다.

지식재산권은 다양한 주체와 각 주체별 활동에 따라 많은 종류로 구분되며, 크게는 산업재산권과 지식재산권으로 분류된다. 다만, 최근 반도체집적회로 및 IT 산업의 지식 및 특허를 신지식재산권으로 추가 구분하였다.

표 5-4 지식재산권의 종류 및 개념

구분		설명
산업재산권	특허	• 자연법칙을 이용한 기술적 사상의 창작으로써 발명수준이 고도화한 것(대발명) • 등록 출원일 후 20년
	실용신안	• 기 발명된 것을 개량하여 더욱 유용하고 실용성 있는 고안(소발명) • 등록 출원일 후 10년(구법 적용 분은 15년)

	디자인	• 물품(물품의 부분, 글자체 및 화상을 포함)의 형상 · 모양 · 색채 또는 이들이 결합한 것으로 시각을 통하여 미감을 느끼게 하는 것 • 설정등록일로부터 출원일 후 20년(구법 적용분은 15년)
	상표	• 자기의 상품과 타인의 상품을 식별하기 위해 사용하는 표장 • 설정등록일로부터 10년(10년마다 갱신 가능, 반영구적 권리)
지식재산권	저작권	• 사람의 생각이나 감정을 표현한 결과물에 대하여 그 표현한 사람에게 주는 권리로 저작인격권과 저작재산권으로 구분 • 사람이 저작자인 경우 저작물을 창작한 때로부터 시작되어 저작자가 살아 있는 동안과 죽은 다음 해부터 70년간 • 법인이나 단체가 저작자인 경우 공표한 다음해부터 70년간
	저작인접권	• 저작권에 인접한, 저작권과 유사한 권리로 이 권리는 실연자(배우, 가수, 연주자), 음반제작자 및 방송사업자에게 귀속 • 실연의 경우 그 실연을 할 때부터 70년간 • 음반의 경우 그 음반을 발생한 때로부터 70년간 • 방송의 경우 방송을 한 때부터 50년간
신지식재산권	첨단산업재산권	• 반도체 설계 및 생명공학기술 분야의 권리
	산업저작권	• 컴퓨터 프로그램 및 소프트웨어 분야의 권리
	정보재산권	• 데이터베이스, 영업비밀, 뉴미디어 분야의 권리
	기타	• 프랜차이징, 캐릭터 분야의 권리

출처: 특허청 (2023).

지식재산 침해는 모방 및 도용 등 위조(counterfeiting)방식으로 제품 및 서비스를 판매하며, 반복적인 실시를 의미한다. 모방은 유명상표 및 디자인과 유사 혹은 연상이 가능할 수 있는 제품 및 서비스를 생산하는 것이며, 도용은 지식재산권이 있는 상품을 불법 복제하는 것이다. 특히, 컴퓨터 프로그램 및 소프트웨어와 저작인접권 관련 음반, 방송(드라마, 영화 등) 분야의 경우 불법복제가 용이하여 지식재산 보호에 관심이 높다.

글로벌 기업은 생산, 마케팅 등 활동 진행 중 제3자가 보유하고 있는 지식재산을 침해하는 경우가 발생할 수 있다. 지식재산 권리와 침해는 지식재산을 보유하고 있는 권리자와 이를 침해하는 침해자로 구분된다. 지식재산 침해가 발생하면, 권리자는 침해자에게 경고장을 송부하여 침해 사실을 공지하거나 심판 또는 민·형사상 소송을 제기할 수 있다. 지식재산 침해 경고를 받는 자의 경우 권리의 유효성 확인, 심판청구와 실시의 즉시중단 등의 방법으로 대응할 수 있다.

다만, 지식재산의 권리침해는 권리자와 침해자 모두 비용이 발생한다. 권리자의 경우 지식재산 보호를 위한 소송비용을 미리 준비해야 한다. 만약, 소송 등의 대응이 없다면, 해당 기업의 가치가 손실되며, 산업 내의 위상도 상실될 우려가 있다. 침해자의 경우 법률 방어 비용이 발생하며, 지식재산 침해가 확인된다면 권리자에게 보상을 해야 한다.

❖ **표 5-5** 지식재산 권리침해에 따른 권리자와 침해자의 발생 비용

구분	소송비용	가치
권리자	지식재산권 보강 비용	기업 가치 손실 산업 내 위상 상실
침해자	방어 비용 발생	침해에 따른 손해 발생
리스크	지식재산권 유지 및 방어 비용	권리의 지분 감소 또는 손실

출처: 이기형 (2007). 지식재산권 '리스크' 관리를 위한 보험제도 활용방안.

지식재산의 권리자는 지식재산권리를 보호하기 위해 유지 및 방어 비용이 요구되지만, 지식재산권은 기업의 가치를 보존하는 강력한 법적 보호장치 중 하나이다. 또한, 최근 교통과 통신기술 발달로 국가 간 장벽이 낮아지고 있어, 기업은 단일시장이 아닌 다양한 국가에 영향력을 확대하고 있다. 이에 따라 유엔 특별기구 중 하나인 세계지적재산권기구(World Intellectual Property Organization: WIPO)는 지식재산관련 다양한 국제협약과 함께, 특허권, 상표권, 저작권 등을 삽화로 표현하여 알기 쉽게 배포하고 있다.

❖ **그림 5-4** WIPO와 문화체육관광부가 배포하고 있는 지식재산권 보호관련 삽화

출처: https://blog.naver.com/mcstkorea/

WIPO는 산업재산권의 국제적 보호를 위한 파리협약(1883년)부터, 저작권 보호를 위한 베른협약(1886년), 그리고 특허의 국제화를 위한 특허협력조약(1970년)까지 다양한 국제협약을 집행하고 있다.

❖ **표 5–6** WIPO의 지식재산관련 국제협약

협약명	체결연도	가입국 수	대상
베이징시청각공연조약	2020	48	지적 재산권
베른협약	1886	181	저작물 보호, 자작자 권리
브뤼셀협약	1974	40	위성으로 전송되는 프로그램 신호 분배
마드리드협정	1891	36	원산지 허위 표시
마라케시조약	2013	99	저작권
나이로비조약	1981	56	올림픽 상징(오륜) 보호
파리협약	1967	180	특허, 상표, 산업 디자인, 실용신안, 상표, 상호, 지리적 표시 등
특허법 조약(PLT)	2000	43	국가 특허출원 절차 간소화
축음기협약	1971	81	저작권(음반)
리야드 디자인조약	2024	진행 중	디자인 보호 절차 간소화
로마협약	1961	98	음반, 방송 등 보호
싱가포르조약	2006	55	상표 등록 절차 간소화
상표법조약	1994	54	상표 등록 절차 간소화
워싱턴조약	1989	진행 중	집적 회로 레이아웃 설계
WIPO 저작권조약(WCT)	1996	118	디지털 저작물 보호
WIPO 유전자원조약	2024	-	유전자원 및 전통 지식 보호
WIOP 공연 및 음반조약	1996	114	디지털 환경의 공연자 및 음반 제작자 권리 보호
부다페스트조약	1977	90	미생물관련 특허
헤이그협정	1925	82	산업디자인 보호
리스본협정	2015	30	원산지 명칭 보호
마드리드협정(상표)	1989	55	상표 보호
특허협력조약(PCT)	1970	158	다수의 국가에서 동시발명에 대한 특허 보호
그 외 총 28개 조약			

출처: WIPO 홈페이지(https://www.wipo.int) 관련 내용 발췌 후 요약(2025년 4월 기준)

지식재산에 대한 기업과 국가의 관심 증가로 특허협력조약(PCT)의 가입국 수는 2025년 기준 158개국이다. 특히, 중국은 1994년 PCT에 가입하였으며, 2019년 기준 기존 특허출원 건수가 가장 많은 미국(57,840건)보다 많은 건수인 58,990건의 특허출원을 완료하였으며, 2023년 기준 69,610건으로 미국(55,678건) 대비 약 14,000건 이상의 출원 수를 보이고 있다.

기업별 PCT에 출원한 특허 중 중국의 화웨이기술유한공사는 6,494건으로 1위이며, 이후 대한민국의 삼성전자주식회사(3,924건), 미국의 퀄컴(3,410건), 일본의 미쓰비시전기주식회사(2,152건), 중국의 BOE테크놀로지(1,988건), 대한민국의 LG전자(1,887건)의 순으로 나타났다. 기업별 특허출원 건수 또한 중국기업 비중이 높았으며, 닝더스다이(CATL)의 경우 2022년 대비 576.3% 증가한 1,799건을 출원하고 있어 가장 높은 출원 증가율을 보였다.

❖ **표 5-7** 세계 기업의 특허출원 건수 및 추이

순위	기업명	국가	출원 건수	2022년 대비 출원 증가율
1	화웨이	중국	6,494	-15.5%
2	삼성	대한민국	3,924	-10.6%
3	퀄컴	미국	3,410	-11.5%
4	미쓰비시	일본	2,152	-7.2%
5	BOE테크놀로지	중국	1,988	+5.5%
6	LG전자	대한민국	1,887	+5.2%
7	에릭슨	스웨덴	1,887	-13.7%
8	닝더스다이	중국	1,799	+567.3%
9	오포이동통신	중국	1,766	-10.0%
10	일본전신전화	일본	1,760	-6.6%

출처: WIPO 홈페이지 (https://www.wipo.int) (2025년 4월 기준)

Brief Case 지리적 표시에 대한 쟁점

지리적 표시(Geographical Indication: GI)는 특정 지역의 기후나 토양, 지형 등의 자연환경을 통해 생산된 상품 혹은 해당 지역민의 고유한 생산 비법을 통해 생산된 명성이 있는 제품을 보호하기 위한 표시를 의미한다.

유럽의 경우 지리적 표시를 중요한 지식재산으로 산정하여 유럽집행위원회에서는 해당 제품을 보호하기 위한 노력을 진행 중이다. 지리적 표시와 관련된 규정은 와인(Nos. 1234/2007), 주류(110/2008)과 농수산식품(510/2006) 등 다양하다.

유럽의 지리적 표시와 관련되어 유명한 상품 중 하나는 '샴페인'과 '꼬냑'이다. 샴페인은 프랑스 '샹파뉴어' 지역에서 재배된 포도를 이용해 제조한 스파클링 와인이다. 샴페인은 고급스럽고 향과 맛이 뛰어난 이미지가 있다. 코냑은 프랑스 코냐크 지방에서 제조한 하급 와인을 의미한다. 이외에도 보르도 와인은 프랑스의 와인 생산지 중 하나인 보르도 지역에서 생산된 것을 의미하며, 스카치위스키는 스코틀랜드에서 물과 발아된 보리를 증류해 만든 술이다.

다만, 샴페인과 꼬냑 등은 국내에서 보통명사로 인식하고 있어 상품에 해당 지리적 표시를 그대로 적용하여 판매하고 있었다. 2011년 한국과 EU의 자유무역협정(FTA)이 체결된 후 샴페인 및 코냑을 포함한 보르도, 부르고뉴, 카망베르 드 노르망디 등을 더 이상 사용할 수 없다. 다만, FTA 발효 전에 출원 또는 등록된 상표에 한하여 사용이 가능하다.

(3) 반독점법

반독점법(antitrust law)은 시장 내 경쟁촉진을 위해 기업 및 기업들의 담합을 방지하여, 부당행위를 제한할 수 있도록 제정한 법률이다. 최초의 반독점법은 미국의 셔먼독점금지법으로 철강, 석유, 설탕 등 분야를 통제하는 트러스트(trusts)라고 명명된 거대기업의 활동을 위법으로 규정한 것이다. 대표적인 거대기업은 유에스스틸과 스탠다드 오일이다. 이들 기업에게는 셔먼법을 통해 1억 달러 이하의 벌금을 부과하였으며, 해당 기업 외의 기업 혹은 개인에게 100만 달러 이하의 벌금이나 10년 이하의 징역에 처하였다. 미국은 셔먼법 이후 클레이턴 독점금지법(1914), 로빈슨-패트먼법(1936), 셀러-키포버법(1950), 독점금지에 관한 형사처벌개선법(2004) 등을 제정하여 독점에 대한 법률적 영향력을 확대하였다.

❖ **표 5-8** 셔먼법 위반으로 1천만 달러 이상 기업 벌금 부과 사례

기업	연도	제품	벌금(달러)	국가
F. 호프만-라 로슈, Ltd.	1999	비타민	500	스위스
바스프 AG	1999	비타민	225	독일
삼성전자 주식회사. 삼성 반도체, Inc.	2006	DRAM	300	한국
대한항공 주식회사	2007	항공 운송(화물 및 여객)	300	한국
브리티시 에어웨이즈 PLC	2007	항공 운송(화물 및 여객)	300	영국
소시에테 에어 프랑스와 코닌클리제 루흐트바르트 마트 샤피, N.V.	2008	항공 운송(화물)	350	프랑스 (소시에테-에어 프랑스) 네덜란드(KLM)

LG디스플레이 주식회사 LG 디스플레이 아메리카	2009	액정 디스플레이(LCD) 패널	400	한국
대만 AU 옵트로닉스 주식회사	2012	액정 디스플레이(LCD) 패널	500	대만
야자키 주식회사	2012	자동차 부품	470	일본
브리지스톤 코퍼레이션	2014	다음을 위한 방진 고무 제품 자동차	425	일본
씨티코프	2017	외화 환전	925	미국
바클레이즈, PLC	2017	외화 환전	650	영국령 영국과 북아일랜드
JP모건 체이스 & Co.	2017	외화 환전	550	미국
스코틀랜드 왕립 은행	2017	외화 환전	395	스코틀랜드 (유나이티드)왕국
치메이 광전자 주식회사	2010	액정 디스플레이(LCD) 패널	220	대만
테바 파마슈티컬스 USA, Inc.	2023	제네릭 의약품	225	미국

출처: 미국 법무부(https://www.justice.gov/) (2025년 4월 기준)

EU는 유럽위원회(commission) 산하의 경쟁국과 각 회원국의 법원이 반독점관련 업무를 담당하고 있다. EU의 반독점법은 기업들의 담합과 카르텔 등의 통제(제101조), 시장지배적 지위 남용 제한(제102조), 회원국의 자국 기업 보조금 통제(제107조), 인수합병 및 합작투자 제안에 대한 통제(제102조) 등이다. 일본은 일본공정거래위원회(japan fair trade commission: JFTC)에서 반독점법을 집행하고 있다.

반독점법은 세계적으로 확산하는 추세이다. 국제경쟁네트워크(International Competition Network: ICN)에 가입한 국가는 2006년 기준 82개국에서 2024년 제22회 총회에는 143개국으로 증가하였다. ICN 총회는 기업결합, 카르텔 등 반독점 관련 주제와 경쟁주창, 경쟁당국 효과성 등이 주로 논의된다.

최근 반독점법은 빅테크기업(구글, 아마존, 애플, 마이크로소프트, 네이버 등)을 대상으로 규제를 확산하고 있다. 빅테크기업은 현대인의 일상에 편리함을 제공하나, 시장지배력의 장악을 바탕으로 신규 기업의 시장진입을 방해하고, 사용자 대상 불공정거래를 지속하고 있기 때문이다. 미국의 경우 다양한 반독점법을 바탕으로 구글(패소 시 자산매각명령)과 아마존(패소 시 기업분할명령)에게 다양한 조치를 진행하고 있다. 유럽은 디지털시장법을 통해 구글, 아마존, 애플, 메타, 마이크로소프트 등의 기업에게 과징금이나 이행강제금 그리고 매각처분 등의 처분을 위한 기준을 마련하였다.

다만, 다양한 규제에도 기업은 반독점행위를 진행 중이다. 2025년 기준 일본 도쿄의 호텔 15곳은 숙박요금 등을 담합하였고, 일본공정거래위원회는 경고 조치를 하였다. 기업의 글로벌 마케팅 활동 상황에서도 각 국가의 반독점법에 대한 이해를 높일 필요가 있다. 반독점 상황을 미연에 방지하거나 진출 국가의 반독점 적용 강도 등을 파악하여, 기업 대상의 제제에 대한 대응방안을 마련해야 한다.

마무리사례 **인공지능 창작물의 지식재산권 보호의 쟁점**

2022년 인공지능(AI) 프로그램인 미드저니(Midjourney)를 통해 생성된 '스페이스 오페라 극장'이 미국 콜로라도주 미술대회에서 디지털 아트 부문 1위를 차지하였다. 해당 이슈를 통해 AI가 생성한 콘텐츠가 예술적 창작물로 인정할 수 있는지에 대한 논란이 일어났다. 해당 이슈로 AI는 인간이 활용하는 도구인가? 아니면 창작의 주체인가?에 대한 다양한 의견이 존재하였다.

이와 함께 등장한 ChatGPT, DALL · E, Bard 등 생성형 AI 도구들은 시, 기사, 이미지, 음악 등 다양한 형태의 콘텐츠를 자동으로 생성하고 있다. 이에 따라 AI가 만든 결과물에 대해 누가 저작권을 가질 수 있는지, AI가 학습한 원자료에 대한 저작권은 어떻게 보호해야 하는지 등 지식재산권의 적용 범위가 사회적으로 재조명되고 있다.

인공지능 창작물과 관련하여 크게 3가지 쟁점이 있다. 첫 번째는 '저작권의 귀속의 문제'이다. 현재 대부분의 저작권법은 인간의 창작만을 보호대상으로 규정하고 있다(한국의 사례는 「저작권법」 제2조 제1호). AI가 생성한 창작물은 법적 보호를 받지 못하는 사례가 많은 이유다. 하지만, 인간의 지시(prompt)를 통해 AI가 결과물을 생성할 경우 해당 사용자에게 저작권을 부여해야 하는지에 대한 이슈가 존재한다.

두 번째는 AI학습 데이터의 법적 책임에 있다. AI는 방대한 텍스트와 이미지, 영상 등 기존 저작물을 학습하여 결과물을 산출하는데, 이 과정에서 원저작자의 허가 없이 데이터 수집 및 학습한 경우 지식재산권 침해로 간주할 수 있는가?에 대한 기준이 모호하다.

세 번째는 국가별 법제도가 상이한 데 있다. 미국의 경우 '저작권은 인간의 창작물에만 부여된다'는 원칙을 고수하고 있으며, AI 생성물은 공공영역(public domain)으로 간주하고 있다. 이와는 반대로 영국 및 EU는 AI 창작물에 대한 법적 보호를 검토 중이다.

▲ 스페이스 오페라 극장(Theatre D'opera Spatial)
미국인 제이슨 마이클 앨런(Jason Michael Allen)이 생성형 인공지능(GAI) 모델인 미드저니(Midjourney)를 사용하여 생성하고 편집한 작품이다. 2022년 8월 콜로라도 주립 박람회 미술대회 디지털 아트 부문에서 1위를 차지하며, 인공지능이 생성한 작품의 예술성 및 저작권에 대한 논란을 불러일으켰다.

인공지능과 관련된 기술의 발전과 인공지능의 학습 활동은 새로운 지식재산권 분쟁을 발생시키기 때문에 권리에 대한 범위의 재정의가 필요하다. WIPO는 2024년부터 AI와 지식재산권을 주제로 국제 가이드라인 협의를 진행하고 있어 세계 각국은 해당 사안에 대한 표준안 마련에 착수하고 있어 글로벌 마케팅 분야의 지속적인 관관심이 요구된다.

출처: 중앙일보 (2022.9.4).

학·습·정·리·문·제

1. 한 나라의 정치 시스템(예: 민주주의 vs. 전체주의)가 기업 마케팅 방식에 어떤 영향을 줄 수 있는지를 설명하시오.

2. 정치적 불안정성이 높은 국가를 대상으로 할 때 마케팅 전략은 어떻게 바뀌어야 할지를 설명하시오.

3. 글로벌 기업이 자국 정부의 외교정책이나 통상정책을 마케팅 전략에 어떻게 반영해야 할지를 설명하시오.(예: 반미감정이 있는 나라에서 미국 브랜드는 어떤 마케팅 활동을 해야 하는가?)

4. 지식재산권은 모두(선진국 vs. 개발도상국)에게 공정한지에 대해 설명하시오.

5. 특정 국가에 진출한 기업이 '국유화(몰수)'를 당한다면, 어떻게 대응해야 하는지를 설명하시오.

GLOBAL

MARKETING

글로벌 마케팅 전략에서는 글로벌 시장조사와 이에 따른 마케팅 전략 수립 과정을 학습한다. 글로벌 시장조사로 얻은 자료에 기반하여 마케팅 포지셔닝, STP 그리고 진입방식(entry mode)을 결정하는 과정을 이해한다.

GLOBAL
MARKETING

PART 03

글로벌 마케팅 전략

CHAPTER 06

GLOBAL MARKETING

글로벌 마케팅 조사

학 습 목 표

글로벌 시장의 성공적 진출 및 이를 위한 글로벌 마케팅 활동을 성공적으로 진행하기 위해서는 글로벌 시장에 대한 마케팅 조사가 필수적이다. 따라서, 글로벌 마케터는 정보를 어디에서 수집할지, 어떤 정보를 수집할지, 그리고 수집한 정보를 어떻게 효율적으로 분석해야 할지를 알아야 한다. 이 장에서 다루는 글로벌 마케팅 조사는 크게 글로벌 시장의 정보를 수집하는 시스템과 수집한 정보를 분석하고 평가 및 해석을 하는 시스템으로 나눌 수 있다. 여기에서는 글로벌 마케팅을 위한 정보수집 모델뿐만 아니라, 글로벌 마케팅 조사의 전체적 과정에 대해서 다루기로 한다.

06 CHAPTER 글로벌 마케팅 조사

도입사례 글로벌 시장조사의 중요성

▶ 기도 시간엔 꺼지고, 케밥 척척 … 삼성 · LG "이젠 중동"

아랍에미리트 두바이 5성급 니키 비치 리조트. 2023년형 삼성전자의 네오 QLED 8K TV와 비스포크 냉장고, 공기청정기, 로봇청소기가 공개됐다. 2023년형 삼성 가전 신제품을 중동 고객들에게 소개하는 자리였다. LG전자도 지난 3월 두바이에서 신제품 발표 행사 'LG쇼케이스'를 열었다. LG전자는 면적 725㎡ 공간에 LG OLED TV 신제품뿐 아니라 프리미엄 제품인 무드업 냉장고, 테이블형 공기청정기 에어로퍼니처 등을 소개했다. 중동 아프리카 지역 76국에서 파트너사와 바이어 등 400명이 참석했다.

삼성과 LG가 성장 잠재력이 높은 중동과 아프리카 시장을 집중 공략하며 공을 들이고 있다. 무슬림의 기도 시간에 맞춰 조명의 조도가 낮아지는 기능을 탑재하거나, 케밥 같은 지역 특화 메뉴에 적합한 조리기능을 갖춘 제품도 선보였다. 2023년 중동 인구는 4억8300만명, 아프리카 인구는 14억6047만명으로 두 지역 인구는 전 세계의 24%에 달한다. 세계 대부분의 국가가 0% 성장 혹은 감소하는 것과 달리 두 지역은 매년 2% 안팎으로 성장하고 있다. 소비 잠재력이 충분하다는 뜻이다.

▶ 시장조사를 기반으로 중동 맞춤형 제품 속속 출시

중동 · 아프리카는 정체기를 맞은 세계 가전시장에서 보기 드문 성장세가 이어지는 시장이다. 오일머니를 기반으로 한 프리미엄 제품 성장세도 두드러진다. 특히 중동 지역은 유독 전자제품에 대한 관심이 높다. 세계경제포럼의 글로벌 경쟁력 보고서에 따르면 UAE는 ICT(정보통신기술) 도입 정도 순위에서 한국(93.7점)에 이은 2위(92.3점)다. 한국 브랜드에 대한 인식도 좋다. 시장조사업체 옴디아에 따르면 지난해 중동 · 아프리카 TV 시장에서 삼성과 LG의 점유율은 각 36.8%, 21.1%로 1 · 2위를 차지했다.

삼성과 LG는 시장 특화형 제품을 속속 내놓고 있다. 삼성의 가전관리앱 스마트싱스의 '기도 모드'가 대표적이다. 하루 5번 기도를 하는 이슬람 문화를 고려해 개발된 맞춤형 서비스다. 정해진 기도 시간이 되면 사용자의 위치에 알람이 오고, 기도에 집중할 환경이 조성된다. 스마트 블라인드가 작동되고 조명의 조도가 낮아지며 TV 전원은 꺼진다. 이슬람 경전인 쿠란 디지털 버전도 앱 형태로 스마트폰에 탑재된다. 삼성 관계자는 "중동에서 스마트싱스 앱 사용자는 2000만명 이상"이라며 "향후 3개월마다 100만명씩 증가할 것으로 기대하고 있다"고 말했다.

LG전자는 오래전부터 이 시장에 진출해 터를 닦았다. 2004년 석유 부호를 겨냥해 71인치 금장 PDP TV를 출시했고 2019년엔 세계 최초로 아랍어 음성 인식 기능을 탑재한 OLED TV를 출시했다. 중산층의 소비가 늘어나자 이들을 위한 제품도 나왔다. 광파 오븐에 케밥, 통닭구이 등 지역 특화 메뉴에 적합한 조리 기능을 탑재한 중동형 제품을 내놨다.

출처: 조선경제테크 (2023.5.31).

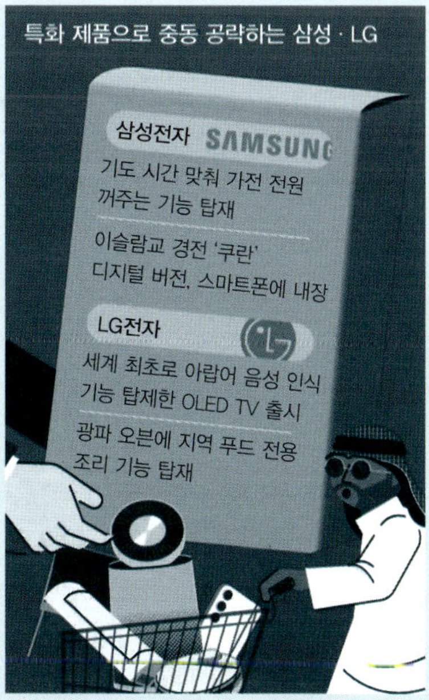

01 글로벌 시장 정보수집

글로벌 마케팅 조사의 역할은 경영자와 의사결정자에게 시장, 고객, 경쟁자 및 회사의 운영에 관한 계속적인 정보를 제공하는 것이다. 특히, 글로벌 마케팅 조사는 고객, 시장 환경, 유통경로, 매출과 경쟁에 관한 정보를 수집하고, 분석 및 분류하여 저장·보고하는 수단이다. 글로벌 경쟁이 심화됨에 따라, 글로벌하게 사업을 전개하는 글로벌 기업들은 정보를 수집해서 기업 내부에 공유하는 효과적인 마케팅 정보 시스템을 개발하는 데 많은 투자를 하고 있다. 글로벌 시장의 저조한 실적은 기업 내·외부의 환경에 대한 불충분한 정보수집에서 기인하는 경우가 많다. 오늘날 급변하는 글로벌 시장 환경은 경영자들에게 일일 단위로 새로운 정보를 요구하고 있으며, 글로벌 기업들은 이러한 요구를 충족하기 위해 글로벌 정보 시스템을 가동하고 있다. 그리고 이러한 정보 시스템을 통해 전 세계에서 수집되어 분석된 정보를 상층 경영자와 조직의 모든 관리자들에게 제공한다. 따라서, 글로벌 시장에서 좋은 성과를 거두기 위해서는 글로벌 기업은 글로벌 마케팅 정보를 계속 모니터링하고, 분석된 정보를 조직 내부에 배포하는 정교한 정보 시스템을 조직하고, 이를 효율적으로 운영해야 한다.

1) 글로벌 시장 정보수집의 대상

글로벌 마케팅 정보 시스템의 첫 단계는 정보수집의 주제 및 대상을 정하는 것이다. 〈표 6-1〉에서 보는 것처럼, 글로벌 시장에 대한 정보수집은 크게 여섯 가지 대상으로 나뉜다. 즉, 시장에 대한 정보, 경쟁기업에 대한 정보, 외환에 대한 정보, 현지국의 정부 정책이나 제도에 대한 정보, 현지국의 일반적 환경정보가 있으며, 마지막으로 현지국의 자원에 대한 정보가 있다.

첫째, 시장 정보수집 대상인 시장잠재력에는 현지 시장의 잠재적인 수요, 소비자 태도 및 기호, 유통경로 및 기구, 광고매체 등이 해당된다.

둘째, 경쟁기업에 대한 정보로, 현지에 어떤 경쟁기업이 있으며 장단점은 무엇이고 어떤 전략을 수립하고 있는지 등을 조사하는 것이다.

셋째, 외환에 관한 정보로서, 환율 시스템, 해외시장의 국제수지, 이자율, 현지 통화의 경쟁력 등이다.

넷째, 현지국의 제도적 정보로 외국기업에 어떤 인센티브를 주며 어떤 규제조치가 있는지, 세금 및 배당, 이익 송금에 대한 규정은 어떻게 되어 있는지 등이 여기에 해당된다.

다섯째, 현지국의 자원 정보로서, 어떤 인력자원을 이용할 수 있는지, 생산성과 임금 수준은 어느 정도인지, 현지 금융의 이용 가능성, 원재료의 현지 공급 가능성 등이 여기에 해당된다.

여섯째, 현지국의 일반적인 거시환경 정보로 경제적 환경이나 문화적 환경, 정치적 환경, 기술적 환경, 경영관리 스타일 등이 이에 해당된다.

❖ **표 6-1** 글로벌 시장 정보수집의 대상

대상	범위
1. 시장잠재력	잠재적 수요, 소비자 태도 및 기호, 유통경로 및 기구, 광고매체
2. 경쟁기업 정보	법인, 사업, 전략, 자원, 역량
3. 외환 정보	환율 시스템, 국제수지, 이자율, 현지 통화의 경쟁력
4. 제도적 정보	법률, 규제, 세금 및 배당, 이익 송금에 관한 규정
5. 자원 정보	인적 자원, 생산성 및 임금 수준, 금융자원, 정보자원, 원재료의 현지 공급 가능성
6. 거시환경 정보	경제적 환경, 문화적 환경, 정치적 환경, 기술적 환경, 경영관리 스타일

2) 글로벌 시장 정보수집의 원천

(1) 인적 정보

한 조사에 의하면 글로벌 기업 경영자는 자기가 필요로 하는 정보의 약 2/3를 인적 정보원, 즉 사람을 통해서 얻는다고 한다(Green & Keegan, 2020). 해외시장의 많은 정보들은 글로벌 기업의 자회사, 지사 등에 근무하는 경영자들에게서 얻을 수 있다. 이들 경영자는 대부분 현지 시장의 유통상, 고객, 공급업체, 그리고 정부관리들과 직접 의사소통할 수 있는 채널을 마련해 놓고 있다. 사실, 글로벌 기업의 경쟁력은 해외 경영자들이 세계시장 환경에 대해 정보를 수집하여 배포해 주는 데서 비롯된다고 볼 수 있다. 반대로, 이러한 정보수집능력의 부재가 국내 중심 기업의 큰 단점 중 하나이다. 국내 기업은 내부 사람들에게 정보수집을 의존하기 때문에, 해외시장의 좋은 기회를 인식하지 못하는 경우가 많다.

또한 친구, 전문직 동료, 컨설턴트, 새 종업원들도 좋은 정보원이 된다. 특히 새 종업원이 경쟁기업에서 일한 사람이면 중요한 정보원이 된다. 물론, 기업은 종업원이 직장을 바꿀 때 생길 수 있는 정보 관련 윤리적·법적 문제를 잘 처리해야 한다. 회계사, 컨설팅기업들, 전문직 조직, 무역전시회, 비즈니스 포럼 등도 산업, 경쟁자 및 표적시장에 대한 좋은 정보를 얻을 수 있는 기회를 제공한다.

글로벌 시장의 중요한 현지인과 접촉을 통해 개인적 유대관계를 쌓는 것은 매우 중요하다. 한 조사에 의하면, 인적 정보원으로부터 얻는 정보의 2/3가 대면접촉을 통해 얻어진 것이라고 한다(Keegan, 2014). 대면접촉의 중요성은 일반적으로 글을 통해 얻을 수 없는 매우 민감한 정보를 얻을 수 있다는 점이다. 경영자들은 대면접촉을 통해 깊이 있는 대화를 할 수 있으며, 이를 통해 새로운 아이디어나 문제에 대한 해결책을 찾을 수 있다. 최근에는 정보통신기술의 발달로 인해 개인적 접촉 대신 스크린을 통해 상대방을 보면서 이야기하는 비디오 컨퍼런스가 많이 이용된다. 또한 스카이프(Skype) 등 인터넷을 이용하여 온라인으로 전 세계의 동료, 고객, 또는 포커스집단과 의사소통하는 방법도 많이 활용되고 있다.

(2) 문헌정보

문헌조사는 글로벌 시장 정보를 수집하기 위해 2차적 정보인 문헌이나 통계자료를 이용하는 것이다. 또 인터넷을 이용함으로써 현지국에 대한 많은 2차적 정보를 얻을 수 있다. 정부와 국영기관에는 글로벌 시장과 관련된 많은 자료가 있다. 정부의 경우 외교통상부, 재정경제부, 지식경제부, 현지 대사관, 무역진흥공사(KOTRA) 등에 각국의 경제와 시장과 관련된 자료가 많이 있다. 이러한 정부 자료는 대체로 시장에 대한 거시적 자료가 많기 때문에 진출 국가를 선정할 때 일반적인 경제성 평가 목적으로는 적합하지만, 기업의 진출 및 마케팅 전략을 수립하기 위해서는 더 자세한 업종 및 제품에 대한 미시적 자료가 보완되어야 한다. 그리고 국내의 경우에는 업종별로 협회가 구성되어 있으므로 무역협회 또는 진출 업종별 협회에서 수집·분류한 각국의 시장 환경에 관한 자료를 이용할 수 있다. 관심을 가지고 있는 특정 국가와 무역거래를 하고 있는 기업을 방문해서 현지 시장에 대한 정보를 얻을 수도 있다.

또한 이차적 자료로 국제기구에서 나오는 자료들을 이용할 수 있다. UN은 통계연감(Statistical Yearbook)을 매년 발간하는데, 여기에는 각국의 여러 제품에 대한 수출입 통계치가 보고되고 있다. 또한 세계은행(World Bank)은 각국의 현황과 성장 추이 및 GNP 등에 대한 자료를 제공하고 있다. 그리고 OECD도 가입 국가들의 무역에 관련된 통계 동향을 보고하고 있으며, IMF도 특정 관심 국가의 금융에 대한 동향과 경제에 관한 보고서를 출판하고 있다.

마지막으로 유료자료를 이용할 수 있다. 시장조사 전문기관에서 제공하는 유료자료는 비싸기는 하지만 개별 기업의 요구에 적합하게 제공되기 때문에 효율성이 높다. 잘 알려진 글로벌 시장에 관한 유료자료 제공기관으로 비즈니스 인터내셔널(Business International), 로이터(Reuters), 프레디퀘스트(Predicast), 프라이스 워터하우스(Price Water-house) 등이 있다.

(3) 인터넷 정보

인터넷에서 얻을 수 있는 정보의 양과 깊이는 엄청나고, 점점 더 커지고 있다. 온라인으로 접근할 수 있는 정보원은 무수히 많으며, 그 결과 인터넷이 중요한 정보원이 되고 있다. 인터넷 정보는 세 가지 정보원, 즉 인적 정보, 문헌정보, 그리고 직접 인식 정보들을 결합한 형태이다. 그리고 인터넷은 계속 새로운 정보와 의사소통수단을 소개하고 있다. 예를 들어, 단문 메시지, 블로그, 팟캐스트, 텔레포니(telephony), 파일 공유 등 새로운 방법들이 계속 나타나 인터넷을 이용하여 정보를 찾고, 검색하고, 수집하는 것이 더욱 활발해지고 다양해지고 있다.

(4) 현지 방문

현지 방문은 실제 현지국을 방문하여 현지에서 시장정보를 수집하는 것이다. 현지국을 실제 방문해 정보를 수집하는 단계는 국내에서 수집한 2차 정보를 확인하는 목적과 현지 시장에 대한 1차 정보를 수집하는 목적을 가지고 있다. 이 경우, 현지의 대리점이나 수입상과 접촉하여 현지국에 대한 여러 정보를 수집할 수 있을 것이다. 그리고 해외 박람회 또는 전시회에 참가하여 여기에 참여하는 각국 기업들을 통하여 정보를 얻을 수 있다.

(5) 현지 시장조사

마지막 글로벌 시장 정보수집방법은 현지국에서 시장조사를 실행하는 방법이다. 이 경우 기업이 시장조사를 직접 할 수도 있고 시장조사 전문기구를 이용할 수 있다. 대부분의 경우 기업이 글로벌 시장 조사를 직접 수행하기에는 여러 가지 어려운 점이 있기 때문에, 현지의 전문적인 시장조사기구를 이용하거나 또는 전 세계적으로 시장조사를 하고 있는 글로벌 마케팅 조사 전문기업을 이용한다.

일반적으로 현지에서 시장조사를 하는 방법은 크게 두 가지가 있다. 소비자들 또는 기업을 대상으로 직접 접촉하여 조사하는 설문조사(survey)방식을 이용할 수도 있고, 대상자들을 직접 접촉하지 않는 비설문조사방식을 이용할 수도 있다. 설문조사방식에는 면접조사나 전화설문조사, 우편설문조사 등이 있고, 비설문조사방식에는 관찰이나 흔적조사, 내용분석 등이 있다.

설문조사방식은 여러 가지 면에서 장점도 있지만 단점도 많다. 설문조사의 단점 중 하나는 객관적으로 있는 그대로의 사실 또는 생각을 밝히는 것보다 자신에게 유리한 방향으로 혹은 사회에 바람직한 방향으로 응답하는 오류(social desirability bias)가 많아 조사의 정확성이 떨어지는 문제이다. 예를 들어, 선거 전 여론조사 결과가 실제 선거 결과와 다른 경우가 바로 이런 오류 때문이다. 이러한 설문조사방식의 단점 때문에 어떤 경우에는 비설문조사방식이 보다 유용하게 사용되기도 한다.

02 글로벌 마케팅 조사의 자료 특성과 분석방법

1) 1차 자료와 2차 자료 특성

글로벌 마케팅 조사에 사용할 수 있는 자료는 크게 1차 자료와 2차 자료로 나눌 수 있다. 어떠한 자료를 활용하는지가 조사 과정 설계와 진행 전체에 주요 기준이 되므로 글로벌 마케터는 조사 목적에 따라 수집 대상 자료를 적합하게 선정해야 한다.

❖ **표 6-2** 1차 자료와 2차 자료의 특성

구분	특성
1차 자료	특수한 시장조사 목적과 문제 해결이 필요할 때 사용하는 자료이다. 구체적 조사 목적에 따라 자료수집방식과 내용을 직접 설계할 수 있다.
2차 자료	범용적 활용을 목적으로 기존에 모아진 자료에 해당하며, 정부기관, 연구소, 대학 등에서 발간한 자료가 여기에 해당한다.

첫째, 2차 자료는 공개된 자료 또는 유료구매 자료로 얻을 수 있으며, 정보통신기술의 발달로 자료 접근방법의 수월성이 높아지고 있다. 그럼에도 1차 자료와 비교할 때 특정 목적만을 대상으로 한 것이 아니므로 결과 해석에 주의가 필요하다.

2차 자료는 비용과 조사방법에 있어 1차 자료보다 수월한 점이 있다. 이는 2차 자료 활용의 장점에 해당하며, 1차 자료와 비교한 주요 편익의 특성은 〈표 6-3〉과 같다.

❖ **표 6-3** 2차 자료의 편익(benefit)

편익	주요 내용
낮은 비용	조사 대상 표본 수가 적다.
소비자 구매동기와 감정 등에 대한 심층탐구 가능	글로벌 마케터가 해외시장 소비자의 특징적 소비행태를 심도 있게 탐구하는 데 도움을 준다. 또한 소비자행동 분석에 필요한 현실적 자료를 제공한다.
정량적 조사에 앞선 선행조사로서 유용성	정량적 조사에 앞서 낮은 비용으로 주요 문제를 선행조사할 수 있다. 이로써 정량조사에 필요한 방향 설정이 가능하다.

둘째, 2차 자료 활용의 고려사항으로 다음 질문들을 이용하여 2차 자료의 신뢰성을 효과적으로 판단해야 한다.

- 해당 자료의 수집 주체(기관)은 누구이며, 공신력이 있는가?
- 해당 2차 자료의 수집방법은 적절한 것으로 볼 수 있는가?
- 해당 자료에 고의적 사실 왜곡 가능성이 있는가?
- 특정 2차 자료의 수집 목적에 따른 정보 제한이나 왜곡 가능성이 있는가?
- 해당 자료를 이미 알려진 다른 자료와 비교할 때 일관성이 있으며 논리적인가?

2차 자료는 거시경제 자료와 일반적 시장 특성을 담고 있는데, 경우에 따라 해당 국가나 관련 기관에서 불리한 내용을 왜곡하거나 삭제할 수 있다. 글로벌 마케터는 이러한 가능성을 고려해서 2차 자료 활용 여부와 수준을 정해야 한다.

셋째, 1차 자료 설계의 특징과 고려사항으로 1차 자료는 특정 조사 문제나 목적을 위해 이용할 수 있도록 수집한 자료를 말한다. 1차 자료의 수집은 정량적 조사에 해당하며, 다수 응답자를 대상으로 한다. 또한, 구조화된 질문들에 대한 응답형태(예/아니오 등)나 미리 준비된 보기에서 선택하도록 하는 방식으로 구두질문이나 설문지를 사용한다. 설문조사를 통하여 수집된 응답들은 퍼센트(%), 평균 또는 다른 통계수치로 요약할 수 있다.

넷째, 1차 자료는 수집방법에 따라 설문 문항이 달라져야 하며, 나타낼 수 있는 자료 표현에도 차이가 있다. 〈표 6-4〉의 내용은 이러한 차이를 보여준다.

❖ **표 6-4** 수집방법에 따른 설문 문항 차이

측정 수준		척도 특성				예
		설명	순서	거리	원자료	
범주형 척도	명목척도	○	×	×	×	선호하는 브랜드는 무엇입니까?
	서열척도	○	○	×	×	선호하는 브랜드 순으로 체크해 주세요.
계량척도	간격척도	○	○	○	×	브랜드 만족도를 7점 만점 중 선택해 주세요.
	비율척도	○	○	○	○	이 브랜드를 얼마나 자주 사용하시나요?

주) ○: 해당 있음, ×: 해당 없음

2) 정성적 자료의 조사, 분석방법

(1) 정성적 자료(2차 자료)조사, 분석방법

첫째, 정성적 자료 중 하나인 2차 자료는 다국적기업 입장에서 확보 원천에 따라 내부자료(internal source)와 외부자료(external source)로 나눌 수 있다. 내부자료는 기업 재무회계 자료/내부 연구보고서/기업 주가 동향 자료 등이 있다.

해당 자료는 모두 기업의 과거 활동 결과를 보여준다는 공통점이 있다. 따라서 이러한 자료는 해외시장 진출 시 투입 가능한 자원의 규모를 정하거나 진출방법, 시기 등을 결정하는 데 활용할 수 있다.

외부자료로는 정부기관, 공공연구소, 기업연구소, 대학연구소 등에서 발간한 자료가 있다. 외부기관 2차 자료 활용 시 주의할 점은 복수 발행기관의 특성에 따른 자료 일관성 여부이다. 발행기관의 상황에 따라 관련 정보를 축소, 왜곡할 가능성이 있으므로 이를 비교분석하여 식별하려는 노력이 필요하다.

둘째, 정성적 자료로서 2차 자료는 이처럼 기존 자료의 간접 활용이라는 점에서 분석 과정이 복잡할 수 있다. 즉, 기존 자료를 분석하여 현재 다국적기업의 처한 상황에 맞추어 해석할 수 있으려면 다양한 접근이 필요하다. 또한, 2차 자료는 기존 공개 데이터를 활용한다는 점에서 직접조사가 아니므로 자료 획득 과정에 소요하는 비용이 낮다는 특징이 있다.

이처럼 정성적 자료로서 2차 자료의 특징은 다음과 같다.

- 비용이 낮다.
- 다국적기업의 특정 상황과 직접적 관련성이 낮다.
- 다소 오래된 자료일 수 있다.

정량적 1차 자료와 비교한 정성적 2차 자료 활용의 분석 특징은 다음 내용으로 비교 정리할 수 있다.

(2) 심층집단면담(Focus Group Interview: FGI)

FGI는 정성적 조사방법의 하나로 분류한다. FGI는 마케팅 목적과 관련하여 특정 관계인 또는 비관계인을 대상으로 진행하는 조사방법이다. FGI는 개인을 대상으로 직접 조사한다는 점에서 1차 자료수집의 성격을 가지고 있지만, 다수 자료가 아닌 소수 인원을 대상으로 심층조사를 진행하는 점에서 직접적으로 대량의 자료를 수집하는 1차 자료와 차이가 있다.

① FGI 목적

FIG는 소수 인원을 대상으로 장시간 면담을 통해 신제품 개발이나 신규시장 진출과 관련한 마케팅 환경 특징을 분석하는 데 목적이 있다. FGI는 통상 이를 진행하는 전문가와 마케터의 통찰력이 필요하다.

FGI는 또한 폐쇄된 공간에서 진행하는 일종의 실험접근법으로 공간 설계와 참여자의 적극성 유도가 중요하다.

② FGI 수행

- 참여자들은 특정한 목적에 초점을 두고 면담을 진행한다.
- 참여자들 면담은 숙련된 전문가가 진행한다.
- 참여자들은 자유롭게 자신의 생각을 말하고 타인의 의견에 입장을 밝힐 수 있도록 격려를 받는다.

FGI의 핵심적 가치는 특정 제품, 시장 동향과 관련하여 현지인에 대한 직접적 반응을 심층적으로 탐구하는 데 있다. 따라서 위의 요건을 충족한 상태에서 진행한 면담

결과를 분석해야 하며, 그렇지 못할 경우 신뢰하기 어려운 자료일 수 있다. FGI 진행은 〈표 6-5〉의 단계에 따라 진행한다.

❖ **표 6-5** FGI 진행절차 및 주요 내용

FGI 단계	수행 내용
FGI 조사설계	• FGI로 얻고자 하는 조사 목적을 수립한다. 대체로 해외시장 진출과 관련한 소비자 특성이나 신제품 출시에 따른 시장반응 등을 목적으로 한다.
FGI 진행 방향 설정 및 공간 설계	• FGI 진행과 관련한 주요 질문 문항을 정리한다. 이 과정에서 전문 FGI 진행요원과 글로벌 마케터 간의 협의가 필요하다.
FGI 참석자 모집	• FGI 진행 전담부서와 외부 전문가의 협의하에 적합한 참석자를 모집한다. 참석자 선별은 FGI 결과에 영향을 미치므로 자격조건에 부합하는 참석자를 선별할 필요가 있다. • 모집 대상에 응한 사람을 대상으로 기초 설문조사를 진행하여 참석자를 선별하는 과정을 거친다.
FGI 수행	• FGI 설계 과정에서 준비한 조사문항을 중심으로 질의응답을 진행하며, 참석자 간 토론을 유도한다.
FGI 면담결과 해석	• 질의응답 과정과 참석자 간 토의내용을 기록하여 그 결과를 해석한다. 해석 과정에는 FGI 전문가 그리고 다국적기업 마케터가 참석하여 다양한 방향의 해석 가능성을 점검한다.
FGI 분석결과에 기반한 전략 보고서 채택	• 최종 해석결과를 기반으로 조사 목적에 부합하는 전략 보고서를 작성한다. 전략 보고서는 FGI 조사를 설계할 시점에 설정한 조사 목적에 부합하는 내용을 중심으로 하며, 조사 과정에서 나타난 특이점을 별도로 기술하여, 활용 방안의 다양성을 확보한다.

FGI 진행 전체는 관련 전문가 및 다국적기업의 글로벌 마케터가 공동으로 진행한다. 결과 해석과 최종 전략 보고서 채택까지 모든 과정을 공동으로 진행하여 조사 과정에서 발생할 수 있는 편의(bias)를 제거한다.

3) 정량적 자료의 수집과 분석

정량적 자료수집은 대부분 1차 자료수집과 분석에 초점을 둔다. 1차 자료는 다국적기업의 마케팅 목적에 직접적으로 부합하도록 마케터가 조사방법을 설계하고 수행하는 특징이 있다.

(1) 정량적 조사의 특징

첫째, 정량적 조사는 설문지기법을 이용하는 경우가 많으며, 이러한 경우를 1차 자료수집이라고 한다. 1차 자료수집은 조사 목적에 부합하는 특정 자료를 수집하고 분석하는 점에서 장점이 있다.

1차 자료수집방법으로 가장 많이 사용하는 설문지 조사방법은 공통적으로 설문 문항의 과학적 설계에서 출발한다. 조사문항의 설계는 조사 목적에 부합해야 하며, 차후 분석을 염두에 둔 결과여야 한다.

둘째, 1차 자료수집은 비용 측면에서 다른 조사와 비교하여 많은 자원을 투입해야 한다. 설문조사 표본은 대체로 다수를 대상으로 하며, 또한 불특정인을 조사한다는 점에서 광범위한 모집단을 설정한다. 이에 조사비용이 높다는 특징이 있다.

셋째, 정량적 조사는 비용과 진행 과정의 복잡성 문제로 조사 수행 이후 발생하는 편익과의 사전 비교가 필요하다. [그림 6-1]은 비용과 편익 측면에서 정량조사 수행의 관계를 보여준다.

조사 수행에 들어가는 비용만큼 편익을 얻을 수 없다면 시장조사를 진행하지 않는 것이 타당하다. 대체로 기대수익과 시장규모 측면에서 비교하는데, 시장규모가 크고 기대수익이 높으면 편익이 비용보다 높다고 판단한다. 반면 기대수익과 시장규모가 모두 낮다면 비용이 편익보다 큰 구조라고 본다.

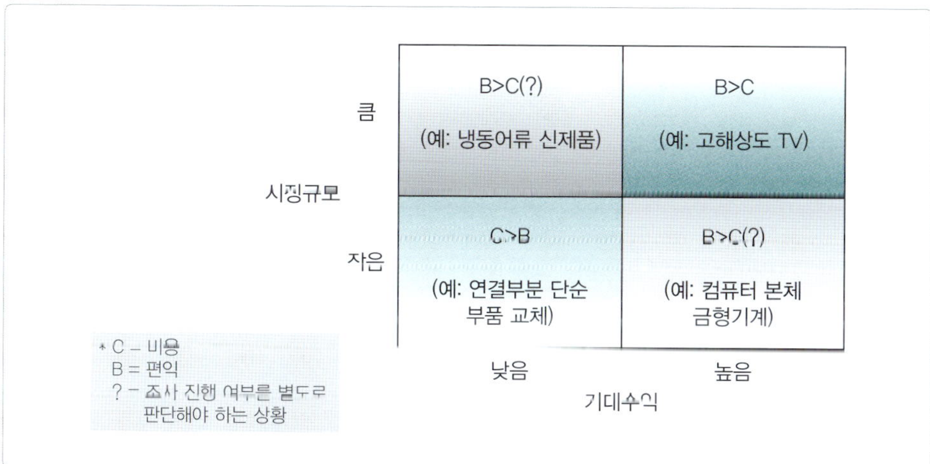

❖ **그림 6-1** 정량적 조사에 따른 비용과 편익 관계

(2) 정량적 조사의 자료수집

1차 자료수집은 많은 경우 설문지 조사를 통해 이루어진다. 글로벌 마케터 입장에서 해외시장 특성을 파악하고 출시 제품/서비스와 관련한 특정 목적을 가진 조사를 진행하는 데 설문지 조사방법의 편익이 있다.

① 설문조사 수행에서 주의할 점

설문조사 수행에서 주의할 점은 조사 목적과 부합하는 집단을 선정하여 표본을 추출하는 과정에 있다. 표본을 추출하려면 우선 표본 추출 틀(frame)을 설정해야 한다. 이는 주로 연구 목적에 부합하는 집단의 특성을 반영하여 설계한다. 예컨대, 연령, 학력, 소득 수준 그리고 출시하려는 제품/서비스와 관련이 있는 집단의 특징을 반영하여 표본 수집 대상을 정한다.

이후 전체 모집단의 특성을 반영할 수 있는 표본을 선정하며, 이 안에 개별 표본이 있다. [그림 6-2]는 이러한 과정을 보여준다.

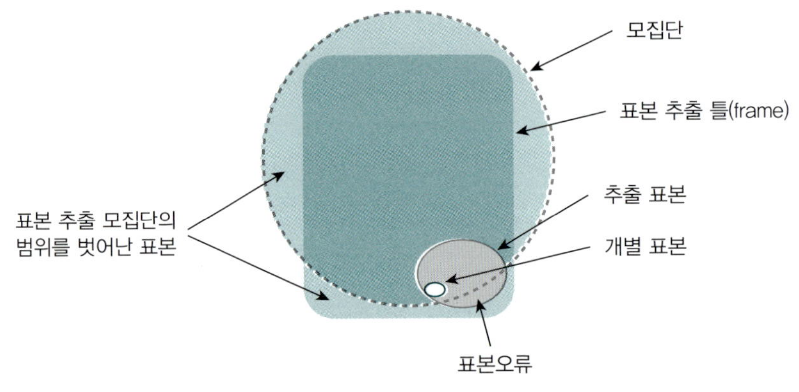

❖ **그림 6-2** 표본 체계

[그림 6-2]에서처럼 표본오류란 모집단 범위를 벗어난 곳에서 수집한 표본을 말한다. 예컨대, 신규 서비스와 관련하여 주 사용자인 여성층을 대상으로 조사를 진행하려는데 표본 중 남성이 들어가 있는 경우가 이에 해당한다. 또한, 특정 소득 수준 이상/이하의 집단을 표본 추출 틀로 하여 모집단을 추정하려는데 실제로 수집한 표본이 특정 소득 수준 범위를 벗어난 경우도 이에 해당한다.

② 설문조사 문항의 설계

설문조사 문항은 크게 3가지 범주로 나눌 수 있다.

● **개방형 질문(open ended)**

개방형 질문은 비조사형(unprobed) 질문과 조사형(probed) 질문으로 나눈다. 비조사형은 '선호하는 브랜드는 무엇입니까?'처럼 단순조사형 질문에 사용한다. 반면 조사형 질문은 '선호하는 브랜드는 무엇입니까? 왜 해당 브랜드를 선호하십니까? 선호하는 다른 브랜드는 무엇이 있나요?'처럼 단순질문이 아닌 원인과 기타 내용을 포함한 질문이다.

조사형 질문은 응답자 답을 계량화하기 어려운 측면이 있지만 더욱 심층적인 결과를 알고자 할 때 사용한다. 이는 마치 FGI에서 사용하는 질문은 설문지에 반영한 것으로 이해하면 된다.

● **범주 선택형 질문(categorical)**

범주형 질문은 폐쇄형(close ended) 질문의 한 유형이다. 폐쇄형 질문은 개방형 질문과 다르게 주어진 선택지 안에서 응답자가 답을 작성하도록 한다. 점주형 질문은 폐쇄형 질문 중에서도 단순한 형태를 나타낸다. 예컨대, '귀하는 신제품을 사용할 의향이 있으십니까?'처럼 '예/아니오'로 응답할 수 있는 형태를 나타낸다.

범주형 질문 사용의 장점은 통계분석을 위한 수치 자료로 전환이 쉽다는 점이다. 또한, 인구통계적 조사(성별, 소득 수준, 교육 수준, 거주 지역 등)를 수행하는 데 편리한 점이 있다. 그러나 범주형 질문은 글로벌 마케터가 알아야 하는 구체적 내용을 분석하는 데 한계를 갖는다. 어떠한 특징으로 해당 제품/서비스를 사용하는지에 대해서 표현할 방법이 없기 때문이다.

● **척도형 질문(scale response)**

척도형 질문 역시 폐쇄형 질문의 한 형태이다. 범주 선택형과 차이는 5점, 7점 척도를 사용하여 응답자 성향을 알 수 있다는 데 있다. 예컨대, '본 제품에 대한 선호 정도를 표시해 주세요'라는 질문과 함께 제공하는 1부터 5까지(또는 7)의 척도 중 하나를 선택하면 응답자 간의 대소를 비교할 수 있다.

척도형 질문은 설문조사 유형에서 가장 많이 사용하는 방법으로 초급분석은 물론 고급분석결과를 얻기 위한 방법이다.

척도형 질문은 다시 자연적 측량법(natural metric)과 조작적 측량법(synthetic metric)으로 나눌 수 있다. 전자는 자연수를 크기별로 일정 구분하여 제시하고 이를 선택하게 하는 방법이다(예, '연간 본 브랜드를 사용한 횟수를 아래 중에서 선택해 주세요.: 1회, 3회, 5회, 7회, 9회). 후자는 위에서 설명한 것처럼 5점, 7점 척도 중에 선택하게 하는 것이다.

이상의 내용을 요약하면 [그림 6-3]과 같다.

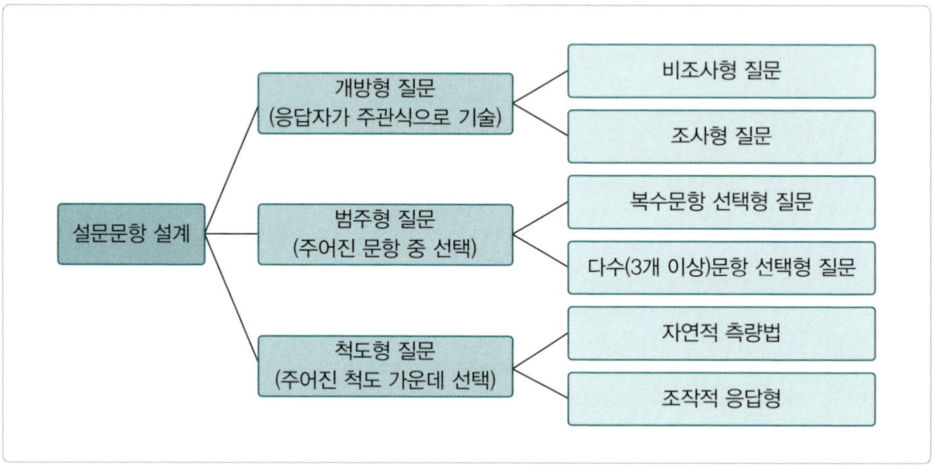

❖ **그림 6-3** 설문조사의 질문 유형

(3) 정량적 조사의 분석방법

정량조사의 분석은 통계적 방법을 사용한다. 모집한 자료의 형태에 따라 분석할 수 있는 방법에 차이가 있다. 1차 조사방법은 대부분 글로벌 마케터의 특정 목적을 확인하려는 과정이다.

특정 목적으로는 위에서 언급한 것처럼 신제품이나 서비스 출시 그리고 신규 시장의 소비자 반응과 잠재적 성장 가능성을 추정하려는 데 있다. 1차 자료는 또한 조사 과정의 설명에서처럼 다양한 형태의 질문으로 자료를 수집할 수 있다.

① 설문조사 문항 특성에 따라 분석방법은 달라진다. 분석결과는 또한 활용 범위의 정도와 분석방법의 복잡성에 따라 여러 층위로 나눌 수 있다. 1차 자료분석은 이처럼 조사문항 특성에 따라 적용할 수 있는 방법이 다르다. [그림 6-4]는 분석방법의 복잡성 정도와 분석결과의 활용 정도에 따른 분석방법의 종류를 보여준다.

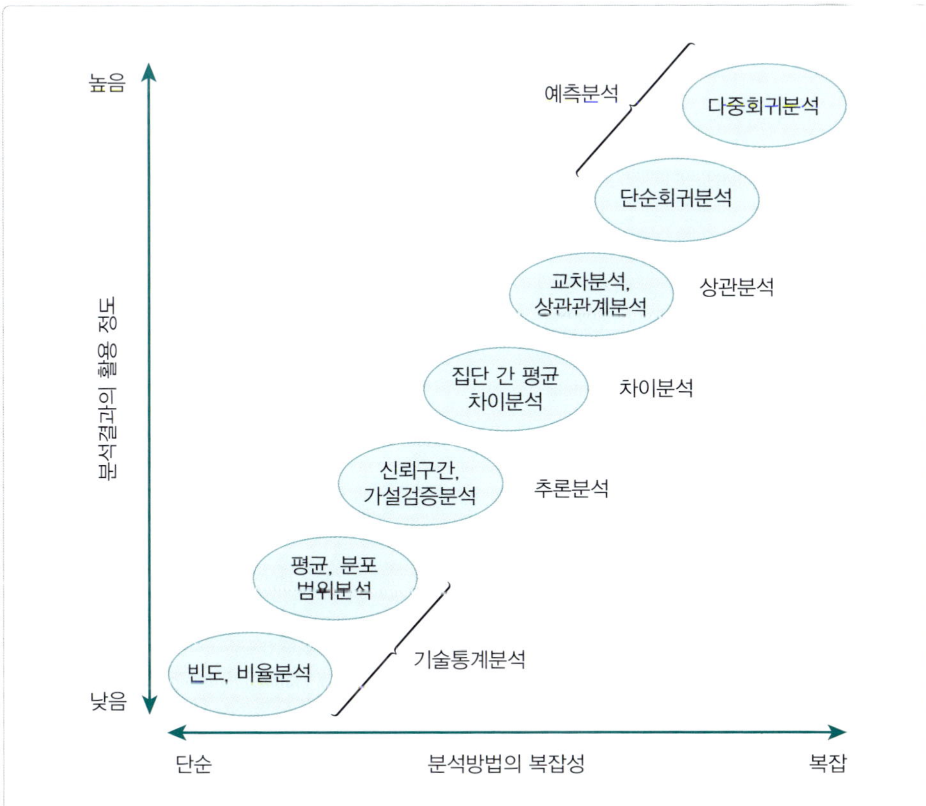

❖ **그림 6-4** 분석방법의 종류

② 기술통계분석은 개방형 질문을 계량화하거나 범주형 질문을 분석하는 데 사용한다. 특정 제품/서비스에 대한 선택 정도의 빈도를 분석할 수 있으며, 척도형 질문을 사용한 경우 평균, 분포 그리고 주요 응답 집단의 범위 등을 분석할 수 있다. 이 결과는 분석방법이 단순한 반면, 결과 활용 정도가 낮은 특징이 있다.

③ 추론분석은 시장조사 과정에서 2차 자료나 FGI 등에서 추론한 결과를 실증적으로 분석하는 특징이 있다. 예컨대, 신제품/서비스 출시에 영향을 주는 여러 요인을 미리 추정하고 해당 추정이 실제로 타당한지 여부를 판단하는 데 사용한다.

④ 차이분석은 글로벌 마케팅 전략에서 복수의 표적집단을 설정한 경우 활용 가능하다. 출시 제품/서비스가 어느 고객집단에 더 높은 선호를 가지고 있는지를 통계적으로 비교분석할 수 있다. 동 분석은 중급 수준의 복잡성과 활용성을 가지고 있다.

⑤ 상관분석은 비교적 복잡한 분석인 반면 활용 가능성은 높다. 상관분석은 제품/

서비스 출시와 관련하여 제품 경쟁력 요소와 소비자 반응 간의 관계 등을 분석하는 데 유용하다. 글로벌 마케터의 경우 신규 해외시장에 진출할 때 제품/서비스에 있어 주안점을 둘 부분을 미리 예측할 수 있다는 점에서 의미가 있다.

⑥ 예측분석은 단순회귀분석과 다중회귀분석으로 이루어진다. 회귀분석은 결과에 영향을 줄 수 있는 예측 요인을 미리 추정하여 통계적으로 분석하는 기법이다. 다른 분석방법과 비교하여 활용도가 높고 분석방법이 복잡한 특징을 갖는다. 예측분석을 수행하려면 통상적으로 척도형 질문 이상의 문항을 사용해야 한다. 예측분석은 1차 자료분석방법 중 가장 강력한 미래예측방법으로 중요성이 높으므로 사전에 엄밀한 조사설계를 필요로 한다.

(4) 정량적 조사의 고려사항

정량적 조사는 설문지를 활용하고 복잡한 수리적 분석 과정을 거치므로 조사설계에서 분석까지 일관성을 고려해야 한다. 또한, 1차 자료를 활용한 분석결과는 글로벌 마케팅 조사의 마지막 단계인 전략보고서 채택에 활용할 수 있다. 1차 자료 정량 조사는 이러한 특징으로 조사 과정에 발생할 수 있는 여러 오류를 고려해야 한다.

첫째, 정량적 조사는 설계 과정에서 사용한 조사문항에 따라 분석방법과 결과가 달라지므로 조사설계에 주의를 기울여야 한다. 1차 자료조사에서 나타날 수 있는 오류는 크게 조사자 오류와 응답자 오류로 분류할 수 있다.

조사자 오류는 다시 의도한 오류와 의도하지 않은 오류로 분류할 수 있다. 전자는 조사 주체의 편의(bias)를 제거하지 못해 나타나는 오류를 말하며, 후자는 응답자에 대한 조사 과정에서 조사원의 숙련 부족으로 나타난다.

응답자 오류 역시 의도한 오류와 의도하지 않은 오류가 나타난다. 전자는 응답자가 일부러 불성실한 답을 한 경우에 해당하며, 후자는 응답자의 조사문항에 대한 이해 부족과 자의적 추정응답에 기인한다.

이상의 오류를 도식화하면 [그림 6-5]와 같다.

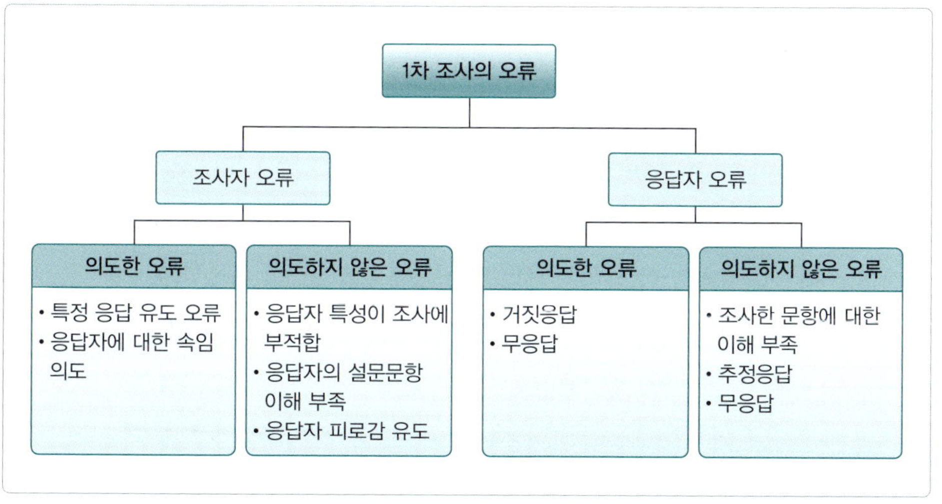

❖ **그림 6-5** 조사 오류 유형

둘째, 해외국가에서 시행되는 1차 자료조사에서 발생하는 일반적 문제는 언어장벽이라고 할 수 있다. 더불어 조사 대상 국가의 문맹률 역시 설문조사에 영향을 미친다. 글로벌 마케터는 조사문항의 효율적 전달에 필요한 조치를 취해야 하며, 대체로 다음의 3가지 방법을 사용한다.

① 역번역: 조사 대상 국가의 언어로 번역한 문장을 다시 자국 언어로 번역하여 상호 차이를 확인한다.

② 병렬번역: 조사문항 설계 시 자국 언어와 현지국 언어를 동시에 명기하여 해석상의 오류를 최소화한다.

③ 탈중심화: 자국 언어에서 사용하는 특정 개념을 현지국에 맞추어 적절한 용어로 변환한다. 이는 마케팅 일반에서 나타나는 자기준거기준(self-reference criterion) 문제를 탈피하려는 목적에 따른 결과다.

03 글로벌 마케팅 조사의 전략적 활용

글로벌 마케팅 조사의 전략적 활용에는 적절한 조사 과정이 필요하다. 대체로 다음 요건을 만족하면 좋은 조사 과정을 거쳤다고 판단한다.

- 조사 목적을 명확하게 정리한 조사
- 조사 과정을 상세하게 설정한 마케팅 조사
- 계획적 관리를 통해 조사설계를 진행한 마케팅 조사
- 조사 한계를 솔직하게 밝힌 마케팅 조사
- 조사 윤리를 준수한 마케팅 조사

이러한 사항을 충족하고 진행한 글로벌 마케팅 조사를 활용하는 데 마케터의 전략적 접근이 필요한 이유는 다음과 같다.

첫째, 마케터는 조사결과를 활용하여 전략적 의사결정을 하는 위치에 있으므로 조사 과정 전체의 설계와 수행 그리고 분석 과정에 적극적으로 참여할 필요가 있다.

둘째, 마케터의 책임은 시장조사 분석결과를 해석하고 이를 활용한 전략적 의사결정 과정의 실패 위험을 줄이는 데 있다.

셋째, 대체로 조사 과정의 위험은 상대적 정보의 부재에서 오는 경우가 많다. 따라서 글로벌 마케터는 이러한 오류를 줄이는 측면에서 정성적 자료와 정량적 자료를 비교분석해야 한다. 이로써 해외시장 진출 시 필요한 마케팅 관점의 전략적 의사결정 오류를 줄일 수 있다.

넷째, 글로벌 마케터는 항상 최종 전략적 의사결정의 수준을 개선할 수 있는 추가 자료 확보에 노력해야 한다. 글로벌 마케터의 역할을 정성/정량조사의 불일치 또는 두 자료를 모두 확보한 경우라고 발생할 수 있는 오류를 점검하는 것이다. 전문 조사원은 기업 문화와 마케팅 전략에 대한 이해가 부족하므로 조사 과정의 엄밀성 관점에서만 접근하는 한계가 있다. 글로벌 마케터는 이러한 한계를 보완하려는 목적으로 마케팅 전략 측면의 정보수집 활동을 전개해야 한다.

다섯째, 모든 정보는 글로벌 마케터를 통해 수집되어야 한다. 산발적 정보수집과 해석은 전략적 글로벌 마케팅 의사결정 과정에 혼란을 초래한다. 글로벌 마케터는 모든 정보의 원천을 관리하고 해석 과정의 논의를 마케팅 전략 측면에서 진행할 수 있도록 해야 한다.

여섯째, 마케팅 관리자는 실질적으로 글로벌 시장조사 후에 따르는 전략적 의사결정에 중요한 영향을 미친다는 점을 유의해야 한다.

마무리사례 **탈중국 전략, 글로벌 고객 리서치 결과 반영**

▶ 확 바뀐 설화수 · 이니스프리, 글로벌 고객 눈높이 맞춘다

아모레퍼시픽의 럭셔리 화장품 설화수가 파격 변신을 시도했다. 지난해부터 진행해 온 리브랜딩의 연장선으로, 기존의 한방 화장품 이미지에서 벗어나 새로운 브랜드 이미지(BI)를 갈아입었다. 세계화(Global)와 디지털(Digitalng) 고객을 염두에 둔 변화다.

화장품 업계에 따르면 설화수는 이날부터 대표 제품인 윤조 에센스 6세대 버전을 출시한다. 1997년 설화수 출범과 함께 출시된 윤조 에센스는 5회에 걸쳐 개편을 거듭, 설화수를 대표하는 제품으로 자리 잡았다. 회사 측에 따르면 현재까지 윤조 에센스를 10병 이상 사용한 고객은 51만 명으로, 지금도 10초에 한 병씩 팔리고 있다. 6세대 제품은 5세대와 비교해 용기 외관이 크게 바뀌었다. 한자 서예 로고 대신 짙은 오렌지색 영문 로고를 키웠고, 달항아리 백자에서 따온 둥글고 경계 없는 디자인으로 한국적인 미감을 담았다. 기존보다 유리 중량을 줄이고 재활용 플라스틱 뚜껑을 사용한 것도 특징이다.

아모레퍼시픽의 자연주의 화장품 브랜드 이니스프리도 최근 BI를 변경했다. 2018년 이후 5년여 만으로, 기존보다 단조롭고 굵은 글자체와 채도가 높은 액티브 그린을 적용했다. 소문자만을 쓴 기존 로고와 달리 대문자와 소문자를 섞어 'InnIsFree'라고 표기한 것이 눈길을 끈다. 사측은 "대문자와 소문자의 조화로 생동감과 자신감 있는 이미지와 아름다움을 존중하는 가치를 담았다"고 소개했다. 광고도 달라졌다. 한방 화장품이라는 '성분'을 강조한 것에서 아시아, 백인, 흑인 등 다양한 인종의 젊은 모델을 등장시켰다. 회사 관계자는 "작년 9월 걸그룹 블랙핑크의 로제를 기용하는 것을 시작으로 리브랜딩 작업을 진행해 왔다"며 "이번 변화도 그 일환으로, 글로벌 고객 대상 연구를 통해 도출한 결과물"이라고 설명했다.

출처: 조선비즈 (2023.3.1).

학·습·정·리·문·제

1. 글로벌 정보수집의 대상에 대해서 설명하시오.

2. 글로벌 마케팅 조사에서 정성적 조사와 정량적 조사의 차이를 비교 설명하시오.

3. FGI의 특징과 장단점을 설명하시오.

4. 1차 자료조사에서 조사문항 설계 시 분류방법을 설명하시오.

5. 1차 자료분석방법의 종류와 특징을 설명하시오.

6. 글로벌 마케팅 조사 과정을 수행하는 데 마케팅 관리자가 갖는 역할과 전략적 접근방법을 기술하시오.

CHAPTER 07

GLOBAL MARKETING

글로벌 마케팅 전략

학습목표

글로벌 마케팅 전략의 정의와 중요성을 이해하고, 글로벌 마케팅 전략 수립 과정에 대해 학습한다. 보다 구체적으로는 글로벌 브랜드 구축을 위한 브랜드 정체성과 이미지의 개념을 파악하고, 이들 간의 관계를 분석한다. 또한, 글로벌 시장세분화의 기준과 요구사항을 이해하고, 다양한 세분화 방법을 적용해 보도록 한다. 이를 통해 표적고객 선정의 평가기준과 전략을 파악하고, 글로벌 시장에서의 타깃팅 방법을 수립할 수 있다. 이후 글로벌 브랜드 포지셔닝의 개념과 유형을 이해하고, 효과적인 포지셔닝 전략 개발에 대해 학습한다.

CHAPTER 07 글로벌 마케팅 전략

도입사례 **문화적 오만이 초래한 글로벌 확장의 실패**

월마트(Walmart)의 독일 진출 실패는 글로벌 기업이 문화적 차이를 무시할 때 발생할 수 있는 치명적 결과를 보여주는 대표적 사례다. 세계 최대 소매업체인 월마트는 1997년 독일 시장 진출을 시작했지만, 9년간의 투쟁 끝에 2006년 10억 달러의 손실을 기록하며 완전히 철수했다. 이는 단순한 비즈니스 실패를 넘어서, 미국 중심적 사고와 문화적 무지가 어떻게 기업의 글로벌 확장을 좌절시킬 수 있는지를 명확히 보여준다.

1997년, 월마트는 유럽 최대 경제권인 독일을 유럽 진출의 교두보로 삼기 위해 독일 소매체인 베르트카우프(Wertkauf) 21개 매장을 인수했다. 이듬해에는 인터스파(Interspar) 74개 매장을 추가 인수하여 총 95개 매장으로 독일 내 4위 슈퍼마켓 체인이 되었다. 월마트의 목표는 2010년까지 500개 매장 확장이었지만, 실제로는 최대 85개 매장을 넘지 못했다.

월마트는 미국에서 성공한 "최저가(Every Day Low Prices)" 전략을 그대로 독일에 적용하려 했다. 대형 슈퍼센터 형태의 원스톱 쇼핑과 공격적 가격 정책, 그리고 미국식 고객서비스를 독일 시장에 이식하려는 것이 핵심 전략이었다.

월마트가 독일에서 겪은 가장 큰 문제는 미국식 서비스 문화를 무차별적으로 강요한 것이었다. 독일 직원들에게 고객에게 미소 짓기를 의무화했지만, 이는 독일 문화에서 낯선 사람에게 미소 짓는 것을 불편하게 여기는 관습과 정면으로 충돌했다. 독일 고객들은 월마트 직원들의 억지스러운 미소를 어색하고 불편하게 여겼으며, 심지어 일부는 이를 추파를 던지는 것으로 오해하기도 했다.

더욱 문제가 된 것은 업무 시작 전 단체 체조와 구호 외치기였다. 월마트는 직원들에게 매일 아침 가벼운 운동과 "월마트" 구호를 외치도록 강요했는데, 이는 독일인들에게 로봇 같고 어색한 행동으로 인식되었다. 미국에서는 팀워크 강화 목적이었지만, 독일에서는 직원들의 사기를 떨어뜨리는 결과만 낳았다.

월마트의 엄격한 직장 내 연애 금지 정책은 독일 문화와 심각하게 충돌했다. 미국에서는 같은 부서 직원 간 연애를 금지하는 것이 일반적이지만, 독일에서는 이를 개인 사생활에 대한 과도한 간섭으로 여겼다. 월마트는 직원들에게 동료의 부적절한 행동을 신고하도록 요구하는 윤리강령까지 도입했지만, 이는 독일 법원에서 위법 판정을 받았다.

노사관계에서의 문화적 무지도 치명적이었다. 독일에서는 노조가 문화의 일부이며 정부, 지역사회, 기업들로부터 광범위한 지지를 받지만, 월마트는 미국식 반노조정책을 그대로 적용하려 했다. 독일의 지역별 임금협상 시스템 참여를 거부한 월마트에 대해 노조는 파업으로 맞섰고, 이는 월마트의 지역사회 이미지를 크게 훼손했다.

월마트는 독일 소비자들의 쇼핑 패턴을 완전히 잘못 이해했다. 미국 소비자들은 한 곳에서 모든 것을 구매하는 원스톱 쇼핑을 선호하지만, 독일인들은 도보 거리의 작은 상점에서 쇼핑하는 것을 선호했다. 또한 독일인들은 효율적으로 빠른 쇼핑을 원하는데, 월마트는 매장 배치를 고객이 더 오래 머물도록 설계했다. 또한 프리미엄 제품을 눈높이에, 할인제품을 아래나 위쪽 선반에 배치하는 미국식 진열방식을 사용했는데, 이는 독일 고객들을 크게 짜증 나게 했다. 독일 고객들은 할인제품에 쉽게 접근하기를 원했기 때문이다.

월마트의 독일 진출 실패에서 가장 심각한 문제는 경영진의 문화적 무지와 오만이었다. 첫 번째 독일 운영 책임자로 임명된 롭 티아크스(Rob Tiarks)는 독일어를 전혀 할 줄 모르는 미국인이었으며, 독일 문화나 시장을 이해하려 하지 않았다. 더욱이 월마트는 영어를 공식 회사 언어로 지정했는데, 이는 독일 직원들이 자신들이 이방인으로 취급받는다고 느끼게 했다.

월마트는 4년간 4명의 CEO를 교체하는 등 일관성 없는 경영을 보였으며, 이는 조직의 불안정성을 더욱 악화시켰다. 영국에서 독일 사업을 원격 관리하려 했던 것도 현지 시장 이해도를 떨어뜨리는 요인이 되었다.

독일의 강력한 할인 소매업체들은 월마트의 진출에 강력히 대응했다. 알디(Aldi)와 리들(Lidl) 같은 독일 할인 체인들은 더 적은 품목으로 더 나은 품질의 제품을 더 저렴한 가격에 제공했다. 월마트가 독일에 진출했을 당시 소매체인의 평균 성장률이 연 0.3%에 불과할 정도로 시장 상황이 악화되었다.

독일의 규제 환경도 월마트에게 불리했다. 독일은 1977년부터 소매업체가 제조원가 이하로 제품을 판매하는 것을 금지하는 법률을 제정했으며, 800㎡ 이상 대형 매장의 건설을 제한하는 도시계획 규제도 있었다. 이는 월마트의 핵심 전략인 원가 이하 판매와 대형 슈퍼센터 전략을 원천 봉쇄했다.

월마트는 독일에서 연간 2억~3억 달러의 손실을 기록했으며, 2006년 철수 시까지 누적 손실은 10억 달러를 넘었다. 매출액 29억 유로에 시장점유율 1.1%라는 미미한 성과에 그쳤다. 2006년 7월, 월마트는 85개 독일 매장을 경쟁사 메트로(Metro)에 매각하며 완전히 철수했다.

이러한 실패의 핵심 요인들을 분석해 보면, 미국 성공 모델을 그대로 이식하려고 시도하였고, 이는 문화적 오만과 일방향적 접근이었다. 두 번째는 독일인의 가치관, 소비 패턴, 노동 문화 이해 부족으로서 월마트의 현지 문화에 대한 무지를 의미한다. 세 번째는 언어 장벽과 문화적 소통 부재로 인한 의사소통 실패이다. 마지막으로, 독일 문화를 이해하지 못하는 미국인 경영진에게 전적으로 의존한 점이 크다 할 수 있다. 마지막으로, 전반적으로 현지 규제 환경을 오판하여 독일의 독특한 법적, 제도적 환경에 대한 사전 조사가 부족하였다는 점이다.

월마트의 독일 실패는 글로벌 기업에게 중요한 교훈을 제공하는데, 첫째, 문화적 겸손(Cultural Humility)의 중요성이다. 아무리 성공한 비즈니스 모델이라도 다른 문화권에서는 실패할 수 있음을 인정해야 한다. 둘째, 철저한 현지 시장 조사가 필수다. 표면적 시장 분석을 넘어 문화, 소비자 행동, 규제 환경에 대한 깊이 있는 이해가 필요하다. 셋째, 현지화 전략의 중요성이다. 글로벌 브랜드 일관성을 유지하면서도 현지 문화에 맞는 적응이 필요하다. 넷째, 현지 인재 등용과 권한 부여가 중요하다. 현지 문화를 이해하는 인재를 통해서만 진정한 현지화가 가능하다.

월마트의 독일 사례는 단순한 사업 실패를 넘어서, 글로벌 시대에 문화적 감수성과 현지화 역량이 기업 생존의 필수 조건임을 보여준다. 문화적 오만은 그 어떤 자본력과 기술력으로도 극복할 수 없는 치명적 약점이 될 수 있다는 것이 월마트 독일 사례의 핵심 교훈이다.

01 글로벌 마케팅 전략의 정의와 중요성

글로벌 마케팅 전략 수립은 크게 현지 시장 분석 → 전략 수립 → 전략 실행의 과정을 거친다. 이 과정은 다국적기업이 일반적으로 선택하는 것으로 시장 진입 전에 충분한 전략적 검토를 한다는 데 의의가 있다.

1) 글로벌 마케팅 전략의 정의

글로벌 마케팅 전략은 제품이나 서비스를 국제시장에 홍보하고 판매하는 회사의 노력을 가이드해 주는 포괄적 계획이다. 전 세계 소비자에게 상품을 전달하고 그들의 만족을 목표로 여러 국가에 걸친 마케팅 활동의 이해와 계획, 실행 및 관리를 포함한다.

글로벌 마케팅 전략의 핵심 구성요소로는 다음과 같은 것들을 들 수 있다.

첫째, 시장조사 및 분석이다. 여기에는 소비자 선호도, 문화적 느낌, 경쟁, 법적 규제 및 경제 상황을 포함하여 해외시장에 대한 자료수집 및 분석이 포함된다.

둘째, 표적시장(target market)의 선택이다. 글로벌 마케팅 전략에서 중요한 결정은 회사가 진출하고 서비스를 제공해야 하는 국가 또는 지역을 식별하는 것이다.

셋째, 표준화(standardization) 대 적응(adaptation)의 문제로서, 회사가 여러 국가에 적용되는 제품 및 마케팅 노력을 표준화하거나 현지 시장의 특정 요구 및 선호도를 충족시키기 위해 적응해야 하는 정도를 나타낸다.

넷째, 마케팅 믹스(marketing mix aka 4P)이다. 제품, 가격, 유통 및 판촉은 대상 글로벌 시장에 따라 조정되어야 하는데, 이 주제는 8장에서 설명한다.

다섯째, 시장 모니터링 및 통제로서 마케팅 노력의 성과를 정기적으로 분석하고 필요한 조정을 하는 것이다.

기업에게 글로벌 마케팅 전략의 중요성은 두말할 필요도 없다. 그 이유는 기업이 제품 및 서비스를 국제적으로 마케팅함으로써 더 많은 고객기반에 도달하고 매출을 높일 수 있기 때문이다. 또한, 국내시장에만 의존하는 것은 경기침체기에 특히 위험할 수 있는데 글로벌 시장에서의 탄탄한 입지는 여러 위험을 상쇄시켜 준다. 최근에는 학습 및 혁신 측면에서 그 중요성이 대두되고 있는데, 글로벌 시장에 진출하면 회사는 다양한 소비자 취향, 선호도 및 기술에 노출되어 종종 새로운 통찰력과 혁신으로 이어진다. 강력한 글로벌 입지는 글로벌 브랜드로 자리매김할 수 있는 기업의 경우 경쟁사보다 우위를 점할 수 있는 경쟁우위를 창출시킨다. 마지막으로 글로벌 마케팅 전략은 세계 무대에서 자사의 브랜드 이미지와 인지도를 크게 향상시킬 수 있다.

글로벌 마케팅 전략은 단순히 여러 국가에서 제품을 판매하는 것이 아니라, 전 세계적 규모에서 성공하기 위해 시장조건, 소비자 선호도, 문화적 차이 및 경쟁 환경의 복잡한 상호작용을 고려하는 응집력 있는 계획을 수립하는 것이다.

2) 글로벌 마케팅 전략 수립 과정

첫째, 현지 시장 분석은 필수적인 첫 단계로서 다양한 인구통계적 특성과 함께 현지 정치, 경제, 사회, 문화적 요인들을 고려한다. 현지 시장 분석은 다국적기업이 출시하려는 제품 또는 서비스가 현지 시장에 적합한지를 결정하는 과정이다. 여기에는 기업 역량 분석과 협력·보완 기업 분석이 필요하다.

기업 역량 분석은 기업 내에서 통제할 수 있는 마케팅 요소에 초점을 맞추고 기업이 보유한 독특한 자원을 분석하고 이러한 자원이 현지 시장에 적합한지를 판단한다. 또한, 기업의 자원과 능력을 현지 시장으로 이전하는 과정에서 발생할 수 있는 경쟁 환경과 현지 시장 역학을 분석한다. 협력·보완 기업 분석의 경우, 글로벌 시장에서는 개별 기업의 능력만으로는 모든 활동을 수행하기가 어려운 경우가 많기 때문에 다국적기업은 사전에 협력할 수 있는 현지 기업을 파악하고 파트너십 전략을 수립해야 한다.

둘째, 현지 시장 분석 후 인시 시장을 세분화하고 표적고객을 선정하며, 제품 또는 서비스를 포지셔닝하는 과정이 수행된다. 이는 고객의 필요와 선호를 이해하고, 경쟁자를 분석하며, 기업의 제안이 표적시장에서 어떻게 인식될지 정의하는 것을 포함하는 것으로서 이 장에서 다루는 주요 내용이다.

셋째, 표적시장이 식별되고 제품이나 서비스가 포지셔닝되면 다음 단계로 마케팅 믹스 전략을 설정하는데, 이는 4P(제품, 가격, 장소, 홍보)를 포함한다. 이 장 이후에 구체적인 내용이 설명되어 있다.

넷째, 마케팅 전략이 설정되면 고객이 인식 → 관심 → 구매행동을 거치는 과정을 수행하는 활동들이 개발되며, 추가로 확보된 고객의 충성도를 유지하는 방법이 도출된다.

글로벌 마케팅 전략을 개발하는 것은 현지 시장을 이해하는 것부터 다양한 글로벌 시장의 요구를 충족시키도록 제품이나 서비스를 맞추는 것에 이르기까지 일련의 신중한 단계들을 포함한다. 이 과정은 기업이 다양한 글로벌 시장의 필요(needs)를 충족시키도록 제품이나 서비스를 맞추는 것이다. 이상의 설명을 [그림 7-1]에 요약하였다.

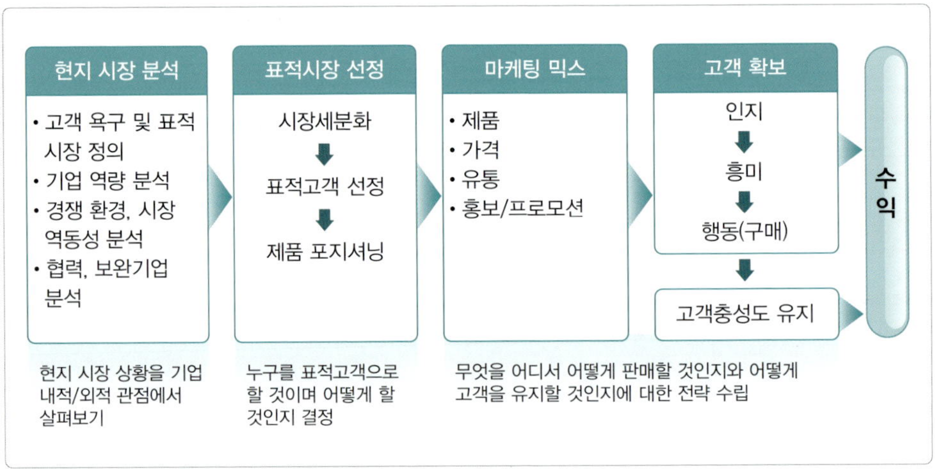

❖ **그림 7-1** 글로벌 마케팅 전략 수립 체계

02 글로벌 브랜드 구축

1) 브랜드 정체성 및 이미지

브랜드 정체성과 이미지는 글로벌 브랜드 구축에 있어 중요한 요소이다. 브랜드 정체성과 이미지의 의미와 중요성을 살펴보자.

(1) 브랜드 정체성

브랜드 정체성(brand identity)이란 색상, 디자인, 로고 등과 같이 소비자의 마음속에 브랜드를 식별하고 구별해 주는 눈에 보이는 브랜드 요소를 말한다. 이는 브랜드의 성격과 같으며 브랜드가 대상 고객에게 인식되기를 원하는 방식이다. 로고(logo)는 즉시 알아볼 수 있고 회사를 나타내는 시각적 요소이다. 색상 팔레트(color palette)[1]는 모든 브랜딩 자료에서 일관되게 사용되는 색상 세트이다. 타이포그래피(typography)[2]는 브랜드 커뮤니케이션에 사용되는 글꼴 및 타이포그래피 처리를 말한다. 브랜드 보이스(brand voice)는 브랜드 커뮤니케이션에 사용되는 언어의 어조와 스타일이다. 마지막으로 이미지 및 그래픽은 브랜드와 관련된 사진, 일러스트레이션 및 기타 그래픽을 의미한다. 브랜드 정체성은 여러 시장에서 일관되어야 하지만 글로벌 맥락에서 현지 문화적 민감성이나 선호에 맞추기 위해 특별한 조정이 필요할 수 있다.

(2) 브랜드 이미지

브랜드 이미지(brand image)는 대중이 브랜드를 인식하는 방식으로서 소비자가 브랜드에 대해 마음속에 품고 있는 인상이다. 이 이미지는 브랜드의 정체성뿐만 아니라 경험, 연상, 광고, 뉴스 기사 등의 커뮤니케이션에 의해 형성된다. 본질적으로 브랜드 정체성이 브랜드가 보여지기를 원하는 방식이라면 브랜드 이미지는 사람들이 실제로 브랜드를 보는 방식이다. 글로벌 브랜드의 경우 다양한 문화와 시장에 따라 인식이 다를 수 있으므로 브랜드 이미지 관리가 매우 중요하다.

(3) 브랜드 정체성과 이미지의 관계

브랜드 정체성과 브랜드 이미지는 밀접하게 연결되어 있지만 같지는 않다. 브랜드 정체성은 회사가 구축하고 소비자에게 전달하고자 하는 것이지만 브랜드 이미지는 청중이 실제로 브랜드를 인식하는 방식이다. 성공적인 글로벌 브랜드는 정체성을 투영하고자 하는 이미지와 밀접하게 일치시켜 다양한 시장의 표적고객과 공감하고 글로벌 규모

1) 브랜드 색상 팔레트에는 브랜드 개성을 나타내는 색상 세트(color set)가 포함되어 있다. 브랜드 색상 팔레트의 색상은 로고, 웹사이트, 명함 등에 사용되므로 최대한 주의를 기울여 선택하는 것이 중요하다.

2) 활자 또는 활판에 의한 인쇄술을 의미하는 용어로, 현재는 글자와 관련된 디자인을 의미한다.

에서 효과적으로 경쟁할 수 있다.

글로벌 브랜드를 구축할 때 브랜드의 가치와 개성을 전달하는 강력하고 일관된 브랜드 정체성을 확립하고, 다양한 문화와 시장에서 기업이 의도한 정체성과 일치하도록 브랜드 이미지를 적극적으로 관리하고 모니터링하는 것이 중요하다.

2) 글로벌 브랜드 포지셔닝

기업의 브랜드를 글로벌하게 포지셔닝하기 위해서는 STP 분석을 해야 하는데, STP는 Segmentation, Targeting, Positioning의 약어이다. 한국어로는 시장세분화, 표적고객 선정, 포지셔닝이라고 한다. 잠재고객을 효율적으로 식별하고 서비스하기 위해 글로벌 마케팅에서 널리 사용되는 전략적 접근방식이다.

글로벌 마케팅의 맥락에서 세분화(segmentation)란 전 세계 시장을 공통된 특성을 공유하는 별개의 그룹으로 나누는 것을 의미한다. 이러한 특성은 지리적 위치, 문화적 선호도, 인구통계학적 데이터(예: 연령, 성별, 수입), 사이코그래픽스(예: 가치관, 라이프스타일, 성격) 및 소비자행동과 같은 다양한 요인을 기반으로 할 수 있다. 글로벌 시장세분화를 통해 기업은 다양한 고객 그룹의 요구와 선호도를 이해할 수 있다.

시장이 세분화되면 다음 단계는 표적고객 선정(targeting)이다. 여기에는 회사가 효과적이고 수익성 있게 서비스를 제공할 수 있다고 믿는 하나 이상의 세분시장 선택이 포함된다. 글로벌 맥락에서 기업은 시장규모, 성장잠재력, 경쟁, 회사 자체 자원 및 역량과 같은 요인을 고려하여 다양한 시장 부문의 잠재력을 평가해야 한다. 이 분석을 기반으로 회사는 성공을 위한 최상의 기회를 제공하는 세분시장을 결정한다.

표적 세분시장을 식별한 후에는 포지셔닝이 시작된다. 포지셔닝은 회사의 제품이나 서비스에 대해 대상 소비자의 마음속에 독특하고 가치 있는 위치를 만드는 것이다. 글로벌 마케팅에서는 다양한 표적시장의 특정 요구와 선호도를 충족시키기 위해 마케팅 믹스(제품, 가격, 유통, 촉진)를 조정하는 것과 관련된다. 특히 경쟁이 치열한 글로벌 시장에서 경쟁사들 중 두각을 나타낼 수 있도록 제품 또는 서비스의 고유한 이점과 가치 제안을 전달하는 것이 필수적이다.

요약하면, STP는 기업이 특정 시장 부문에 자원을 집중하고, 해당 부문의 요구사항을 충족하도록 제품을 맞춤화하고, 대상에 공감하는 방식으로 제품 또는 서비스를 포지서닝하는 데 도움이 되기 때문에 글로벌 마케팅의 중요한 프레임워크이다.

(1) 세분화

세분화(segmentation)는 STP 프로세스의 첫 번째이자 기본 단계로, 이질적인 대규모 시장을 특정 특성에 따라 더 작고 동질적인 그룹으로 나누는 작업을 포함한다. 이 과정의 목표는 유사한 요구사항이나 선호 및 행동을 가진 소비자를 뚜렷한 하위집단으로 식별하는 것이다. 글로벌 마케팅에서는 여러 국가 및 지역에 따라 시장이 매우 다양할 수 있으므로 특히 중요하다.

① 글로벌 시장 세분화를 위한 요구사항

글로벌 시장은 국내시장과 다른 정치·경제·사회·문화·지리적 특성이 있다. 해당 특성은 모두 글로벌 마케팅 전략 수립에 영향을 주며, 국내시장 세분화와 다른 접근방법을 요구한다. 해외시장 세분화를 진행하려면 이를 측정하고 유지하는 데 필요한 요구사항이 있다.

- 식별 가능성

모든 시장은 정량화된 자료로 측정이 가능한 요건을 갖추어야 한다. 국가별 통계자료나 다양한 국제기구에서 제공받을 수 있는 수치적 자료가 있어야 한다.

- 지속 가능성

시장의 특성을 반영한 세분화 결과가 지속될 수 있는 여건을 갖추어야 한다. 예상치 못한 변화에 따라 세분화 결과를 지속적으로 적용하기 어렵고 변화주기가 짧다면 적절한 세분화를 진행하기 어렵다.

- 접근 가능성

모든 글로벌 시장은 세분화 이후 실질적 진출이 가능해야 한다. 그렇지 않다면 이론적·이상적 세분화에 머무르기 때문이다. 현실적으로 진출 가능성이 없는 시장이라면 세분화 작업은 진행하기 어렵다.

- 안정성

진출하려는 시장은 안정적 구조를 갖추고 있어야 한다. 세분화 내용에 정치·경제적 결과가 들어가므로 이를 미리 고려할 수 있다 하더라도 지나치게 불안정한 시장에 대한 세분화는 실행력을 담보할 수 없다.

- 실행력

진출 대상 해외시장은 실질적 실행력을 전제로 해야 한다. 실행력은 기업이 보유한 역량과 자원을 바탕으로 판단할 수 있다. 세분화 결과, 독자적 유통망 구축 전략이 필요함에도 이에 대한 경험이 없다면 실제로 실행하기가 어렵기 때문이다. 이 경우 실행력을 전제하지 못한 이론적 세분화에 멈출 위험이 있다.

- 반응성

세분화란 글로벌 시장을 동일 특성을 갖는 집단으로 나눈다는 의미이다. 따라서 각 세분화 시장에 적용하려는 전략에 따라 세분화한 글로벌 개별 시장은 각기 다른 반응을 보여야 한다. 그렇지 않다면 글로벌 단일시장 접근화와 차이가 없기 때문이다.

② 글로벌 시장세분화 기준

다음과 같은 방식으로 시장을 세분화함으로써 기업은 전 세계 다양한 소비자집단의 특정 요구와 선호도를 충족시키는 보다 집중적이고 효과적인 마케팅 전략을 수립할 수 있다.

- 지리적 세분화

지리적 세분화는 글로벌 환경에서 지리적 위치를 기반으로 시장을 세분화하는 것이다. 글로벌 마케팅에서는 시장을 대륙, 국가, 지역 또는 도시별로 나누는 것을 의미한다. 예를 들어 회사는 북미를 하나의 시장 부문으로 취급하고, 유럽을 또 다른 시장 부문으로 취급할 수 있다. 또한, 도시와 농촌 지역을 기준으로 나눌 수 있다. 지리적 세분화는 또한 지리적 특성에 따른 기후, 생산물 특징을 결정한다. 한대나 온대지방에 따라 출시하는 제품에 차이가 있는 것은 이러한 세분화를 잘 보여준다.

또한, 선진국이 모여 있는 지역과 개발도상국 지역의 차이는 각 제품의 출시 형태에 영향을 준다. 과거 피처폰 시장이 저가와 고가로 나뉘어 노키아(Nokia)와 삼성이 양분했던 사례가 이를 잘 보여준다. 삼성은 선진국 중심의 고가시장을 점유했고 노키아는 반대 전략으로 간 것이다. 두 기업의 시장세분화가 경제적 여건을 고려한 지역별 세분화에 있음을 보여주는 사례다.

● 인구통계학적 세분화

소비자 개인을 구분할 수 있는 다양한 기준을 적용한 시장세분화 방법이다. 대체로 연령, 성별, 가족 형태(대가족, 핵가족, 1인 거주), 수입, 직업, 교육 수준, 종교, 인종, 세대, 국적 등의 기준을 사용한다.

인구통계학적 시장 구분은 기본적 분석방법으로 실제로 이를 사용하는지와 관련 없이 시장세분화 과정에 필수적으로 조사해야 할 항목이다. 또한, 해당 기준은 다른 변수들과 비교해서 가장 많이 사용되는 경향이 있다. 성별, 연령 등 다양한 인구통계학적 기준이 대체로 소비 욕구, 성향, 구매의도 등을 잘 반영하기 때문이다.

● 심리학적 세분화

생활양식, 성격, 가치 및 관심사에 따라 시장을 나누는 것을 의미한다. 글로벌 마케팅에서 문화적 차이는 소비자의 사이코그래픽스(psychographics)[3]를 형성하는 데 중요한 역할을 한다. 예를 들어, 명품 브랜드는 다른 국가의 부유한 소비자의 가치와 열망을 이해해야 한다. 또한, 개인의 태도는 제품과 서비스를 대하는 소비자의 개성을 의미한다. 사회계층은 사회 구성원으로 소비자가 위치한 지위 또는 직업에 영향을 받는다. 사회계층에 따라 개인은 주변을 의식한 소비를 진행하는 경향이 있다. 즉, 사회적으로 인정받는 직업이라면 고가의 신제품을 사용하는 데 익숙할 수 있다.

생활양식(life style)은 심리적 시장세분화의 또 다른 기준이다. 예컨대, 건강과 웰빙(well-being)을 중요하게 생각하는 트렌드가 등장하면 이에 부합하는 제품시장이 성장한다. 이러한 양태는 특정 사회 안에서 자주 발견할 수 있다. 다만 생활양식에 따른 구분은 일정 수준의 경제적 성장이 달성된 이후 가능하다. 즉, 경제적 성장세와 생활양식의 변화는 상관관계가 있다.

개인의 성격인 개성 역시 심리적 측면이 소비자 세부화에 중요한 기준이다. 대체로 유행이라는 현상은 이런 심리적 태도가 집단화한 것으로 볼 수 있다.

● 행동별 세분화

행동별 세분화는 소비자가 상품(서비스)을 대하는 태도와 반응을 기준으로 시장을 나누는 것을 말한다. 소비자행동은 제품과 서비스를 대하는 과정에 나타나는 특징과

3) 사이코그래픽스(psychographics)는 가치, 욕구, 목표, 관심사, 라이프스타일 선택과 같은 심리적 특성을 기반으로 소비자를 연구하는 질적 방법론이다. 마케팅에서의 사이코그래픽스는 소비자의 감정과 가치를 이해하는 데 중점을 두어, 보다 정확하게 마케팅할 수 있게 해준다.

제품 구매 과정 그리고 구매행동에 대한 일정한 유형으로 구분한다.

첫째, 사용동기(occasions)에 따른 구분이 있다. 사용동기의 구분은 동일 제품에 대한 새로운 사용동기를 부여할 때 구매할 수 있는 잠재적 그룹을 말한다. 발렌타인 데이의 초콜릿과 경쟁하려 국내 농업인들이 만든 가래떡데이가 이에 해당한다. 가래떡이라는 기존 제품에 새로운 의미를 부여하면 이에 자극을 받아 구매동기를 일으키는 고객이 있다. 이들을 새로운 구매동기에 자극받은 잠재고객으로 세분화할 수 있다.

둘째, 제품과 서비스를 소비하면서 얻는 편익(benefit)에 따라 고객을 세분화할 수 있다. 고객마다 동일 제품을 소비하면서도 얻는 편익은 다를 수 있다. 약국이나 소매점에서 어린이 비타민은 유행하는 장난감 모형과 함께 판매하는 것이 이를 보여주는 사례다. 어린이들은 비타민을 소비하면서 얻는 만족과 함께 소형 장난감에 대한 편익을 더 크게 느낄 수 있기 때문이다.

셋째, 제품과 서비스의 사용 상태(user status)에 따라 고객시장을 세분화할 수 있다. 크게 비사용자, 직전사용자, 잠재사용자, 최초사용자, 반복사용자로 나눌 수 있다. 취업 직전의 고객은 자동차 시장에서 비사용자이지만 취업을 하면 직전사용자로 세분화할 수 있다. 이들이 사회생활을 하는 동안 자동차를 지속적으로 교체한다면 반복사용자로 분류할 수 있다.

넷째, 위와 비슷한 예로 소모품의 경우 사용빈도(usage rate)로 고객을 세분화할 수 있다. 일반적으로 소량사용자, 중간사용자, 다량사용자로 나눌 수 있다. 같은 제품, 예컨대 커피라고 해도 하루에 이를 소비하는 기준으로 고객을 세분화할 수 있다. 이렇게 세분화한 고객에 맞춤형 마케팅 전략을 수립할 수 있다.

다섯째, 제품 충성도에 따라 고객을 세분화할 수 있다. 충성도가 높은 고객은 해당 제품만을 반복적으로 소비하는 집단이다. 반면 유연고객(split loyals)[4]은 여러 제품을 동시에 사용하는 경우를 말한다. 이동가능고객은 다른 제품으로 소비를 전환할 가능성이 있는 집단을 의미한다.

- 문화적 세분화

특히 글로벌 마케팅과 관련이 있으며 언어, 종교, 전통 및 사회적 규범과 같은 문화적 변수를 기반으로 한 시장세분화가 포함된다. 문화적 차이를 이해하는 것은 글로벌

4) 유연고객은 많은 브랜드에 충성도가 높은 사람들이다. 지금 현재 최상의 거래를 제공하는 브랜드에서 상품을 구매한다. 물론 빈도가 낮기 때문에 회사에 더 많은 수익을 창출하지는 못하지만 가치가 없지는 않다.

브랜드가 현지 소비자와 공감하는 데 필수적이다.

- **혜택 세분화**

소비자가 제품이나 서비스에서 원하는 다양한 혜택을 기반으로 한다. 글로벌 마케팅에서 다른 국가의 소비자는 같은 제품에서 다른 이점을 찾을 수 있다. 예를 들어, 추운 지역의 소비자는 더 나은 난방 시스템을 갖춘 자동차를 원하지만, 더운 지역의 소비자는 효율적인 에어컨이 더 중요할 수 있다.

- **기술 세분화**

오늘과 같은 디지털 시대에는 기술 사용 및 숙련도를 기준으로 한 소비자 세분화가 포함된다. 기술 채택률이 지역마다 크게 다를 수 있으므로 이는 글로벌 마케팅에서 중요하다.

③ 시장세분화 접근방법

시장세분화는 고객이 갖는 각기 다른 속성을 기준으로 전체 시장을 나누는 것이다. 글로벌 시장에 접근하려는 마케터는 다양한 기준으로 소비자집단을 구분해야 한다. 적절한 구분이 포지셔닝의 조건이 되기 때문이다. 시장세분화 과정에는 여러 전략이 있을 수 있지만 [그림 7-2]에서 보여주는 내용을 기반으로 접근해야 한다.

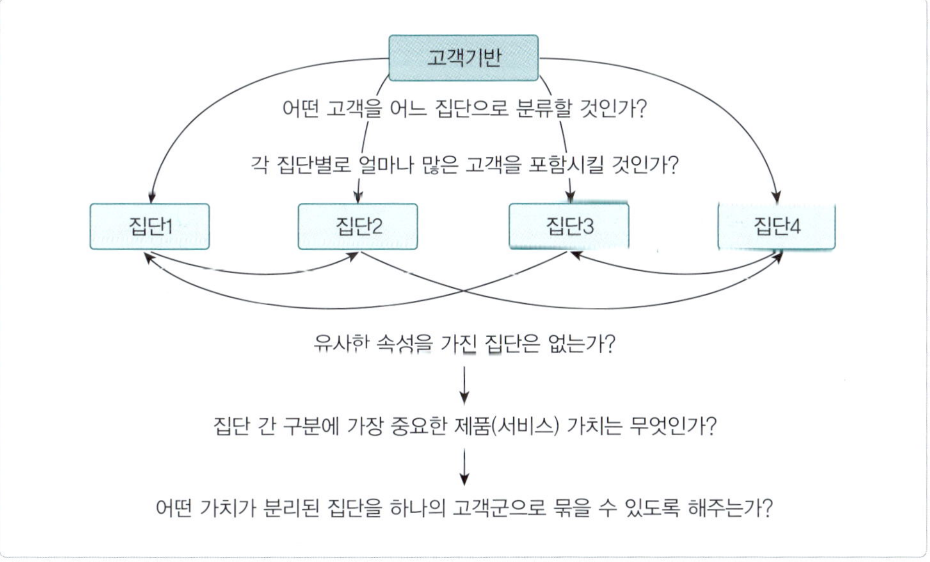

❖ **그림 7-2** 시장세분화 접근방법

첫째, 분류할 고객집단의 수와 집단별로 포함할 고객 규모에 대한 사전 정의가 필요하다. 지나치게 많은 집단이나 너무 소수로 이루어진 집단은 세분화 이후 글로벌 마케팅 전략에 의미가 없을 수 있기 때문이다.

둘째, 각 집단을 구분하는 속성에 대한 기준을 정해야 한다. 앞서 언급한 여러 기준이 이 속성에 해당한다.

셋째, 구분한 집단을 기준으로 유사한 속성이 중복되는 경우는 없는지 검토해야 한다. 유사한 속성이 있다면 이를 반영한 집단의 재분류가 필요하다.

넷째, 구분된 집단에 속한 고객에게 제공할 제품(서비스) 가치에 중요한 차이가 있는지 검토해야 한다. 차이가 없다면 고객세분화의 목적을 달성했다고 보기 어렵다.

다섯째, 각 집단에 속한 모든 표적고객을 하나로 묶을 수 있는 속성이 무엇인지 검토해야 한다. 세분화 자체에만 집중하여 제품과 서비스가 제공하는 포괄적 가치가 잘못 전달되어서는 안 되기 때문이다.

(2) 표적고객 선정

시장을 세분화한 후에는 표적고객 선정(targeting) 단계가 이어진다. 표적고객 선정은 회사가 효과적이고 수익성 있게 제공할 수 있다고 판단하는 하나 이상의 세분시장을 선택하는 과정이다. 글로벌 맥락에서 회사들은 시장규모, 성장잠재력, 경쟁상황, 그리고 회사 자체의 자원과 능력 같은 요소들을 고려하여 다양한 세분시장의 잠재력을 평가해야 한다. 이러한 분석을 바탕으로 회사들은 성공 확률이 높은 세분시장을 결정한다.

① 표적시장 선정 평가기준

다양한 특성을 기준으로 분류한 세분시장 중 표적시장을 정하는 과정의 기준은 크게 고객 특성, 경쟁 특성, 기업 보유자원 특성의 3가지 요인이다. 이러한 기준은 [그림 7-3]과 같이 표현할 수 있다.

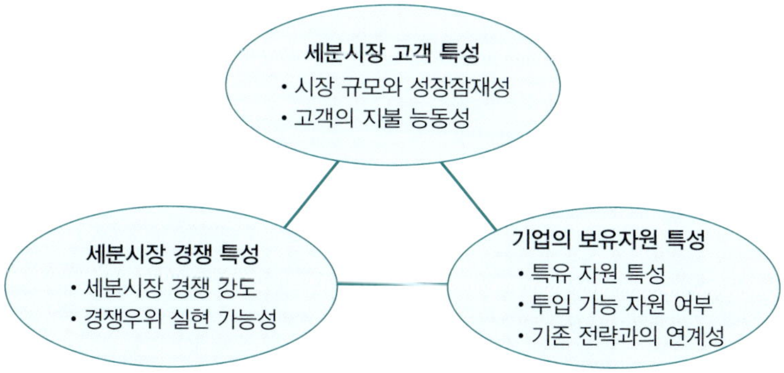

❖ **그림 7-3** 표적시장 선정 평가기준

- 고객 특성: 고객 특성 중 중요하게 고려할 부분은 시장 규모이다. 표적시장으로 선정하려는 세분시장에서 충분한 고객을 확보할 수 있는지를 검토해야 한다. 또한, 세분시장 고객이 갖는 소비구조의 특성을 살펴보아야 한다. 시장 규모가 있더라도 출시 제품과 서비스에 대한 고객 인식 조사결과 지불의사가 낮다면 표적시장으로 선정하기 어렵다.
- 경쟁 특성: 글로벌 기업에서 경쟁은 주어진 환경요인이다. 넓은 시장을 대상으로 할수록 더욱 다양한 경쟁 환경에 노출된다. 세분시장 선정에서도 이러한 글로벌 기업이 직면할 시장 특성을 고려해야 한다. 경쟁 강도가 높으면 좋은 표적시장으로 선정하기 어렵다. 다른 시장과 비교하여 과도하게 많은 마케팅 자원을 투입해야 하는 상황이면 대안 표적시장을 모색해야 한다. 또한, 기업이 보유한 경쟁우위가 실현 가능한 시장 조건인지를 검토해야 한다. 경쟁우위 실현은 진출 국가의 다양한 사회적·문화적 요소들 때문에 실현되기 어려울 수 있다. 특히, 법·제도 측면의 특성을 분석하여 경쟁우위 실현이 가능한 시장을 선별해야 한다.
- 기업의 보유자원 특성: 모든 기업은 규모와 상관없이 투입 가능한 자원의 한계가 있다. 글로벌 기업도 같은 조건이므로 표적시장에 투입할 자원의 규모와 특성을 고려해야 한다. 자원 특성은 우선 표적시장 특성과 연계해서 보유한 자원이 적합한지를 검토하는 것이다. 또한, 적합한 자원이라도 기존 활동에 투입한 자원을 제외하고 충분한 여유 자원이 있는지를 검토해야 한다. 더불어 다국적기업이 기존에 전개했던 마케팅 전략과 연계성이 있는지 검토해야 한다. 연계성이 부족한 표

적시장에 대한 자원투입은 동일 자원을 공동으로 활용할 가능성을 막아 과도한 자원 투입으로 이어질 수 있다.

② 표적고객 선정 전략

글로벌 기업들은 다음과 같은 타깃팅 전략을 사용할 수 있다.

- 집중 전략(concentrated strategy): 회사가 세분시장 중 하나에 집중하여 그 세분시장의 요구사항과 특성에 맞는 제품이나 서비스를 개발한다. 이는 규모가 작은 회사들에 적합한 전략이며, 시장의 특정 부분에 집중하여 브랜드 인지도를 높이고 경쟁력을 강화하는 데 사용된다.
- 다중 세분화 전략(multi-segment strategy): 두 개 이상의 세분시장들을 대상으로 삼는 방법이다. 회사는 다양한 세분시장에 대해 맞춤형 제품이나 서비스를 제공함으로써, 더 넓은 고객기반을 확보할 수 있다.
- 맞춤 전략(customized strategy): 이 전략은 특히 글로벌 시장에서 중요하며, 회사가 개별 고객이나 소그룹의 명확한 요구사항과 기대에 맞춰 제품이나 서비스를 맞춤화한다. 인터넷과 정보통신기술의 발달에 따라 등장한 마케팅 전략으로 고객 개인의 소비행태를 분석하여 맞춤형으로 대응하는 전략이다. 고객관계관리(Customer Relationship Management: CRM) 접근이 이에 해당하는 하나의 사례이다. 맞춤 전략은 개인별 소비 특성을 데이터베이스로 파악하여 맞춤형 광고와 제품 공급을 가능하게 한다. 예컨대, 인터넷 쇼핑몰에서 특정 고객의 구매행동 패턴을 분석하여 주요 화면에 관심 있는 제품을 맞춤형으로 홍보하는 것이 여기 해당된다. 맞춤 전략은 소비자 선호를 적극적으로 반영한 마케팅을 전개할 수 있다는 점에서 장점이 있다. 반면 기술적 소요가 많고 대규모 데이터베이스를 유지·관리하는 데 비용이 많이 투입되는 어려움이 있다. 근래에는 고객 개인정보를 기반으로 더욱 다양한 맞춤형 마케팅 전략을 실행하는 기업이 증가하였다.

표적고객 선정은 회사가 시장 내에서 어떤 고객집단에 초점을 맞출지 결정하는 중요한 단계로, 제품이나 서비스가 해당 시장에서 성공적으로 수용되도록 하는 데 필수이다. 글로벌 시장에서는 문화, 소비자 행동, 경제 조건 등이 다양하므로 표적고객 선정 전략은 이러한 다양성을 고려하여 신중하게 계획되어야 한다.

(3) 포지셔닝

표적시장 시장을 확정한 후 포지셔닝(positioning)이 중요한 역할을 한다. 포지셔닝은 회사의 제품이나 서비스를 타깃 고객들의 마음속에 독특하고 가치 있는 위치를 차지하게 하는 것이다. 글로벌 마케팅에서는 마케팅 믹스(소위 4P라 불리는 제품, 가격, 유통, 판촉)를 다양한 표적시장의 구체적인 필요와 선호에 맞게 조정하는 것을 포함한다. 특히 글로벌 시장은 경쟁이 치열하기 때문에 제품이나 서비스의 독특한 이점과 가치 제안을 확실히 전달하여 경쟁사들 사이에서 두드러지게 하는 것이 중요하다.

포지셔닝을 성공적으로 수행하기 위해 고려해야 할 몇 가지 핵심요소는 다음과 같다.

- 차별화(differentiation): 경쟁사들과 달리, 제품이나 서비스의 특정 측면에서 독특함을 부각시킨다. 이는 품질, 디자인, 가격, 기술, 고객서비스 등 여러 방면에서 이루어질 수 있다.
- 가치 제안(value proposition): 고객에게 제품이나 서비스의 특별한 가치를 명확하게 설명한다. 제품이나 서비스가 고객의 문제를 해결하거나 특정 필요를 충족시키는 방법을 강조하는 것도 여기에 포함된다.
- 브랜드 이미지(brand image): 강력한 브랜드 이미지를 구축하여 고객이 브랜드를 즉각적으로 인식하고 긍정적으로 연관시킬 수 있도록 한다.
- 커뮤니케이션 전략(communication strategy): 효과적인 광고, 프로모션, 소셜미디어, 그리고 기타 커뮤니케이션 채널을 통해 표적시장에 브랜드 메시지를 전달한다.

또한, 포지셔닝 전략에는 자사제품을 알릴 수 있는 특유 요인을 선정해야 한다. 예를 들어, 스마트폰 중 아이폰, 갤럭시 등은 브랜드 포지셔닝으로 고객에게 자사제품에 대한 인식을 심어준 경우이다.

포지셔닝을 하려면 이처럼 공급제품의 특성을 대변할 수 있는 핵심 키워드를 잘 선정해야 한다. 포지셔닝은 자사제품의 특징을 경쟁자와 비교하여 차별적으로 제시하고 이를 통해 표적고객에 접근하는 방법이다. 고객들의 사고에 제품 특성을 집중화한 이미지를 심어주어야 하며, 앞선 언급처럼 이러한 부분이 경쟁자와 구별되어야 한다.

포지셔닝은 하나의 제품 특성을 제시하는 전략도 있지만 복수의 제품 특성을 제시하는 방법도 있다. 내구성과 가격, 안정성과 디자인, 가격과 사후관리 등 복수의 핵심개념을 자사제품의 특성으로 제시하여 포지셔닝을 전개할 수 있다. 더 나아가 3개 이상의 개념을 포지셔닝 특성으로 반영하는 제품도 있다. 예컨대 최근 노트북 컴퓨터의 포지셔닝은 얇다, 가볍다, 내구성이 뛰어나다 등 복수 개념을 조합하여 포지셔닝을 시행하는 경우가 많다.

출처: LG전자 홈페이지.

또한, 포지셔닝 전략을 수립할 때 주의할 점은 다음과 같다. 첫째, 제품 특성을 모호하게 드러내는 포지셔닝을 피해야 한다. 반대로 제품 특성만을 너무 과하게 홍보하는 과대 포지셔닝 접근도 피해야 한다. [그림 7-4]는 포지셔닝 맵으로 제품 고급화와 가격정책 사이의 포지셔닝 전략을 보여준다. 마케팅 전략에서 세운 기준을 과도하게 벗어나는 방식, 즉 제품 고급화 측면만을 강조한다거나 실제로 저가정책을 포함하고 있음에도 지나치게 고가정책 이미지로만 접근하는 방식 등을 피해야 한다.

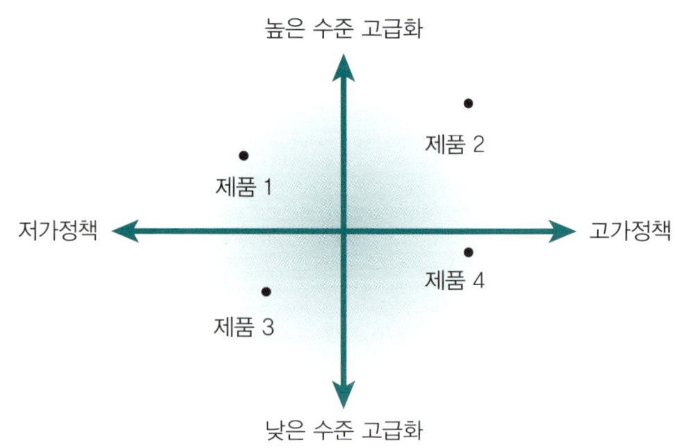

❖ **그림 7-4** 포지셔닝 맵

포지셔닝의 접근 유형에는 제품 특성에 따른 포지셔닝, 사용자에 따른 포지셔닝, 사용자 상황에 따른 포지셔닝, 사용자 집단에 따른 포지셔닝, 이미지 포지셔닝 등이 있다.

① 제품 특성에 따른 포지셔닝

제품 특성 포지셔닝은 제품이 가진 속성을 중심으로 포지셔닝하는 전략이다. 제품이 갖는 차별적 속성을 전면에 내세운다는 특징이 있다. USP(unique selling point)라고 알려진 방법으로 제품의 독특한 점을 강조하는 접근 전략이다.

② 사용자에 따른 포지셔닝

사용자 특성에 적합한 제품 속성을 강조하는 방법이다. 제품을 특정 인물 또는 이미지(image)와 연결해서 홍보하는 포지셔닝 전략이다. 유명 연예인을 광고 모델로 기용하는 경우가 여기에 해당한다. 또한, 제품 특성과 가장 접근성이 좋은 소비자를 대상으로 한 포지셔닝이 있다. 예컨대, 주부를 대상으로 한 습진 약품 같은 경우가 여기에 해당한다. 다시 말해 특정 상황에 자주 노출되는 사용자와 제품 속성을 연결할 수 있을 때 유용한 방법이다.

③ 사용자 상황에 따른 포지셔닝

사용자 상황이란 특정 상황에서 특정 제품을 사용하는 사용자의 이미지를 부각하는 포지셔닝이다. 이온음료 같은 경우 대부분 운동 후에 섭취하는 장면을 연출한다. 피로회복제도 같은 경우인데, 피곤한 상황에 노출된 상황을 보여주며 해당 제품을 홍보하는 방식이다. 상황에 따른 포지셔닝은 해당 제품이 특정 상황에 처한 고객에 유용하다는 점을 강조하는 접근방식이다.

❖ **그림 7–5** 사용자 상황에 따른 포지셔닝

출처: 동아제약 홈페이지.

④ 사용자집단에 따른 포지셔닝

유사한 속성이나 상황에 처한 고객을 개념적 집단으로 형성하여 이들과 제품을 연결하는 포지셔닝 방식이다. 이동통신사가 특정 연령대나 직업인을 집단으로 형성하여 맞춤형 제품을 출시하는 것이 이에 해당한다. 사용자집단을 대변할 수 있는 유명인을 모델로 기용하는 방식도 이에 해당한다.

⑤ 이미지 포지셔닝

이미지 포지셔닝은 고가제품 전략을 사용하려 할 때 사용한다. 같은 제품군이라도 제품이 가진 속성에 고급 이미지를 강조하여 홍보하고 이로써 고가정책을 유지하는 방식이다. 같은 아이스크림제품군이라도 하겐다즈(Häagen-Dazs)의 경우 중국 시장에서 명품임을 강조하였다. 그 결과 다른 아이스크림 프랜차이즈와 달리 고가정책을 유지하였으며, 이를 제품 속성으로 시장에 안착하였다.

❖ **그림 7-6** 이미지 포지셔닝

출처: 중소기업뉴스.

글로벌 브랜드 포지셔닝은 글로벌 브랜드를 구축하는 데 있어 중요한 측면이다. 이는 다양한 국제시장에서 소비자들의 마음속에 독특하고 소중한 위치를 확립하는 것을 포함한다. 목표는 소비자들이 글로벌하게 브랜드를 일관되고 긍정적으로 인식하도록 하는 동시에, 다양한 지역의 고유한 특성과 취향을 고려하는 것이다. 글로벌 브랜드 포지셔닝의 주요 요소들은 다음과 같다.

① 시장 차이 이해하기

글로벌 브랜드 포지셔닝에서 첫 번째 단계 중 하나는 글로벌 시장의 차이를 이해하는 것이다. 소비자의 취향, 문화적 가치, 구매 습관, 경쟁 환경이 국가마다 크게 다를 수 있음을 인식하는 것이 중요하다. 기업들은 이러한 차이를 이해하고 포지셔닝 전략에 통합하기 위해 시장조사를 수행해야 한다.

② 가치 제안 생성하기

강력한 글로벌 브랜드 포지셔닝 전략은 명확하고 매력적인 가치 제안이 필요하다. 가치 제안은 브랜드의 독특한 혜택과 속성을 전달하여 경쟁자와 구별된다. 이는 다양한 문화와 지리적 지역의 소비자들에게 호응하며, 브랜드가 특별한 이유를 전달해야 한다.

③ 브랜드 정체성과의 일관성

지역적 취향을 고려하는 것도 중요하지만, 브랜드의 포지셔닝이 핵심 정체성과 일관되어야만 한다. 비록 포지셔닝의 어느 한 측면이 일부 지역의 고객을 위해 맞춰질지라도, 이는 브랜드가 대표하는 중심 가치와 메시지, 속성이 다른 시장에서도 일정해야 함을 의미한다.

④ 현지 시장을 위한 메시지 맞춤화

글로벌 브랜드 포지셔닝은 일률적인 것이 아니다. 브랜드의 핵심 정체성과 일관성을 유지하는 동시에, 메시징과 커뮤니케이션 전략을 지역의 문화적 규범과 취향에 맞게 조정하는 것이 필요하다. 이는 광고를 현지 언어로 번역하거나, 현지와 관련된 이미지를 사용하거나, 특정 제품 속성을 변경하는 것을 포함할 수 있다.

⑤ 디지털 미디어와 플랫폼 활용하기

현재 연결된 세계에서 디지털 미디어와 플랫폼은 글로벌 브랜드 포지셔닝에서 중요한 역할을 한다. 소셜미디어, 웹사이트, 온라인 광고는 글로벌하게 소비자에게 접근하고 브랜드의 가치 제안을 전달하는 데 강력한 도구가 될 수 있다. 또한, 다양한 시장에서 소비자와 교류하고 브랜드 충성도를 구축하는 데 사용될 수 있다.

⑥ 모니터링과 적응하기

시장 상태와 소비자 취향이 변화함에 따라 브랜드의 포지셔닝을 지속해서 모니터링하고 필요한 조정을 하는 것이 중요하다. 이는 가치제안을 업데이트하거나 새로운 커뮤니케이션 전략을 시도하거나, 경쟁 위협에 대응하여 브랜드를 재배치하는 것을 포함할 수 있다.

결론적으로, 글로벌 브랜드 포지셔닝은 시장 차이를 이해하고, 매력적인 가치 제안을 만들고, 브랜드 정체성과 일관성을 유지하며, 지역시장에 맞는 메시지를 맞춤화하고, 디지털 미디어를 활용하며, 전략을 지속적으로 모니터링하고 적응하는 다양한 과정을 포함한다.

Brief Case 칸타 브랜드Z '2023년 글로벌 톱100 브랜드' 순위 발표

선도적인 데이터 인사이트 컨설팅 기업 칸타가 칸타 브랜드Z '2023년 글로벌 톱100 브랜드(Most Valuable Global Brands 2023)' 순위를 발표했다. 애플은 2년 연속 글로벌 1위를 차지하며 브랜드 파워를 자랑했다.

이번 조사결과에 따르면 브랜드Z '2023년 글로벌 톱100 브랜드'의 가치 총합은 6조 9천억 달러로 지난 한 해 동안 전년 동기 대비 20% 하락했다. 그러나 팬데믹 이전인 2019년과 대비해서는 47% 성장한 수치를 보이며 강력한 브랜드 가치를 바탕으로 장기적인 성장 궤도는 유지되는 것으로 나타났다.

특히 애플은 어려운 시장 상황에서도 뛰어난 회복력을 보이며 약 8,800억 달러의 브랜드 가치를 기록하고 2년 연속 1위에 올랐다. 애플은 긍정적인 브랜드 인식으로 프리미엄 가격을 정당화하고, 의미 있고 차별화된 브랜드가 글로벌 경제 불확실성을 극복하는 데 효과적이라는 것을 입증했다. 2위와 3위에는 구글(약 5,776억 달러)과 마이크로소프트(약 5,018억 달러)가 올랐다. 코카콜라는 브랜드 가치가 8% 상승한 약 1,061억 달러로 7년 만에 톱10 순위에 재진입하는 회복력을 보였다. 테슬라는 약 676억 달러의 브랜드 가치로 25위에 올랐고, 자동차 부문에서 1위를 차지했다.

전체적으로 브랜드 가치가 하락세였지만 글로벌 톱100 브랜드 중 16개 브랜드는 브랜드 가치가 상승했다. 이 중에서도 브랜드 가치 76위를 차지한 에어텔(Airtel)과 91위의 펩시(Pepsi)는 각각 24%(약 223억 달러), 17%(약 188억 달러)의 성장을 보이며 2022년 대비 가장 높은 브랜드 가치 상승률을 달성했다.

이번 브랜드Z 순위에서는 애플, 구글, 마이크로소프트, 아마존, 텐센트 등 테크 브랜드들이 100대 브랜드에서 많은 비중을 차지했으며, 시장변동에 가장 탄력적인 분야는 '럭셔리', '패스트푸드', '식음료'로 나타났다. 식음료 브랜드들은 전년 대비 브랜드 가치가 3% 감소에 그쳤고 가장 높은 회복력을 보였다.

럭셔리 브랜드들은 점진적으로 가격 인상을 단행했음에도 불구하고 매력을 유지했다. 루이비통은 브랜드 가치 약 1,248억 달러로 전체 순위에서 8위를 차지, 럭셔리 브랜드 중 유일하게 글로벌 톱10 브랜드에 포함됐다. 디올은 비록 100위권 밖이지만 럭셔리 제품 카테고리에서 빠르게 성장하며 브랜드 가치 114억 달러

를 기록했다. 럭셔리 브랜드들은 경제 불황에도 불구하고 고유한 자산을 활용해 더 높은 수요를 이끌어내고 가격정책에서 탁월한 성과를 나타낸 것으로 분석됐다.

❖ **표 7-1** 글로벌 톱100 브랜드

순위	브랜드(국가)	2023년 브랜드가치($Mil.)	2022년 브랜드가치($Mil.)
1	APPLE (미국)	880,455	947,062
2	GOOGLE (미국)	577,683	819,573
3	MICROSOFT (미국)	501,856	611,460
4	AMAZON (미국)	468,737	705,646
5	MCDONALD'S (미국)	191,109	196,526
6	VISA (미국)	169,092	191,032
7	TENCENT (중국)	141,020	214,023
8	LOUIS VUITTON (프랑스)	124,822	124,273
9	MASTERCARD (미국)	110,631	117,253
10	COCA COLA (미국)	106,109	97,883

출처: KANTAR BRAND Z. 2023 글로벌 100 브랜드(주요 브랜드).

지속가능성은 브랜드에게 여전히 미개척지로서 글로벌 톱100 브랜드 중 단 2%만이 이 분야에서 '선도적'으로 인식되고 있었다.

칸타 브랜드Z 책임자인 마르틴 게리에리아(Martin Guerrieria)는 "올해의 결과는 세계 100대 브랜드의 가치 총합이 하락했음에도 불구하고, 2008년 글로벌 금융 위기 이후부터 2020년 팬데믹 확산 때까지 이어진 브랜드의 장기적 성장 추세가 지속되고 있음을 보여준다. 변동성이 증가하면서 시장은 글로벌 거시경제에 큰 영향을 받고 있지만 브랜드에 대한 소비자의 관점은 훨씬 더 안정적인 것으로 확인됐다"며 "브랜드가 성장하기 위해서는 브랜드 구축, 제품 및 시장 다각화에 지속적으로 투자해야 한다. 올해 결과는 현재의 거시경제 환경에서도 소비자와의 강력한 연결을 구축하고 유지하는 데 초점을 맞춘 전략이라면 어떤 범주와 영역에서도 성장할 방법을 찾을 수 있음을 보여준다"고 설명했다.

칸타 브랜드Z는 54개 국가의 2만개 브랜드 자산 평가 데이터베이스를 구축하고 있는 세계 최대 규모의 브랜드 자산평가 플랫폼이다. 칸타 코리아는 오는 8월, 글로벌 브랜드 Z 데이터베이스와 한국 연구조사결과를 바탕으로 '한국 브랜드Z' 톱 30내 브랜드 순위와 가치평가결과를 최초로 공개할 예정이다.

출처: 서울경제 (2023.6.16).

마무리사례 **이케아(IKEA)**

이케아(IKEA)는 스웨덴 기반의 다국적기업으로, 특유한 글로벌 마케팅 전략으로 잘 알려져 있다. 표준화된 제품과 현지 적응, 비용우위, DIY(Do-it-Yourself) 모델, 시장조사와 문화 적응, 그리고 경험적 매장 배치를 통하여 글로벌 마케팅에서 성공하였다.

출처: 이케아 코리아 홈페이지

먼저, 표준화된 제품의 측면에서 미니멀리즘(minimalism), 기능성 및 경제성을 중심으로 하는 이케아(IKEA)의 디자인 철학은 전 세계에서 일관성을 유지하고 있다. 그들의 제품은 현대적인 스칸디나비아 디자인(Scandinavian design)을 가지고 있어 다양한 문화에 걸쳐 매력적으로 다가온다. 또한 이케아(IKEA)의 특징 중 하나는 플랫 팩(flat pack) 가구인데, 이 포장방식은 전 세계적으로 표준화되어 있으며 더 효율적인 배송과 비용절감을 가능하게 했다. 그리고 이케아(IKEA)는 시장과 관계없이 제품에 스웨덴 이름을 사용하는데 이로 인해 고유한 브랜드 정체성을 가지게 되었다. 현지 적응 측면에서 이케아(IKEA)는 현지 수요에 따라 제공되는 제품을 조정하는데, 예를 들어, 인도에서는 흔히 볼 수 있는 좁은 생활공간에 적합한 더 작은 크기의 제품을 더 많이 제공하고 있다. 또한 이케아(IKEA)는 다양한 시장의 문화적 선호를 잘 고려하는데, 예를 들어 중국에서는 바닥에 밀착해 앉는 현지 선호에 맞는 가구를 제공하고, 북미에서는 인기 있는 킹 사이즈와 퀸 사이즈 침대를 판매한다. 그리고 많은 경우 이케아(IKEA)는 현지 공급업체와 협력하여 해당 지역에서 쉽게 구할 수 있는 자재를 사용한다. 이는 제품을 약간 변형시킴으로써 비용절감 및 지역경제에도 도움을 준다. 그리고 이케아(IKEA) 매장 내부의 레스토랑에서 스웨덴 요리가 제공되며 메뉴에는 현지 음식도 포함시켰다. 예를 들어 인도에는 메뉴에 인도 채식 옵션이 포함되어 있고, 일본에서는 현지 일식 요리를 제공한다. 무엇보다 이케아(IKEA)는 마케팅 캠페인을 현지 문화에 맞게 조정하는데, 예를 들어 사우디아라비아의 이케아(IKEA) 카탈로그에는 현지의 문화적 규범과 일치하는 조금 더 보수적인 가족의 모습을 배경으로 담고 있다. 이케아(IKEA)는 표준화된 제품과 현지 적응을 혼합하여 브랜드 정체성과 규모의 경제를 효율적으로 유지하는 동시에 자사의 제품이 전 세계의 다양한 시장에서 적절하고 매력적으로 유지되도록 하고 있다.

둘째, 비용 우위 측면에서 이케아(IKEA)의 비용 우위 전략은 고객에게 품질은 높게 유지하면서 가격을 낮추는 방식으로 구현되는데, 이러한 전략을 성공적으로 실행하는 방법으로 우선 이케아는 원재료와 상품을 대량으로 구매하여 구매비용을 낮추고 또한 효율적 공급망 관리를 통해 운송 및 물류비용을 최소화한다. 또한, 이케아는 제품을 분해된 상태로 포장하여 고객이 직접 조립하는 플랫 패킹을 활용하는데, 이 방식은 운송비용을 줄이고 저장공간을 효율적으로 활용할 수 있도록 해준다. 그리고 이케아 제품은 간단한 디자인과 표준화된 부품을 사용하여 생산비용을 낮춤으로써 다양한 시장에서 생산 과정을 간소화하고 비용을 절감할 수 있다. 이케아(IKEA)의 비용 우위는 노동비용이 상대적으로 낮은 국가에서 제조시설을 운영하여 생산비용을 절감함으로써 가능하며, 일부 제품을 직접 생산하고, 공급업체와 긴밀히 협력하여 원가를 관리하고 통제함으로써 가능하다. 마지막으로 매장 경험을 최적화하였다. 이케아 매장은 창고 스타일로 구성되어 있으며, 고객들이 직접 제품을 선택하고 가져가도록 설계되어 있고, 이로 인해 판매 및 배송비용이 절감된다.

물론 일부 국가에서는 배달 서비스도 가능하다. 이러한 방법들은 이케아가 품질을 희생하지 않고도 저렴한 가격으로 제품을 제공하는 데 중요한 역할을 한다. 이케아는 비용 우위 전략을 통해 자사의 브랜드를 인기 있는 글로벌 가구 및 가정용품 소매업체로 만들고 있다.

셋째, DIY(Do-it-Yourself) 모델 관점에서, 이케아(IKEA)의 DIY 모델은 회사의 핵심전략 중 하나로, 고객들이 제품을 직접 선택, 구입, 운반, 그리고 조립하도록 하는 방식을 말하는데 이 모델에는 몇 가지 주요한 특징이 있다. 우선 이케아(IKEA)는 대부분의 제품을 플랫 패키지로 판매한다. 이는 제품 부품을 평평한 상자에 효율적으로 포장하여 운송비용을 절감하고, 고객들도 제품을 자신의 차량으로 쉽게 운반할 수 있다. 자가조립도 특징 중 하나인데, 이케아(IKEA) 제품은 고객들이 집에서 직접 조립할 수 있도록 설계되어 단순한 조립 과정을 거치며, 그림과 함께 제공되는 설명서를 통해 조립방법을 친절히 알려준다. DIY 모델을 통해 이케아(IKEA)는 제조, 운송, 그리고 판매 과정에서 비용을 크게 절감할 수 있었다. 이 절감된 비용을 바탕으로 이케아(IKEA)는 경쟁력 있는 가격으로 제품을 제공할 수 있다. 특히, 이케아(IKEA)의 DIY 접근방식은 고객이 제품에 더 많이 참여하도록 유도하여 제품을 직접 조립함으로써, 고객들은 제품에 대해 더 큰 소유의식(ownership)을 느끼고, 이는 종종 더 높은 고객 만족도로 이어진다. DIY 모델은 고객들에게 맞춤형 솔루션을 제공하는데, 이케아(IKEA)는 고객들이 자신의 공간과 요구사항에 맞게 제품을 맞춤 설정할 수 있도록 다양한 옵션을 제공하여 고객들은 자신만의 독특한 가구와 인테리어를 만들 수 있다. 지속 가능성 측면에서 플랫 패킹과 자가조립 모델은 더 적은 포장재를 사용하고 물류 효율성을 향상함으로써 환경에 미치는 영향을 줄이는 데 도움이 된다. 이케아(IKEA)의 DIY 모델은 회사의 글로벌 성공을 뒷받침하는 중요한 요소로 작용하며, 비용 효율성, 고객 참여, 그리고 지속 가능한 솔루션을 제공하는 데 초점이 맞추어져 있다.

넷째, 시장조사와 문화 적응을 통해 전 세계적으로 큰 성공을 거두고 있고, 그들은 다양한 방법으로 이러한 두 가지 요소를 활용하고 있다. 먼저 이케아는 새로운 시장 진입 전에 그 시장에 대해 철저한 조사를 하는데, 이 조사에는 소비자 취향, 구매력, 경쟁 상태, 법률 및 규제 등이 포함된다. 또한, 이케아(IKEA)는 현지 시장의 문화적 특성을 이해하기 위해 포커스그룹 인터뷰(FGI)와 설문조사 같은 방법을 사용한다. 시장조사를 기반으로, 이케아는 현지 문화와 취향에 맞게 일부 제품을 조정하는데, 예를 들어 미국에서는 큰 침대와 더 큰 저장공간이 인기가 있으나, 아시아 지역에서는 더 작은 크기의 가구가 선호된다. 또한, 매장 배치와 경험도 현지 문화에 적합하도록 설계하는데 그 예로, 이케아는 중국에서 사람들이 매장에서 더 많은 시간을 보내는 경향이 있음을 발견했고, 중국의 이케아 매장에는 더 많은 휴식공간과 전시공간을 배치하였다. 광고 및 마케팅 캠페인도 현지 문화에 맞추어 조정하는데, 이는 메시지, 이미지 및 전달방식을 현지 시장과 소비자들이 공감할 수 있는 형태로 만드는 것을 포함한다. 음식 또한 빼놓을 수 없는데, 이케아(IKEA) 매장은 전통적으로 스웨덴 음식을 판매하지만, 현지 시장의 취향에 맞게 메뉴를 확장하여 다양한 요리를 제공한다. 이케아의 시장조사와 문화 적응은 그들의 글로벌 성공의 핵심요소로 작용하여 현지 시장의 독특한 요구사항과 취향을 이해하고 존중함으로써, 전 세계 고객들에게 맞춤형 제품을 제공하고 있다.

마지막으로 경험적 매장 배치는 고객들이 제품을 탐색하고 구매하는 방식을 혁신적으로 바꾸었다. 이케아 매장은 일반적으로 매우 크고, 특별한 쇼핑 경험을 제공하는데 그 구성요소를 살펴보면 다음과 같다. 매장의 쇼룸이 특이하다. 이케아 매장은 실제 가정의 다양한 종류의 방을 모방하여 제품을 전시한다. 이러한 쇼룸의 설계는 실제로 이케아(IKEA)의 제품들이 가정집이나 사무실에서 사용될 때 제품들이 어떻게 보일지를 고객들에게 미리 보여주며, 이를 통해 고객들은 집에서 구매한 가구를 어떻게 배치하고 사용할지에 대한 영감을 얻을 수 있다. 이케아(IKEA) 매장 내부는 일반적으로 미로와 같은 구조로 설계되어 있어 고객들이 매장 전체를 체계적으로 돌아볼 수 있도록 안내하는데, 이러한 방식을 통해 고객들이 계획에 없던 물건들을 발견하고 충동구매하도록 유도하기도 한다. 이케아는 고객들이 직접 제품을 선택하고 포장하는 자가서비스 영역(Self-Service Area)을 갖추고 있는데, 이는 비용을 줄이고 고객들이 쉽게 원하는 물품을 찾을 수 있도록 도와준다. 그리고 많은 이케아 매장에는 어린이들을 위한 놀이공간이 마련되어 있고, 부모들은 어린이들을 안전하게 두고 쇼핑을 즐길 수 있다.

이러한 요소들은 이케아(IKEA) 매장을 단순한 소매점이 아닌 고객들에게 풍부한 쇼핑 경험을 제공하는 곳으로 만든다. 이러한 접근방식은 그들의 브랜드 정체성을 강화해 충성스러운 글로벌 고객을 확보하는 데 이바지하고 있다.

학·습·정·리·문·제

1. 글로벌 마케팅 전략의 핵심 구성 요소 5가지를 나열하고, 각각의 중요성을 설명하시오.

2. 브랜드 정체성(Brand Identity)과 브랜드 이미지(Brand Image)의 차이점을 설명하고, 글로벌 브랜드 구축에서 이들이 어떻게 연결되어야 하는지 논하시오.

3. 글로벌 시장 세분화를 위한 6가지 요구사항(식별 가능성, 지속 가능성, 접근 가능성, 안정성, 실행력, 반응성)을 설명하고, 각각이 왜 중요한지 서술하시오.

4. 표적고객 선정을 위한 3가지 평가기준(고객특성, 경쟁특성, 기업특성)을 제시하고, 각 기준에서 고려해야 할 세부 요소들을 설명하시오.

5. 포지셔닝의 5가지 접근 유형(제품 특성, 사용자, 사용자 상황, 사용자집단, 이미지 포지셔닝)을 설명하고, 각각의 장단점과 적용 사례를 제시하시오.

글로벌 마케팅 관리 및 통제는 글로벌 마케터의 목표를 달성하기 위해 전 세계의 다양한 마케팅 환경을 감안하여 마케팅에 관한 각종 전략과 전술을 실행하는 것을 의미한다. 글로벌 마케팅 수단은 4P로 표현되는 마케팅 믹스이다. 글로벌 마케팅 믹스는 글로벌 제품관리(global product management), 글로벌 가격관리(global price management), 글로벌 유통관리(global place management), 글로벌 촉진관리(global promotion management)로 구성된다. 글로벌 마케터는 이러한 마케팅 믹스를 체계적으로 이해함으로써 글로벌 마케팅에서 활용되는 여러 가지 수단을 전체적으로 균형 있게 조정 및 구성할 필요가 있다.

GLOBAL
MARKETING

PART 04

글로벌 마케팅 관리 및 통제

CHAPTER 08

GLOBAL MARKETING

글로벌 제품관리

학습목표

글로벌 제품의 개념과 제품이 마케팅 믹스의 다른 요소와 어떻게 상호작용하는지 학습하고, 제품 적응과 표준화 전략의 개념과 차이점에 대해 이해한다. 문화적 감성을 반영한 글로벌 제품 개발 능력에 대한 사항과 국제표준 및 규정 준수체계, 글로벌 시장에서의 제품수명주기 관리 전략 등에 대해 학습한다.

08 CHAPTER 글로벌 제품관리

도입사례 **캐터필러의 글로벌 제품 개발 전략: 표준화와 현지화의 균형**

캐터필러(Caterpillar Inc.)는 건설장비 및 광업장비 분야의 세계 1위 제조업체로, 190개 이상의 국가에서 사업을 전개하며 2024년 648억 달러의 매출을 기록했다. 전 세계 110개의 제조시설과 25개의 부품 유통센터를 운영하며, 건설·광업장비, 디젤 및 천연가스 엔진, 산업용 가스터빈, 디젤-전기기관차 등 다양한 제품 포트폴리오를 보유하고 있다.

캐터필러의 제품 개발 전략은 "기업 전략을 통한 장기 수익성장(Enterprise Strategy for Long-Term Profitable Growth)"이라는 틀에서 구축되었다. 이 전략은 2017년 짐 엄플비(Jim Umpleby) CEO 체제하에서 도입되었으며, 세 가지 핵심 축으로 구성된다. 첫째는 운영 우수성(Operational Excellence)으로서 안전, 품질, 린(Lean) 방법론을 기반으로 한 운영 효율성 극대화이다. 둘째는 확장된 제품군(Expanded Offerings)으로서 핵심 제품을 넘어선 차별화된 솔루션 개발을 목표로 하였다. 마지막으로, 서비스 성장(Services Growth)으로, 2016년 대비 두 배 증가한 280억 달러의 서비스 매출을 2026년에 이루는 목표이다.

캐터필러의 표준화 전략은 공통 제품 플랫폼을 중심으로 구축된다. 가장 대표적인 사례는 C-시리즈 엔진 패밀리로, 이는 글로벌 표준화의 핵심 요소들을 포함한다. 굴삭기 라인에서는 파일럿 유압시스템이 200, 300, 400 시리즈 전체에 표준화되어 있으며, 전자유압식 조이스틱 제어와 공통 매니폴드 설계를 사용한다. 또한, Product Link 텔레매틱스 하드웨어와 Cat Connect 기술이 전 세계 모든 장비에 일관되게 적용되어, 현재 150만 대 이상의 연결된 제품을 통해 표준화된 디지털 역량을 제공한다.

캐터필러는 지역 인재 활용과 제조역량 현지화를 통해 다양한 시장을 효과적으로 서비스한다. 중국의 경우 6개 제조시설에서 260개 이상의 장비 모델을 아시아 시장용으로 생산하고 있으며, 브라질에서는 피라시카바 공장에서 라틴아메리카 시장 서비스를 선도하고 있다. 인도의 경우 타밀나두 시설에서 인도 시장의 요구사항에 맞춘 제품 생산을 하고 있다. 또한, 캐터필러의 경우 지역별 연구개발센터를 운영하고 있으며, 중국 우시(Wuxi)의 경우 500명 이상의 엔지니어, 인도 방갈로르에서는 1,000명 이상의 엔지니어, 영국에서는 19개 거점에 1,000명 이상의 엔지니어를 고용하고 있다. 이러한 지역 R&D 센터들은 현지 시장 특화 전문성을 제공하면서 동시에 글로벌 혁신에도 기여한다.

구체적 제품 사례로, Cat 320 굴삭기 패밀리의 경우, 표준화된 C-시리즈 엔진, 파일럿 유압시스템 그리고 Product Link 텔레매틱스가 사용되지만, Cat 320 GC라는 비용 중심 시장을 위한 가치 엔지니어링 버전의 출시나 지역별 기술 사양을 북미, 유럽, 아시아태평양, 라틴아메리카용 등의 별도 문서화하여 현지화를 진행한다. Cat 793 광업용 트럭 플랫폼의 경우, 모듈러 설계를 통해 다양한 파워트레인(디젤-기계식, 디젤-전기식,

배터리-전기식)을 지원한다. 공통 차대, 운전실, 유압 구성요소를 유지하면서 고객에게 다양한 옵션을 제공한다. 또한 지역별 작업환경 적응을 위해, 온도 범위는 -32℃~+52℃에서 작동할 수 있게 하고, 극지 패키지의 혹한기 성능 향상, 열대 패키지의 경우에는 냉각 및 부식 방지 강화에 중점을 두었다. 또한, 고고도 작업을 위해 남미 구리광산에서는 4,500m 고도용 엔진 변형을 사용할 수 있게 하였으며, 사막 작업을 위해서는 강화된 먼지 여과 및 내열 부품을 사용하였다.

▲ Cat 320 GC
출처: www.cat.com

▲ Cat 793 광업용 트럭
출처: www.cat.com

캐터필러의 경험은 성공적인 글로벌 제조업체가 한 가지 접근법을 선택하기보다는 표준화-현지화 균형을 최적화하기 위한 정교한 프레임워크를 개발해야 함을 보여준다. 캐터필러의 포괄적인 표준화-현지화 균형 접근법은 다양한 글로벌 시장에서 시장 리더십을 달성하면서 강력한 재무 수익과 운영 우수성을 제공하는 지속 가능한 경쟁우위를 창출했다. 이들의 체계적 프레임워크와 규율적 실행은 글로벌 효율성과 현지 시장 대응성을 최적화하려는 다국적 제조업체들에 좋은 본보기를 제공한다.

01 글로벌 시장의 제품이론

1) 마케팅 믹스에서 제품의 정의

(1) 제품의 개념

제품은 고객의 욕구를 충족시키는 유·무형의 속성들의 집합으로서 가치창출, 가치소통, 가치전달, 가치교환의 대상이다. 일반적으로 글로벌 제품은 핵심제품, 유형제품,

무형제품, 포괄제품 등의 네 차원으로 구성된다. 첫째, 핵심제품(core product)은 소비자의 욕구를 충족시켜 주는 용도나 편익을 고려한다. 제품 자체를 구매하는 것이 아니라 그 제품을 통해 편익을 구매한다는 개념이다. 예를 들면, '소파를 구매하는 것이 아니라 안락함을 구매'하는 것이다. 둘째, 유형제품(tangible product)은 핵심제품에 품질, 스타일, 상표명, 포장 등의 요인이 부가된 개념이다. 셋째, 무형제품(intangible product)의 요소는 시장에서 제품 위상과 원산지 효과[1]이다. 넷째, 포괄제품(augmented product)은 유형제품 개념에 추가적 서비스 및 혜택, 즉 품질보증, 배달, 설치, 사후서비스 등의 서비스와 혜택이 부가된 가장 포괄적인 차원의 제품을 의미한다. 따라서 글로벌 마케터는 핵심제품, 유형제품, 무형제품 및 포괄제품의 개념 모두를 포함하는 총체적인 차원에서 글로벌 제품 전략을 수립해야 한다. [그림 8-1]에 글로벌 제품의 구성요소를 제시하였다.

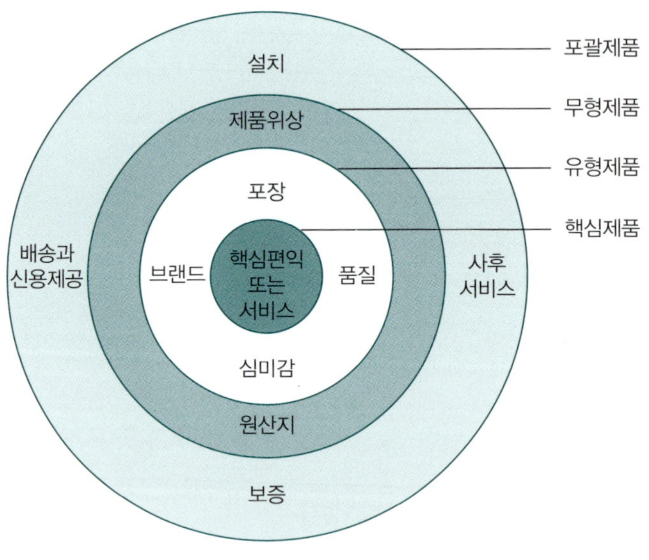

❖ **그림 8-1** 글로벌 제품의 요소

출처: Philip Kotler (2003). Maketing Management (11th ed), p. 408.

1) 원산지 효과(country of origin effect)는 마케팅 담당자와 소비자가 브랜드를 제품의 원산지 국가와 연관지어 구매결정을 내리는 관행을 의미한다.

(2) 제품과 다른 마케팅 믹스와의 조화

4P(제품, 가격, 유통, 촉진)라고 하는 마케팅 믹스(marketing mix)에서 제품을 정의할 때 기능, 품질, 디자인, 브랜드, 포장, 관련 서비스(예: 제품보증 또는 고객지원)를 포함하여 소비자에게 가치를 추가하는 모든 요소를 고려하는 것이 중요하다. 제품을 이해하는 것은 마케팅 믹스의 기초라고 할 수 있다. 그 이유는 가격, 유통, 촉진과 같은 마케팅 믹스의 다른 요소는 제공되는 제품의 특성에 따라 결정되기 때문이다.

또한, 제품은 가격과의 상호작용이 중요하다. 제품의 여러 측면이 가격 전략에 영향을 미치며 그 반대도 마찬가지이다. 제품의 인지된 가치(perceived value)는 많은 경우 가격을 결정하는데, 소비자가 제품의 품질이 우수하거나 유명하다고 인식하면 기꺼이 더 높은 가격을 지급할 수 있다. 제품의 비용 구조 측면에서, 제품의 기능과 재료는 생산비에 영향을 미치기 때문에 생산비가 높은 제품은 수익성을 유지하기 위해 더 높은 가격이 필요할 수 있다. 그리고 시장에 나와 있는 유사한 경쟁제품과 그 가격을 이해함으로써 제품 가격에 영향을 미칠 수 있는데, 제품에 경쟁업체가 제공하지 않는 고유한 기능이 있는 경우 가격을 더 높게 매길 수도 있다. 또한, 가격은 품질 지표의 역할도 하는데, 때때로 소비자는 가격을 품질 지표로 사용한다. 가격을 높게 책정함으로써 더 낮은 가격의 대체재와 유사하더라도 제품을 더 고급스럽거나 더 높은 품질로 보이게 할 수 있다.

유통전략 또는 제품이 판매되는 장소는 제품 자체의 특성과도 밀접하게 연결될 수 있다. 특히 목표시장 선호도, 제품 특성 및 지리적 도달 범위와 관련이 깊다.

표적시장 선호도 측면에서, 제품이 명품시장을 겨냥한 경우 고급 매장이나 독점 부티크에서만 유통될 수 있다. 반대로 일반 대중적 제품은 슈퍼마켓이나 온라인 플랫폼을 통해 유통될 수 있다. 제품 특성 및 물류 측면에서는 부패하기 쉬운 제품이나 유송이 번거로운 제품은 현지 매장을 통해 판매될 수 있으며, 배송이 쉬운 제품은 온라인에서 판매될 수 있다. 그리고 지리적 도달 범위를 고려하면, 일부 제품은 특정 지리적 영역에 틈새시장(niche market)이 있을 수 있다. 제품이 가장 매력적일 수 있는 지역을 이해하고 해당 지역에서 사용할 수 있도록 하는 것이 중요하다.

홍보 전략은 제품의 영향을 많이 받는다. 제품마다 대상 고객에게 효과적으로 도달하기 위해 다양한 촉진전략이 필요하다. 커뮤니케이션 채널 측면에서 촉진을 위한 커뮤니케이션 채널 선택은 제품에 따라 달라진다. 예를 들어, 기술 위주의 제품은 온라인 채널과 소셜미디어를 통해 많은 촉진 활동을 할 수 있지만 가정용품은 TV나 라디오 같은 보다 전통적인 광고방법을 사용할 수 있다. 메시징 및 포지셔닝(positioning)을 고려하면 홍보 메시지와 제품이 시장에서 포지셔닝되는 방식은 제품의 기능 및 이점과 직접적으로 연결된다. 예를 들어, 환경친화적인 기능을 갖춘 자동차는 기존 차량의 '녹색 대안(green alternatives)'으로 포지셔닝될 수 있다. 표적고객 관점에서, 제품의 표적고객을 이해하는 것은 효과적인 촉진 자료를 만드는 데 필수적이다. 10대 젊은이들을 대상으로 하는 제품은 생동감 넘치는 비주얼과 통용되는 속어를 사용할 수 있지만, 전문가용 제품은 좀 더 공식적이고 형식적인 언어를 사용하면서 생산성과 관련 기능을 강조할 수 있다. 결국, 제품은 고립되어 존재하지 않는다. 시장에서의 성공은 사용되는 가격책정, 유통 및 촉진전략과 얽혀 있다. 효과적인 마케팅 전략은 제품의 기능과 대상 고객의 요구사항 및 선호도를 이해하여 그에 따라 가격, 유통 및 촉진을 조정한다. 이러한 통합은 판매 및 브랜드 충성도를 높이는 응집력 있는 마케팅 전략을 수립하는 데 필수적이다.

2) 글로벌 시장 진출을 위한 촉매로서의 제품

기업의 글로벌 확장 시 일반적으로 확장을 주도하는 것은 제품에 대한 매력과 수요이다. 제품은 기업이 신시장과 상호작용하는 주요 수단이 됨으로써 촉매제 역할을 한다. 기업이 가치 제안(value proposition)[2]을 입증하고 현지 소비자와 관계를 구축하는 것은 결국 제품을 통해서 가능하다. 제품을 촉매로 활용하기 위해서는 아래와 같은 사항들을 유념해야 한다.

첫째, 시장조사 및 제품 적응(product adaptation)이 이루어져야 한다. 새로운 시장에 진입하기 전에 현지 소비자의 선호도, 요구사항 및 문화적 차이를 이해하기 위해 철저한 시장조사를 수행하는 것이 중요하다. 이러한 시장조사를 바탕으로 기업은 현지 시장에 더 잘 맞도록 제품을 조정(product adjustment)해야 할 수도 있다. 예를 들어 식품기업은 현지 취향에 맞게 제품의 맛을 수정할 수 있다.

---

2) 가치 제안이라는 용어는 1988년 McKinsey & Co.에서 처음 사용되었으며, "회사가 제공할 유형 및 무형의 이점(benefit)에 대한 명확하고 간단한 설명"으로 정의하였다.

둘째, 현지 법규를 준수해야 한다. 글로벌 시장에서는 제품 표준, 안전 및 상표에 관한 규정이 다른 경우가 많다. 제품이 이러한 법규를 준수하는지 확인하는 것이 필수적이다. 법규 준수는 법적 문제를 피할 수 있을 뿐만 아니라 현지 소비자와의 신뢰와 신뢰를 구축한다.

셋째, 브랜드의 현지화이다. 제품의 물리적 측면도 중요하지만 제품과 관련된 브랜딩 및 메시지도 마찬가지로 중요하다. 포장 및 광고 자료를 번역하고 문화적 측면에서 적절한지 확인을 통해 브랜드를 성공적으로 현지화하면 현지 시장과의 유대를 강화하는 데 도움이 될 수 있다.

넷째, 전략적으로 가격을 책정해야 한다. 글로벌 시장에서 가격 전략은 신중하게 고려되어야 한다. 환율, 현지 구매력, 경쟁사 가격 등의 요소를 고려해야 한다. 제품의 가격은 현지인들의 인지된 가치를 반영하는 동시에 현지 시장에서 경쟁력이 있어야 한다.

다섯째, 유통경로(distribution channel)를 잘 선택해야 한다. 제품이 표적고객에게 효과적으로 도달하려면 적절한 유통경로를 선택하는 것이 필수적이다. 현지 소매 환경과 소비자의 쇼핑 습관을 이해하는 것이 중요하다. 기업은 온라인 플랫폼, 오프라인 소매업체 또는 이 둘의 조합을 사용할지 여부를 평가해야 한다.

여섯째, 협업 및 파트너십의 수립이다. 현지 기업과 파트너십을 맺는 것은 시장 진입을 촉진하는 효과적인 방법이 될 수 있다. 협업을 통해 기업은 현지 시장에 대한 통찰력을 얻고 자원을 공유하며 기존 유통망을 활용할 수 있다. 파트너십을 통한 기존 현지 법인과의 제휴를 통해 브랜드 신뢰도를 높일 수도 있다.

일곱째, 성공적인 홍보 캠페인 및 마케팅이다. 제품이 적응되고 시장에 출시될 준비가 되면 홍보 및 마케팅에 관심을 기울여야 한다. 현지 시장에서 인기 있는 마케팅 채널을 활용하고 현지 소비자에게 공감할 수 있는 캠페인을 제작하면 제품에 관한 관심과 수요를 창출할 수 있다.

여덟째, 모니터링 및 피드백의 활용이다. 표적시장에 진입한 후에는 제품 성능을 자세히 모니터링하고 소비자로부터 피드백을 수집하는 것이 필수적이다. 이 정보는 제품, 가격책정 또는 마케팅 전략에 필요한 조정을 수행하는 데 매우 중요하다.

02 제품 적응 대 표준화

1) 제품 적응과 표준화의 개념

기업은 글로벌 시장으로 진출할 때 자사가 내세우는 제품을 각 시장에 맞게 적응시킬지 아니면 모든 시장에서 표준화된 제품을 유지할지 결정해야 하는 중요한 순간이 온다. 여기서는 이 두 가지 전략적 접근법을 정의하고 구별하는 방법을 소개한다.

제품 적응은 제품이 구분되는 다른 시장의 소비자들의 요구사항, 취향, 문화적 민감성에 부응하도록 그 제품에 수정과 변경을 가하는 것을 의미한다. 제품 적응의 목표는 제품을 맞춤화하여 다양한 국가나 지역의 각 대상 시장과 연계하고, 그곳의 고유한 수요를 충족시키도록 하는 것이다. 제품 적응을 위해서는 먼저 문화적 적응을 고려해야 한다. 문화적 규범, 가치, 취향에 부합하도록 제품을 수정해야 한다. 예를 들어, 음식 제품의 맛 프로필을 현지의 취향에 맞게 변경하는 것을 들 수 있다. 또한, 법규를 준수해야 한다. 현지 규정 및 기준을 충족시키기 위해 제품을 조정해야 한다. 이는 안전이나 환경 규정을 준수하기 위해 제품 구성이나 포장을 변경하는 것도 포함된다. 또한, 시장의 수요 및 취향을 고려해야 한다. 표적시장의 소비자 취향과 습관을 바탕으로 제품의 특징, 크기, 또는 포장을 조정한다.

반면에 제품 표준화는 여러 시장에서 제품의 특징, 브랜딩, 마케팅을 일관성 있게 유지하는 것을 의미한다. 표준화 전략은 전 세계에 일관된 제품을 제공함으로써 생산, 브랜딩, 시장 침투에 효율성을 달성할 수 있다는 전제하에 이루어진다. 표준화의 주요 측면은 다음과 같다.

우선 규모의 경제(economy of scale)이다. 표준화된 제품을 대량으로 생산함으로써, 기업들은 종종 규모의 경제를 달성하여 단위당 생산비를 낮출 수 있고 이를 통해 저렴한 가격으로 제품을 제공할 수 있다. 두 번째는 일관된 브랜드 이미지이다. 전 세계적으로 일관된 제품과 브랜딩을 유지함으로써 쉽게 인식되고 신뢰할 수 있는 글로벌 브랜드 이미지를 구축하는 데 도움이 된다. 세 번째는 신속한 시장 진입이다. 표준화된 제품을 사용하면 시장 특유의 맞춤화(market-specific customization) 또는 제품의 재개발이 필요치 않으므로 새로운 시장에 더 빨리 진입할 수 있다.

핵심은 제품 적응이 각 시장의 특성에 맞게 제품을 맞춤화하는 것에 관한 것이라면, 제품 표준화는 서로 다른 시장에서 제품에 일관성을 유지하는 것이다. 이 장에서는 각 접근법의 장단점, 적응과 표준화 선택에 영향을 미치는 배경요인, 그리고 기업들이 이러한 전략을 성공적으로 실행한 실제 사례에 대해 살펴본다.

2) 적응과 표준화 사이의 선택에 영향을 미치는 요인

글로벌 시장에 진출할 때 기업은 현지 요구에 맞게 제품을 조정할지 또는 더 많은 청중을 위해 표준화할지 결정하는 어려운 선택에 직면한다. 이 선택은 문화, 규정, 시장 선호도 및 경쟁과 같은 여러 요인의 영향을 받는다. 이러한 각 요소가 이 중요한 의사결정 프로세스에서 어떤 역할을 하는지 자세히 살펴보자.

(1) 문화

문화는 집단이나 사회를 특징짓는 사회적 패턴, 신념, 가치, 관습 및 행동의 복잡한 그물이다. 여기에는 언어, 종교, 전통, 사회적 규범 등이 포함된다. 글로벌 마케팅에서는 제품 적응 및 표준화와 관련하여 문화적 차이를 이해하고 해결하는 것이 가장 중요하다.

우선, 언어는 문화의 필수 요소이다. 제품이나 포장에 언어 요소가 포함되어 있는 경우 현지어에 맞게 조정하는 것이 중요하다. 또한, 특정 문구, 슬로건 또는 제품 이름은 다른 언어에서 잘 번역되지 않거나 의도하지 않은 의미가 있는 경우 변경해야 할 수 있다. 반면에, 언어에 크게 의존하지 않거나 원래 언어가 세계적으로 호소력이 있는 제품 또는 브랜드 요소(예: 특정 영어 문구)일 경우 표준화가 더 적합할 수 있다.

문화마다 가치와 신념이 다르다. 예를 들어, 일부 문화에서는 환경적 지속 가능성에 높은 가치를 부여할 수 있는 반면, 다른 문화에서는 사치와 명성이 더 중요할 수 있다. 이러한 가치를 반영하고 공감하도록 제품을 조정하는 것은 특정 시장에서 성공하는 데 필수적일 수 있다. 반면에, 제품의 핵심가치가 문화 전반에 걸쳐 보편적으로 매력적이거나 열망하는 경우에는 표준화가 효과적일 수 있다.

특정 제품은 관습이나 전통에 맞게 조정해야 할 수 있다. 예를 들어, 선물을 주는 것이 중요한 전통인 국가에서는 포장을 좀 더 선물처럼 만들거나 축제 시즌에 스페셜

에디션을 제공하는 것이 도움이 될 수 있다. 반면에, 제품이 관습과 깊숙이 얽혀 있지 않고 보편적인 목적을 달성할 수 있는 경우에는 표준화가 적절할 수 있다.

사회적 규범이 소비자 행동을 좌우할 수도 있다. 예를 들어, 정숙함을 중시하는 문화에서는 더 보수적으로 의류 라인의 범위를 조정해야 할 수 있다. 마찬가지로 식품의 1인분의 크기는 다른 문화권의 일반적인 소비 패턴에 따라 조정해야 할 수도 있다. 반면에 소비자 행동 패턴이 유사하거나 제품이 사회적 규범과 크게 상호작용하지 않는 경우 표준화가 가능하다.

마지막으로 디자인, 스타일과 같은 미적 선호도는 문화에 따라 크게 다를 수 있다. 현지의 미적 선호도에 맞게 이러한 요소를 조정하는 것이 중요할 수 있다. 예를 들어, 색상 상징주의는 다를 수 있으며 한 문화에서 행운 또는 긍정적으로 간주되는 색상이 다른 문화에서는 부정적으로 보일 수 있다. 반면에, 미적 선호도가 글로벌하거나 브랜드의 국제적 정체성의 일부인 경우 표준화가 유지될 수 있다.

요컨대, 문화는 글로벌 시장에 맞게 제품을 채택할지 표준화할지 여부를 결정하는 중요한 요소이다. 기업은 철저한 문화적 평가를 수행하고 문화적 차이에 민감하게 대응해야 현지 소비자의 공감을 얻을 정보에 입각한 결정을 내릴 수 있다.

(2) 규정

규정은 다양한 시장에서 제품을 제조, 포장, 라벨링 및 판매하는 방법을 규율하는 규칙 및 법률을 말한다. 이러한 규정을 이해하고 준수하는 것은 글로벌 시장에 성공적으로 진입하고 운영하려는 기업에게 필수적이다.

국가마다 제품사양 및 안전에 대한 표준이 다를 수 있다. 예를 들어 전기 제품은 지역마다 특정 전압 및 플러그 요구사항을 충족해야 할 수 있다. 이러한 사양을 충족하도록 제품을 조정하는 것은 종종 현지 법률을 준수하고 제품이 표적시장에서 안전한지 확인하는 데 필요하다. 반면에, 제품이 이미 세계적으로 인정되거나 여러 시장에서 수용되는 높은 표준을 충족하는 경우라면 제품사양을 표준화하는 것이 더 효율적일 수 있다.

일부 국가에는 성분, 원산지 또는 안전경고와 같은 제품 라벨에 포함되어야 하는 정보에 대한 엄격한 법률이 있다. 특정 지역에서는 이 정보를 현지 언어로 제공해야 할 수도 있다. 포장은 특정 원료를 사용하거나 특정 기호를 포함하는 것과 같은 특정 표준을 충족해야 할 수도 있다. 반면에, 라벨링 및 포장 규정이 여러 시장에서 유사하다면 표준화된 포장을 사용하는 것이 더 비용 효율적일 수 있다.

수입 규정에 따라 시장 접근을 위한 현지 기준을 충족하기 위해 제품 적응이 요구될 수 있다. 예를 들어 어떤 국가에서는 특정 성분이 금지되어 있어서 공식적으로 변경이 필요할 수 있다. 또한, 더 유리한 다른 관세 범주에 속하기 위해 제품을 조정해야 할 수도 있다. 반면에 적응 없이 여러 국가의 수입 규정을 쉽게 충족하는 방식으로 제품을 제조할 수 있다면 표준화가 더 효율적이고 비용 효율적일 수 있다.

일부 국가에서는 제품에 에너지 효율성, 재활용 가능성 또는 포장 감소와 같은 특정 기능을 요구하는 엄격한 환경 규정이 있다. 이러한 환경 표준을 충족하도록 제품을 조정하는 것은 시장 수용 및 법적 준수에 매우 중요할 수 있다. 반면에, 회사의 제품이 이미 지속 가능성을 염두에 두고 설계되었고 여러 시장에서 환경 표준을 충족하거나 초과하는 경우라면 표준화가 유리할 수 있다.

결론적으로 다양한 시장의 규제 환경을 이해하고 탐색하는 것은 국제 비즈니스에 매우 중요하다. 제품을 채택하거나 표준화하는 결정은 규제요인의 영향을 크게 받을 수 있으며 각 대상 시장의 법적 환경에 대한 철저한 평가는 정보기반의 의사결정에 필수적이다.

(3) 시장선호도

시장선호도는 특정 시장에서 소비자의 취향, 요구 및 성향을 나타낸다. 이러한 선호도는 문화, 경제적 지위, 생활양식, 트렌드 등 다양한 요인의 영향을 받는다. 시장선호도를 이해하는 것은 글로벌 시장에 맞게 제품을 조정하거나 표준화할지 여부를 결정하는 데 필수적이다.

우선, 시장마다 취향과 선호도가 다를 수 있다. 예를 들어 식품 및 음료 산업에서 한 국가에서 선호하는 풍미는 다른 국가와 다를 수 있다. 이러한 취향에 맞게 제품을 조정하는 것은 시장 수용을 위해 필수적일 수 있다. 그러나 제품이 보편적인 호소력이 있거나 글로벌 트렌드의 일부인 경우는 제품을 표준화하는 것이 이치에 맞을 수 있다. 예를 들어 특정 기술 제품은 현지 선호도에 관계없이 보편적 수요를 가질 수 있다.

다양한 시장에서 소비자의 경제적 지위와 구매력은 제품선호도에 영향을 미칠 수 있다. 예를 들어 소비자의 구매력이 낮은 시장에서 기업은 더 작은 크기의 제품을 제공하거나 더 비용 효율적 원료를 사용하여 제품을 더 저렴하게 조정해야 할 수 있다. 반면에 제품이 전 세계적으로 비슷한 구매력을 가진 부유한 시장에 적합하다면 표준화가 더 효율적일 수 있다.

생활양식과 트렌드는 시장마다 크게 다를 수 있다. 예를 들어, 건강 및 피트니스 트렌드가 두드러지는 시장에서는 더 건강한 것으로 인식되거나 피트니스 목표에 부합하도록 제품을 조정해야 한다. 그러나 제품이 글로벌 생활양식 트렌드와 관련되거나 지역 트렌드를 초월하는 브랜드인 경우 표준화가 적절할 수 있다.

일부 시장에서는 소비자가 개인화 또는 맞춤형 제품을 선호할 수 있다. 이러한 경우 사용자 정의 또는 개인화 옵션을 제공하려면 해당 기능을 허용하도록 제품 또는 서비스를 조정해야 할 수 있다. 그러나 표적시장에서 맞춤화가 중요한 선호 사항이 아니거나 맞춤화가 표준 기능을 방해하지 않는 방식으로 제품이 설계된 경우 표준화가 적합할 수 있다.

마지막으로, 제품 범주에 대한 소비자의 기대와 인식은 특정 시장에서 고유한 것일 수 있다. 이러한 기대치를 충족하거나 초과하도록 제품을 조정하는 것은 고객만족과 브랜드 인지도에 매우 중요할 수 있다. 그러나 소비자 기대치가 여러 시장에서 제품의 표준 기능 및 품질과 일치하는 경우 표준화가 유리할 수 있다.

(4) 경쟁

경쟁이란 시장에서 유사한 제품이나 서비스를 제공하는 다른 기업의 존재와 전략을 의미한다. 경쟁 환경을 이해하는 것은 글로벌 시장에서 제품을 채택할지 표준화할지 여부를 결정하는 데 필수적이다.

경쟁이 치열한 시장에서 기업은 경쟁업체와 차별화하기 위해 제품을 적응시켜야 할 수도 있다. 여기에는 특정 세분시장에 호소하기 위해 기능, 가격 또는 마케팅 전략을 수정하는 것이 포함된다. 그러나 경쟁이 덜 치열하거나 회사의 표준제품에 경쟁업체가 쉽게 복제할 수 없는 고유한 기능이 이미 있는 시장에서는 표준화가 더 나은 선택일 수 있다.

경쟁업체가 현지 취향, 선호도 또는 규정에 맞게 제품을 개조한 경우 기업은 경쟁력을 유지하기 위해 동일한 작업을 수행해야 할 수 있다. 경쟁사의 전략과 제안을 이해하면 경쟁우위를 확보하기 위해 적응이 필요할 수 있는 영역을 식별하는 데 도움이 될 수 있다. 반면에 경쟁사의 제품이 표준화되고 시장이 이에 잘 반응하는 경우 기업은 특히 규모의 경제 또는 강력한 글로벌 브랜드를 활용할 수 있는 경우 표준화를 선택할 수 있다.

회사가 시장 내 입지를 구축하거나 시장점유율을 확보하려는 시장에서는 현지 선호도에 맞게 제품을 조정하는 것이 효과적인 전략이 될 수 있다. 마찬가지로 기업이 이미 강력한 위치를 차지하고 있는 경우 제품을 조정하여 시장 입지를 더욱 공고히 할 수 있다. 반면에 표준화된 제품으로 이미 상당한 시장점유율을 차지하고 있는 회사나 표준화된 제품이 충족되지 않은 요구사항을 충족하는 신규 진입자의 경우는 표준화를 유지하는 것이 유리할 수 있다.

기업은 경쟁업체의 행동에 대응하여 제품을 조정해야 할 수 있다. 예를 들어 경쟁업체가 특정 고객 요구에 맞는 신제품을 출시하는 경우 기업은 직접 경쟁하기 위해 자체 제품을 조정할 수 있다. 반면에 경쟁 조치가 회사의 시장 지위에 큰 영향을 미치지 않거나 표준화된 제품이 브랜드 충성도와 같은 요인으로 인해 경쟁을 견딜 수 있는 경우 표준화가 유지될 수 있다.

기업은 현지 시장에 맞는 방식으로 혁신하여 경쟁우위를 창출함으로써 제품을 적응시킬 수 있다. 여기에는 현지 자원의 사용, 현지 추세에 맞추거나 현지 문제에 대한 해결책 제시가 포함된다. 반면에, 혁신이 보편적으로 매력적인 획기적인 기능 또는 수요가 높은 기능으로 이어지는 경우 표준화는 글로벌 규모에서 빠른 확장 및 잠재적인 선발자 우위를 허용하므로 유리할 수 있다.

미국의 패스트푸드 대기업인 맥도날드는 100개 이상의 국가에서 운영되고 있으며 국제적 성공을 위한 주요 전략 중 하나는 메뉴를 현지 취향과 선호도에 맞게 조정하는 것이다. 이 전략은 종종 '글로컬라이제이션(glocalization)'이라고 불리며 글로벌 브랜드가 진입하는 현지 시장에 제품이나 서비스를 적용한다.

맥도날드는 새로운 시장에 진입할 때 현지 취향, 식단 선호도, 문화적 규범 및 소비자 행동을 이해하기 위해 광범위한 시장조사에 투자한다. 이 연구는 현지 주민들에게 어필할 수 있도록 특별히 고안된 메뉴 항목 개발에 도움을 준다. 맥도날드는 특히 종교적 또는 사회적 규범이 식습관을 규정하는 국가에서 문화적 민감성을 고려한다. 예를 들어, 인구의 상당 부분이 종교적 신념 때문에 쇠고기를 기피하는 인도에는 쇠고기 제품을 제공하지 않는다. 대신 감자와 완두콩 패티인 McAloo Tikki를 포함하여 다양한 채식 옵션을 개발했다. 맥도날드는 또한 현지 입맛에 맞게 제품의 맛을 조정한다. 예를 들어, 동아시아 국가의 메뉴에는 현지에서 인기 있는 데리야끼, 해초 또는 매운 소스와 같은 맛이 있는 항목이 포함되는 경우가 많다. 일본에서는 Ebi Filet-O(새우 버거)와 데리야키 맥버거(Teriyaki McBurger)가 현지 입맛에 맞춰진 제품의 예이다. 일상적인 메뉴 조정 외에도 맥도널드는 지역 선호도 또는 축제를 기반으로 계절별 또는 기간 한정 제품을 도입한다. 예를 들어, 독일의 맥도날드는 옥토버페스트 즈음에 돼지고기 샌드위치인 맥립(McRib)을 제공했다. 일본에서는 벚꽃 시즌을 대표하는 맛이 특징인 사쿠라테리타마버거가 제철 메뉴다. 맥도날드는 제품뿐만 아니라 브랜드가 인식되는 방식도 조정한다. 예를 들어, 프랑스와 같은 일부 유럽 국가에서 맥도날드는 미국에서의 이미지에 비해 더 고급스러운 위치에 있다. 프랑스의 맥카페(McCafe) 제품에는 마카롱과 고메 커피 옵션이 포함되어 더욱 세련된 식사 경험을 반영하고자 한다. 맥도날드는 현지 취향에 적응하면서도 글로벌 브랜드의 정체성을 유지하기 위해 빅맥과 감자튀김과 같은 일부 클래식 제품을 계속 제공한다. 이러한 균형을 통해 글로벌 일관성과 브랜드 인지도를 유지하면서 현지 취향을 충족시킨다.

글로벌 시장에서 맥도날드의 성공은 글로벌 브랜드 정체성을 유지하면서 현지 취향에 효과적으로 적응하는 능력에 기인한다. 신중한 시장조사, 문화적 민감성, 풍미 적응 및 사려 깊은 브랜드 포지셔닝을 통해 맥도널드는 전 세계 다양한 범위의 소비자에게 어필할 수 있었다. 이 사례는 글로벌 마케팅 전략에서 유연성과 적응의 중요성을 강조한다.

03 글로벌 시장을 위한 제품 개발

1) 글로벌 시장 요구 및 선호도 이해

기업이 전 세계적으로 확장됨에 따라 다양한 시장에 걸쳐 소비자의 다양한 요구와 선호도를 이해하고 해결하는 것이 중요하다. 글로벌 시장을 위한 제품 개발의 첫 번째 단계는 시장의 요구와 선호도를 깊이 이해하는 것이다. 여기서는 이 목표를 달성하기 위한 주요 구성요소와 전략을 살펴본다.

우선적으로, 다양한 시장에서 설문조사, 인터뷰 및 포커스 그룹 인터뷰를 수행하여 1차 조사에 참여한다. 이는 소비자 선호도, 요구사항 및 구매행동에 대한 직접적인 정보를 수집하는 데 도움이 된다. 2차 조사를 통해 기존 시장 데이터 및 연구를 활용하여 광범위한 시장 추세, 선호도 및 잠재적 기회를 이해한다.

또한 문화적 영향을 이해하는 것이 필수적이다. 문화는 선호도, 의사결정 프로세스 및 가치를 포함하여 소비자 행동의 다양한 측면에 영향을 미친다. 우신 사회석 규범, 가치, 전통 및 신념을 고려해야 한다. 예를 들어, 색상과 기호는 문화마다 다른 의미를 자질 수 있기 때문이다. 또한, 언어의 느낌, 관용구 및 의사소통 스타일에 주의를 기울여야 한다. 이는 제품을 인식하는 방식에 영향을 미칠 수 있기 때문이다.

시장마다 경제 상황이 다르므로 소비자의 구매력과 선호도에 영향을 미칠 수 있다. 다양한 시장의 소득 수준과 경제성을 분석하여 제품 가격을 효과적으로 책정하고, 인플레이션이나 실업률과 같이 소비자 지출에 영향을 미칠 수 있는 경제 동향을 이해한다.

그리고 다양한 시장의 소비자가 구매결정을 내리는 방식을 조사한다. 브랜드 충성도, 가격 민감도 및 편의성과 같은 요소를 고려해야 하며, 건강 의식, 환경적 지속 가능성 또는 기술 채택과 같은 생활양식의 트렌드 및 선호도를 이해한다.

제품 사양, 라벨링 및 마케팅에 영향을 미칠 수 있으므로 다양한 시장의 법적 및 규제 요구사항을 이해한다. 다양한 시장에서 필요한 제품 표준, 안전 요구사항 및 인증을 조사하고, 제품 가격 및 가용성에 영향을 미칠 수 있는 수입 제한 및 관세에 유의해야 한다.

다양한 시장의 경쟁구도를 분석하여 어떤 제품이 제공되고 어떻게 포지셔닝되는지 이해한다. 경쟁 제품, 기능 및 가격책정 전략을 조사하고, 시장이 포화 상태인지 또는 제품이 채울 수 있는 격차가 있는지 평가한다.

기술을 활용하여 글로벌 시장에 대한 통찰력을 얻고, 데이터 분석, 소셜미디어 청취 도구 및 기타 디지털 자원을 사용하여 소비자 선호도 및 추세를 이해한다.

마지막으로, 현지 파트너, 유통업체 및 소비자와 관계를 구축하며 그들과 교류하여 시장의 요구와 선호도에 대한 통찰력을 얻는다.

2) 문화적 감성이 포함된 제품 디자인

기업이 글로벌 시장에 진출함에 따라 소비자 기반의 문화적 다양성을 인식하는 것이 중요하다. 제품은 소비자의 기능적 요구를 충족할 뿐만 아니라 그들의 문화적 감성과도 맞아야 한다. 문화적 요소를 제품 디자인에 통합하면 매력을 높이고 대상 고객과 더 깊은 관계를 형성할 수 있다. 다음은 문화적 감성을 통합하는 단계와 실제 비즈니스 적용이다.

1단계는 문화적 상징과 미적 감각 수용이다. 글로벌 시장에서 제품 전략에 혁신을 통합하는 것은 소비자의 변화하는 요구에 대응하기 위해서이다. 글로벌 시장에서 제품을 개발할 때 고려해야 할 중요한 측면은 문화적 상징과 미적 감각이다. 다양한 문화에서 중요하게 여겨지는 상징과 미적 취향을 이해함으로써 기업은 현지 소비자들과 깊은 연결을 형성할 수 있는 제품을 만들어낼 수 있다. 여기에서는 문화적 상징과 미적 감각의 중요성을 살펴보고, 관련 비즈니스 사례를 제시한다. 우선 문화적 상징은 특정 문화 내에서 다양한 상징, 이미지 및 개념에 부여된 의미와 연관성을 의미한다. 미적 감각은 문화적 맥락에서 아름다움과 시각적 요소에 대한 감상을 의미한다. 기업은 제품 디자인과 마케팅에 문화적 상징과 미적 감각을 통합함으로써 소비자들과의 익숙함, 연결 및 관련성을 창출할 수 있다.

코카콜라는 문화적 상징을 글로벌 마케팅 캠페인에 성공적으로 통합하고 있다. 예를 들어, 코카콜라는 중국의 설날 기간 동안 문화적 상징인 등불, 잉어 및 용과 같은 디자인이 적용된 특별 에디션 병을 출시한다. 이를 통해 코카콜라는 설날의 축제적 분위기와 문화적 중요성을 연결하고자 한다. 이러한 문화적인 디자인은 소비자들과 강한 감정적 유대감을 형성하여 브랜드의 친밀도와 판매를 증가시킨다.

글로벌 시장을 위해 제품을 개발할 때는 다음과 같은 문화적 상징과 미적 감각과 관련된 사항을 고려해야 한다. 표적시장에서 문화적으로 중요한 상징, 이미지, 색상 및 디자인 요소를 심층적으로 조사한 후 이해를 토대로 제품 디자인과 마케팅 전략을 구성한다. 또한, 포장, 브랜딩 및 제품 디자인을 수정하여 대상 시장의 문화적 취향과 일치하는 요소를 통합한다. 이러한 적응은 소비자들에게 소속감과 문화적인 관련성을 느끼게 한다. 대상 문화를 깊이 이해하는 현지 예술가, 디자이너 및 영향력 있는 인플루언서와 협력한다. 그들의 통찰력과 전문지식은 문화적 상징과 미적 감각을 반영하는 제품 개발에 도움을 줄 수 있다. 문화적 상징과 미적 감각을 통합할 때 기업은 예민성을 발휘하고 문화적 요소를 무단도용하지 않아야 한다. 문화와 문화유산에 대한 존중은 중요하며, 기업은 문화 컨설턴트와 협력하여 진정성을 보장하고 의도치 않은 모욕을 피해야 한다. 문화적 상징과 미적 감각을 효과적으로 통합함으로써 기업은 제품의 매력을 높이고 브랜드 충성도를 강화하며 글로벌 시장의 소비자들과 더 깊은 연결을 형성할 수 있다. 그러나 문화적 요소를 통합하고 동시에 다양한 시장에서 일관된 브랜드 정체성을 유지하는 균형이 중요하다. 기업은 문화적 적응을 전체적인 브랜드 전략이나 메시지와 일치시켜야 한다. 문화적 상징과 미적 감각의 이해와 활용은 변화하는 글로벌 시장의 요구에 부응하기 위한 혁신을 통합하는 한 가지 측면에 불과하다.

2단계는 색상 민감도에 관한 것이다. 색상은 다양한 문화에서 서로 다른 의미와 연관성을 가지고 있다. 따라서 색상 민감도를 이해하고 문화적 선호도에 맞게 제품의 색 구성표를 조정하는 것은 글로벌 마케팅 전략을 개발할 때 매우 중요하다.

색상 민감도는 색상이 다양한 감정을 불러일으키고 메시지를 전달하며 특정 문화적 맥락 내에서 상징적 가치를 지닌다는 인식을 의미한다. 한 문화에서 긍정적인 색으로 간주될 수 있는 것이 다른 문화에서는 부정적인 의미나 문화적 금기를 가질 수 있다. 이러한 색상 민감도를 인식하고 존중함으로써 기업은 현지 소비자에게 어필하는 제품을 만들고 의도하지 않은 오해나 문화적 위반을 피할 수 있다.

맥도날드는 문화적 선호도에 맞춰 색 구성표를 조정하는 대표적인 회사이다. 녹색이 환경 의식 및 건강과 관련이 있는 유럽에서는 일부 맥도날드 매장이 브랜딩 및 인테리어 디자인에 더 많은 녹색을 사용한다. 이 전략적 색상 적응은 지속 가능성과 건강한 생활양식에 대한 문화적 강조와 공감하여 브랜드를 유럽 소비자에게 더욱 매력적으로 어필한다. 글로벌 제품 전략에서 색상 감도를 고려할 때 기업은 다음 사항을 염두에 두어야 한다. 우선, 표적시장에서 색상의 문화적 중요성에 관한 철저한 연구를 수행한다. 해당 문화에서 다양한 색상에 부여된 긍정적, 부정적, 상징적 해석을 이해한다. 이 지식은 제품 디자인 및 마케팅 자료에서 색상 선택 및 사용을 안내한다. 또한, 제품, 포장, 로고 및 광고의 색상 구성표를 수정하여 표적시장의 색상 선호도에 맞추어 긍정적인 감정을 불러일으키고 문화적 가치와 미학에 부합하는 색상을 선택한다. 이러한 적응은 소비자 참여와 브랜드 인지도를 향상시킬 수 있다. 또한, 문화적 금기와 상징에 유의해야 한다. 예를 들어, 빨간색은 전통적으로 많은 문화권에서 행운이나 축하와 관련이 있지만 일부 문화권에서는 위험이나 경고와 관련될 수 있다. 문화적 민감성을 존중하고 그에 따라 색상 사용을 조정한다. 지역 및 지역적 차이도 고려해야 한다. 색 조합은 국가 또는 지역 내에서도 다를 수 있다. 국가 내 대상 지역에 특정한 색상 선호도와 의미를 이해하기 위한 조사를 수행한다. 그에 따라 색상 전략을 맞춤화하여 현지 소비자의 공감을 얻는다. 마지막으로 테스트 및 피드백 수집이 중요하다. 시장조사, 설문조사 및 포커스 그룹 인터뷰(FGI)를 수행하여 색상 선호도 및 연관성에 대한 피드백을 수집한다. 이 데이터는 색상 전략을 미세조정하고 대상 청중과 효과적으로 공감하도록 도와준다.

3단계는 언어 및 명명 규칙이다. 언어는 문화의 중요한 측면이며 글로벌 마케팅에서 중요한 역할을 한다. 새로운 시장으로 확장할 때 기업은 제품 이름과 설명이 문화적으로 적절한지 확인하고 현지 소비자와 공감하며 의도한 메시지를 효과적으로 전달해야 한다.

언어 및 명명 규칙은 소비자가 제품을 인식하고 연결하는 방식에 영향을 미친다. 의미 있고 기억에 남으며 문화적으로 공감하는 브랜드명과 설명을 만들기 위해서는 언어적 뉘앙스, 문화적 언급 및 언어적 선호도를 고려하는 것이 필수적이다.

KFC(켄터키프라이드치킨)는 중국에서 "It's finger-lickin' good"이라는 슬로건을 '吮指原味'로 수정했다. 번역된 슬로건은 "손가락으로 핥아도 본연의 맛을 맛볼 수 있다"는 의미로 중국 관객들에게 더 잘 전달된다. 슬로건을 문화적으로 적절하고 공감할 수 있는 표현으로 조정함으로써 KFC는 소비자와 효과적으로 연결하고 브랜드의 메시지를 매력적인 방식으로 전달하려고 했다.

글로벌 제품 전략에서 언어 및 명명 규칙을 다룰 때는 다음 측면을 고려해야 한다. 첫째, 번역 및 현지화이다. 전문번역서비스에 투자하여 제품 이름, 슬로건 및 마케팅 자료를 정확하고 문화적으로 적절하게 번역한다. 현지화에는 표적시장의 언어 선호도, 관용적 표현 및 문화적 참조에 맞게 언어를 조정하는 작업이 포함된다. 둘째, 문화적 관련성이다. 대상 청중과 공감하는 문화적 참조, 기호 및 관용적 표현을 고려해야 한다. 이를 통해 친숙함과 관련성을 만들어 소비자 참여 가능성을 높이는 데 도움이 된다. 셋째, 발음 및 사용 용이성이다. 대상 언어에서 발음하기 쉽고 기억하기 쉬운 이름을 선택한다. 의도하지 않은 부정적인 의미가 있거나 현지 주민들이 발음하거나 기억하기 어려운 이름은 피해야 한다. 넷째, 지식재산권이다. 선택한 이름이 표적시장의 기존 상표 또는 저작권을 침해하지 않도록 철저한 조사를 수행한다. 적절한 등록 절차를 통해 브랜드의 지식재산권을 보호한다. 다섯째, 시장조사 및 피드백이다. 제품 이름 및 설명에 대한 소비자 인식 및 선호도를 측정하기 위해 시장조사, 설문조사 및 포커스 그름 인터뷰를 수행한다. 마지막으로, 법률 및 규제 고려사항이다. 제품 이름, 라벨 및 광고와 관련된 현지 법률 및 규정을 숙지하여 언어 요구사항을 준수하고 법적 문제를 방지해야 한다.

기업은 언어 및 명명 규칙을 신중하게 고려함으로써 강력한 브랜드 정체성을 만들고 제품 속성을 효과적으로 전달하며 현지 소비자들 사이에서 긍정적 인식을 확립할 수 있다. 문화적으로 적절한 언어 전략은 소비자 신뢰, 브랜드 충성도 및 시장 성공에 기여한다.

4단계는 문화적 관습 및 의례이다. 현지 관습과 의례를 이해하는 것은 문화적으로 적절하고 글로벌 시장에서 유용한 제품을 디자인하는 데 필수적이다. 문화적 관습과 의례는 소비자 행동, 선호도 및 기대를 형성하는 데 중요한 역할을 한다. 이러한 관습과 의례에 대한 이해를 제품 디자인 및 마케팅 전략에 통합함으로써 기업은 더 깊은 수준에서 소비자와 공감하는 제품을 만들 수 있다. 문화적 관습과 의례는 사회적 전통, 종교의식, 축제 행사 및 일상적인 일과를 포함한 광범위한 관행을 포함한다. 이러한 관행은 깊은 문화적 의미를 지니고 있으며 종종 소비자 행동, 제품 사용 및 구매결정에 영향을 미친다. 문화적 관습과 의례를 인식하고 통합함으로써 기업은 특정 문화 집단의 고유한 요구와 선호도에 맞게 제품을 맞춤화할 수 있다.

글로벌 화장품 회사인 로레알(L'Oreal)은 제품 제공에서 문화적 관습과 의례에 대한 이해를 보여준다. 피부 미백이 일부 아시아 문화권에서 인기 있는 뷰티 의식임을 인식한 로레알은 아시아 시장을 위해 특별히 다양한 피부 미백 제품을 개발했다. 이 기업은 문화적 아름다움 관행과 관련된 특정 요구 및 선호도를 해결함으로써 대상 고객을 효과적으로 수용하고 강력한 브랜드 입지를 구축해왔다.

문화적 관습과 의례를 글로벌 제품 전략에 통합할 때 다음 사항을 고려해야 한다. 첫째, 문화 관련 시장조사이다. 표적시장과 관련된 문화적 관습, 전통 및 의례에 대한 깊은 이해를 얻는다. 이러한 관행이 소비자행동, 제품선호도 및 사용 패턴에 어떤 영향을 미치는지 살펴보아야 한다. 둘째, 문화적 필요의 식별이다. 문화적 관습과 의식에서 발생하는 특정 필요와 선호도를 식별한다. 특정 기업의 제품이 이러한 요구사항을 해결하거나 이러한 관행과 관련된 문화적 가치에 부합할 방법을 결정하는 것이 필요하다. 셋째, 제품 기능 조정이다. 문화적 관습 및 의례에 맞게 제품 기능 또는 포장을 수정한다. 제품이 기존의 문화적 관습과 의례를 강화하거나 지원할 방법을 고려해야 한다. 이러한 적응에는 특정 재료, 디자인 요소 또는 문화적 선호도에 맞는 기능을 통합하는 것이 포함될 수 있다. 넷째, 현지 전문가와의 협업이다. 대상 문화의 관습과 의례에 대한 깊은 지식을 보유한 현지 전문가, 문화 컨설턴트 또는 고문들과 협력하는 것이 필요하다. 그들의 통찰력은 문화적 요소를 제품 디자인 및 마케팅 전략에 정확하게 표현하고 통합하는 데 도움이 될 수 있다. 다섯째, 현지 문화에 대한 존중과 감수성이다. 존중과 감수성을 가지고 문화적 관습과 의례에 접근해야 한다. 문화적 전유, 공격적인 고정관념(stereotype) 또는 오해를 피해야만 한다. 현지 이해관계자와 협력하여 제품 전략이 문화적 가치 및 규범에 부합하도록 한다. 마지막으로 문화적 관련성 전달이다. 제품의 문화적 관련성을 소비자에게 명확하게 전달한다. 제품이 특정 문화적 요구, 관습 또는 의식에 어떻게 부합하는지 강조해야 하는데, 이는 마케팅 메시지, 포장 또는 제품이 문화적 관행과 일치함을 강조하는 제품 설명을 통해 수행될 수 있다.

문화적 관습과 의례를 제품 전략에 통합함으로써 기업은 소비자에게 깊은 공감을 불러일으키는 제품을 만들고 문화적 연결을 촉진하며 글로벌 시장에서 경쟁우위를 확보할 수 있다.

5단계는 인체공학 및 사용 패턴이다. 인체공학(ergonomics) 및 사용 패턴을 고려하는 것은 글로벌 제품 전략을 개발할 때 매우 중요하다. 다른 문화권의 사람들은 제품과 상호작용할 때 고유한 물리적 특성, 선호도 및 습관을 지닐 수 있다. 이러한 변형을 이해하고 이를 제품 설계 및 기능에 통합하면 사용자 경험, 만족도 및 시장 성공 확률을 높일 수 있다.

인간공학은 사용자의 필요, 능력 및 한계에 맞는 제품 또는 시스템을 설계하는 연구를 말한다. 제품을 만들 때 신체적 편안함, 안전성, 효율성 및 사용성을 고려하는 것이다. 반면에 사용 패턴은 다른 문화권의 사람들이 문화적 습관, 관습 및 선호도에 따라 제품을 사용하고 상호작용하는 방식과 관련이 있다.

글로벌 자동차 제조업체인 도요타(Toyota)는 다양한 시장을 위한 자동차 인테리어를 디자인할 때 인체공학과 사용 패턴을 고려한다. 예를 들어, 대가족 여행이 일반적인 인도에서는 도요타 모델이 더 큰 그룹을 수용하기 위해 넓은 인테리어를 강조하는 경우가 많다. 이러한 적응은 가족 여행 경험에 대한 문화적 선호도를 충족시키고 사용자의 편안함과 만족도를 향상시킨다.

글로벌 제품 전략에서 인체공학 및 사용 패턴을 다룰 때 기업은 다음 요소를 고려해야 한다. 첫째, 신체적 차이이다. 다른 지역의 사람들은 신체 크기, 체형, 비율과 같은 다양한 신체적 특성을 가질 수 있음을 인식한다. 제품을 디자인할 때 이러한 차이점을 고려하여 다양한 문화적 배경을 가진 사용자가 편안하고 접근할 수 있도록 한다. 둘째, 문화적 습관 및 선호도이다. 제품 사용과 관련된 문화적 습관, 관습 및 선호도를 학습한다. 예를 들어 일부 문화에는 제품 취급 또는 상호작용과 관련된 특정 의식이나 예절이 있을 수 있다. 이러한 문화적 고려사항을 제품 디자인에 통합하여 사용자 만족도를 높인다. 셋째, 사용자 친화적인 인터페이스(user-friendly interface)이다. 문화적 배경이나 언어 숙련도와 관계없이 직관적이고 이해하기 쉬운 사용자 인터페이스를 디자인한다. 다양한 읽기 방향, 입력 기본 설정(예: 터치 또는 키패드) 및 문화적 기대치를 수용할 수 있도록 버튼, 아이콘 및 컨트롤의 배치를 고려해야 한다. 넷째, 고유한 요구사항에 대한 적응이다. 특정 문화적 요구사항이나 선호도에 맞게 제품 기능을 사용자 지정한다. 예를 들어, 요리에 사용되는 기기나 도구는 현지 요리 기술이나 재료에 맞게 조정이 필요할 수 있다. 마지막으로 사용자 테스트 및 피드백이다. 사용자 테스트를 수행하고 다양한 문화적 배경을 가진 사용자로부터 피드백을 수집한다. 이 피드백은 개선이 필요한 영역을 식별하고 제품 디자인이 다양한 사용자의 인체공학 및 사용 요구사항을 효과적으로 충족하는지 확인하는 데 도움이 될 수 있다.

인체공학을 통합하고 다양한 문화에 특정한 사용 패턴을 고려함으로써 기업은 편안하고 사용자 친화적이며 표적시장의 선호도와 습관에 잘 맞는 제품을 만들 수 있다. 이 접근방식은 사용자 만족도와 유용성을 향상시키고 궁극적으로 시장에서의 성공을 도와준다.

6단계는 문화적으로 관련된 기능 및 혁신이다. 문화적으로 관련된 기능과 혁신을 제품 전략에 통합하는 것은 다양한 문화의 특정 요구와 선호도를 충족하는 데 필수적이다. 표적시장의 고유한 요구사항과 우선순위를 이해함으로써 기업은 소비자에게 깊은 공감을 불러일으키고 경쟁우위를 확보할 수 있는 제품을 만들 수 있다. 문화적으로 관련된 기능 및 혁신은 특정 문화 또는 문화 그룹이 요구의 요구를 충족시키기 위해 특별히 맞춤화된 제품 속성, 기능 또는 디자인 요소를 말한다. 이러한 문화적 특정 요구사항을 해결함으로써 기업은 현지 소비자가 더 유용하고 가치 있으며 관련성이 있다고 인식하는 제품을 만들 수 있다

글로벌 다국적기업인 LG전자는 문화적으로 관련된 기능을 제품에 통합하는 것을 시연하였다. 중동에서 LG전자는 대추야자를 신선하게 보관할 수 있도록 설계된 특수 칸막이가 있는 냉장고를 선보였는데, 이 혁신은 현지에서 날짜의 문화적 중요성을 인식하고 중동 소비자의 특정 요구를 해결하였다. LG전자는 현지 전통에 맞는 제품 기능

을 제공함으로써 매력을 높이고 표적시장과의 강력한 연결을 구축하였다.

문화적으로 관련된 기능과 혁신을 글로벌 제품 전략에 통합할 때 다음과 같은 사항들을 고려해야 한다. 첫째, 시장조사 및 소비자 통찰력이다. 포괄적인 시장조사를 수행하여 표적시장 내의 문화적 요구, 선호도 및 문제점을 식별한다. 현지 소비자와 소통하고 통찰력을 수집하며 특정 요구사항을 이해한다. 이 연구는 문화적으로 관련된 기능과 혁신을 개발하기 위한 기초적인 역할을 한다. 둘째, 현지 전문가와 협력이다. 깊은 문화적 지식과 이해를 가진 현지 전문가, 컨설턴트 또는 파트너와 긴밀히 협력할 필요가 있다. 이러한 전문가는 표적시장에 반향을 일으키는 문화적으로 관련된 기능과 혁신을 식별하는 데 귀중한 통찰력과 지침을 제공할 수 있다. 셋째, 맞춤화 및 개인화이다. 소비자가 자신의 문화적 선호도나 특정 요구에 맞게 제품을 조정할 수 있는 맞춤화 옵션 또는 개인화 기능을 제공한다. 이 접근방식은 주인의식을 제공하고 개인의 취향을 충족시켜 소비자 참여와 만족도를 향상시킨다. 넷째, 문화적 상징 및 참조(reference)이다. 대상 문화에서 중요한 문화적 상징, 참조 또는 주제를 통합한다. 여기에는 문화적 자부심을 불러일으키고 감성적인 수준에서 소비자의 공감을 불러일으키는 시각적 요소, 패턴 또는 동기가 포함될 수 있다. 다섯째, 현지화된 마케팅 및 메시징이다. 문화적 가치, 미학 및 커뮤니케이션 스타일에 맞게 마케팅 자료 및 메시징을 조정한다. 문화적 맥락을 반영하고 대상 청중과 공감할 수 있는 언어, 시각자료 및 설명을 사용한다. 마지막으로 현지 장인 또는 디자이너와의 협업이다. 현지 장인 또는 디자이너를 참여시켜 문화적으로 영감을 받은 요소를 제품 디자인, 포장 또는 홍보자료에 주입한다. 이 협업은 진정성을 강화하고 현지 인재를 장려하며 대상 문화와의 연결을 강화한다. 문화적으로 관련된 기능과 혁신을 통합함으로써 기업은 기능적일 뿐만 아니라 특정 문화적 맥락에서 소비자에게 깊은 의미가 있는 제품을 만들 수 있다. 이 접근방식은 강력한 브랜드-소비자 관계를 조성하고 소비자 충성도를 높이며 시장 성공을 주도한다.

마지막 단계인 7단계는 포장 및 제품 연출이다. 포장 및 프레젠테이션은 제품과 소비자 사이의 시각적 및 촉각적 인터페이스 역할을 하므로 글로벌 제품 전략에서 중요한 역할을 한다. 문화적 감수성은 포장까지 확장되며 기업은 포장 디자인과 프레젠테이션이 제품 매력과 소비자 참여에 어떤 영향을 미칠 수 있는지 고려해야 한다.

포장은 제품을 보호하고 보관하는 것 이상의 다양한 용도로 사용된다. 브랜드 정체성, 제품 정보, 감정적 단서를 전달하는 커뮤니케이션 도구 역할을 한다. 문화적 요인은 포장 디자인, 색상, 기호, 재료 및 전반적인 미학에 대한 소비자의 인식에 큰 영향을 미친다. 기업은 포장 및 프레젠테이션의 문화적 감성을 이해하고 활용함으로써 제품의 매력을 높이고 소비자와 효과적으로 연결할 수 있다.

인기 있는 초콜릿 브랜드인 킷캣(KitKat)은 문화적 선호도에 맞춘 포장과 프레젠테이션의 중요성을 보여준다. 일본에서는 킷캣이 특히 수험생들 사이에서 선물용으로 인기다. 선물을 주는 문화에 맞추기 위해 일본의 킷캣은 다양한 독특한 맛과 포장 디자인을 제공한다. 이러한 디자인에는 행운의 메시지, 복잡한 패턴 및 생생한 색상이 포함되어 격려와 행운을 위해 선물을 주는 일본 전통에 부합한다. 네슬레의 킷캣은 일본어로 "킷토 캇토"라고 부르는데, 이는 반드시 이긴다 혹은 쟁취한다의 의미를 가진 "킷토 카츠(Kitto Katsu)"와 발음이 비슷하여 이를 마케팅으로 활용하여 성공하였다.

❖ **그림 8-2** 킷캣의 수험생 캠페인

글로벌 제품 전략에서 포장 및 프레젠테이션을 다룰 때는 다음 측면을 고려해야 한다. 첫째, 문화적 상징 및 이미지이다. 대상 문화와 관련된 의미 있는 문화적 상징, 모티프 또는 이미지를 통합한다. 이러한 시각적 요소는 친숙함, 자부심 또는 정서적 유대감을 불러일으켜 제품의 매력을 강화할 수 있다. 둘째, 색상 심리학 및 선호도이다. 대상 문화 내에서 다양한 색상에 부여된 문화적 의미와 연관성을 이해한다. 색 구성표와 조합을 조정하여 문하저 선호도에 맞추고 원하는 감정이나 메시지를 효과적으로 전달한다. 셋째, 원재료 및 지속 가능성이다. 포장 원재료 및 지속 가능성에 대한 문화적 태도를 고려해야 하는데, 환경친화적이거나 지역 선호도에 맞는 재료를 선택해야 한다. 포장 디자인을 통해 지속 가능성 노력 또는 친환경 노력을 전달하여 의식 있는 소비자의 공감을 얻을 필요가 있다. 넷째, 기능 및 실제 고려사항이다. 사용 용이성, 보관 편의성 및 제품 보호와 같은 포장의 기능적 측면을 다룬다. 문화적 소비습관이나 특정 사용 시나리오에 맞게 포장 크기 또는 형식을 조정해야 한다. 다섯째, 라벨 및 정보의 현지화이다. 포장에 있는 모든 라벨 및 제품 정보가 현지 언어로 정확하고 적절하게 번역되었는지 확인한다. 라벨 요구사항, 영양 정보 및 제품 클레임에 대한 현지 규정 및 지침을 준수해야 한다. 마지막으로, 감정적 호소 및 스토리텔링이다. 설득력 있는 이야기를 전달하거나 감정적 반응을 불러일으키는 공예품 포장 및 프레젠테이션, 문화적 가치에 부합하거나 향수, 축하 또는 열망을 불러일으키는 설명, 그래픽 또는 시각자료를 사용해야 한다.

포장 및 프레젠테이션의 문화적 감성을 고려함으로써 기업은 소비자에게 시각적으로 매력적이고 문화적으로 공감하는 경험을 만들 수 있다. 이 접근방식은 제품 차별화, 소비자 참여 및 브랜드 충성도를 향상시킨다.

3) 국제표준 및 규정 준수

글로벌 시장에서 제품을 개발할 때 국제표준과 규정을 준수하는 것은 매우 중요하다. 국제표준과 규정은 제품의 안전성, 품질, 규제 준수 등을 보장하기 위해 설정되어 있다.

우선, 제품을 개발하고 시장에 출시하기 전에 해당 국가나 현지의 국제적인 기준과 규정을 잘 이해해야 한다. 제품 안전성, 품질, 환경적인 영향 등에 관련된 국제표준을 숙지하고, 제품이 판매될 국가 또는 지역에서 요구되는 규정을 준수해야 한다.

또한, 글로벌 시장에서 제품을 판매하려면 해당 국가 또는 현지의 인증 절차와 규정 준수를 완료해야 한다. 이를 위해 제품에 필요한 인증을 취득하고, 해당 규정을 준수하는 테스트 및 절차를 수행해야 한다. 예를 들어, 전기제품의 경우 전기 안전 인증, 화학물질이 포함된 제품의 경우 화학물질 규제 준수 등이 해당될 수 있다.

대표적인 국제적 제품 인증으로는 ISO 인증이 있다. 국제표준화기구(ISO)에서 제정한 품질경영시스템(ISO 9001), 환경경영시스템(ISO 14001) 등 경영 및 품질, 환경 관련 국제 표준 인증이다. 그런데, 제품 자체보다는 생산 및 관리 시스템의 국제적 기준 충족을 인증한다. CE 마크는 유럽연합(EU) 시장에 유통되는 제품이 안전, 건강, 환경, 소비자 보호 관련 EU 지침을 충족함을 인증하는 마크이다. 전기전자, 기계, 의료기기 등 다양한 제품군에 적용된다. UL 인증은 미국의 대표적인 안전 인증으로, 전기·전자제품의 안전성을 보증한다. UL(Underwriters Laboratories)에서 발급하며, 북미 시장 진출에 필수적인 인증이다. CSA 인증은 캐나다표준협회(CSA)에서 발급하는 안전 인증으로, 전기·전자제품의 안전성을 검증한다. 마지막으로 CCC 인증은 중국에서 시행하는 강제성 제품 인증으로, 전기·전자제품 등 다양한 품목에 대해 안전, 환경, 품질 기준 충족을 요구한다.

특히, 할랄 인증(Halal Certification)은 이슬람 율법(샤리아)에 따라 제품이 무슬림이 섭취하거나 사용할 수 있도록 허용된 기준에 맞게 생산, 가공, 유통, 보관, 판매되었음을 공식적으로 인증하는 제도이다. 할랄(Halal)은 아랍어로 '허용된 것'을 뜻하며, 이슬람 율법에 따라 금지(하람, Haram)된 성분이나 공정이 포함되지 않은 제품에 적용된다. 할랄 인증은 이슬람권 시장 진출과 무슬림 소비자의 신뢰 확보에 필수적으로, 식품뿐 아니라 화장품, 의약품, 생활용품 등 다양한 분야에서 적용되고 있으며, 인증 절차는 원재료·공정·포장·위생 등 전 과정을 엄격하게 관리·심사하는 것이 특징이다.

국내 제품 인증의 경우, KC 인증이 있으며, 대한민국의 국가통합 인증마크로, 전기·전자제품, 어린이제품, 생활용품 등 다양한 품목의 안전성과 품질을 보증하는 강제 인증이다. KC 인증에는 안전인증, 자율안전 확인, 공급자 적합성 확인 등이 있다. KS 인증은 한국산업표준(KS)에 따라 제품의 품질, 성능, 안전 등이 표준에 부합함을 인증하는 제도로서, 주로 임의인증(선택적 인증)으로 운영된다. K마크의 경우, 다양한 공산품과 신개발품에 부여되는 인증으로 일정한 품질인증 기준이 없고 제품의 인지도를 높이려는 신개발품이나 부품도 K마크 인증 대상이 될 수 있다.

한편, 제품을 글로벌 시장으로 확장할 때는 각 국가나 지역의 특정 규제 요구사항을 준수해야 한다. 제품 라벨링, 포장, 제품 안전요건 등에 관련된 지역별 규정을 정확히 이해하고 준수해야 한다. 이는 제품을 판매하고 수입하려는 국가 또는 지역에서의 규정 준수를 보장하는 데 도움이 된다.

ISO 시리즈
ISO 9001(품질경영시스템) ISO 14001(환경경영시스템) ISO 26000(사회적 책임) ISO 31000(기업 리스크 관리) ISO 45001(안전보건경영시스템) ISO 50001(에너지경영시스템)

❖ **그림 8-3** ISO 인증의 종류

글로벌 시장에서는 규정 준수를 철저히 관리해야 한다. 규정 요구사항을 준수하기 위해 내부 프로세스와 시스템을 갖추고, 제품 개발과 생산 과정에서 규정 준수를 지속적으로 모니터링해야 한다. 규정 준수 관리는 제품의 안전성과 품질을 유지하고, 법적 문제를 예방하며, 소비자 신뢰를 구축하는 데 중요한 역할을 한다.

국제기준과 규정 준수는 제품의 성공적인 글로벌 시장 진출과 성과에 영향을 미친다. 글로벌 시장으로 진출하는 기업은 이러한 요구사항을 충족시키기 위해 국제적인 기준과 규정을 적절히 이해하고 준수하는 것이 필요하다.

4) 브랜딩, 네이밍 및 포장 고려사항

브랜딩, 네이밍, 포장은 제품 전략에서 매우 중요한 역할을 한다. 이러한 요소들은 제품의 시각적인 인상을 형성하고 소비자에게 브랜드 가치와 제품의 신뢰성을 전달한다.

브랜딩 전략 측면에서, 브랜딩은 기업의 정체성과 가치를 소비자에게 전달하는 과정이다. 글로벌 마케팅에서는 브랜드 전략을 개발할 때 다음과 같은 사항을 고려해야 한다. 먼저, 국제 브랜드 일관성이다. 글로벌 시장에서 브랜드 일관성을 유지하는 것은 중요하다. 기업은 전체적인 브랜드 메시지와 가치를 국제적으로 일관되게 유지하고, 브랜드의 핵심속성을 강조하는 방법을 고려해야 한다. 둘째, 현지 컨텍스트를 반영해야 한다. 현지 시장의 문화, 가치, 선호도에 맞게 브랜드 메시지와 전략을 조정해야 한다. 현지 소비자들이 브랜드와 제품에 대해 감정적으로 연결될 수 있도록 현지 컨텍스트를 고려하는 것이 중요하다. 셋째, 다국적 브랜드 포지셔닝이다. 각 국가 또는 지역에서의 브랜드 포지셔닝을 고려해야 한다. 국가별 또는 지역별로 브랜드의 위치를 조정하여 시장 요구에 최적화된 브랜드 이미지를 구축할 수 있다.

제품 네이밍(product naming)의 경우, 제품의 이름은 브랜드와 제품의 인식을 형성하는 중요한 요소이다. 국제 마케팅에서는 다음과 같은 네이밍 고려사항을 염두해야 한다. 첫째, 문화적 적합성이다. 제품명이 해당 문화에서 문화적으로 적합하고 받아들여질 수 있도록 고려해야 한다. 언어적인 의미, 문화적인 연관성, 발음의 용이성 등을 고려하여 제품명을 선택해야 한다. 둘째, 로마자 표기법이다. 로마자 표기법을 사용할 경우, 해당 국가 또는 지역에서 일반적으로 사용되는 로마자 표기법을 따라야 한다. 로마자 표기법의 일관성과 발음의 용이성을 고려해야 한다. 셋째, 상품 브랜드와의 일치 여부이다. 제품명은 해당 상품 브랜드와 일치하고 상호 보완적인 관계를 가져야 한다. 제품명이 브랜드 메시지와 가치를 충실히 전달하며, 브랜드와 제품 간의 일관성을 유지해야 한다.

마지막으로, 포장은 제품을 시각적으로 표현하고 소비자에게 전달하는 중요한 역할을 한다. 국제 마케팅에서는 포장 디자인을 할 때 다음과 같은 사항을 고려해야 한다. 첫째, 문화적 감수성이다. 포장 디자인은 해당 문화에서 인식되고 감수성을 자극해야 한다. 문화적인 상징, 색상 의미, 그래픽 요소, 로고 등을 활용하여 문화적으로 호감을 불러일으킬 수 있는 디자인을 고려해야 한다. 둘째, 제품 정보 전달 측면이다. 제품의 기능, 특징, 사용방법 등을 명확하게 전달할 수 있는 포장 디자인을 선택해야 한다. 소비자들이 제품에 대한 정보를 쉽게 파악하고 제품의 가치를 이해할 수 있도록 고려해야 한다. 셋째, 현지 규정을 준수해야 한다. 각 국가 또는 지역의 포장 규정을 준수해야 하는데, 제품 라벨링, 경고 표시, 제품 정보 등에 대한 현지 규정을 정확히 이행해야 한다.

브랜딩, 네이밍, 포장은 제품의 마케팅 전략과 소비자 인식에 큰 영향을 미치는 중요한 요소이다. 이러한 고려사항을 적절히 반영하여 제품을 효과적으로 포지셔닝하고 소비자들에게 독특하고 인상적인 경험을 제공할 수 있다.

5) 신제품 출시 또는 기존 제품 라인 확장

신제품 출시 또는 기존 제품 라인 확장은 글로벌 마케팅 전략에서 중요한 부분이다.

제품 라인을 확장하거나 신제품을 출시함으로써 기업은 시장세분화를 확대하고 고객 기대에 부응할 수 있다.

신제품 출시 또는 기존 제품 라인 확장을 고려할 때, 먼저 글로벌 시장에서의 요구사항을 파악해야 한다. 시장조사와 고객 피드백을 활용하여 글로벌 시장의 우선순위, 성장 동향, 고객 요구사항 등을 파악한다. 이를 통해 신제품 출시 또는 제품 라인 확장이 시장에서의 경쟁력을 확보하고 고객을 만족시킬 수 있는지 평가한다.

다음으로, 신제품을 출시하거나 기존 제품 라인을 확장하기 위해 제품 개발 및 디자인을 진행해야 한다. 다음과 같은 단계를 고려한다.

1단계 시장조사는 시장 트렌드, 경쟁 제품, 기존 고객 피드백 등을 분석하여 신제품의 개발 방향을 결정한다. 경쟁우위를 가지거나 시장에서 부족한 부분을 파악하여 기회를 찾을 수 있다. 2단계 제품 기획에서는 신제품의 목표, 기능, 기대 효과 등을 기획한다. 시장조사 결과와 고객 요구사항을 고려하여 제품의 고유 가치를 결정한다. 3단계는 제품 디자인과 개발을 진행한다. 제품의 외관, 기능, 품질, 안전성 등을 고려하여 제품을 디자인하고 개발한다. 고객의 사용 경험을 개선하기 위해 사용자 친화적인 디자인 요소를 반영할 수 있다.

신제품 출시 또는 기존 제품 라인 확장을 위해서는 효과적인 마케팅 전략을 수립해야 하는데, 다음과 같은 요소들을 고려한다.

우선, 대상 시장을 설정한다. 신제품이나 기존 제품 라인 확장의 대상 시장을 명확히 설정한다. 시장 세분화, 고객 프로파일링, 경쟁 환경 등을 고려하여 대상 시장을 정하고 해당 시장의 우선순위를 파악한다. 다음으로, 신제품의 가치를 강조하는 마케팅 메시지와 커뮤니케이션 전략을 수립한다. 제품의 고유한 특징과 이점을 강조하여 고객에게 제품의 가치를 전달한다. 그 다음 제품의 유통경로와 판매 전략을 계획한다. 글로벌 시장에서 제품을 효과적으로 판매하기 위해 현지 파트너와의 협력, 온라인 판매 채널의 활용, 유통망 구축 등을 고려한다. 마지막으로 홍보 및 광고 전략인데, 신제품 출시 또는 제품 라인 확장을 위한 홍보 및 광고 전략을 수립한다. 글로벌 시장의 문화적 특성과 트렌드에 적합한 광고 채널, 방식, 콘텐츠 등을 고려한다.

신제품 출시 또는 기존 제품 라인 확장은 기업의 성장과 글로벌 시장에서의 경쟁력 확보에 중요한 역할을 한다. 이를 위해 적절한 제품 개발, 마케팅 전략, 판매 전략을 수립하여 고객의 요구를 충족시키고 성공적인 제품 출시 또는 라인 확장을 이끌어야 한다.

04 글로벌 시장에서 제품수명주기 관리

제품수명주기(Product Life Cycle: PLC)란 제품이 시장에서 처음 도입되어 성장하고 성숙해 가며 최종적으로 쇠퇴하는 과정을 설명한다. 글로벌 시장에서 제품수명주기를 관리하는 것은 제품의 성공과 기업의 성과에 영향을 미치는 중요한 요소이다.

1) 도입기

도입기(introduction stage)는 새로운 제품이 시장에 처음으로 출시되는 단계이다. 이 단계에서는 제품이 소비자들에게 알려지고 인지도를 확보하는 것이 주요 목표이다. 제품 개발이 완료되고 제품의 디자인, 기능, 특징 등이 최종화된 후, 시장조사를 통해 대상 시장의 경쟁 상황, 소비자 요구사항, 트렌드 등을 파악하여 적절한 마케팅 전략을 수립한다. 도입기의 핵심 활동은 시장 진입을 위한 세분시장 선택, 마케팅 활동 진행, 소비자 교육과 정보 제공, 그리고 초기 수요 확보이다. 제품의 특징, 기능, 사용법 등을 소비자들에게 알려주어 제품에 대한 이해를 높이고 구매 의사결정을 도와주는 것이 중요하다.

글로벌 시장에서 제품의 도입기는 국내 시장과 상당한 차이를 보인다. 시기적 차이가 가장 두드러지는데, 문화적 차이, 경제적 발전 수준, 시장 준비 정도에 따라 제품 도입 시점이 달라진다. 특정 국가에서는 제품 수용이 빠르게 이루어질 수 있지만, 다른 국가에서는 시장 이해도를 높이기 위해 더 많은 시간과 노력이 필요하다.

수용도 차이 역시 중요한 요소이다. 소비자들은 제품의 신뢰도, 가치 제안, 문화적 적합성을 고려하여 제품을 수용하므로, 문화적·언어적·지역적 선호도가 제품 수용도에 큰 영향을 미친다. 따라서 마케팅 전략의 현지화가 필수적이며, 제품의 브랜드명, 포장 디자인, 마케팅 캠페인을 각 표적시장의 선호에 맞게 조정해야 한다. 무엇보다 각 시장의 문화적, 경제적, 사회적, 정치적 요인을 종합적으로 고려한 시장 이해가 성공적인 글로벌 도입의 전제조건이다.

2) 성장기

성장기(growth stage)는 제품이 시장에서 빠르게 성장하는 단계로, 초기 도입기를 통해 시장 입지를 확보한 후 수요와 매출이 크게 증가하는 시기이다. 이 단계에서는 수요 증가에 따른 생산량 확대, 경쟁업체 진입으로 인한 경쟁 심화, 시장점유율 확대 경쟁이 주요 특징이다. 성장기의 핵심 과제는 효율적인 공급망 구축을 통한 생산량 증가, 경쟁우위 유지를 위한 제품 개선과 혁신, 그리고 고객 피드백을 반영한 지속적인 제품 개발이다. 가격 경쟁, 제품 기능 혁신, 고객서비스 향상을 통해 경쟁력을 유지해야 한다.

글로벌 시장에서 성장기는 시장 규모, 경쟁 조건, 경제 조건에 따라 국내 시장과 다른 양상을 보인다. 수요의 지역별 차이가 뚜렷하게 나타나는데, 시장 규모가 크고 경제 발전이 빠른 국가에서는 성장기가 더욱 빠르게 진행된다. 이 단계에서 글로벌 확장 기회가 본격적으로 제공된다. 성공적인 성장을 경험한 기업들은 더 넓은 글로벌 시장으로 진출하고 글로벌 브랜드로 발전할 수 있다. 이를 위해서는 생산 능력 강화, 유통경로 확장, 마케팅 및 판매 노력 증대 등 전략적 투자와 확장이 필요하다.

또한 각 지역의 고객 선호에 맞는 제품 개선 및 다각화를 통해 시장세분화에 대응하고, 다양한 고객 그룹에 맞춤형 제품을 제공하여 경쟁우위를 확보해야 한다.

3) 성숙기

성숙기(maturity stage)는 제품이 시장에서 안정적인 성장을 이룬 후 도달하는 단계로, 판매량과 수익이 안정화되는 시기이다. 시장포화도가 높아지고 경쟁업체들이 다수 존재하여 고객의 선택 폭이 넓어지며 가격경쟁이 치열해진다. 이 단계에서는 제품 혁신을 통한 차별화, 시장세분화를 통한 목표 그룹별 전략 수립, 생산과 공급체인 최적화를 통한 효율성 향상이 핵심이다. 고객서비스 및 지원 시스템의 효율적 운영을 통해 고객 충성도를 유지하고 만족도를 높이는 것이 중요하다.

글로벌 시장에서 성숙기는 지역별로 상이한 시장포화도를 보인다. 일부 시장에서는 빠른 포화 상태에 도달하는 반면, 다른 시장에서는 여전히 성장 여력이 있을 수 있다. 이러한 차이를 활용하여 포화시장에서는 효율성 제고에, 미성숙시장에서는 점유율 확대에 집중하는 차별화된 전략이 필요하다.

또한, 고객 선호도의 지역별 변화에 대응하기 위해서는 각 시장의 고객 특성을 정확히 파악하고, 제품 개선이나 다양한 옵션 제공을 통해 현지 선호도를 충족시켜야 한다. 경쟁 상황의 복잡성 역시 증가하므로, 각 지역별 경쟁업체 분석과 차별화된 가치제안 개발이 필수적이다.

특히 마케팅 전략의 재조정이 중요한데, 제품 인지도 확보보다는 가치제안 강조와 고객 유지에 중점을 두어야 한다. 각 지역의 문화적 특성과 소비 패턴을 반영한 맞춤형 마케팅이 경쟁력 유지의 핵심이다.

4) 쇠퇴기

쇠퇴기(decline stage)는 제품이 시장에서 점차 인기를 잃고 판매량과 수익이 감소하는 단계이다. 새로운 제품이나 기술 등장으로 고객의 관심과 선호도가 변화하면서 기존 제품에 대한 수요가 줄어든다. 경쟁업체들은 가격경쟁을 통해 경쟁력 유지를 시도한다. 제품 다각화나 혁신을 통한 생명 연장 시도, 비용 관리를 통한 수익성 확보, 그리고 필요시 제품 전환이나 철수 결정이 주요 과제이다. 비용 절감, 생산 및 운영 효율성 향상, 마케팅 비용 최적화를 통해 경쟁력을 유지하면서도 비용을 줄여야 한다.

글로벌 시장에서 쇠퇴기는 더욱 복합적인 양상을 띤다. 기술 발전의 영향이 지역별로 다르게 나타나므로, 일부 시장에서는 신기술이 빠르게 확산되어 제품이 조기에 쇠퇴하는 반면, 기술 수용이 느린 시장에서는 제품 생명이 연장될 수 있다.

또한, 고객 선호 변화의 속도도 지역별로 차이가 크다. 문화적 보수성이 강한 시장에서는 기존 제품에 대한 선호가 오래 지속되는 반면, 혁신을 추구하는 시장에서는 빠른 변화가 일어난다. 따라서 각 시장별로 차별화된 대응 전략이 필요하다.

시장 동향 모니터링의 중요성이 더욱 커지는데, 경제적 변화, 경쟁업체 동향, 제도적 변화 등이 지역별로 다르게 나타나므로 지속적인 모니터링을 통해 적절한 대응 전략을 수립해야 한다. 일부 시장에서는 제품 혁신이나 가격 조정을 통해 생명을 연장하고, 다른 시장에서는 적극적인 철수를 통해 자원을 재배치하는 등 유연한 전략이 요구된다.

글로벌 시장에서의 제품수명주기 관리는 각 단계별로 국내 시장과는 다른 복합적 요소들을 고려해야 한다. 도입기에서는 문화적 적응과 현지화, 성장기에서는 글로벌 확장과 지역별 차별화, 성숙기에서는 시장별 포화도 차이 활용, 쇠퇴기에서는 지역별 맞춤형 대응이 핵심이다. 성공적인 글로벌 제품수명주기 관리를 위해서는 각 지역의 경제적, 문화적, 기술적 특성을 깊이 이해하고, 획일적 접근보다는 지역별 특성에 맞는 차별화된 전략을 수립해야 한다. 이를 통해 기업은 글로벌 시장의 복잡성을 기회로 전환하고 지속적인 경쟁우위를 확보할 수 있다.

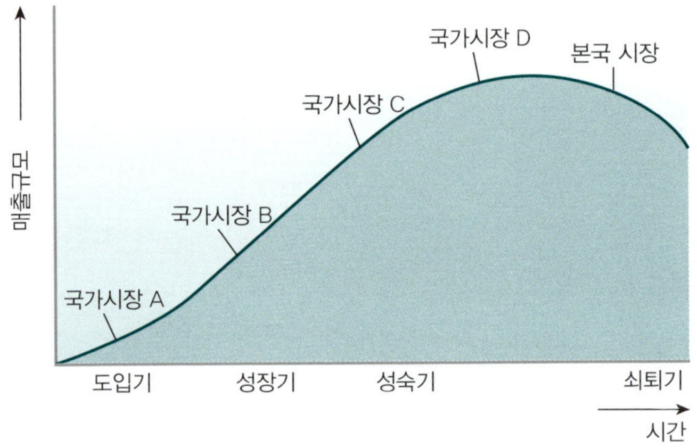

❖ **그림 8-4** 국가별 시장에서 제품수명주기의 활용

출처: Gillespie & Hennessey (2011).

마무리사례 **전 세계 코카콜라의 맛은 동일한가?**

코카콜라는 일관된 브랜드 이미지와 제품 공식을 유지하면서 현지 문화와 선호도에 전략을 적용하여 전 세계적으로 제품을 효과적으로 마케팅한 대표적 글로벌 브랜드이다. 이러한 접근방식을 통해 코카콜라는 다양한 시장의 소비자와 공감할 수 있었다. 코카콜라는 검은색 내용물과 빨간 라벨로 유명한 대표적인 표준화 제품이지만 사실 다양한 현지화를 시도하는 제품이다. 다음은 코카콜라의 성공적인 현지화 노력을 보여주는 몇 가지 예이다.

- **멕시코의 코카콜라**: 멕시코에서 코카콜라는 전통적인 맛에 대한 강한 문화적 애착을 인식하고 스테비아와 같은 천연감미료로 단맛을 낸 "코카콜라 라이프"를 출시했다. 이 제품은 건강을 좀 더 의식하는 추세에 맞춰 덜 단 음료에 대한 선호도를 충족시켰다.
- **중국의 코카콜라**: 건강을 위해 뜨거운 음료를 선호하는 중국의 풍부한 차 문화를 인식하고, 코카콜라는 따뜻하게 섭취할 수 있는 콜라 제품을 선보였다. 이 콜라에는 감기증상을 완화하기 위해 콜라를 생강과 함께 끓이는 중국 전통 가정요법에서 영감을 얻어 생강이 함유된 콜라를 출시했다.
- **일본의 코카콜라**: 일본은 차를 마시는 문화가 강하고 녹차는 대중적인 음료 선택이다. 코카콜라는 이러한 선호도를 인식하고 일본 시장을 위해 특별히 녹차 맛이 나는 변종을 출시했다. 코카콜라의 친숙한 맛과 녹차의 전통적인 맛을 결합하여 일본 소비자에게 공감할 수 있는 제품을 만들어 독특하고 상쾌한 음료 옵션을 제공했다. 이 현지화된 맛의 도입으로 코카콜라는 녹차 기반 음료를 선호하는 소비자에게 어필했다. 또한, 일본에서는 코카콜라 크리스털 라임이라는 명칭으로 라임 맛의 코카콜라도 출시되었다.
- **포트나이트의 픽셀맛 코카콜라**: 세계적인 인기 게임이자 주요 메타버스 플랫폼인 '포트나이트'에서 픽셀맛(pixel taste) 코카콜라를 발매하였다. 그 이름은 '코카콜라 제로 슈가 바이트(Coca-Cola Zero Sugar Byte)'이다. 이제 코카콜라는 가상세계에서까지 현지화를 시도하고 있다. 남미와 미국에서 한정판으로 실제 출시되기도 하였는데, 코카콜라가 생각하는 픽셀맛은 마치 처음 게임을 시작할 때의 그 두근거림과 상큼함이라고 한다. 표준화의 대명사이기도 한 코카콜라는 현지화의 끝판왕이라 부를 수 있다.

▲ 픽셀맛(pixel taste) 코카콜라

이상의 사례 모두 특정 시장에 맞게 제품을 조정하는 것의 중요성에 대한 코카콜라의 이해를 보여주었다. 코카콜라는 현지 선호도를 활용하고 문화적으로 중요한 풍미를 통합함으로써 대체음료나 현지 브랜드를 선호하는 소비자를 성공적으로 끌어들였다. 이 전략적 접근방식은 판매 및 시장점유율을 높이는 데 도움이 되었을 뿐만 아니라 다양한 시장의 고유한 요구사항을 이해하고 충족하려는 노력을 보여줌으로써 코카콜라의 브랜드 입지를 강화했다.

학·습·정·리·문·제

1. 글로벌 제품의 4가지 구성 차원을 나열하고, 각 차원이 글로벌 마케팅 전략에서 갖는 중요성을 설명하시오.

2. 제품 적응과 제품 표준화의 차이점을 설명하고, 글로벌 기업이 이 두 전략 사이에서 균형을 맞추기 위한 고려사항을 논하시오.

3. 적응과 표준화 선택에 영향을 미치는 4가지 핵심 요인을 설명하고, 각 요인이 기업의 제품 전략 결정에 미치는 영향을 서술하시오.

4. 문화적 감성이 포함된 제품 디자인의 6단계 과정을 제시하고, 각 단계에서 고려해야 할 세부 요소들을 설명하시오.

5. 글로벌 제품수명주기의 4가지 단계를 설명하고, 각 단계에서 나타나는 글로벌 시장의 특성과 국내 시장과의 차이점, 그리고 단계별 전략적 대응방안을 제시하시오.

CHAPTER 09

GLOBAL MARKETING

글로벌 가격관리

학 습 목 표

글로벌 마케터는 전 세계적으로 적절한 가격을 설정해 제품의 가치 교환을 시도한다. 이 장에서는 글로벌 가격 전략의 개념 및 가격결정 시 고려해야 할 사항 등에 대해 학습한다.

CHAPTER 09 글로벌 가격관리

도입사례 스타벅스 지수

스타벅스 라테 가격 보면, 그 나라 화폐가치가 보인다

2023년 3 · 1절에 일본을 오가는 항공편 예약률이 90%를 넘었다고 한다. 그걸 두고 이런저런 말이 많았지만 여행지를 결정하는 데는 민족감정보다 경제적 고려가 많이 작용했을 것이다. 같은 돈이라도 어느 나라에서 쓰느냐에 따라 구입할 수 있는 상품과 즐길 수 있는 서비스에는 큰 차이가 있다. 해외여행 계획을 세울 때는 비슷한 상품과 서비스의 가격이 한국에선 얼마인지를 한번쯤 생각해 보게 된다. 그런 고민에는 각 나라의 통화 간 교환비율, 즉 환율이 결정되는 원리와 적정 환율 수준을 추정해 볼 수 있는 원리가 담겨 있다. 구매력 평가설이라고 하는 환율에 관한 가장 기본적인 이론이 그것이다.

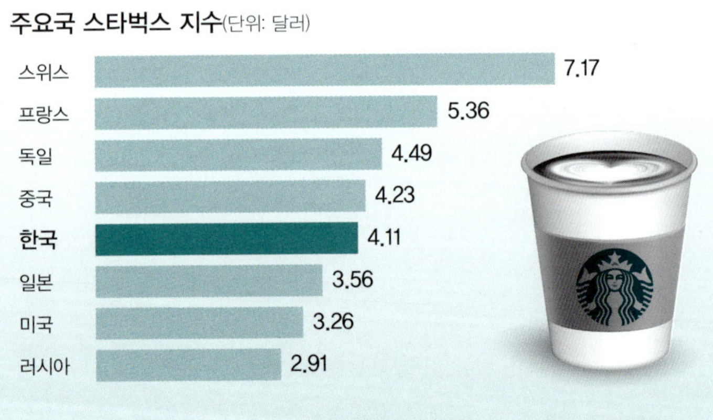

※ 각국 스타벅스 톨 사이즈 카페라떼 가격을 달러로 환산한 것
자료: 비주얼 캐피털리스트

출처: 한국경제 (2023.3.6).

▶ 스벅 라테로 계산한 적정 환율은?

구매력 평가설은 영어로 'purchasing power parity'라고 한다. PPP라는 줄임말로 많이 쓴다. 보통 구매력 평가설로 번역하지만 원어의 의미를 살려 '구매력 동등성'이라고 하는 것이 이해에 도움이 된다.

구매력 평가설의 기본 가정은 같은 금액의 돈은 어느 나라에서든 '동등한 구매력'을 가져야 한다는 것이다. 예를 들어, 한국에서 스타벅스 카페라테가 5000원이라면, 미국 스타벅스 카페라테의 원화 환산 가격은 5000원이어야 한다.

이런 가정에 따라 '적정 환율'을 추정해 볼 수 있다. 만약 스타벅스 카페라테가 한국에서 5000원, 미국에서 5달러라면 적정 원 · 달러 환율은 1000원이다. 구매력 평가설에 따라 환율을 계산하는 공식은 e=P/Pf로 나타낸다. 여기서 e는 명목 환율, P는 자국 물가, Pf는 외국 물가다. 이 공식이 의미하는 바는 국내 물가가 외국 물가에 비해 크게 오르면 국내 통화가치는 하락(환율 상승)하고, 국내 물가가 안정되면 통화가치는 상승(환율 하락)한다는 것이다.

출처: 한국경제 (2023.3.6).

01 글로벌 가격 전략의 개념

일반적으로 가격은 제품의 가치를 나타낸다. 하지만 가격에는 경제적인 측면도 있고 사회심리적 측면도 있다. 경제적 측면에서는 제품을 구매할 때 지불해야 할 비용을 말하는 것으로 제품에 따라 가격의 탄력성이 달라질 수가 있다. 필수적인 제품은 가격변동에 상관없이 수요가 크게 변하지 않아 가격탄력성이 낮지만, 사치품은 가격변동에 따라 수요의 변동이 커서 가격탄력성이 높다. 예를 들어, 경기가 나빠지면 필수품에 대한 수요는 크게 변하지 않지만 사치품에 대한 수요는 크게 줄어드는 것을 알 수 있다.

이와 같은 경제적 측면 외에 가격은 사회·심리적 측면이 있다. 우리나라에서 고급차를 주로 구매하는 사람들을 대상으로 조사한 결과를 보면, 원래 부자들이 아닌 경우 자신의 사회적 신분이나 지위를 과시하려는 욕구 때문에 고급 자동차를 구매하는 경우가 많다는 것을 알 수 있다.

글로벌 시장에서 가격은 제품의 글로벌 성격에 따라 두 가지 형태로 존재한다. 즉, 제품이 석유나 다이아몬드, 반도체처럼 전 세계적으로 통일된 시장이 존재하는 글로벌 제품인 경우에는 글로벌하게 동일한 가격이 유지된다. 이런 제품들은 산업재에 많다. 예를 들어, 보잉에서 만드는 대형 여객기의 가격은 전 세계가 동일하다. 그러나 맥주, CD 등 대부분의 소비재들은 전 세계에서 구매 가능하지만 글로벌 시장보다 각국의 시장 환경을 반영하여 가격이 매겨진다. 즉, 이 제품들은 국가 간 비용, 정부규제, 경쟁, 시장 상황의 차이를 반영하여 국가별로 가격이 매겨진다. 예를 들어, 맥주 제품의 경우

시장이 매우 분할되어 있어, 하이네켄 여섯 캔 한 박스가 어느 나라에서 팔리느냐에 따라 거의 50% 정도 가격 차이가 난다(Green & Keegan, 2020). 예를 들어, 우리나라의 경우, 하이네켄 맥주의 가격은 다른 수입 맥주, 그리고 국내시장의 약 80%를 차지하는 국산 맥주, 즉 오비와 카스 맥주와의 경쟁을 반영하여 가격이 매겨진다.

글로벌 마케터는 이러한 각국 시장의 차이뿐만 아니라, 글로벌 시장의 기회와 제한 요소를 동시에 고려하여, 글로벌 가격 시스템과 전략을 개발해야 한다. 예를 들어, 인터넷의 확산은 제품에 대한 정보를 전 세계에서 손쉽게 얻을 수 있게 만들었다. 따라서, 글로벌 기업은 동일한 제품에 대해서 각국의 고객들이 다른 가격에 대해서 어떤 반응을 보일지 생각하면서 가격을 매겨야 한다.

또한 글로벌 마케터는 글로벌 가격을 책정할 때 비용 이외의 내부요인, 즉 관리자에 따라 서로 다른 가격 전략의 목표를 갖고 있다는 것을 인식해야 한다. 예를 들어, 국별 관리자와 지역본부, 그리고 본사의 경영자들은 전사적인 이익보다 각자 자기가 맡은 영역의 수익성에 대해서 보다 관심을 갖고 있다. 또한 기능별 부서의 책임자들은 자기가 맡은 부서의 관점에서 가격 정책을 결정하려고 한다. 글로벌 마케팅 책임자는 전 세계적으로 가격경쟁력을 갖기를 원하는 반면, 재무부서의 책임자는 이익을 높이기를 원하며, 세무 담당자는 가격 정책이 각국의 이전가격 규정에 부합하는지에 보다 관심을 갖고 있다. 따라서, 글로벌 마케터는 이러한 외부 및 내부요인을 고려하여 이들을 모두 충족시킬 수 있는 글로벌 가격 정책을 결정해야 한다.

02 글로벌 가격결정의 고려사항

해외시장에서 가격을 결정할 때 어떤 요소들을 고려해야 되는가를 알아보자. 첫째, 기업이 추구하는 목표를 생각해야 한다. 기업이 추구하는 목표가 매출 위주인지 아니면 시장점유율을 높이는 것인지 혹은 이익을 높이는 것인지에 따라서 가격 차이가 달라진다. 만약 매출을 높이는 것이 목표라면 가격을 가능한 한 낮게 책정해서 판매량을 늘려야 할 것이고, 해외시장점유율을 높이는 것이 목표이면 역시 가격을 낮추어야 할 것이다. 그러나 해외시장에서의 목표가 이익을 확대하는 것이라면 가격을 올리는 전략을 사용해야 한다.

둘째, 목표고객의 특성에 따라서 가격 전략이 달라질 수 있다. 해외시장에서 목표로 삼은 고객들의 구매력이나 소득 수준, 그리고 구매의욕 등에 따라 가격 전략을 다르게 해야 한다. 예를 들어, 중국 시장에 진출할 때 목표고객이 중국의 상류층으로 해외 제품을 주로 선호하며 구매력이 높고 가격에 민감하지 않은 특성을 가지고 있다면 높은 가격 수준을 유지하는 고가격 전략이 효과적이고, 반면 목표고객이 저소득층이고 가격에 민감한 계층의 경우라면 가능한 가격을 낮추는 저가격 전략이 좋을 것이다.

셋째, 해외시장의 경쟁을 고려해야 한다. 일반적으로 해외시장에는 현지 시장을 주도하는 현지 기업이 존재하며, 이미 진출한 외국 경쟁업체들이 있을 가능성도 높다. 따라서, 이들 기업과 비교하여 경쟁력을 유지할 수 있는 가격을 결정하는 것이 필요하다. 예를 들어, 해외시장에서의 경쟁이 치열할수록 고가격 정책은 어려울 것이다. 글로벌 마케터는 이처럼 해외시장의 경쟁 상황을 고려하여 가격을 결정해야 한다.

넷째, 원가를 고려해야 한다. 글로벌 마케터는 제품의 제조원가뿐만 아니라, 판매와 마케팅 비용, 그리고 간접비를 고려해서 원가를 추정하고 그것을 고려하여 가격을 결정해야 한다.

다섯째, 국제적인 제약요소들을 고려해야 한다. 국제 간의 거래에 부과되는 관세를 비롯해 환율, 반덤핑 규정, 이전가격 규정 등 글로벌하게 적용되는 국제적 제한요소를 고려하여 가격을 결정해야 한다.

03 글로벌 가격결정방식

1) 원가지향적 가격결정

원가지향적 가격결정은 제품의 생산원가에 일정한 이윤을 가산하여 가격을 산정하는 방식이다. 이러한 방식에는 원가가산(cost plus pricing)과 이윤가산(markup plus pricing)의 두 가지가 있다.

(1) 원가가산방식

원가가산방식은 기업이 제품을 생산하여 판매하는데 소요되는 모든 원가에 일정한 이윤을 가산하여 글로벌 가격을 결정하는 방법이다. 제품 원가에 더해지는 이윤은 글로벌 마케터의 기대 수준에 따라 달라지는데, 이윤율이 높아지면 가격이 상승하는 결과를 초래하므로 이윤율은 시장에서 형성되어 있는 가격을 고려하여 결정할 수밖에 없다. 이 방식은 다른 가격결정방식에 비해 논리적인 근거가 뚜렷하고, 생산자와 구매자 모두에게 공평하다는 인식되어 있어 많은 글로벌 마케터들이 이용하고 있다. 물가상승률이 지속되거나 원자재 가격 변화가 심한 경우에도 이 방식이 많이 사용된다. 그러나 이 방식은 글로벌 가격이 원가를 기준으로 결정됨으로써 해외시장에서 경쟁기업의 가격이나 수요 구조를 무시하는 경우가 발생할 수 있고 산정과 배분이 어려운 경우에 사용하기 어렵다.

(2) 이윤가산방식

이윤가산방식은 글로벌 마케터가 미리 순이익의 크기나 이익률을 정해 놓고 이에 맞추어서 글로벌 제품의 가격을 결정하는 방식이다. 이를 위해 글로벌 마케터는 손익분기점을 파악하고 가격 수준별 예상매출액을 산출한 다음, 목표 이익을 달성할 수 있는 가격 수준을 확정한다. 이러한 방식을 선택할 수 있는 기업들은 정해진 목표 이익을 달성할 수 있는 능력이 있어야 한다는 점에서 주로 시장에서 선도적인 위치에 있거나 매우 안정적인 산업에 속한 기업들이다.

2) 목표지향적 가격결정

목표지향적 가격결정은 글로벌 마케터가 목표시장에서 추구하고자 하는 마케팅 목표에 따라 가격을 결정하는 방식이다. 이러한 방식에는 침투가격 전략(penetration pricing)과 고가격 전략(skimming pricing)이 있다.

(1) 침투가격 전략

침투가격 전략을 추구하는 마케터는 낮은 가격에 제품을 공급함으로써 단기간에 목표시장에서 교두보를 확보하고자 하는 목적과 단기이익을 희생하더라도 장기이익을 더 많이 올리려는 목적을 두고, 시장 진출 초기부터 시장을 선점하고 있는 경쟁기업에 비해 낮은 가격을 책정한다. 경쟁기업의 제품과 비슷한 품질의 제품에 낮은 가격을 책정하는 것은 상대적으로 고객을 쉽게 확보할 수 있는 경쟁수단이 된다. 침투가격 전략은 경쟁기업에 비해 낮은 원가구조의 확보하는 경우, 수요의 가격탄력성이 큰 제품의 경우, 목표시장이 대규모 시장인 경우, 높은 경험곡선의 효과로 규모의 경제 효과를 거둘 수 있는 경우에 성공할 수 있다.

(2) 고가격 전략

고가격 전략은 일반적으로 높은 가격을 지불하고서도 제품을 구매할 의사가 있는 목표시장의 고소득층을 표적으로 삼는 전략이다. 판매하는 고품질 제품에 의도적으로 높은 가격을 책정함으로써 가능하면 많은 단기이익을 실현하고자 하는 가격전략이다. 고가격 전략은 차별화된 혁신제품의 경우, 수요의 가격탄력성이 낮은 경우, 고가격-고품질 연상효과가 큰 경우, 경쟁 제품의 시장 진입이 어려운 경우, 제품의 법률적 보호가 있는 경우에 성공할 수 있다.

3) 인지가치지향적 가격결정

인지가치지향적 가격결정은 구매자의 가치에 대한 인식을 근거로 하여 가격을 결정하는 방식이다. 글로벌 마케터들은 제품에 대한 구매자의 지각된 가치를 높이기 위해 비가격적 변수를 사용한다. 예를 들어, 동질의 커피 한 잔의 값이라도 분위기로 인해 부가되는 인지가치 때문에 테이크아웃 커피전문점, 호텔, 카페, 식당 등에서의 가격이 각자 상이한 경우이다.

인지가치지향적 가격결정방식은 글로벌 마케터가 목표시장의 수요자에 대한 정보, 경쟁기업에 대한 정보, 판매 장소에 대한 정보를 잘 파악하고 있어야 성공할 수 있다. 특히, 글로벌 마케터는 목표시장의 고객들이 마음속으로 상이한 경쟁제품들의 가치를 어떻게 인식하는가를 잘 알고 있어야 한다.

4) 경쟁지향적 가격결정

경쟁지향적 가격결정은 제품의 가치보다는 경쟁 제품의 가격을 주요한 가격결정 기준으로 사용하는 것이다. 이러한 방식에는 모방에 의한 가격결정과 입찰에 의한 가격결정방법이 있다.

(1) 모방에 의한 가격결정

모방에 의한 가격결정은 제품의 원가나 가치보다는 경쟁제품의 가격과 비슷한 수준으로 글로벌 가격을 정하는 방식이다. 이러한 방식은 과점상태의 시장에서 손도기업이 존재하는 경우, 소비자들의 가격탄력성이 낮거나 알 수 없는 경우, 동질적인 제품들이 치열한 경쟁상태에 직면하는 경우 등에서 주로 사용된다. 모방에 의해서 가격을 설정하더라도 현지 시장에 진출한 초기에는 경쟁제품보다 낮은 가격을 채택하고 이후 상황에 따라 제품의 가격을 서서히 올리는 것이 바람직하다. 왜냐하면 동질적 제품인 자사제품이 현지 시장에 진출한 초기에는 제품인지도가 낮은데다 이미 현지에서 기반을 잡은 경쟁제품들과 경쟁해야 하기 때문이다. 그러나 자사제품이 경쟁제품에 비해 차별화될 수 있는 경우 자사제품의 가격차별화가 가능하다.

(2) 입찰에 의한 가격결정

입찰에 의한 가격결정은 입찰을 통해 가장 낮은 가격으로 가격을 책정하는 방식으로 입찰에 참가하는 경쟁기업들의 가격이 중요한 변수가 된다. 낙찰방식의 변형으로는 너무 낮은 가격을 제시하여 부실을 초래하는 것을 방지하기 위하여 발주자는 최저낙찰가격을 설정하여 그 이하의 가격으로 입찰한 기업은 계약에서 제외하는 경우도 있고, 사업의 규모가 크거나 장기간에 걸치는 경우에는 가격결정방식으로 낙찰과 협상을 병행하는 경우도 있다. 낙찰방식은 구매자가 수입국 정부가 되는 경우, 기업 고객이어서 구매물량이 많은 경우, 건설 수출의 경우 등에서 보편적으로 사용된다.

04 글로벌 가격 전략 유형

1) 본국 중심적 가격 확장 전략

본국 중심적 또는 가격 확장 전략은 국내가격 정책을 해외시장으로 확장시키는 것으로 국내에서의 가격 정책을 외국에서도 똑같이 적용하는 경우를 뜻한다. 예를 들면, 국내·외를 막론하고 모든 구매자에게 같은 가격을 적용하는 정책이다. 따라서 구매자 입장에서는 나머지 운송비와 관세를 모두 직접 부담하게 된다. 이 대안은 단순하기 때문에 그대로 응용이 가능하고, 별도의 정보수집도 필요하지 않기 때문에 추가비용도 많이 들지 않는다.

그러나 외국시장의 여러 경제 또는 소비자 여건을 고려하지 않기 때문에 부적절한 가격을 책정할 가능성이 높다는 것이 중요한 단점이라 할 수 있다. 예를 들어, 도요타의 렉서스가 비슷한 품질에 20,000달러 적은 가격으로 시장에 진입하였을 때, 가격 확장 정책을 고수하던 벤츠는 큰 타격을 받았다. 1993년 새로 CEO가 된 헬무트 워너(Helmut Werner)는 생산력 향상과 비용절감 노력으로 고객 중심적이고 경쟁지향적인 가격 정책으로 변경하였다. 그리고 E 클래스와 S 클래스 세단의 저가형 모델들을 시장에 내놓았다. 그 결과 메르세데스 벤츠는 이제는 가격에서도 고급 자동차 시장에서 경쟁자와 경쟁할 수 있는 시장 중심적 기업으로 변신하였다(Green & Keegan, 2020).

2) 현지국 중심적 가격 적응 전략

현지국 중심적 또는 가격 적응 전략은 해외시장의 가격 전략을 현지 시장에 맞게 적응하는 방법으로 각 시장의 경제 및 소비자 여건을 고려해 이에 맞는 가격을 책정하는 것이다. 예를 들어, 가격탄력성이 작은, 즉 고객이 가격에 둔감한 시장에서는 가격을 비싸게 받고, 가격탄력성이 큰, 즉 고객이 가격에 민감한 시장에서는 가격을 낮게 받는 것이다. 이러한 전략은 각 시장으로부터 이윤을 최적화할 수 있다는 장점이 있다.

그러나 중요한 단점은 총체적인 고려가 등한시될 수 있다는 것으로, 예컨대 같은 글로벌 이미지를 내세우려 하는 기업의 제품이 한 나라에서는 가격이 비싸지만 다른 나라에서는 값이 저렴하다면 상당한 이미지 혼동이 있을 수 있다. 이보다 더 중요한 문제는 국가 간 비공식적인 제품의 거래인데, 회색시장은 바로 이러한 가격 차이로 초래되는 것이다.

3) 세계 중심적 가격 전략

세계 중심적 가격 전략을 사용하는 회사는 전 세계적으로 단일가격을 사용하지 않으며, 자회사나 그 지역 유통업자들이 자체적으로 결정하는 가격도 허용하지 않는다. 그 대신, 세계 중심적 가격 전략은 이 양자의 중간적인 전략을 의미한다. 구체적으로 이 전략은 현지 시장의 독특한 요인들을 가격결정에 반영해야 한다는 인식에 근거를 두고, 본사와의 조정하에 현지 비용이나 소득 수준, 경쟁, 그리고 현지 마케팅 전략을 고려하여 세계 중심적 가격을 결정한다. 요약하면, 세계 중심적 가격 전략은 본사에서 가격에 대해 전 세계적으로 통일된 원칙을 정해 주고, 구체적인 적용은 현지에 맞게 조정하는 방법을 사용한다(Green & Keegan, 2020).

05 국제 이전가격 전략

국제 이전가격은 관계회사 간의 국제적 거래, 즉 본사와 해외 자회사의 거래 또는 해외 자회사 간의 거래에 책정되는 가격을 의미한다. 오늘날의 대규모 글로벌 기업들은 전 세계적 조직을 바탕으로 경영활동을 전개하고 있기 때문에 부품, 완제품, 기술 등의 기업 간 내부 거래가 국제적으로 빈번하게 발생하고 있다. 따라서, 글로벌 기업의 경우 국제 간 거래에 있어서 이전가격의 책정이 중요한 문제로 부각된다.

국제 이전가격이 문제가 되는 것은 시장가격과 다를 수 있기 때문이다. 글로벌 기업은 전 세계적 이익의 극대화를 위해 이전가격을 책정하려고 한다. 예를 들어, 세율이 낮은 나라의 자회사에서 이익을 많이 내도록 하는 것이 전체적으로 유리하기 때문에 그 자회사에서 다른 국가의 자회사로 판매할 때에는 시장가격보다 높은 가격을, 수입할 때에는 반대로 낮은 가격을 책정하는 것이다. 이 외에도 관세를 줄이기 위해, 혹은 외국 정부의 해외 송금 규제를 회피하기 위한 수단으로 이전가격 전략을 사용하기도 한다. 그러나 각국의 정부는 조세 수입을 확보하기 위해 외국기업의 조세 회피 노력을 감시하기 때문에 글로벌 기업의 이전가격 책정은 각국의 세법 규정에 맞게 하여야 한다.

1) 국제 이전가격 결정방법

국제 이전가격 전략에는 다음과 같은 세 가지 방법이 존재한다. 글로벌 기업은 기업의 성격, 제품, 시장, 그리고 상황에 따라 세 가지 방법 중 선택하여 사용한다.

첫째, 시장기반 이전가격결정법이다. 이 방법은 해외시장에서 경쟁적인 가격으로 이전가격을 결정한다. 이 방법은 소속 관계가 없는 제3의 기업에게 적용하는 가격인 시장가격(Arm's Length Pricing)과 유사한 가격으로 이전가격을 책정하는 방법이다. 이 방법의 단점은 특정 지역의 마케팅 목표상 부적합할 수 있다. 이를테면 새로 진입하는 시장의 경우, 현지 기업과 경쟁을 해야 하는 입장에서 시장가격은 현지 법인의 경쟁력을 약화시킬 것이다.

둘째, 원가기반 이전가격결정법이다. 이 방법은 내부 원가를 이전가격을 결정하는 기반으로 삼는 방법으로 앞에서 설명한 원가가산 가격결정법처럼 제품의 원가를 계산하여 이전가격을 결정하는 방법이다. 어떻게 원가를 계산하느냐에 따라 자회사의 관세와 세금 부담은 달라진다. 이 방법은 가급적 가격을 낮게 책정하기 위한 것으로, 보내는 관계사의 수익은 고려하지 않고 원가만을 만회한다는 철학으로 가격을 책정하는 것이다. 내부 원가를 결정할 때 고정비용과 변동비용을 다 포함할 경우 가격책정의 폭이 좁아지게 된다. 그러나 변동비용만을 계산할 경우 좀 더 신축적인 가격책정이 가능해진다.

셋째, 협상 이전가격결정법이다. 이 방법은 관계사들끼리 협상을 통해 이전가격을 결정하는 방법이다. 이 방법은 해외시장 상황이 자주 바뀔 때 많이 사용된다.

이러한 위 세 가지 방법 중 '원가기반' 방법이 일반적으로 선호되는데, 실제 미국 기업의 경우 반 정도의 글로벌 기업이 이 방법을 사용하고 있다(Keegan, 2014).

2) 국제 이전가격에 대한 규제

글로벌 기업은 전 세계적으로 이익을 극대화하기 위해 서로 다른 세율의 국가들에서 사업을 하는 경우 세율이 높은 국가에서는 가능한 이익을 줄이고 세율이 낮은 국가에서 이익을 높이려고 한다. 각 국가의 세무당국은 이러한 상황을 잘 알고 글로벌 기업의 이익을 검사하고 수익과 비용을 세법에 맞게 재조정하게 함으로써 조세 수입을 높이려고 한다. 예를 들어, 미국 세무당국은 스위스의 시계제조업체인 스와치 그룹에 대해 이전가격을 이용하여 미국에 내야 할 세금과 관세 수백만 달러를 회피한 죄목으로 검찰에 고발하였다(Lopez & McKinnon, 2004). 미국에는 이러한 국제 이전가격에 대한 규정이 세법 482조와 부속 규정에 규정되어 있다.

글로벌 마케터는 기업 간 내부 이전거래에 대한 진출 국가의 세법 규정과 규제 사항을 주의 깊게 살펴서, 이러한 규정에 맞게 이전가격을 결정함으로써 현지 정부로부터 문제가 제기되지 않도록 해야 한다. 국가마다 이러한 이전거래에 관한 규정과 세법이 다르지만 근본적으로는 공통된 원칙은 각국 정부는 국제적으로 사업을 하는 글로벌 기업의 세금 회피를 막고 수익이 공정하게 분배되도록 하는 것이다. 이러한 목적을 위해서 일반적으로 각국 정부는 상품의 국제 이전거래에 대해 적용되는 가격의 기준을 동일한 상황에서 독립된 비관련기업 간의 거래에 적용되는 시장가격(arm's length price)으로 하고 있다. 따라서 글로벌 마케터는 자회사와 모회사 또는 자회사 간에 이루어지는 상품과 서비스의 국제적 거래에 대해 시장가격을 기준으로 이전가격을 결정하도록 노력해야 할 것이다.

▶ "대중차 아닌 고급차" … 현대차 · 기아 승부수 통했다

현대차그룹(현대차 · 기아)이 지난 1분기 시장 전망치를 웃도는 실적을 기록했다. 특히 지난해 판매량 기준 세계 1위인 일본 도요타와 미국 제너럴모터스(GM)를 뛰어넘는 영업이익(6조4,667억 원)을 기록해 시장을 깜짝 놀라게 했다. 영업이익률에서도 프리미엄 차종을 생산하는 독일의 메르세데스-벤츠와 상대적으로 판매가가 높은 전기차업체인 미국 테슬라 등을 제외하면 글로벌 완성차업체 중 가장 높은 10.5%(현대차 9.5%, 기아 12.1%)를 기록했다.

자동차업계는 이 같은 현대차그룹 선전의 비결로 우선 고가 브랜드 전략을 꼽는다. 2일 업계에 따르면 2018년 국내 기준으로 평균 3,638만 원이던 현대차의 승용차 판매가격은 지난해 5,000만 원을 넘어섰다. 소비자 선호도가 높은 스포츠유틸리티차량(SUV)을 비롯한 레저용 차량(RV) 가격도 같은 기간 3,827만 원에서 4,641만 원으로 뛰었다. 가장 변화폭이 컸던 것은 수출용 RV다. 4년 전 3,393만 원에서 지난해 6,279만 원까지 가격이 올랐다. 기아도 마찬가지다. 비주력인 승용차의 경우 판매가 차이는 거의 없었다. 반면 같은 기간 RV의 경우 내수용은 3,340만 원에서 4,356만 원으로, 수출용은 3,885만 원에서 5,090만 원으로 인상됐다.

이에 대해 현대차그룹 관계자는 "현대차의 경우 단가가 높은 제네시스 브랜드와 RV, 그리고 친환경차 비중이 증가하고 있다"며 "기아에서는 첫 전용 전기차인 EV6, 5세대 스포티지, 하이브리드 · 플러그인하이브리드 모델이 추가된 쏘렌토 등의 출시가 판매가에 영향을 미쳤을 것"이라고 설명했다.

시장에서는 고가 라인업 확충과 더불어 각종 편의사양(옵션)의 '기본화'를 판매가 인상의 주원인으로 꼽는다. 과거 현대차그룹은 옵션이 하나도 없는 이른바 '깡통차'를 앞세워 가격경쟁력을 강조해왔다. 하지만 최근에는 '운전자 지원 시스템(ADAS)'과 같은 고가 옵션도 기본모델에 포함시켜 가격을 높이는 방식의 상품 전략을 사용하고 있다.

이러한 전략은 해외, 특히 미국 소비자들로부터 호평을 받은 것으로 나타났다. 기아 스포티지를 예로 들면, 2021년만 해도 현지 구매자 가운데 저가 트림(사양)을 선택하는 비중이 80%가 넘었으나, 신형 모델 출시 후에는 이 비중이 10%대로 떨어졌고, 지난 1분기에는 7%에 그쳤다.

이와 관련해 송호성 기아 사장은 지난달 열린 'CEO 인베스터 데이'에서 "제품 가격을 높인 초기에는 판매가 어려웠지만 이후 소비자 만족도가 높아지면서 현재의 상품 전략이 기아를 다른 브랜드와 차별화시키는 요인이 됐다"고 밝히기도 했다. 이처럼 판매가격을 올리면서도 현대차 · 기아는 대당 원가를 완성차 업체 중 가장 낮은 수준으로 유지했다. 삼성증권 분석에 따르면 작년 기준 기아의 대당 매출 원가는 1만9,100달러로 주요 업체 가운데 가장 낮다.

업계 관계자는 "플랫폼 표준화와 부품 공용화 등이 현대차그룹이 제조원가를 낮출 수 있었던 핵심요인"이라고 설명했다.

출처: 매일경제 (2023.5.2).

학·습·정·리·문·제

1. 글로벌 가격 전략을 결정할 때 고려해야 할 요인에 대해 설명하시오.

2. 글로벌 가격 전략의 고려사항에 대해 설명하시오.

3. 글로벌 가격결정방식에 대해 설명하시오.

4. 글로벌 가격 전략의 유형에 대해 설명하시오.

5. 국제 이전가격의 결정방법에 대해 설명하시오.

CHAPTER 10

GLOBAL MARKETING

글로벌 유통관리

학습목표

글로벌 마케터는 전 세계에 있는 고객에게 제품과 서비스를 제공하기 위해 최적의 유통경로를 활용하여 가치 전달체계를 구축할 필요가 있다. 이 장에서는 글로벌 유통경로의 개념과 유통경로의 구성원 관리, 글로벌 유통경로 전략의 목표와 유형, 대안에 대해 살펴보고, 글로벌 물류의 개념과 물류관리 활동에 대해 학습한다.

CHAPTER 10 글로벌 유통관리

도입사례 **무신사가 물류를 글로벌 전략 중심에 둔 이유는**

패션 플랫폼 업체 무신사가 글로벌 전략의 핵심 축으로 '물류'를 택했다. 단순 배송 효율을 넘어, 유통 주도권과 데이터 관리를 통해 브랜드 충성도를 높이고, 영향력을 강화하려는 포석이다. 일각에서는 무신사가 기업공개(IPO)를 앞두고 단순 플랫폼을 넘어 유통 대기업으로 재평가받겠다는 목표를 제시한 것으로 해석한다.

29일 관련 업계에 따르면, 무신사는 지난 10일 '글로벌 파트너스 데이' 행사에서 오는 2030년까지 해외 거래액 3조 원 달성을 목표로 하는 글로벌 전략을 발표했다. 올해 일본 · 중국 · 중동 등으로 스토어 운영국을 확대하고, 중국 상하이 · 일본 오사카 등지에 오프라인 매장도 출점한다는 계획이다. 케이(K)패션을 해외로 직접유통하겠다는 목표다.

무신사의 글로벌 전략에서 물류는 차별화의 키(열쇠)로 꼽힌다. 일정 규모 이상의 브랜드라면 굳이 무신사를 거치지 않고 현지 플랫폼과 직접 협업하는 것이 더 효율적일 수 있다.

무신사는 이 구조적 한계를 풀필먼트(통합물류)로 정면 돌파한다는 계획이다. 브랜드는 상품만 준비하면 되고, 무신사는 재고관리, 통관, 현지 배송, 반품까지 책임지는 원스톱 물류 서비스인 MFS(무신사 풀필먼트 서비스)를 운영한다. 오는 8월부터 이 서비스를 해외로 확장하고, 국내 스토어와 글로벌 스토어 간 입점 연동 시스템도 제공할 계획이다.

현지 물류 거점에 재고를 미리 배치하는 '전진 배치' 전략을 통해 일본에서는 기존 일주일 이상 걸리던 배송을 1~2일 수준으로 줄이겠다는 목표다. 일본에서는 이미 '마뗑킴' 등 일부 브랜드를 대상으로 풀필먼트 서비스를 시범 운영 중이다. 마뗑킴의 경우 서비스 도입 이후 일본 하루 평균 거래액이 75% 증가했다는 게 회사 측 설명이다. 무신사는 국내 물류센터에 재고만 입고하면, 글로벌 주문까지 자동 대응하는 구조를 만든다는 목표다.

여기에 국내와 글로벌 스토어를 시스템적으로 연동해, 판매 채널별 수요에 맞는 재고 배분도 자동화한다. 브랜드 입장에서는 무신사 풀필먼트를 활용하는 순간 물류 부담이 사라지고, 해외 진출 장벽도 낮아진다. 동시에 무신사의 시스템과 데이터를 기반으로 재고관리까지 할 수 있어 플랫폼에 대한 의존도는 높아진다.

이는 브랜드 입장에선 편리함이지만, 동시에 '대체 불가능한 채널'로 무신사를 인식하게 만드는 락인(이용자 묶어두기) 효과로 이어질 수 있다. 무신사로서도 글로벌 확장을 위해선 더 많은 브랜드가 자사 풀필먼트와 플랫폼에 입점하고, 이를 지속적으로 유지해야 한다.

업계에서는 무신사의 이번 물류 중심 전략은 단순한 배송 혁신이 아닌, 플랫폼의 정체성을 유통 기업으로 확장하려는 시도라고 해석한다. K패션 생태계와 동반 성장하겠다는 명분과, 상장을 앞둔 기업으로서의 실질적 기업가치를 함께 끌어올리겠다는 계산이 맞물린다. 물류가 무신사 성장의 '핵심 축'이 된 셈이다.

▲ 무신사 마뗑킴 시부야점

물류 인프라 구축에는 고정비 부담이 따르지만, 무신사는 이를 실물 기반 플랫폼 기업으로 도약하기 위한 전략적 투자로 보고 있다. IPO를 추진 중인 무신사는 물류를 통해 단순 커머스 플랫폼을 넘어, 유통 인프라를 보유한 기업으로 재평가받겠다는 목표다. 박준모 무신사 대표는 "상장 준비는 계획대로 진행 중이며, 조만간 주관사를 선정할 예정"이라고 밝혔다.

유통업계 관계자는 "무신사의 이번 선택은 단순히 물류 효율을 높이려는 것이 아니라, 플랫폼의 정체성 자체를 바꾸려는 시도"라며 "장기적으로는 한국 패션 플랫폼이 글로벌 유통까지 진출할 수 있는 가능성을 보여 주겠다는 것"이라고 말했다.

출처: Chosun Biz (2025.6.29).

01 글로벌 유통

1) 유통의 정의와 중요성

유통(distribution)은 생산자가 생산한 재화나 서비스를 최종 소비자에게 전달하는 모든 활동을 포괄하는 개념이다. 유통은 "제품이나 서비스를 생산지점에서 소비지점으로 이동시키는 과정에서 발생하는 모든 비즈니스 활동"으로 정의된다(Kotler & Armstrong, 2021). 유통은 단순한 제품의 물리적 이동을 넘어서 가치창출 과정이라는 점에서 중요하다. 생산자와 소비자 사이에는 시간적, 공간적, 양적, 질적 격차가 존재하며, 유통은 이러한 격차를 해소하여 거래를 원활하게 만드는 역할을 수행한다(Stern et al., 1996).

유통은 다른 마케팅 믹스 요소들과 밀접한 상호작용을 한다. 먼저 제품(product)의 특성이 유통경로 선택에 결정적 영향을 미치는데, 고급품의 경우 브랜드 이미지 관리를 위해 독점유통을 선택하는 반면, 일용품은 시장접근성 확대를 위해 집약유통을 채택한다. 가격(price) 측면에서는 유통 단계가 늘어날수록 각 단계의 마진이 누적되어 최종 소비자가격이 상승하게 된다. 촉진(promotion) 활동에서는 유통업체가 소매점 진열, 판매원 교육, 현지 광고 등을 통해 제조업체의 촉진 활동을 분담하는 중요한 파트너 역할을 수행한다. 이처럼 유통전략의 효과성은 다른 마케팅 믹스 요소들의 성공을 좌우한다. 아무리 좋은 제품이라도 적절한 유통경로를 통해 소비자에게 전달되지 않으면 시장에서 성공할 수 없다(Rosenbloom, 2018).

유통은 네 가지 기본 효용을 창출하여 제품의 가치를 증대시킨다. 시간 효용(time utility)은 제품이 고객이 원하는 시점에 구매할 수 있도록 하는 효용으로, 계절상품의 사전 저장이나 연중 공급체계 구축 등이 대표적 예이다. 장소 효용(place utility)은 제품을 고객이 접근하기 편리한 장소에 배치하여 창출되는 효용으로, 편의점의 근거리 배치나 온라인 쇼핑의 집까지 배송 등이 이에 해당한다. 소유 효용(possession utility)은 제품의 소유권을 생산자에서 소비자로 원활하게 이전시키는 효용으로, 결제 시스템, 신용 제공, 소유권 이전 절차 등이 포함된다. 형태 효용(form utility)은 고객의 요구에 맞게 제품을 가공, 포장, 분류하여 창출되는 효용으로, 대용량 제품의 소포장 판매나 세트 상품 구성 등을 예로 들 수 있다.

2) 유통의 기본 기능

(1) 거래 기능

거래 기능(transaction functions)은 매매 기능과 위험부담 기능으로 나뉜다. 매매 기능은 구매자와 판매자를 연결하여 거래를 성사시키는 기능으로, 시장조사, 고객 발굴, 협상, 계약 체결 등의 활동을 포함하며, 생산자가 직접 수행하기 어려운 대규모 시장 접촉을 대행한다. 위험부담 기능은 재고 보유로 인한 가격변동 위험, 파손 위험, 유행 변화 위험 등을 부담하고, 신용거래 시 발생하는 대금 회수 위험을 담당하며, 보험 가입과 위험 분산을 통한 리스크 관리를 수행한다.

(2) 물류 기능

물류 기능(physical functions)은 운송 기능, 보관 기능, 하역 기능으로 구성된다. 운송 기능은 제품을 생산지에서 소비지로 이동시키는 기능으로, 운송수단 선택, 경로 설정, 배송 일정 관리를 통해 비용 효율성과 신속성의 균형을 추구한다. 보관 기능은 생산과 소비의 시간적 격차를 조정하는 기능으로, 창고 운영, 재고관리, 품질 유지를 통해 수요 변동에 대응한 안정적 공급을 보장한다. 하역 기능은 제품의 적재, 하역, 포장, 분류 등의 작업을 통해 운송 효율성을 제고하고 제품 손상을 방지하며, 고객 요구에 맞는 제품을 준비한다.

(3) 보조 기능

보조 기능(facilitating functions)은 정보수집 기능, 자금조달 기능, 표준화 기능으로 이루어진다. 정보수집 기능은 시장 동향, 고객선호도, 경쟁 상황 등의 정보를 수집하여 생산자에게는 시장 정보를, 소비자에게는 제품 정보를 제공하며, 마케팅 조사와 시장분석을 수행한다. 자금조달 기능은 재고 구입과 운영을 위한 자금을 조달하고, 고객에 대한 신용 제공과 할부 판매를 통해 생산자와 소비자 간 금융 중개 역할을 담당한다. 표준화 기능은 제품의 등급화, 규격화, 브랜드화를 통해 거래의 효율성을 증대시키고 품질을 보증하며, 시장 질서 확립과 공정거래를 촉진한다.

3) 글로벌 유통의 특성

(1) 국내 유통과 글로벌 유통의 차이점

- 복잡성의 증가: 글로벌 유통은 국내 유통에 비해 현저히 높은 복잡성을 가지며, 점점 더 복잡성은 기하급수적 증가한다. 이러한 복잡성 증가는 여러 요인에서 기인한다. 먼저 다중국가환경에서는 각국의 서로 다른 비즈니스 환경을 동시에 고려해야 하며, 국경을 넘는 다단계 유통과정으로 인해 유통경로가 길어진다. 또한 수출업체, 수입업체, 현지 유통업체, 정부기관 등 다양한 이해관계자들이 관여하게 되고, 환율변동, 정치적 위험, 자연재해 등 복합적 위험 요소들이 동시에 작용한다.

- 환경적 차이: 글로벌 유통에서는 국가별로 상이한 환경 요인들을 동시에 고려해야 한다. 문화적 차이는 소비 패턴과 구매행동의 차이, 비즈니스 관습과 협상 스타일의 차이, 종교적·윤리적 가치관의 차이로 나타나며, 이슬람 국가의 할랄 인증이나 인도의 채식주의 문화 등이 대표적 예이다. 법규 차이는 각국의 독립적인 법체계와 규제, 수입 관세·비관세 장벽·품질기준, 유통업체 규제·외국인 투자 제한 등으로 나타나며, EU의 GDPR이나 중국의 사이버보안법 등이 실제 사례이다. 경제적 차이는 소득 수준과 구매력의 차이, 인플레이션율과 환율변동, 금융 시스템과 결제방식의 차이로 나타나는데, 신흥국의 현금 거래 선호와 선진국의 디지털 결제 확산이 이를 보여준다. 정치적 차이는 정치적 안정성과 정책 연속성, 국제관계와 무역정책 변화, 정부의 산업정책과 규제 방향의 차이로 나타나며, 미-중 무역분쟁이나 브렉시트의 영향 등이 실제 사례이다.
- 물리적 거리와 시간의 제약: 지리적 거리는 운송비용과 운송시간의 증가를 가져오고, 운송 중 손실과 파손 위험을 증대시키며, 복합운송의 필요성을 높인다. 시간대 차이는 실시간 의사소통을 어렵게 만들고, 업무시간 불일치로 인한 응답지연을 초래하며, 긴급상황 대응에 제약을 가한다.

❖ **표 10-1** 국내 유통과 글로벌 유통의 비교

구분	국내 유통	글로벌 유통
환경 복잡성	단일 환경	다중 환경
법적 규제	단일 법체계	다중 법체계
문화적 요인	동질적	다양성
통화/결제	단일 통화	환율 리스크
운송거리	단거리	장거리

(2) 글로벌 유통의 과제

- 문화적 다양성 대응: 소비자행동 차이에 대응하기 위해 글로벌 기업은 각국 소비자의 서로 다른 구매 패턴, 선호도, 의사결정 과정을 이해하고 대응해야 한다. 홉스테드(Hofstede, 2001)의 문화차원이론에 따르면, 권력거리, 개인주의-집단주의, 불확실성 회피 등의 문화적 차원이 소비행동에 큰 영향을 미친다. 현지 파트너십은 문화적 장벽을 극복하기 위한 필수적 요소로, 현지 업체는 언어, 관습, 네트워

크에 대한 깊은 이해를 보유하고 있어 시장 진입을 용이하게 한다.

- 법적 규제의 차이: 관세 및 비관세 장벽은 국가별 상이한 관세율과 수입 규제, 원산지 규정·품질 인증·라벨링 요구사항, 반덤핑 관세·긴급수입제한조치 등으로 나타난다. 유통업체 규제는 외국인 투자 제한과 업종별 규제, 유통업 허가제와 영업시간 제한, 온라인 판매와 광고에 대한 규제 등을 포함한다.
- 환율변동위험: 환율변동은 글로벌 유통업체의 수익성에 직접적 영향을 미친다. 특히 장기계약의 경우 환율변동으로 인한 손실이 클 수 있어 헤징 전략이 필요하다. 환율위험 관리방법으로는 선물환 계약을 통한 환율 고정, 현지 조달 비중 확대로 환노출 감소, 자연 헤징을 통한 위험 상쇄 등이 있다.
- 물류비용과 시간 증가: 글로벌 유통에서는 장거리운송, 복합운송, 통관절차 등으로 인해 물류비용이 국내 유통 대비 3~5배 이상 높아질 수 있다(World Bank, 2020). 긴 리드타임 문제는 국제운송과 통관절차로 인해 주문부터 배송까지의 시간이 길어져, 신속한 대응이 어렵고 재고관리가 복잡해지는 것이다. 재고관리의 복잡성은 각국별 수요 예측의 어려움, 환적과 통관으로 인한 재고 가시성 부족, 계절성과 현지 이벤트의 복합적 영향 등으로 나타난다.

02 글로벌 유통경로 관리

1) 유통경로의 기본 이론

(1) 유통경로의 개념

유통경로(distribution channel)는 제품이나 서비스가 생산자로부터 최종 소비자에게 전달되는 과정에 참여하는 모든 조직과 개인들의 집합을 의미한다. 또한, 유통경로를 "제품이나 서비스가 생산자에서 소비자로 이동하는 경로상에 있는 상호의존적인 조직들의 집합"으로 정의하기도 한다. 유통경로는 단순한 제품 이동통로가 아니라 가치창출 네트워크이다. 각 경로 구성원은 고유한 기능을 수행하면서 전체 시스템의 효율성에 기여한다. 특히 글로벌 시장에서는 지리적 거리, 문화적 차이, 법적 환경 등의 복잡성으로 인해 유통경로의 역할이 더욱 중요해진다.

유통경로 구조는 길이(length), 폭(width), 다양성(variety)의 세 가지 차원으로 분석할 수 있다. 유통경로의 길이는 생산자와 최종 소비자 사이에 존재하는 중간상의 단계 수를 의미한다. 0단계 채널은 생산자가 소비자에게 직접 판매하는 직접유통이고, 1단계 채널은 소매상을 거치는 구조, 2단계 채널은 도매상과 소매상을 모두 거치는 구조이다. 글로벌 유통에서는 수출업체, 수입업체, 현지 도매상, 소매상 등이 추가되어 3~4단계 채널이 일반적이다. 유통경로의 폭은 각 단계에서 활용하는 중간상의 수를 나타낸다. 집약적 유통은 가능한 많은 판매처를 활용하고, 선택적 유통은 일정 기준을 만족하는 제한된 수의 판매처를 선택하며, 독점적 유통은 특정 지역에서 한 개의 판매처만을 선정한다. 유통경로의 다양성은 동일한 제품이나 서비스를 판매하기 위해 활용하는 서로 다른 유형의 유통경로 수를 의미한다. 예를 들어, 한 기업이 직영점, 가맹점, 온라인 쇼핑몰을 동시에 운영하는 경우 높은 다양성을 가진다고 할 수 있다.

유통경로에는 네 가지 주요 흐름이 존재한다. 제품 흐름(physical flow)은 실제 제품이 생산자에서 최종 소비자로 이동하는 과정이다. 이 과정에서 운송, 보관, 하역 등의 물류 활동이 수반된다. 글로벌 유통에서는 국경을 넘나드는 복잡한 물류 네트워크가 형성된다. 소유권 흐름(title flow)은 제품에 대한 법적 소유권이 각 단계별로 이전되는 과정이다. 소유권 이전 시점과 실제 제품 이동 시점이 다를 수 있으며, 특히 국제거래에서는 인코텀즈(incoterms) 등의 국제상관습에 따라 위험과 소유권 이전 시점이 결정된다. 정보 흐름(information flow)은 주문, 재고, 시장 정보 등이 경로 구성원 간에 공유되는 과정이다. 현대 글로벌 유통에서는 실시간 정보 공유를 통한 공급망 가시성 확보가 경쟁우위의 핵심 요소가 되고 있다. 자금 흐름(payment flow)은 제품 대금과 관련 비용이 결제되는 과정이다. 글로벌 유통에서는 환율변동, 결제 수단의 차이, 신용위험 등을 고려한 복잡한 금융거래가 이루어진다.

(2) 중간상의 역할과 기능

중간상의 존재는 거래비용 절감의 관점에서 설명된다. 코스(Coase, 1937)의 거래비용 이론에 따르면, 시장에서 직접 거래하는 비용이 중간상을 통한 거래비용보다 클 때 중간상이 경제적 효율성을 제공한다. 접촉 효율성을 통해 중간상의 경제적 가치를 이해할 수 있다. 예를 들어, 4개의 생산자가 6개의 소매상에게 직접 제품을 공급한다면 24개(4×6)의 거래 관계가 필요하다. 하지만 1개의 도매상이 중간에 개입하면 10개(4+6)의 거래 관계만으로도 동일한 결과를 달성할 수 있다. 이러한 접촉 효율성은 글로벌 시장에서 더욱 중요해진다. 전문화의 이익도 중간상 존재의 중요한 근거이다. 중간상은 유통 전문 기능에 특화되어 생산자나 소비자가 직접 수행하기 어려운 활동을 효율적으로 처리할 수 있다. 특히 글로벌 시장에서는 현지 시장 지식, 문화적 이해, 네트워크 등이 중요한 전문 역량이 된다.

중간상은 제품에 대한 소유권 보유 여부에 따라 상인형 중간상(merchant intermediaries)과 대리점형 중간상(agent intermediaries)으로 구분된다(Stern et al., 1996). 상인형 중간상은 제품에 대한 법적 소유권을 가지고 자신의 명의와 책임으로 거래하는 중간상이다. 도매상, 소매상, 수입업자 등이 여기에 해당한다. 상인형 중간상은 재고 위험을 부담하는 대신 높은 마진을 확보할 수 있으며, 가격결정권을 가진다. 글로벌 유통에서 현지 총판업체나 수입업자가 대표적인 상인형 중간상이다. 대리점형 중간상은 제품 소유권을 갖지 않고 다른 주체를 대신하여 거래를 중개하는 중간상이다. 판매대리점, 중개인, 위탁판매업체 등이 포함된다. 대리점형 중간상은 수수료나 커미션을 받고 재고 위험은 부담하지 않는다. 글로벌 시장에서 현지 판매 대리점이나 수출관리회사가 대표적 예이다.

중간상은 여러 차원에서 가치를 창출한다. 시장접근성 측면에서 중간상은 생산자가 직접 접근하기 어려운 시장에 대한 진입 기회를 제공한다. 특히 글로벌 시장에서는 현지 중간상의 시장 지식과 네트워크가 필수적이다. 위험 분산 기능을 통해 중간상은 생산자의 위험을 분담한다. 재고 위험, 신용 위험, 시장 위험 등을 중간상이 부담함으로써 생산자는 핵심 역량인 제품 개발과 생산에 집중할 수 있다. 서비스 제공 측면에서 중간상은 설치, 수리, 교육, 기술 지원 등의 부가서비스를 제공한다. 이러한 서비스는 제품의 가치를 높이고 고객만족도를 향상시킨다. 시장정보 수집과 전달 기능을 통해 중간상은 생산자에게는 시장 동향과 고객선호도를, 소비자에게는 제품정보와 사용법을 제공한다.

2) 글로벌 유통경로 구성원

(1) 본국 내 유통경로 구성원

① 수출업

직접 수출업체는 자사 제품을 해외에 직접 판매하는 제조업체이다. 수출 전담 부서나 해외 영업팀을 보유하고 있으며, 해외 고객과 직접 거래한다. 이들은 높은 통제력과 수익성을 확보할 수 있지만, 상당한 자원과 전문성이 필요하다. 간접 수출업체는 국내의 수출 전문업체를 통해 해외에 제품을 판매하는 제조업체이다. 수출에 대한 경험이 부족하거나 자원이 제한적인 중소기업이 주로 활용한다. 위험은 낮지만 수익성과 통제력이 제한된다.

② 수출관리회사

수출관리회사(Export Management Company: EMC)는 제조업체를 대신하여 수출 업무를 전담하는 전문 서비스업체이다. 여러 제조업체의 제품을 취급하며, 수출 관련 모든 업무를 대행한다. EMC는 일반적으로 대리 중간상 역할을 하며, 판매액에 대한 수수료를 받는다.

EMC의 주요 서비스로는 해외시장 조사, 바이어 발굴, 수출 계약 체결, 선적 및 통관 업무, 대금 회수, 애프터서비스 등이 있다. 중소기업에게는 수출 전문성과 해외 네트워크를 제공하는 유용한 파트너이다.

③ 수출거래회사

수출거래회사(Export Trading Company: ETC)는 다양한 제조업체의 제품을 매입하여 해외에 판매하는 상인 중간상이다. EMC와 달리 제품을 직접 매입하므로 재고 위험을 부담하지만, 더 높은 수익성을 추구할 수 있다.

ETC는 규모의 경제를 통해 경쟁력을 확보한다. 여러 제조업체의 제품을 통합하여 대량 수출이 가능하고, 운송비와 관리비용을 절감할 수 있다. 또한 다양한 제품 포트폴리오를 통해 위험을 분산시킨다.

④ 종합상사

종합상사는 다양한 상품을 취급하며 전 세계적인 무역 네트워크를 보유한 대규모 무역업체이다. 일본의 소고쇼샤(Sogo Shosha)가 대표적 모델이며, 한국의 삼성물산, 현대종합상사 등이 이에 해당한다. 종합상사의 핵심 역량은 글로벌 네트워크, 종합 금융 서비스, 프로젝트 수행 능력, 리스크 관리 역량 등이다. 단순한 무역업을 넘어 해외 투자, 자원 개발, 플랜트 수출 등 종합적인 사업을 수행한다.

(2) 해외 유통경로 구성원

① 수입업자

수입업자는 해외 제품을 자국으로 수입하여 현지 시장에 판매하는 상인 중간상이다. 수입업자는 제품에 대한 완전한 소유권을 가지며, 자신의 책임과 위험으로 사업을 운영한다. 전문 수입업자는 특정 제품군이나 브랜드에 특화된 업체이다. 해당 분야에 대한 깊은 전문지식과 시장 경험을 보유하고 있어 효과적인 마케팅과 고객서비스를 제공할 수 있다. 종합 수입업자는 다양한 제품을 폭넓게 취급하는 업체이다. 규모의 경제를 통한 비용 절감과 원스톱 서비스 제공이 장점이지만, 개별 제품에 대한 전문성은 상대적으로 부족할 수 있다.

② 총판업체

총판업체(distributor)는 특정 지역에서 제조업체의 제품을 독점적으로 유통하는 권한을 가진 업체이다. 일반적으로 상인 중간상 역할을 하며, 재고를 보유하고 현지 고객에게 직접 판매한다. 총판업체는 시장 개발 역할을 담당한다. 신제품 출시, 브랜드 마케팅, 고객 교육, 애프터서비스 등을 통해 시장을 확대한다. 제조업체 입장에서는 현지 시장 전문가로서 귀중한 파트너이다. 독점적 총판계약은 상호 간에 높은 몰입과 투자를 요구한다. 총판업체는 최소 구매량, 마케팅 투자, 서비스 기준 등을 충족해야 하고, 제조업체는 독점권 보장과 지속적인 지원을 제공해야 한다.

③ 소매상

소매상(retailer)은 최종 소비자에게 직접 제품을 판매하는 업체이다. 글로벌 유통에서 소매상은 현지 소비자와의 접점 역할을 하며, 브랜드 인지도 구축과 고객 경험 제공에 중요한 역할을 한다.

대형 소매체인은 강력한 구매력과 광범위한 매장 네트워크를 보유하고 있어 빠른 시장 침투가 가능하다. 하지만 높은 진입 비용과 엄격한 공급업체 요구사항을 충족해야 한다.

전문소매점은 특정 제품군에 특화되어 있어 전문적인 고객서비스와 브랜드 경험을 제공할 수 있다. 틈새시장 공략이나 프리미엄 브랜드 런칭에 적합하다.

④ 대리점

대리점(agent/dealer)은 제조업체를 대신하여 판매 활동을 수행하지만 제품 소유권은 갖지 않는 대리 중간상이다. 주로 고가의 내구재나 산업재 분야에서 활용된다.

판매 대리점은 제조업체의 제품을 고객에게 소개하고 주문을 받는 역할을 한다. 재고 보유 의무가 없고 수수료 기반으로 운영되어 진입 비용이 낮다.

서비스 대리점은 판매뿐만 아니라 설치, 수리, 교육 등의 종합 서비스를 제공한다. 특히 기술 제품이나 장비의 경우 현지 서비스 역량이 중요한 경쟁 요소가 된다.

3) 유통경로 관리

(1) 채널 구성원 선택

채널 구성원 선택은 글로벌 유통 성공의 핵심 요소이다. 정량적 기준으로는 재무안정성, 시장점유율, 성장성, 수익성 등을 평가한다. 재무제표분석을 통해 업체의 건전성을 확인하고, 시장에서의 위치와 성장 잠재력을 평가한다. 정성적 기준으로는 경영진의 역량, 기업 문화, 전략적 적합성, 시장 평판 등을 고려한다. 특히 글로벌 시장에서는 현지 시장에 대한 이해도, 문화적 감수성, 언어 능력 등이 중요한 평가 요소가 된다. 시장 적합성도 중요한 선택 기준이다. 대상 고객층과의 적합성, 브랜드 이미지의 일치성, 제품 포트폴리오의 보완성 등을 종합적으로 평가해야 한다. 경쟁 제품 취급 여부도 신중히 고려해야 할 사항이다.

(2) 채널 구성원 동기부여

효과적인 동기부여는 채널 구성원의 성과 향상과 장기적 파트너십 구축에 필수적이다. 경제적 인센티브로는 경쟁력 있는 마진 제공, 성과 기반 보너스, 볼륨 인센티브, 독점권 부여 등이 있다. 공정하고 투명한 인센티브 체계는 채널 구성원의 적극적인 참여를 유도한다.

비경제적 동기부여도 중요하다. 정기적인 교육 프로그램, 기술 지원, 마케팅 지원, 우수 파트너 시상 등을 통해 채널 구성원의 역량 향상과 자긍심을 높일 수 있다. 특히 글로벌 시장에서는 본사 견학, 국제 컨퍼런스 참석 등의 기회 제공이 효과적이다. 관계적 동기부여는 장기적 파트너십 구축의 핵심이다. 정기적인 소통, 의사결정 과정 참여, 상호 신뢰 구축, 공동 목표 설정 등을 통해 진정한 파트너십을 형성할 수 있다.

(3) 채널 구성원 평가 및 통제

성과 평가체계는 객관적이고 공정해야 한다. 매출액, 시장점유율, 신규 고객 확보, 재고 회전율 등의 정량적 지표와 고객만족도, 브랜드 활동, 서비스품질 등의 정성적 지표를 균형 있게 활용한다.

정기적 모니터링을 통해 성과를 추적하고 문제점을 조기에 발견한다. 월별, 분기별 성과 리뷰를 실시하고, 필요시 즉시 개선방안을 논의한다. 글로벌 시장에서는 시차와 거리의 제약을 극복하기 위해 디지털 도구를 적극 활용한다. 통제 메커니즘으로는 계약서상의 의무사항 명시, 정기감사, 표준 운영절차 수립, 품질관리 시스템 구축 등이 있다. 하지만 과도한 통제는 채널 구성원의 자율성을 침해하고 관계를 악화시킬 수 있으므로 적절한 균형이 필요하다.

(4) 채널 갈등 관리

채널 갈등은 불가피한 현상이지만 적절히 관리하면 성장의 기회로 활용할 수 있다. 갈등의 원인을 정확히 파악하는 것이 첫 번째 단계이다. 목표 갈등, 역할 갈등, 인식 갈등, 자원 갈등 등 갈등의 성격에 따라 다른 접근법이 필요하다.

예방적 갈등 관리가 가장 효과적이다. 명확한 역할 분담, 투명한 의사소통, 공정한 정책 수립, 정기적인 관계 관리 등을 통해 갈등 요인을 사전에 제거한다. 특히 글로벌 시장에서는 문화적 차이에서 오는 오해를 방지하기 위한 노력이 필요하다. 갈등 해결 프로세스를 체계화하여 갈등 발생 시 신속하고 공정하게 해결한다. 대화와 협상을 통한 해결을 우선하고, 필요시 중재나 조정을 활용한다. 최종적으로는 계약 조건에 따른 법적 해결도 고려해야 한다.

상생의 관점에서 갈등을 기회로 전환한다. 갈등을 통해 드러난 문제점을 개선하고, 더 나은 협력방안을 모색한다. 갈등 해결 과정에서 상호 이해가 깊어지고 더 강한 파트너십이 구축될 수 있다.

Brief Case 글로벌 노리는 '이마롯쿠' … 동남아서도 퀵배송 등 차별화 전략 가속도

이른바 '이마롯쿠'(이마트 · 롯데쇼핑 · 쿠팡)가 글로벌 시장 공략에 적극 나서고 있다. 각사의 강점을 살린 차별화된 전략을 내세우며 시장 선점 경쟁이 치열해지고 있다.

2일 업계에 따르면 롯데마트는 베트남 · 인도네시아에서 그로서리 유통채널의 경쟁력을 키우고 있다. 이마트는 베트남 · 몽골 등에서 철저한 현지화 전략과 노브랜드 등 이마트 자체브랜드(PB) 상품에 공을 들리고 있다. 쿠팡의 경우 대만에서 '제2의 로켓배송'에 속도를 내는 움직임을 보이고 있다.

롯데쇼핑에서 가장 먼저 베트남에 진출한 롯데마트는 점포 기반의 온라인 그로서리 강화를 중심으로 베트남 유통시장을 선도하고 있다. 2008년 호치민시 남사이공점을 개점한 이후로 지난해 매장을 16개까지 늘렸다. 2017년 12월에는 모바일 쇼핑몰 '스피드 엘(SPEED L)' 앱(애플리케이션)을 통해 오프라인 매장과 연계한 온라인 배송 시스템을 갖췄다. 이를 통해 온라인 주문 상품을 3시간 내에 배송하는 서비스를 운영하고 있다. 2018년 12월부터는 오토바이를 통한 주문 1시간 배송 서비스로 경쟁력을 강화해 나가고 있다.

특히 롯데마트는 인도네시아의 경우 지역 특색을 반영한 도매형 매장과 현지 업체와의 차별화를 위한 한국식 소매형 매장을 함께 운영하고 있다. 2008년 10월부터 인도네시아 마크(Makro) 19개점을 인수해 16년간 사업을 이어오고 있다. 지난해 12월 기준 36개의 현지화 도매점포와 12개의 한국식 소매점포를 운영하고 있다. 도매점은 대용량 전용 상품과 구매 빈도가 높은 식자재 · 냉동식품 카테고리의 전용 자체브랜드(PB) 상품을 내세우고 있다. 소매점은 K-푸드를 기반으로 현지의 대형마트와 차별성을 갖춘 그로서리 전문매장으로 키우고 있다.

이마트는 베트남에 철저한 현지화 전략과 노브랜드 등 이마트 PB 상품의 수출을 내세우고 있다. 2015년 12월 베트남 호치민에 1호점을 출점한 이후 현재 3개의 매장을 운영 중이다. 2021년부터는 베트남 현지 파트너사 타코그룹과 전략적 제휴를 맺고 지분 매각 후 프랜차이즈 형태로 운영하고 있다. 베트남 매장에는 노브랜드존을 따로 운영하고 있다. 판매하는 650여개 상품 중 400여개는 국내 기업 제품이다.

이외에도 2016년 몽골 수도 울란바토르에 1호점 출점한 이후 같은 해 9월 울란바토르 2호점, 2019년 9월 3호점, 지난해 9월 몽골 4호점을 연달아 개점했다. 현지 기업인 알타이그룹의 스카이트레이딩(SKY Trading)과 협약을 맺고 브랜드 · 점포 운영방법 · 상품 등을 수출하고 로열티를 받는 프랜차이즈 형태로 운영하고 있다. 특히 몽골 이마트 4호점 바이얀골점은 매장 공간 구성부터 판매 상품 · 매장 내 입점 테넌트까지 '한국

스타일'을 전면에 내세웠다.

필리핀에서는 2019년부터 현지 로빈슨리테일과 프랜차이즈 계약 형태로 노브랜드 매장 진출해 현재 17개 매장을 운영하고 있다. 노브랜드 PB 상품과 로컬 상품의 비중은 약 7대3이다. 이 중 60~70%는 국내 중소·중견기업 상품이다. 이외에도 2월 2월 라오스 현지에 위치한 KOLAO 타워에서 엘브이엠씨홀딩스(코라오그룹)의 투자사인 'UDEE.CO.,Ltd'와 마스터 프랜차이즈 본계약을 체결했다. UDEE.CO.,Ltd는 올해 하반기 이마트 1개점, 노브랜드 3개점 개점을 계획하고 있다. 향후 10년 내 이마트 20개점, 노브랜드 70개점 개점할 계획이다.

쿠팡은 한국에서 일군 로켓배송 물류 모델을 대만으로 수출하고 있다. 국내 유통업계에서 단순 점포 개설을 넘어 물류 투자 기반의 비즈니스 모델을 수출하는 것은 쿠팡이 처음이다.

쿠팡Inc가 지난 2월 28일(한국시간) 미국 증권거래위원회(SEC)에 제출한 실적 보고서에 따르면 쿠팡의 지난해 연간 영업이익은 6,174억 원(4억7,300만 달러 · 연평균 환율 1305.41원)으로 사상 첫 연간 흑자를 달성했다. 지난해 매출액은 31조8,298억 원(243억8,300만 달러)으로 전년 대비 20% 늘었다.

주목할 점은 쿠팡은 한국에서의 기술력과 노하우 등을 지렛대 삼아 한국보다 대만에서 더 빠른 수익성을 달성에 자신하고 있다. 김범석 쿠팡 창업자는 이날 컨퍼런스콜에서 로켓배송 · 직구를 출시한 대만에 대해 "성장과 규모, 영향력 측면에서 잠재력을 입증하고 있다"며 "2022년 10월 대만 로켓 출시 후 현지 고객과 매출이 지난해 2개 분기(3~4분기) 동안 2배 증가하는 등 한국에서 로켓 출시 후 같은 기간 경험한 성장률을 넘어서는 수치"라고 강조했다.

대만 쿠팡 역시 국내 중소제조기업에게 새로운 판로 개척의 장이 되고 있다. 쿠팡의 로켓배송이나 로켓직구 서비스로 대만에 뷰티 · 패션 · 생활용품 등을 수출하는 국내 중소기업은 1만2000개를 넘어섰다. 현지 쿠팡에서 판매되는 수백만 개 상품 가운데 약 70%가 국내 중소기업 제품인 것으로 알려졌다.

쿠팡은 물류센터 확충에도 속도를 내고 있다. 쿠팡은 지난해 10월 대만 진출 1년 만에 대만 북서부 타오위안시에 풀필먼트센터 2호를 개소했다. 올해 상반기에 3호 센터를 열 계획이다.

실제 쿠팡은 대만을 포함한 신사업 투자를 확대할 뜻을 내비친 상태다. 거랍 아난드 쿠팡 CFO는 "올해에 성장 사업(대만 · 쿠팡플레이 · 쿠팡이츠 등)에서 약 6억5,000만 달러의 조정 에비타(EBITDA) 손실이 예상된다"고 말했다. 지난해 성장 사업의 에비타 손실은 4억6,600만 달러(6,083억 원)로 전년 대비 107% 늘었다. 이를 두고 업계에서는 올해 손실이 늘어난다는 것은 그만큼 투자 보폭을 높이겠다는 복안이라는 평가다.

출처: 서울파이낸스 (2024.3.2).

03 글로벌 유통전략

1) 유통전략의 결정요인

글로벌 유통전략 수립은 복합적인 의사결정 과정이다. 유통전략 결정요인을 제품, 시장, 기업 요인으로 분류할 수 있으며, 이들 간의 상호작용이 최적의 유통전략을 결정한다.

(1) 제품 요인

① 제품의 특성

가치는 유통전략 선택에 중요한 영향을 미친다. 고가제품은 단위당 유통비용 부담이 상대적으로 낮아 직접유통이나 선택적 유통이 가능하다. 반면 저가제품은 유통비용 효율성이 중요하므로 간접유통과 집약적 유통을 선호한다. 예를 들어, 명품시계는 독점적 유통을 통해 브랜드 이미지를 관리하지만, 일반 생활용품은 가능한 많은 판매처를 통해 접근성을 높인다.

제품의 부피와 무게도 유통비용에 직접적 영향을 미친다. 부피가 크고 무거운 제품은 운송비와 보관비가 높아져 현지 생산이나 현지 파트너를 통한 유통이 경제적이다. 가구나 건설자재 같은 제품이 대표적 예이다. 반면 소형 고가제품은 항공운송을 통한 직접수출이 가능하다.

기술적 복잡성이 높은 제품은 전문적인 판매와 서비스가 필요하다. 이런 제품은 선택적 유통이나 독점적 유통을 통해 훈련된 판매원과 서비스 인력을 확보해야 한다. 의료기기, 산업장비, 소프트웨어 등이 이에 해당한다.

표준화 정도는 글로벌 유통전략의 핵심 요소이다. 표준화된 제품은 글로벌 통합 유통전략이 가능하지만, 현지 적응이 필요한 제품은 현지화된 유통접근이 필요하다. 코카콜라는 전 세계적으로 표준화된 유통전략을 사용하지만, 네슬레의 식품은 현지 입맛에 맞춘 차별화된 유통전략을 적용한다.

② 제품 수명주기

제품 수명주기 단계에 따라 적절한 유통전략이 달라진다. 도입기에는 제한된 유통을 통해 시장을 테스트하고 브랜드 이미지를 구축한다. 선택적 유통이나 독점적 유통을 활용하여 집중적인 마케팅과 고객 교육을 실시한다. 성장기에는 시장 확장을 위해 유통경로를 확대한다. 집약적 유통으로 전환하여 시장점유율을 빠르게 높인다. 이 단계에서는 유통업체와의 파트너십 구축이 중요하다. 성숙기에는 시장점유율 유지와 수익성 확보가 주요 목표가 된다. 효율적인 유통비용 관리와 차별화된 서비스 제공에 집중한다. 성숙기에 접어든 제품은 유통경로의 효율성 개선이 경쟁우위의 핵심이 된다. 쇠퇴기에는 유통비용을 최소화하면서 잔존 수요를 충족한다. 일부 유통경로를 정리하고 핵심 시장에 집중하는 전략을 취한다.

③ 브랜드 파워

강력한 브랜드는 유통업체로부터 더 나은 조건을 확보할 수 있다. 애플이나 삼성 같은 글로벌 브랜드는 주요 유통업체의 프리미엄 진열 공간을 확보하고 마케팅 지원을 받는다. 반면 브랜드 파워가 약한 기업은 유통업체의 요구에 맞춰야 하는 경우가 많다.

브랜드 파워는 유통업체 선택권에도 영향을 미친다. 강력한 브랜드는 원하는 유통업체를 선택할 수 있지만, 약한 브랜드는 받아주는 유통업체를 찾아야 한다. 또한 브랜드 파워가 강할수록 직접유통의 성공 가능성이 높아진다.

(2) 시장 요인

① 시장 규모와 성장성

시장 규모는 유통투자의 경제성을 결정한다. 대규모 시장에서는 직접유통 투자가 경제적으로 타당할 수 있지만, 소규모 시장에서는 간접유통이 효율적이다. 중국이나 미국 같은 거대시장에서는 많은 글로벌 기업이 직접유통망을 구축하지만, 소규모 시장에서는 현지 파트너를 활용한다. 시장 성장성이 높은 시장에서는 적극적인 유통투자가 정당화된다. 성장잠재력이 큰 시장에서는 초기 투자비용이 높더라도 장기적 수익성을 기대할 수 있다. 반면 성장이 정체된 시장에서는 보수적인 유통전략을 택하는 것이 바람직하다.

② 고객의 구매행태

구매빈도가 높은 제품은 고객접근성이 중요하므로 집약적 유통이 적합하다. 편의점 상품이나 일용품이 대표적 예이다. 반면 구매빈도가 낮은 제품은 전문성이 더 중요하므로 선택적 유통이나 독점적 유통을 활용한다. 구매 과정의 복잡성도 고려해야 한다. 단순한 구매 결정은 셀프서비스가 가능한 대형마트나 온라인이 적합하지만, 복잡한 구매 결정은 전문상담이 가능한 전문점이 필요하다. 가격민감도가 높은 고객층을 대상으로 하는 제품은 비용 효율적인 유통경로가 중요하다. 할인점이나 창고형 매장을 활용하여 유통비용을 절감한다. 반면 가격민감도가 낮은 고객층에서는 서비스와 편의성을 강조하는 프리미엄 유통경로를 활용한다.

③ 경쟁 상황

경쟁 강도가 높은 시장에서는 차별화된 유통전략이 필요하다. 경쟁사와 동일한 유통경로를 사용하면 가격경쟁에 휘말리기 쉽다. 따라서 새로운 유통채널 개발이나 독특한 고객 경험 제공을 통한 차별화가 중요하다. 경쟁사의 유통전략을 분석하여 기회와 위협을 파악해야 한다. 경쟁사가 소홀히 하는 유통경로나 고객 세그먼트를 공략하는 것이 효과적인 전략이 될 수 있다. 예를 들어, 경쟁사가 오프라인에 집중할 때 온라인을 강화하거나, 대형마트에 집중할 때 전문점을 공략하는 것이다.

④ 유통 인프라

물류 인프라의 발달 정도는 유통전략 선택에 큰 영향을 미친다. 도로, 철도, 항만, 공항 등의 교통 인프라가 잘 발달된 지역에서는 효율적인 물류 네트워크 구축이 가능하다. 반면 인프라가 부족한 지역에서는 현지 물류업체의 역할이 중요해진다. 정보통신 인프라도 현대 유통에서 핵심 요소이다. 인터넷 보급률, 모바일 사용률, 전자결제 시스템 발달 정도 등이 온라인 유통 가능성을 결정한다. 중국의 경우 모바일 결제 시스템이 발달하여 O2O(Online to Offline) 유통 모델이 급속히 확산되었다. 유통업체의 발달 정도도 중요한 고려사항이다. 선진국에서는 대형 유통체인이 발달하여 빠른 시장침투가 가능하지만, 개발도상국에서는 전통적인 소규모 상점이 주를 이루어 다른 접근이 필요하다.

(3) 기업 요인

① 기업의 자원과 능력

재무적 자원은 유통전략 선택의 제약 조건이다. 직접유통은 높은 초기 투자가 필요하므로 충분한 자본력이 있는 기업만이 선택할 수 있다. 자본이 제한적인 중소기업은 간접유통이나 파트너십을 통한 유통전략을 택해야 한다. 인적 자원의 질과 양도 중요하다. 글로벌 유통관리에는 국제경험이 풍부한 전문인력이 필요하다. 현지 시장에 대한 이해, 언어 능력, 협상 능력, 문화적 감수성 등을 갖춘 인재가 성공의 열쇠이다. 기술적 역량은 현대 유통에서 경쟁우위의 원천이다. 정보시스템, 물류기술, 데이터 분석 능력 등이 유통 효율성을 좌우한다. 아마존이나 알리바바 같은 기업이 기술 역량을 바탕으로 유통 혁신을 주도하고 있다.

② 해외경험과 전문성

국제화 경험이 풍부한 기업은 직접유통에 도전할 수 있지만, 경험이 부족한 기업은 현지 파트너의 도움이 필요하다. 해외 진출 초기에는 리스크를 줄이기 위해 현지 파트너와의 합작이나 라이센싱을 활용하는 것이 일반적이다. 학습 능력도 중요한 요소이다. 글로벌 시장은 빠르게 변화하므로 지속적인 학습과 적응이 필요하다. 실패를 통해 학습하고 개선할 수 있는 조직문화가 장기적 성공의 기반이 된다.

2) 유통전략의 유형

(1) 유통 강도 전략

유통 강도(distribution intensity)는 특정 지역에서 제품을 취급하는 중간상의 수를 결정하는 전략이며 집약적, 선택적, 독점적 유통으로 분류한다.

① 집약적 유통

집약적 유통(intensive distribution)은 가능한 많은 판매처를 통해 제품을 유통하는 전략이다. 최대한의 시장 노출을 목표로 하며, 고객이 언제 어디서나 쉽게 제품을 구매할 수 있도록 한다. 적합한 제품으로는 일용품, 편의품, 충동구매상품 등이 있다. 코카콜라, 펩시, 과자, 담배 등이 대표적 예이다. 이런 제품들은 구매빈도가 높고 브랜드 충성도보다는 편의성이 중요하다.

장점으로는 넓은 시장 커버리지, 높은 매출량, 브랜드 인지도 향상, 경쟁사 대비 우위 확보 등이 있다. 특히 신제품 출시 시 빠른 시장침투가 가능하다. 단점으로는 유통업체에 대한 통제력 부족, 브랜드 이미지 관리 어려움, 가격 통제 곤란, 마케팅 지원의 분산 등이 있다. 또한 유통업체 간 과도한 경쟁으로 마진 압박을 받을 수 있다.

② 선택적 유통

선택적 유통(selective distribution)은 일정한 기준을 충족하는 제한된 수의 판매처를 선택하는 전략이다. 품질과 효율성의 균형을 추구하며, 적절한 시장 커버리지와 통제력을 동시에 확보한다. 적합한 제품으로는 내구소비재, 의류, 전자제품, 화장품 등이 있다. 나이키, 아디다스, 삼성전자, LG전자 등이 이 전략을 활용한다. 이런 제품들은 구매 시 비교 검토가 필요하고 전문적인 판매 서비스가 중요하다. 유통업체 선정 기준으로는 재무 안정성, 시장 평판, 판매 능력, 서비스 품질, 고객층 적합성, 브랜드 이미지 일치성 등이 있다. 정기적인 평가를 통해 기준을 충족하지 못하는 업체는 제외한다.

장점으로는 적절한 통제력 유지, 브랜드 이미지 관리, 전문적 판매 서비스, 효율적 마케팅 지원, 상호 협력관계 구축 등이 있다. 단점으로는 제한된 시장 커버리지, 기회비용 발생, 유통업체 의존성, 관리 복잡성 등이 있다.

③ 독점적 유통

독점적 유통(exclusive distribution)은 특정 지역에서 한 개의 판매처에게만 독점 판매권을 부여하는 전략이다. 최고 수준의 통제력과 서비스를 확보하며, 프리미엄 브랜드 이미지 구축에 적합하다. 적합한 제품으로는 명품, 고급 자동차, 고가 전자제품, 산업장비 등이 있다. 이런 제품들은 높은 가격과 프리미엄 이미지가 중요하다. 독점계약 조건으로는 최소 구매량, 마케팅 투자, 서비스 기준, 진열 기준, 교육 이수 등이 포함된다. 양방향 의무사항을 명확히 하여 상호 이익을 보장한다.

장점으로는 강력한 통제력, 프리미엄 이미지 유지, 전문적 서비스, 장기적 파트너십, 높은 마진 확보 등이 있다. 단점으로는 매우 제한된 시장 커버리지, 높은 기회비용, 파트너 의존성, 시장 변화 대응 어려움 등이 있다.

3) 유통경로 길이 전략

(1) 직접유통 vs 간접유통

직접유통은 제조업체가 중간상을 거치지 않고 최종 소비자에게 직접 제품을 판매하는 방식이다. 현대에는 온라인 직판, 직영매장, 카탈로그 판매, 텔레마케팅 등 다양한 형태로 나타난다. 직접유통의 장점으로는 높은 수익성 확보, 완전한 통제력, 직접적인 고객 관계, 빠른 시장 반응, 브랜드 경험 통제 등이 있다. 특히 고객 데이터를 직접 수집할 수 있어 개인화된 마케팅이 가능하다. 단점으로는 높은 초기 투자, 운영 복잡성, 제한된 시장 도달, 전문성 부족, 높은 위험 등이 있다. 또한 기존 유통업체와의 갈등이 발생할 수 있다.

간접유통은 하나 이상의 중간상을 통해 제품을 유통하는 방식이다. 도매상, 소매상, 대리점 등 다양한 중간상이 참여한다. 간접유통의 장점으로는 낮은 초기 투자, 빠른 시장침투, 전문성 활용, 위험분산, 현지 시장 지식 활용 등이 있다. 특히 글로벌 시장에서는 현지 파트너의 역할이 중요하다. 단점으로는 낮은 수익성, 제한된 통제력, 간접적인 고객 관계, 느린 시장 반응, 브랜드 희석 위험 등이 있다.

(2) 단계별 장단점 분석

0단계 채널(직접유통)은 제조업체가 소비자에게 직접 판매하는 형태이다. 온라인 쇼핑몰, 직영매장, 공장직판 등이 포함된다. 높은 마진과 완전한 통제가 가능하지만 높은 투자와 운영 부담이 따른다. 1단계 채널은 소매상을 거치는 형태이다. 전자제품, 의류, 서적 등에서 일반적이다. 적절한 시장 커버리지와 통제력의 균형을 제공하지만, 소매상과의 관계 관리가 중요하다. 2단계 채널은 도매상과 소매상을 모두 거치는 형태이다. 일용품, 식품, 생활용품 등에서 활용된다. 넓은 시장 커버리지가 가능하지만 통제력이 약화되고 마진이 감소한다. 3단계 이상 채널은 여러 중간상을 거치는 복잡한 형태이다. 글로벌 유통에서 수출업체, 수입업체, 도매상, 소매상을 모두 거치는 경우가 해당한다. 국제시장 진입이 용이하지만 통제가 어렵고 마진이 크게 감소한다.

4) 표준화 대 현지화 전략

(1) 글로벌 표준화의 장단점

글로벌 표준화 전략은 전 세계 시장에서 동일한 유통전략을 적용하는 접근법이다. 표준화의 장점으로는 규모의 경제 실현, 일관된 브랜드 이미지, 관리 효율성, 학습 효과 전파, 글로벌 시너지 창출 등이 있다. 맥도날드, 스타벅스, 코카콜라 등이 성공적인 표준화 사례이다. 표준화의 단점으로는 현지 시장 적합성 부족, 경직성, 현지 경쟁 불리, 규제 대응 어려움, 문화적 장벽 등이 있다. 특히 문화적 차이가 큰 시장에서는 표준화가 실패할 수 있다. 표준화가 적합한 조건으로는 제품의 보편성, 시장의 동질성, 강력한 브랜드 파워, 규모의 경제 중요성, 글로벌 고객층 존재 등이 있다.

(2) 현지화의 필요성

현지화 전략은 각 시장의 특성에 맞게 유통전략을 조정하는 접근법이다. "Think Global, Act Local"의 개념을 반영한다. 현지화의 장점으로는 현지 시장 적합성, 경쟁 우위 확보, 규제 대응 용이성, 문화적 수용성, 현지 파트너십 강화 등이 있다. 네슬레, 유니레버, P&G 등이 성공적인 현지화 사례이다. 현지화의 단점으로는 높은 비용, 복잡한 관리, 규모의 경제 포기, 브랜드 일관성 훼손, 학습 효과 제한 등이 있다. 현지화가 필요한 영역으로는 고객 구매행태 차이, 유통 인프라 차이, 법적 규제 차이, 경쟁 환경 차이, 문화적 차이 등이 있다. 예를 들어, 아시아에서는 온라인과 모바일이 중요하지만, 아프리카에서는 전통적인 오프라인 채널이 여전히 중요하다.

(3) 통합적 접근: 글로컬라이제이션

현실적으로는 글로컬라이제이션(glocalization) 접근이 효과적이다. 핵심 브랜드 가치와 운영 원칙은 글로벌하게 표준화하되, 실행방식은 현지에 적응시키는 전략이다. 표준화 영역으로는 브랜드 아이덴티티, 핵심 가치 제안, 품질기준, 기본 운영 프로세스 등이 있다. 현지화 영역으로는 제품 구성, 가격정책, 프로모션 방식, 유통채널 선택, 서비스 방식 등이 있다.

성공적인 글로컬라이제이션을 위해서는 현지 시장에 대한 깊은 이해, 유연한 운영

시스템, 현지 파트너와의 협력, 지속적인 학습과 개선이 필요하다.

04 글로벌 물류

1) 물류의 개념과 중요성

(1) 물류의 정의

물류(logistics)는 원자재의 조달부터 완제품이 최종 소비자에게 전달될 때까지의 모든 물적 유통 과정을 의미한다. Council of Supply Chain Management Professionals(CSCMP)는 물류를 "공급망의 일부로서 고객의 요구를 충족시키기 위해 원점에서 소비점까지 상품, 서비스, 관련 정보의 효율적이고 효과적인 순방향 및 역방향 흐름과 저장을 계획, 실행, 통제하는 과정"으로 정의한다.

물류는 단순한 제품 이동을 넘어 가치 창출 활동이다. 시간 효용, 장소 효용, 형태 효용을 창출하여 제품의 가치를 높이는 역할을 한다. 특히 글로벌 시장에서는 지리적 거리와 시간의 장벽을 극복하여 전 세계 고객에게 제품을 효율적으로 전달하는 핵심 기능을 수행한다.

현대 물류는 통합적 관점에서 접근한다. 과거에는 운송, 보관, 재고관리 등을 개별적으로 관리했지만, 현재는 전체 시스템 최적화를 추구한다. 이는 부분 최적화가 전체 최적화를 보장하지 않기 때문이며, 총비용접근법(total cost approach)을 통해 전체 물류 비용을 최소화하면서 고객서비스 수준을 극대화한다.

(2) 물류와 유통의 관계

물류와 유통은 밀접한 관계를 가지면서도 구별되는 개념이다. 유통(distribution)은 제품이나 서비스가 생산자에서 소비자로 이동하는 전체 과정을 포괄하며, 물적 유통뿐만 아니라 소유권 이전, 정보 교환, 자금 결제 등을 모두 포함한다. 반면 물류(logistics)는 유통의 물적 측면에 집중하여 실제 제품의 이동과 저장에 관련된 활동을 다룬다. 물류는 유통의 물적 기반을 제공한다. 아무리 훌륭한 유통전략과 마케팅이 있어도 물류가 뒷받침되지 않으면 고객에게 제품을 전달할 수 없다. 특히 글로벌 시장에서는 복잡한 국제물류 네트워크가 유통전략 실행의 핵심 요소가 된다.

물류 서비스 수준은 유통전략 성공의 결정적 요인이다. 배송 속도, 정확성, 안전성, 추적 가능성 등의 물류 서비스가 고객만족도와 브랜드 이미지에 직접적 영향을 미친다. 아마존이 당일배송과 익일배송으로 시장을 혁신한 것처럼, 물류 역량이 경쟁우위의 원천이 되고 있다. 현대에는 물류와 마케팅의 통합이 더욱 중요해지고 있다. 옴니채널 전략, 개인화 서비스, 실시간 배송 등은 물류와 마케팅이 긴밀히 협력해야 구현 가능한 서비스들이다. 물류는 더 이상 뒷받침 기능이 아니라 고객가치 창출의 핵심 요소로 인식되고 있다.

(3) 글로벌 물류의 특성

글로벌 물류는 국내 물류와 비교하여 현저히 높은 복잡성을 가진다.

- 지리적 복잡성부터 살펴보면, 대륙을 횡단하는 장거리운송, 다양한 기후와 지형 조건, 시차와 계절 차이 등이 물류 계획을 복잡하게 만든다. 또한 여러 국가를 경유하는 복합운송이 일반적이어서 각 구간별 최적화와 전체 최적화를 동시에 고려해야 한다.
- 법적 복잡성도 글로벌 물류의 주요 특징이다. 각국의 서로 다른 통관절차, 수입 규제, 안전기준, 환경 규제 등을 모두 준수해야 한다. 예를 들어, 유럽연합의 REACH 규정, 미국의 FDA 승인, 중국의 CCC 인증 등 각국의 독특한 규제를 이해하고 대응해야 한다. 또한 국제상거래 관습, 인코텀즈(incoterms), 국제운송협약 등에 대한 전문지식이 필요하다.
- 문화적 복잡성은 종종 간과되지만 중요한 요소이다. 각국의 비즈니스 관습, 협상 스타일, 시간 개념, 관계 중시 정도 등이 물류 파트너십과 운영에 영향을 미친다. 예를 들어, 독일에서는 정확성과 효율성이 중시되는 반면, 중동 지역에서는 관계와 신뢰 구축이 더 중요할 수 있다.
- 기술적 복잡성도 증가하고 있다. 글로벌 물류에서는 실시간 추적, 예측분석, 자

동화 시스템 등 첨단기술의 활용이 경쟁력을 좌우한다. 하지만 각국의 IT 인프라 수준 차이, 시스템 호환성 문제, 데이터 보안 규제 등으로 인해 기술 통합이 쉽지 않다.

- 위험 요소의 다양성도 글로벌 물류의 특징이다. 환율변동, 정치적 불안정, 자연재해, 테러, 해적, 파업 등 국내 물류에서는 경험하기 어려운 다양한 위험에 노출된다. 2020년 코로나-19 팬데믹과 2021년 수에즈 운하 Ever Given호 좌초 사건은 글로벌 물류의 취약성을 보여준 대표적 사례이다.

2) 글로벌 물류 활동

(1) 운송관리

① 운송수단의 선택

글로벌 물류에서 운송수단 선택은 비용, 시간, 안전성, 환경 영향 등을 종합적으로 고려한 전략적 의사결정이다. 각 운송수단은 고유한 특성과 장단점을 가지고 있어 제품 특성과 시장 요구에 맞는 최적의 조합을 선택해야 한다.

- 해상운송은 글로벌 무역의 주력 운송수단으로, 전 세계 화물의 약 90%를 담당한다. 대량 운송이 가능하고 운송비용이 저렴하여 부피가 크거나 중량이 무거운 화물에 적합하다. 컨테이너 운송의 발달로 운송 효율성이 크게 개선되었으며, 표준화된 컨테이너를 통해 복합운송이 용이해졌다. 하지만 운송시간이 길고(아시아-유럽 간 약 30일), 기상 조건에 영향을 받으며, 항만 접근성이 제한적이다. 또한 해적, 폭풍, 좌초 등의 위험이 존재한다.
- 항공운송은 속도가 가장 빠른 운송수단으로, 긴급화물이나 고가화물에 적합하다. 시간에 민감한 제품(의약품, 생화학 제품), 고가제품(전자제품, 보석), 부패하기 쉬운 제품(생화, 식품) 등에 주로 활용된다. 전 세계 어디든 1~2일 내 도달 가능하고, 안전성이 높으며, 포장비용을 절약할 수 있다. 하지만 운송비용이 매우 높고(해상운송의 5~10배), 중량과 부피 제한이 있으며, 위험물 운송에 제약이 많다.
- 육상운송은 철도와 도로운송으로 구분된다. 철도운송은 대량 장거리운송에 적합하며, 유럽의 TSR(Trans-Siberian Railway), 중국의 일대일로 철도 등이 대표적

이다. 환경친화적이고 정시성이 높으며, 기상 조건에 크게 영향받지 않는다. 도로운송은 문전배송(door-to-door)이 가능하여 유연성이 높고, 소량화물이나 긴급화물에 적합하다. 하지만 장거리운송 시 비용이 높고, 교통체증과 기상조건에 영향을 받는다.

- 복합운송(intermodal transportation)은 두 개 이상의 운송수단을 조합하여 각각의 장점을 활용하는 방식이다. 해상-철도, 해상-도로, 항공-도로 등의 조합이 일반적이다. 비용 효율성과 시간 효율성을 동시에 추구할 수 있으며, 단일운송계약으로 전 구간을 처리할 수 있다. 하지만 환적 과정에서 시간과 비용이 추가로 발생하고, 조정의 복잡성이 증가한다.

운송수단 선택 기준으로는 화물 특성(가치, 중량, 부피, 긴급성, 위험성), 비용 요소(운송비, 포장비, 보험료, 재고비용), 시간 요구사항(리드타임, 정시성), 서비스 품질(안전성, 추적성, 유연성), 환경 요인(탄소 배출, 지속 가능성) 등이 있다.

② 운송계획과 경로 설정

운송계획은 고객 요구를 충족하면서 총 물류비용을 최소화하는 최적의 운송방안을 수립하는 과정이다. 이는 단순히 A지점에서 B지점으로 화물을 이동시키는 것이 아니라, 전체 공급망 관점에서 최적화를 추구한다.

네트워크 설계는 운송계획의 기초이다. 공급업체, 생산시설, 물류센터, 고객의 지리적 분포를 고려하여 최적의 물류 네트워크를 설계한다. 허브 앤 스포크(hub & spoke) 모델, 직접배송(direct shipping) 모델, 크로스도킹(cross-docking) 모델 등 다양한 네트워크 구조를 비교 검토한다.

경로 최적화는 주어진 네트워크에서 최적의 운송경로를 결정하는 과정이다. 운송비용, 운송시간, 안전성, 서비스 품질 등을 종합적으로 고려한다. TSP(Traveling Salesman Problem), VRP(Vehicle Routing Problem) 등의 최적화 알고리즘을 활용하여 수학적으로 최적해를 구한다. 적재 계획도 중요한 요소이다. 컨테이너나 트럭의 적재 공간을 최대한 활용하면서 화물 손상을 방지하는 최적의 적재방법을 계획한다. 화물의 형태, 중량, 취급 주의사항, 목적지 등을 고려하여 3차원 최적화를 수행한다. 일정관리는 전체 운송과정의 시간 계획이다. 픽업, 운송, 환적, 통관, 배송 등 각 단계의 소요시간을 예측하고, 지연 요인을 사전에 파악하여 대안을 준비한다. 특히 국제운송에서는 통관지

연, 기상악화, 항만 체선 등의 불확실성을 고려해야 한다.

(2) 창고 및 보관관리

① 창고의 입지 선정

창고 입지는 물류비용과 서비스 수준을 결정하는 핵심 요소이다. 비용 최소화와 서비스 최대화라는 상충되는 목표를 균형 있게 고려해야 한다.

- 시장 접근성은 가장 중요한 고려사항이다. 주요 고객이나 소비 시장과의 거리가 배송 비용과 배송 시간을 결정한다. 일반적으로 시장 중심부에 가까울수록 배송 비용은 줄어들지만 부동산 비용은 증가한다. 따라서 총비용 관점에서 최적 지점을 찾아야 한다.
- 교통 인프라도 중요한 요인이다. 고속도로, 철도, 항만, 공항 등 주요 교통망과의 연결성이 운송 효율성을 좌우한다. 특히 글로벌 물류에서는 국제 게이트웨이(항만, 공항)와의 접근성이 중요하다. 부산항, 인천공항 인근에 물류센터가 집중되는 이유이다.
- 노동력 확보도 고려해야 할 요소이다. 창고 운영에는 상당한 인력이 필요하므로 충분한 노동력을 안정적으로 확보할 수 있는 지역을 선택해야 한다. 임금 수준, 노동 생산성, 노사 안정성 등을 종합적으로 검토한다.
- 정부 정책도 입지 선정에 영향을 미친다. 자유무역지역, 경제특구, 물류단지 등 정부의 물류 촉진 정책을 활용하면 세제 혜택, 규제 완화 등의 이익을 얻을 수 있다. 또한 향후 도시계획, 교통계획 등도 고려해야 한다.
- 환경 요인도 점점 중요해지고 있다. 홍수, 지진, 태풍 등 자연재해 위험, 환경 규제, 지역사회와의 관계 등을 고려해야 한다. 특히 기후변화로 인한 극한 기상현상이 증가하면서 재해 위험 평가가 중요해지고 있다.

② 재고관리

글로벌 물류에서 재고관리는 고객서비스 수준과 재고비용 간의 최적 균형을 찾는 것이다. 국제운송의 긴 리드타임과 높은 불확실성으로 인해 재고관리가 더욱 복잡해진다.

- 안전재고 결정은 글로벌 재고관리의 핵심이다. 수요변동성, 공급 리드타임 변동성, 목표 서비스 수준을 고려하여 적정 안전재고를 계산한다. 국제운송에서는 리드타임이 길고 변동성이 크므로 높은 안전재고가 필요하지만, 이는 재고비용 증가로 이어진다.
- 재고 배치 전략도 중요하다. 중앙집중형 재고는 규모의 경제와 위험분산 효과를 얻을 수 있지만 고객 응답시간이 길어진다. 분산형 재고는 빠른 고객대응이 가능하지만 총 재고량과 비용이 증가한다. 제품별, 지역별 특성을 고려하여 최적의 재고 배치를 결정해야 한다.
- 수요 예측의 정확성이 재고 효율성을 좌우한다. 과거 판매 데이터, 시장 트렌드, 계절성, 프로모션 계획 등을 종합적으로 분석하여 정확한 수요를 예측한다. 머신러닝, AI 등 첨단 기술을 활용한 예측 정확도 향상이 중요한 과제이다.
- 재고 가시성은 글로벌 공급망에서 필수적이다. 전 세계에 분산된 재고를 실시간으로 파악하고, 재고 이동을 추적할 수 있는 시스템이 필요하다. RFID, IoT, 클라우드 기술 등을 활용하여 실시간 재고 가시성을 확보한다.
- 재고 회전율은 재고 효율성의 핵심 지표이다. 재고 회전율이 높을수록 자본 효율성이 개선되고 재고 관련 비용이 감소한다. ABC 분석을 통해 제품별로 차별화된 재고관리 정책을 적용한다.

(3) 포장 및 하역

① 국제운송용 포장

국제운송용 포장은 국내운송과는 다른 특별한 요구사항을 충족해야 한다. 장거리 운송, 다단계 하역, 기후 변화, 통관 검사 등을 모두 고려한 포장 설계가 필요하다.

보호 기능이 가장 기본적인 요구사항이다. 운송 중 발생할 수 있는 충격, 진동, 압축, 낙하 등으로부터 제품을 보호해야 한다. 특히 해상운송에서는 파도에 의한 지속적인 진동과 컨테이너 내부의 화물 이동을 고려해야 한다. 완충재(버블랩, 폼, 에어백), 고정재(스트랩, 브레이싱), 충격지시계 등을 활용한다. 환경보호도 중요한 고려사항이다. 습도, 온도, 염분, 먼지 등으로부터 제품을 보호해야 한다. 해상운송에서는 컨테이너 내부 결로로 인한 습해가 주요 위험이므로 실리카겔, 제습제, 방습포장 등을 활용한다. 또한 극한 기온에 노출될 수 있으므로 단열포장이 필요할 수 있다. 표준화와 효율성도 추구해야 한다. 국제표준 팰릿, 표준 컨테이너 규격에 맞는 포장 설계로 운송 효율성을 높인다. 또한 자동화된 하역장비에 적합한 형태로 포장한다. 법적 요구사항을 준수해야 한다. ISTA(International Safe Transit Association), ASTM 등의 국제 포장 표준을 충족하고, 각국의 포장재 규제(예: 목재 포장재의 IPPC 마크)를 준수해야 한다. 또한 위험물의 경우 UN 위험물 운송 규정을 따라야 한다. 지속 가능성도 점점 중요해지고 있다. 재활용 가능한 포장재 사용, 포장재 사용량 최소화, 생분해성 소재 활용 등을 통해 환경 영향을 줄이려는 노력이 증가하고 있다.

② 하역 및 취급

하역(cargo handling)은 화물을 운송수단에 적재하거나 하역하는 작업이다. 글로벌 물류에서는 여러 번의 하역이 발생하므로 효율적이고 안전한 하역이 중요하다.

컨테이너 하역이 현대 국제운송의 주류이다. 표준화된 컨테이너를 통해 하역 효율성이 크게 개선되었다. 갠트리 크레인, 트랜스퍼 크레인, 스트래들 캐리어 등 전문장비를 사용하여 신속한 하역이 가능하다. 부산항의 경우 시간당 200~300개 컨테이너 처리가 가능하다. 자동화 하역이 증가하고 있다. 무인 자동화 크레인, AGV(Automated Guided Vehicle), 자동 적재 시스템 등을 통해 하역 속도와 안전성을 높이고 있다. 네덜란드 로테르담항의 ECT Delta Terminal은 완전 자동화된 컨테이너 터미널로 운영되고 있다. 특수화물 취급도 중요한 영역이다. 위험물, 냉동화물, 중량화물, 액체화물 등은 특별한 취급 절차와 장비가 필요하다. 각 화물 특성에 맞는 전문장비와 훈련된 인력을 확보해야 한다. 손상 방지가 하역의 핵심 목표이다. 부적절한 하역으로 인한 화물 손상은 보험 비용 증가, 고객불만, 브랜드 이미지 손상으로 이어진다. 표준 작업 절차 수립, 작업자 교육, 하역장비 정기점검 등을 통해 손상을 최소화한다.

05 글로벌 유통의 최근 이슈

글로벌 유통 환경은 빠르게 변화하고 있으며, 기업들은 새로운 도전과 기회에 적응해야 한다. 여기서는 현재 가장 중요한 세 가지 이슈를 살펴본다.

1) 디지털 전환과 옴니채널

(1) 전자상거래의 급성장

코로나-19 이후 온라인 쇼핑이 급속히 확산되면서 글로벌 전자상거래 시장이 폭발적으로 성장했다. 2023년 기준 전 세계 전자상거래 규모는 약 6조 달러에 달한다. 특히 국경간 전자상거래를 통해 중소기업도 쉽게 해외시장에 진출할 수 있게 되었다. 아마존, 알리바바, 쇼피 등 글로벌 플랫폼이 유통의 핵심으로 부상하고 있다. 이들은 단순한 판매 채널을 넘어 결제, 물류, 마케팅까지 종합 서비스를 제공한다.

(2) 옴니채널 전략의 필수화

옴니채널(omnichannel)은 온라인과 오프라인의 모든 접점에서 일관된 고객경험을 제공하는 전략이다. 고객들이 온라인에서 검색하고, 매장에서 체험한 후, 모바일로 주문하는 등 자유롭게 채널을 넘나들며 쇼핑하기 때문이다. 주요 옴니채널 서비스로는 온라인 주문 후 매장 픽업(BOPIS), 매장 재고 실시간 확인, 무한 진열(매장에 없는 상품도 온라인으로 주문) 등이 있다. 성공을 위해서는 모든 채널의 데이터 통합과 실시간 재고관리가 핵심이다.

(3) AI와 개인화 서비스

인공지능을 활용한 개인화 추천, 수요 예측, 가격 최적화가 확산되고 있다. 또한 IoT를 통한 스마트 창고, 실시간 배송 추적, 블록체인을 활용한 공급망 투명성 확보 등이 새로운 트렌드로 자리잡고 있다.

2) 코로나-19와 공급망 회복력

(1) 팬데믹이 드러낸 공급망 취약성

코로나-19는 글로벌 공급망의 취약점을 적나라하게 보여줬다. 중국 등 주요 생산기지의 봉쇄, 국경 폐쇄, 항만 운영 중단이 연쇄적으로 발생했다. 반도체, 자동차, 의료용품 등에서 심각한 공급 부족이 나타났고, 해운비가 평상시의 10배 이상 급등하기도 했다. 동시에 소비 패턴도 급변했다. 온라인 쇼핑 급증, 생필품 사재기, 여행·외식 소비 급감 등으로 기존 수요 예측이 무용지물이 되었다.

(2) 공급망 다변화와 회복력 강화

기업들은 '달걀을 한 바구니에 담지 않는' 전략을 채택하고 있다. 중국 의존도를 줄이고 베트남, 인도, 멕시코 등으로 생산기지를 분산하는 '차이나 플러스 원(China plus one)' 전략이 확산되고 있다. 리쇼어링과 니어쇼어링도 증가하고 있다. 비용보다는 안정성을 중시하는 추세로 변화하고 있다.

(3) 재고 전략의 변화

기존의 Just-in-Time 전략에서 안전재고를 늘리는 'Just-in-Case' 전략으로 전환하는 기업이 증가하고 있다. 효율성보다는 안정성을 우선시하는 방향으로 패러다임이 변화하고 있다.

3) 지속가능성과 ESG 경영

(1) 친환경 물류의 확산

기후변화 대응이 글로벌 이슈로 부상하면서 물류 부문의 탄소 배출 저감이 중요해졌다. 물류는 전 세계 탄소 배출량의 약 14%를 차지한다. 전기차 도입이 확산되고 있다. DHL, UPS, 아마존 등은 전기배송차량을 대규모로 도입하고 있으며, 드론과 자율주행차 등 새로운 배송 수단도 테스트되고 있다. 해운업계는 LNG, 수소, 암모니아 등 친환경연료로의 전환을 추진하고 있다.

(2) 지속 가능한 포장

플라스틱 포장재를 종이나 생분해성 소재로 대체하고, 포장재 사용량을 최소화하는 노력이 확산되고 있다. 아마존은 AI를 활용해 제품 크기에 맞는 최적의 포장을 선택하여 포장재 사용량을 30% 이상 줄였다. 재사용 포장도 주목받고 있다. Loop 같은 스타트업은 재사용 가능한 용기를 사용하는 새로운 배송 모델을 제안하고 있다.

(3) 사회적 책임과 윤리적 소싱

공정무역, 아동 노동 금지, 근로자 권익 보호 등 공급망 전반의 윤리성이 중요해지고 있다. 나이키, 애플 등은 협력업체의 근로 환경을 정기적으로 감사하고 개선을 요구하고 있다. EU의 공급망 실사법 등을 통해 기업들은 공급망 전반의 인권, 환경 기준 준수를 법적으로 입증해야 하는 상황이다. 투명한 공급망 공개를 통해 소비자들이 제품의 생산 과정을 확인할 수 있도록 하는 기업도 늘고 있다.

마무리사례 **'예측불가' 트럼프에 유통업계 대응은 … "현지화 사업, 정책 흐름 주시해야"**

유통업계에서는 트럼프 정부가 해외 제조업의 미국 유치 등을 위해 관세 정책에 적극 개입할 것으로 예상하고 있다. 대외경제정책연구원과 산업연구원 등에 따르면 미국의 관세 인상에 따른 한국 수출 감소 추정치는 92억 달러부터 최대 226억 달러까지 분석되고 있다. 이에 CJ제일제당 · 삼양식품 등 식품기업들은 미국에 공장을 설립하거나 제품군을 확대하는 등 위기를 쇄신하기 위한 방향을 모색하고 있다.

CJ제일제당은 사우스다코타주 수폴스(Sioux Falls)에 2027년 완공을 목표로 북미 아시안 푸드 신공장을 건설한다. 축구장 80개 규모(57만5000㎡)의 최대 규모 아시안 식품 제조시설이다. CJ제일제당은 해당 공장에 7,000억 원을 투입해 비비고 만두 등 미국 만두시장 점유율 1위(42%)를 높여나간다는 전략이다.

손경식 CJ그룹 회장은 신년사를 통해 "트럼프 정부 2기 출범과 함께 미국은 관세장벽을 통한 보호무역주의를 강화하고, 자국의 이익을 최우선으로 고려한 국제 역학 관계 변화를 추진할 것"이라며 "글로벌 영토 확장을 통한 성장동력 확보를 적극 추진해야 한다"고 강조했다.

'불닭'으로 K-푸드 확산 주역에 오른 삼양식품은 현지 맞춤형 전략으로 대응할 방침이다. 삼양식품은 최근 미국 알파세대 선호 브랜드 1위에 오른 바 있다.

삼양식품 관계자는 "아직 보편관세와 관련해 구체적인 정책이 나오지 않아 상황을 지켜보는 중"이라면서도 "미국법인을 중심으로 현지 맞춤형 마케팅을 강화하고, 주류 마켓 입점에도 더 속도를 낼 예정"이라고 말했다.

제품군도 다양화할 계획이다. 그는 "미국의 경우 SNS에서 불닭브랜드가 화제되고 월마트나 코스트코 등 주류 마켓 입점이 확대되면서 높은 성장세를 보이고 있다"며 불닭소스 등 제품군도 다양화할 계획"이라고 덧붙였다.

해외에 진출하는 K-뷰티 브랜드가 늘면서 아모레퍼시픽 등 국내 뷰티 브랜드와 신세계그룹 등 유통기업도 미국 시장 점유율을 높이고 있다. 특히 트럼프 대통령 취임식에 참석한 정용진 회장을 필두로 신세계그룹은 미국 확장에 속도를 내고 있다. 신세계그룹 이마트는 지난 2018년 미국 법인 지주회사 PK리테일홀딩스를 설립하고 미국 현지 유통기업 굿푸드홀딩스와 5개 브랜드를 보유하고 있다

트럼프 정부의 예측 불확실성으로 현지화 기반 사업이 중요하다는 전망도 강조된다. 한 유통업계 관계자는 "업계에서는 미국의 자국 중심주의와 고환율 등이 지속될 것으로 보고 있다"며 "현지인들에게 맞춘 제품 출시, 마케팅 등이 수출을 위해 중요해졌다"고 평가했다.

전문가들은 미국의 정책에 곧장 대응하기보다 예의주시하며 움직여야 한다고 분석하고 있다.

정다연 국회입법조사처 산업자원농수산팀 입법조사관은 "K-푸드나 K-뷰티 등 각 제품군에 대해서는 향후 어떤 영향이 있을지 예측이 어렵다"며 "취임식때 발표가 있을 것이라 예상했지만 관세 정책 관련해서는 유예를 한 상황이기 때문에 제품군별 · 국가별로 더 구체화돼야 판단할 수 있을 것으로 보인다"고 분석했다.

그러면서 "미국 통상정책의 예상경로에 대한 불확실성은 장기금리 상승, 수출의존형 국가 및 저소득국가의 신용위험 증가 등으로 연결될 수 있다"며 "우리나라가 낮은 관세율을 적용받을 수 있도록 적극적 대미 외교와 우리 기업 품질 경쟁력 제고를 위한 정책지원을 아끼지 않아야 한다"고 말했다.

정원호 한국식품유통학회장(부산대 식품자원경제학과 교수)은 "식품 유통 분야는 당장 큰 영향을 받지는 않겠지만, (트럼프 정부가) 보편관세를 10~20% 올리면 환율이 올라갈 가능성이 높고, 그만큼 수출은 감소할 수 있다"며 "미국 수입 비중이 높은 사료 · 육류 등은 원가가 올라가니 수입에 불리할 것"이라고 말했다.

정 학회장은 "다만 농심 등 국내 식품사들의 경우, 해외에 생산 공장을 두고 있는 곳이 많아 현지 생산으로 관세에 대비할 수 있을 것"이라며 "또 이번 기회에 미국 외 유럽 등으로 수출 판로를 넓힐 수 있는 다변화 전략을 모색해볼 수도 있다"고 말했다.

출처: 쿠키뉴스 (2025.1.21).

학·습·정·리·문·제

1. 직접 및 간접유통경로 선택이 기업의 국제시장 침투 및 수익성에 어떤 영향을 주는가?

2. 국내 유통과 글로벌 유통의 주요 차이점을 복잡성, 환경적 차이, 물리적 거리 측면에서 비교 설명하시오.

3. 글로벌 유통전략 결정요인 중 제품, 시장, 기업 요인이 유통전략에 미치는 영향은 무엇인가?

4. 지속가능성과 ESG경영이 글로벌 유통에 미치는 영향은 무엇인가?

CHAPTER 11

GLOBAL MARKETING

글로벌 촉진관리

학 습 목 표

글로벌 마케터는 마케팅 목표를 달성하기 위해 전 세계 고객들과 제품의 가치에 대한 소통을 수행해야 한다. 이 장에서는 글로벌 촉진관리의 개념과 글로벌 광고, 판매촉진, 인적판매, 홍보 등에 대해 학습한다.

11 CHAPTER 글로벌 촉진관리

도입사례 **아시아 최고의 광고대행사는 '덴츠 도쿄' … 제일기획 4위, 이노션 21위에**

덴츠 도쿄(Dentsu Inc Tokyo)가 아시아에서 가장 크리에이티브한 광고대행사로 선정됐다. 국내에서는 제일기획이 4위, 이노션이 21위, 서비스플랜 코리아가 23위에 올랐다.

27일 아시아 지역 크리에이티브 전문지 캠페인 브리프 아시아(Campaign Brief Asia)가 발표한 2024 크리에이티브 랭킹에 따르면, 덴츠 도쿄와 TBWA/하쿠호도 도쿄(TBWA/Hakuhodo Tokyo), 오길비 태국(Ogilvy Thailand), 제일기획 서울(Cheil Seoul), 레오버넷 인도(Leo Burnett India)가 아시아에서 가장 많은 수상 실적을 기록한 톱5위 안에 들며 강력한 크리에이티비티 능력을 입증했다.

지난 2023년 6위를 차지했던 덴츠 도쿄는 2024년에 다시 1위 자리를 탈환하며 아시아 최고의 크리에이티브 대행사로 인정받았다.

상위 6위부터 10위까지는 울프 BKK 태국(Wolf BKK Thailand), 오길비 인도(Ogilvy India), VML 오길비 도쿄(VML Ogilvy Tokyo), 제일기획 홍콩(Cheil Worldwide Hong Kong), DDB 무드라 그룹 인도(DDB Mudra Group India) 순서로 이름을 올렸다.

국내 에이전시 중에서는 제일기획이 4위(크리에이티브 랭킹 점수 3365점)로 가장 높은 순위를 차지했으며 이어 이노션이 21위(1080점), 서비스플랜 코리아가 23위(1025점)를 기록해 상위 50위 안에 들었다. 제일기획은 2023년 8위에서 2024년 4위로 순위가 상승했으며, 같은 기간 이노션은 11위에서 21위로 하락했다. 서비스플랜 코리아는 26위에서 23위로 3계단 올라섰다.

2024년 아시아 최다 어워드 수상 크리에이티브 리더 1위는 야스하루 사사키(Yasuharu Sasaki) 덴츠 도쿄 최고 크리에이티브 책임자(Chief Creative Officer, 이하 CCO), 2위는 타카히로 호소다(Takahiro Hosoda) TBWA/하쿠호도 도쿄 CCO, 3위는 검폰 락사나진다(Gumpon Laksanajinda) 오길비 태국 CCO, 4위는 이예훈 제일기획 전 제작본부장이 차지했다. 김정아 이노션 부사장은 21위, 허익서 서비스플랜 코리아 CD는 23위에 오르며 아시아 최다 어워드 수상 크리에이티브 리더 상위 50위 안에 이름을 올렸다.

1995년 시작된 캠페인 브리프 아시아 크리에이티브 랭킹은 주요 광고제 수상 실적을 기준으로 점수가 매겨진다. 캠페인 브리프 아시아가 선정한 주요 광고제에서 상을 수상하면 해당 상에 부여된 포인트를 얻게 되며, 이 점수를 합산해 최종 순위가 결정된다. 매년 각 광고제에서의 수상 난이도와 권위를 고려해 Gold(금상), Silver(은상), Bronze(동상) 수상작에 조정된 포인트 값을 부여한다. 또한 매년 광고제를 면밀히 검토하고 포인트 배점을 조정해 보다 공정한 평가를 유지하고 있다.

매년 가장 높은 크리에이티브 점수를 얻은 광고 대행사 및 개인 광고 부문을 선정해 발표해오고 있으며 칸 라이언즈(Cannes Lions)와 스파이크스 아시아(Spikes Asia), AWARD 어워즈, 애드페스트(ADFEST), 캠페인 브리프의 더 워크(The Work), 클리오(Clio), LIA(런던 국제 광고제), 뉴욕 페스티벌, 원쇼(The One Show), 원 아시아(ONE Asia), D&AD, 부산국제마케팅광고제(MAD Stars)에서의 수상 성적이 포함된다.

출처: 브랜드브리프 (2025.2.20).

01 글로벌 촉진관리의 개념

1) 글로벌 촉진관리와 소통 과정

국제 마케팅의 하위 범주로 간주되는 글로벌 촉진관리는 해외시장의 잠재소비자에게 제품, 서비스 또는 브랜드의 가치와 매력을 효과적으로 전달하기 위해 고안된 메시징 전략의 계획, 구현 및 제어를 의미한다. 글로벌 촉진관리는 광고, 판매촉진, 홍보(PR) 및 개인 판매의 요소를 결합하여 타깃 글로벌 시장의 소비자와 공감할 수 있는 종합적인 커뮤니케이션 전략을 수립한다. 주요 목표는 다음과 같다.

- 소비자의 관심을 유도
- 관련 제품 또는 서비스 정보를 전달
- 구매행동을 자극
- 국제시장 간의 문화적, 경제적, 규제적 차이를 고려

(1) 글로벌 촉진관리의 중요성

글로벌 시장이 점점 더 상호 연결되면서 기술의 발전과 디지털 플랫폼의 확산으로 기업은 다양한 글로벌 시장의 소비자에게 효과적으로 다가갈 수 있게 되었다. 그러나 소비자들이 매일 전례 없이 많은 양의 홍보 메시지를 받고 있어, 기업은 소음 속에서

잠재고객에게 효과적으로 다가가기 위해 잘 조율되고 문화적으로 민감하며 타깃팅된 글로벌 촉진전략을 개발해야 한다.

글로벌 촉진관리는 해외시장에서 브랜드 인지도와 평판 구축, 브랜드 충성도와 고객 유지율 향상에 중요한 역할을 한다. 다양한 시장의 문화적 차이와 소비자행동을 이해함으로써 현지 소비자의 공감을 불러일으키는 촉진전략을 개발할 수 있다.

(2) 글로벌 소통 프로세스

글로벌 촉진활동의 효과는 목표고객에게 전달되는 메시지가 얼마나 구매 의사결정에 영향을 주는가에 따라 결정된다. 글로벌 소통은 다음과 같은 과정으로 이루어진다.

- 부호화(encoding): 전달할 내용을 시각, 청각, 비언어적 부호나 상징으로 표현. 제품의 강점을 포지셔닝하고 목표 고객의 사회·문화적 특성을 반영하여 표준화 및 현지화 여부를 결정
- 메시지 전달: 목표시장 및 촉진의 목표에 따라 촉진수단(광고, 홍보, 판촉, 인적판매 등)을 결정
- 해독(decoding): 고객이 촉진수단에 의해 전달된 부호나 상징을 자신의 경험이나 지식에 근거하여 인지하고 이해
- 고객 반응: 문화적 배경, 개성, 라이프스타일에 따라 다르게 반응하며, 제품인지 → 선호도 형성 → 구매의도 결정 과정을 거침
- 피드백과 소음: 경쟁 활동과 혼동 같은 통제가 어려운 소음으로 인해 의도한 메시지가 왜곡될 수 있어 지속적인 피드백 모니터링이 필요

[그림 11-1]은 글로벌 마케팅 소통의 과정을 보여준다.

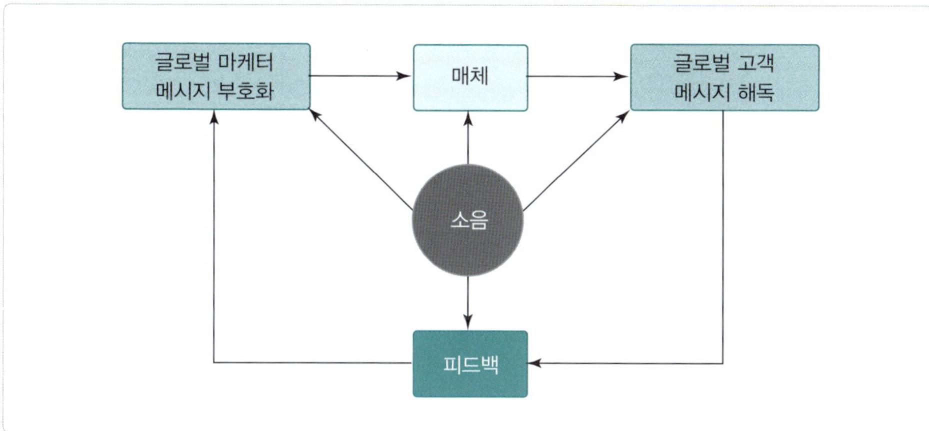

❖ **그림 11-1** 글로벌 마케팅의 소통 과정

출처: Shimp & Andrews (2012).

2) 글로벌 촉진관리의 고려요소

해외시장에서의 촉진은 국내촉진에 비해 장애요인이 더욱 다양하다. 글로벌 마케터는 글로벌 촉진전략 수립 시 법률, 문화, 매체, 언어, 비용 등을 종합적으로 고려해야 한다.

(1) 정부 규제 또는 법률

특정 시장국의 규제와 법적 제도는 촉진활동의 유형을 결정하는 중요한 요인이다. 글로벌 마케터는 법적 제도 저촉 여부를 파악하기 위해 충분한 법률 지식을 갖추고, 필요시 전문가의 자문을 구해야 한다.

- **매체 규제**: 미디어 플랫폼과 사용 방법에 대한 국가별 규정, 특정 시간대 방송 제한, 데이터 개인정보 보호법, 특정 제품(주류, 담배, 의약품 등)의 광고 제한
- **내용 규제**: 최상급 표현 금지(독일), 저속한 내용 통제(개도국), 소비자 오도 금지, 외국어 사용 제한(프랑스, 캐나다 퀘벡)
- **촉진비용 규제**: 촉진비용 허용한도 명시, 매체별 세율 차등 적용
- **판촉행사 내용 규제**: 판촉행사 기간, 선물액수 등의 제한

(2) 언어

언어는 커뮤니케이션의 주요 수단이며 글로벌 촉진전략의 핵심이다. 전 세계적으로 언어와 방언이 매우 다양하기 때문에 글로벌 마케터는 언어 전달의 뉘앙스에 세심한 주의를 기울여야 한다.

언어 번역의 실패로 인한 마케팅 문제는 글로벌 기업들에게 흔히 발생하는 위험요소이다. 예를 들어 Chrysler가 "Dart is power"라는 광고 문안을 가지고 스페인시장에 진출했을 때, 이 문구가 스페인어로는 성욕을 추구한다는 의미로 번역되어 소비자들에게 많은 오해를 불러일으켰다. 또한 힘과 정열의 의미를 담고 있는 아메리칸 모터사의 "Matador"라는 차는 푸에르토리코에서 살인자(killer)라는 의미로 번역되어 어려움을 당한 적이 있다.

이러한 사례는 광고 언어의 번역을 꼼꼼하게 검토하는 것이 얼마나 중요한지 잘 보여준다. 언어가 정확하게 번역되었는지, 현지 언어의 발음과 어조로 인해 오해의 여지가 없는지 확인하는 것이 중요하다. 이를 위해 현지에서 번역된 문구를 다른 번역가가 다시 원어로 번역하여 불일치 여부를 확인하는 역번역(back translation)을 사용하는 것도 유용한 전략으로 사용된다. 또한 일부 국가에서는 문맹률이 기업 커뮤니케이션 활동에 상당한 어려움을 초래할 수 있다는 점에 유의해야 한다. 문맹률이 높은 지역에서는 라디오나 텔레비전과 같은 시청각 미디어가 신문이나 잡지 같은 텍스트 기반 미디어보다 더 효과적인 홍보 도구가 될 수 있다.

(3) 문화

문화적 다양성은 글로벌 촉진 활동의 도전이자 기회이다. 색상, 상징, 규범, 사회적 관습 등 문화적 요소는 소비자의 인식과 선호도 형성에 중요한 역할을 한다.

문화적 요소는 소비자의 인식과 선호도 형성에 중요한 역할을 한다. 예를 들어, 색상은 문화마다 크게 다른 상징적 의미를 지니고 있다. 일부 서구 문화권에서는 흰색이 순결함과 순수함을 의미하지만, 중국이나 인도와 같은 다른 문화권에서는 애도나 죽음과 연관되어 있다. 마찬가지로 일부 기호나 이미지는 특정 문화권에서 부적절하거나 불쾌감을 주는 것으로 간주되어 홍보 자료에 사용하기에 부적합할 수 있다. 또한 금기(taboo)와 사회적 규범은 글로벌 홍보전략의 성공에 큰 영향을 미칠 수 있어 지역별로 다른 민감성을 고려해야 한다.

하지만 문화는 고정되어 있지 않다는 점에 유의해야 한다. 시간이 지남에 따라 진화하며 환경이나 사회의 변화에 영향을 받을 수 있다. 예를 들어 인스턴트커피가 일본 시장에 처음 출시되었을 당시에는 큰 호응을 얻지 못했지만 일본의 라이프스타일이 점점 더 빠르게 변화하면서 소비자들 사이에서 인스턴트커피의 편리함이 인식되며 점점 더 많이 수용되고 있다.

따라서 글로벌 마케터는 기존의 문화적 맥락에 대한 깊은 이해가 중요하지만, 새로운 트렌드와 문화적 변화도 면밀히 주시해야 한다. 이러한 변화에 적응하고 앞서 나가면 다양한 시장 및 고객과 효과적으로 소통할 수 있는 기업의 역량을 크게 향상시킬 수 있다. 이는 전통적인 문화규범에 대한 존중과 새로운 문화 역학관계에 적응할 수 있는 유연성의 균형을 맞추는 것이다.

(4) 매체

각 국가는 기술 인프라, 정부 규제, 문화적 규범의 영향을 받는 독특한 미디어 환경을 가지고 있다. 한 시장에서 효과적인 미디어가 다른 시장에서는 접근성이 떨어지거나 선호되지 않을 수 있다.

매체 환경은 국가별로 크게 다르다. 선진국에서는 TV, 인쇄물, 라디오, 디지털 미디어가 보편적으로 활용되지만, 개발도상국에서는 인프라 제약으로 인해 기존 광고 매체가 제한적으로 보급되어 있다. 그렇다고 해서 효과적인 홍보가 불가능하다는 의미는 아니며, 창의성과 적응력이 필요할 뿐이다. 한 가지 창의적인 해결책은 대중음악을 재생하고 브랜드 메시지를 전달하는 이동식 밴을 사용하여 지역사회를 돌아다니는 것이다. 이 방법은 청중에게 직접 다가갈 수 있고 서로 간 참여를 유도하는 특성으로 인해 종종 효과적이다.

한편 인터넷 연결과 스마트폰의 급속한 확산으로 디지털 미디어 플랫폼은 이전에는 접근하기 어려웠던 시장에 도달하는 데 획기적인 역할을 하고 있다. 소셜미디어, 이메일 마케팅, 인플루언서 마케팅은 기업이 목표 고객과 소통할 수 있는 새로운 방법을 제공했으며, 종종 기존 미디어보다 저렴한 비용으로 더 넓은 범위로 도달할 수 있게 되었다. 하지만 디지털 미디어 내에서도 선호도는 지역마다 크게 다를 수 있다는 점을 유의해야 한다.

Brief Case 문화 마케팅에 열 올리는 제네시스

현대자동차 럭셔리 브랜드 제네시스가 미국 뉴욕에서 연 꽃 전시회에 2주 동안 1만6000명이 방문했다. 제네시스가 브랜드 파워를 끌어올리기 위한 핵심 수단으로 택한 문화 마케팅이 효과를 거두고 있다는 분석이 나온다.

제네시스는 미국 뉴욕 맨해튼에 세운 복합문화공간 '제네시스 하우스 뉴욕'에서 열린 '블룸타니카: 자연과 혁신이 만나는 곳' 전시회에 1만6000명이 넘는 관람객이 찾았다고 24일 밝혔다. 이번 전시는 한국의 정원과 자연에서 영감을 얻어 한국의 미를 느낄 수 있도록 꾸민 게 특징이다. 이달 2일(현지시간) 개장했으며 다음 달 9일까지 열린다.

이번 전시를 기획한 제프 리섬은 포시즌스 호텔의 아티스틱 디렉터이자 수석 플로럴 아티스트다. 제프 리섬은 제네시스 하우스 뉴욕에서 생화와 디지털 기술을 결합시킨 하이브리드 전시회를 최초로 시도했다.

쇼룸에는 제네시스 차량들과 함께 제프 리섬의 시그니처라 할 수 있는 짙은 보라색 계통의 꽃을 활용한 장식들이 전시돼 있다. 셀러 스테이지에는 한국 정원에서 영감을 받은 산책길 풍경이 영상으로 구현돼 있다. 한국 밤하늘을 표현한 보라색, 무궁화의 분홍색, 제주도의 노란색 등 형형색색의 꽃을 전시에 활용했다.

송민규 제네시스사업본부장(부사장)은 "한국 정원에서 영감받은 이번 전시회가 고객 접점의 스펙트럼을 넓히는 계기가 될 것으로 기대한다"며 "앞으로도 다양한 경로를 통해 글로벌 고객들에게 한국의 미를 알리기 위해 노력할 것"이라고 말했다. 제프 리섬은 "제네시스 하우스 뉴욕과 함께 한 이번 협업은 놀라운 여정"이라고 전했다.

제네시스가 문화 마케팅에 힘을 쏟는 건 고급스러운 이미지를 구축하기 위해서다. 제네시스는 미국 진출 첫해인 2016년 6948대에 불과했던 판매량이 7년 만인 지난해 6만9175대로 10배 늘었다. 올해 1~4월에도 3.4% 판매 증가세를 이어가고 있다.

출처: 한국경제 (2024.5.24).

02 글로벌 광고

1) 글로벌 광고의 개념 및 특성

광고는 기업, 제품, 서비스에 대한 정보를 시장에 전달하는 데 사용되는 강력한 커뮤니케이션 수단이다. 특히, 기업의 홍보 메시지를 여러 국가에 전파하는 글로벌 광고

는 글로벌 마케팅에서 중요한 역할을 차지한다. 홍보와 유사점을 공유하지만 주요 차이점은 광고와 관련된 직접 비용에 있다.

광고의 궁극적인 목표는 기업의 광범위한 글로벌 마케팅 목표와 일치한다. 이 목표에는 기업의 평판 향상, 제품 판매 촉진, 제품 및 브랜드 인지도 향상, 소비자에게 주요 구매결정 요소에 대한 정보 제공, 제품 유통채널 보장, 판매 및 서비스 제공에 대한 정보 제공이 포함된다. 광고의 효과는 AIDMA 모델(Attention, Interest, Desire, Memory or conviction, Action)을 사용하여 잘 설명할 수 있다. 이는 고객이 최초 접촉에서 최종 구매까지 거치는 과정을 세분화하는 소비자 행동 모델이다.

- 주의집중(Ateention): 소비자의 주의를 끌게 함으로써 기업이나 제품을 널리 알리는 고지기능이 있다.
- 관심(Interest): 소비자가 광고 제품에 흥미를 느끼거나 관심을 갖게 되는 것을 이용하여 예상고객들의 구매의욕을 적극적으로 자극시키는 설득기능이 있다.
- 욕구(Desire): 소비자들에게 좋은 이미지를 심어주어 새로운 수요를 일으킴으로써 고객집단을 형성하게 하는 수요 창조의 기능이 있다.
- 기억 또는 확신(Memory or conviction): 판매의 전제조건이 되는 수요의 장기적이고 지속적인 창출을 위하여 단순한 고지나 설득의 단계를 넘어 광고 내용까지도 기억할 수 있도록 하는 인상기능이 있다.
- 행동(Action): 제품을 구매할 결심을 하게 하고 구매행위로 이어지도록 하는 판로 확보 및 판매유지의 기능이 있다.

광고는 기업 또는 제품에 대해 주의를 집중하게 만들고, 인지도를 높이기 위해 고안된 기업의 커뮤니케이션 전략의 중추적인 요소를 차지한다. 광고의 이러한 측면은 기업 또는 제품의 가시성과 도달 범위를 전 세계로 확대하는 중대 역할을 한다. 소비자의 관심을 끌면 광고는 설득력 있는 도구로 전환된다. 광고는 잠재고객의 호기심이나 기존 성향을 활용하여 관심을 유도하고, 광고의 설득력은 소비자가 제품이나 서비스를 더 자세히 살펴보고자 하는 욕구를 불러일으켜 잠재적인 구매의도를 자극하게 된다. 하지만 성공적인 광고는 단순히 관심을 불러일으키는 것에서 그치지 않는다. 더 깊이 파고들어 소비자의 머릿속에 제품이나 서비스에 대한 호의적인 이미지를 심어주어 새로운 수요를 창출한다. 이러한 수요 창출 능력은 충성도 높은 고객기반을 구축하는 데 매우 중요하며, 기업이 장기적인 성공을 추구하는 데 도움이 된다. 또한 광고는 꾸준한 매출 유지를 위한 전제조건인 지속적인 수요 창출을 보장하기 위해 지속적인 인상을 남겨야 한다. 이는 단순히 소비자에게 광고를 상기시키거나 피상적으로 설득하는 것 이상의 의미를 갖는다. 대신 효과적인 광고는 소비자의 머릿속에 광고 콘텐츠를 각인시켜 제품이나 서비스의 매력을 오래도록 지속시키는 데 기여한다. 마지막으로, 효과적인 광고의 목표는 행동을 유도하는 것이다. 광고는 주의집중, 관심, 욕구의 단계를 제품 또는 서비스 구매라는 결정적인 행동으로 전환하기 위해 노력한다. 광고의 이러한 측면은 판매경로를 확보하고 판매를 유지하는 데 중요한 역할을 하며, 소비자를 구매라는 최종적인 결과로 유도한다.

2) 글로벌 광고의 유형

글로벌 광고의 유형은 전통적인 광고와 신흥 광고수단으로 구분된다. 전통적인 광고 유형에는 신문, 잡지를 활용한 인쇄광고와 TV, 라디오 등을 활용한 방송광고 등이 있다. 신흥 광고 유형에는 인터넷과 소셜미디어를 활용한 광고가 있다.

(1) 인쇄광고

신문이나 잡지와 같은 인쇄매체는 전통적으로 광고에 있어 중요한 역할을 해왔다. 특히 신제품을 소개할 때 높은 가시성과 효과를 제공한다. 신문은 다양한 인구집단에 폭넓게 도달할 수 있어 광고 메시지를 빠르게 전파할 수 있는 저렴한 방법이지만, 일시적이라는 특성 때문에 광고의 수명이 짧고 특정 인구집단을 목표로 하기가 어려울 수 있다. 국제적으로 인정받는 간행물은 해외시장을 효과적으로 공략할 수 있다는 장점이 있다. 하지만 대부분 영어와 같은 글로벌 언어로 발행되기 때문에 도달 범위가 시장의 특정 분야로 제한되는 경우가 많다. 따라서 잡지광고는 일반적으로 대량 소비가 필요한 제품보다는 틈새 마케팅에 사용된다.

(2) 방송광고

라디오 및 텔레비전과 같은 방송매체는 인쇄매체 다음으로 광고에서 중요한 위치를 차지하고 있다. 방송광고의 효과는 엔터테인먼트를 활용하여 직접적인 영향을 줄 수 있는 능력에서 비롯된다. 문맹률이 높은 개발도상국에서는 이러한 미디어가 주요 광고 매체로 사용되는 경우가 많다. 기술 발전, 텔레비전 보급률 증가, 인공위성의 출현으로 인해 글로벌 상업용 TV 광고가 증가하면서 무한한 잠재력을 보여주고 있다. 그러나 TV 광고는 비용이 많이 들고 지역적 가용성의 제약을 받을 수 있고, 일부 국가에서는 TV와 라디오의 상업광고를 금지하거나 제한할 수 있다. 방송에서 현지 언어를 사용하기 때문에 광고 효과가 언어 장벽을 뛰어넘지 못할 수도 있으므로 지리적 제약이 따를 수 있다.

(3) 인터넷 및 소셜미디어 광고

디지털 혁명과 함께 인터넷과 소셜미디어는 글로벌 광고를 위한 강력한 플랫폼으로 부상했다. 인터넷과 소셜미디어는 실시간 커뮤니케이션, 인구통계학적 타깃팅, 지리적 유연성, 대화형 참여와 같은 비할 데 없는 이점을 제공한다. 광고주는 검색엔진 마케팅, 디스플레이 광고, 제휴 마케팅, 이메일 마케팅, 동영상 광고를 사용하여 온라인 고객에게 도달할 수 있다. 소셜미디어 플랫폼은 타깃 광고, 인플루언서 마케팅 및 바이럴 캠페인을 위한 기회를 제공한다.

(4) 기타 광고

이 범주에는 옥외광고(광고판, 포스터 등), 직접우편광고, 영화관 광고, 대중교통 광고(대중교통, 택시 광고 등) 등 다양한 기타 글로벌 광고방법이 포함된다. 이러한 방법은 일반적으로 인쇄물이나 방송과 같은 전통적인 미디어가 특정 지역의 원하는 소비자층에 노출하지 못하거나 광고효과가 낮을 때 활용된다.

3) 글로벌 광고의 의사결정 과정

광고를 수행하는 글로벌 마케터가 직면하게 되는 세부적인 의사결정 과정은 크게 광고 목표의 설정, 광고 예산의 책정, 광고대행사의 선정, 광고 메시지의 선정, 광고매체의 선정, 광고효과의 평가 등과 같은 단계를 거쳐 이루어진다.

(1) 글로벌 광고 목표의 설정

명확한 목표를 수립하는 것은 글로벌 광고 의사결정 프로세스의 중요한 초기 단계다. 뚜렷한 목표 설정은 목표 시장에서의 제품 포지셔닝, 과거 성과 평가, 소비자 및 시장의 특성, 전반적인 글로벌 마케팅 믹스 전략을 고려하여 기업의 광범위한 마케팅 전략과 연계해야 한다.

광고 목표는 일정기간 동안 특정 목표시장으로부터 기업이 달성해야 할 구체적인 소통 과업으로서, 크게 고지광고, 설득광고, 리마인더 광고로 분류할 수 있다.

- 고지광고(information advertising): 제품수명주기의 초기 단계나 새로운 시장에 진입할 때 자주 사용된다. 주요 목표는 브랜드 인지도를 구축하고 소비자에게 제품 또는 서비스에 대한 정보를 제공하는 것이다. 제품의 기능, 이점, 사용방법 또는 가격을 자세히 설명하여 목표 시장이 제품의 가치 제안을 이해하는 데 필요한 지식을 제공한다.
- 설득광고(persuasive advertising): 목표 시장의 고객이 특정 행동을 취하도록 설득하기 위해 고안되었다. 목표는 잠재고객이 제품을 구매하도록 유도하거나, 제품 또는 브랜드에 대한 인식을 바꾸거나, 경쟁사 제품에서 전환하도록 유도한다. 제품이나 서비스의 고유한 판매 포인트와 이점을 강조하는 경우가 많다.
- 리마인더 광고(reminder advertising): 주로 타깃 고객 사이에서 제품인지도를 유지하는 데 사용된다. 제품이나 브랜드가 가장 먼저 떠오르도록 하는 것이 목표다. 특히 일반적으로 잘 알려진 제품이나 브랜드에 사용된다.

(2) 글로벌 광고 예산의 책정

예산 설정은 글로벌 광고 의사결정 과정에서 중요한 부분이다. 기본적으로 기업은 광고 목표를 달성하기 위해 투자할 금액을 결정해야 한다. 예산책정방법론은 조직마다 다르며 일반적으로 사용되는 몇 가지 방법이 있다.

- 가용자금법(affordable method): 다른 업무에 지장이 없는 한, 이용 가능한 모든 자금을 광고 예산에 투입하는 방식이다. 단순하고 단기적인 재정 부담을 피할 수

있다는 장점이 있지만, 시장 확대와 같은 장기적인 마케팅 전략을 계획할 때는 불리할 수 있다.

- 매출액비율법(percentage of sales method): 실제 판매가 또는 예상판매가의 일정 비율을 광고 예산으로 책정하는 방식이다. 기업 규모에 적합한 광고비를 책정할 수 있고 비교적 안정적인 경쟁관계를 유지할 수 있다는 장점이 있지만, 광고 예산이 비례적으로 감소하기 때문에 계절적 변동과 매출 하락에 대응하기 어렵다는 단점이 있다.
- 경쟁평가법(competitive parity method): 자사의 광고비 지출 수준을 경쟁사들이 광고비로 지출하는 수준에 맞추어 책정하는 방식이다. 업계 평균 광고 수준을 유지함으로써 안정성을 확보하고 치열한 광고 경쟁을 방지할 수 있지만, 각 국가에서 경쟁사의 광고 지출에 대한 정확한 데이터를 확보하기가 어려울 수 있다.
- 목표과업법(objective and task method): 광고의 목표를 설정하고 그 목표를 달성하기 위한 구체적인 과업을 결정한 후, 그러한 과업을 수행하기 위한 비용을 광고비로 책정하는 방식이다. 기업의 향후 글로벌 마케팅 목표와 해외시장 참여도 등을 고려하기 때문에 가장 합리적인 방법으로 간주되지만, 광고 목표 달성에 필요한 모든 과제를 사전에 파악해야 하고, 사용한 광고 예산의 가치를 평가할 수 있는 객관적인 기준을 설정하기가 어려울 수 있다.

(3) 광고대행사의 선정

복수의 시장을 대상으로 하는 광고는 전문성의 문제 때문에 대다수의 경우 광고대행사 등의 외부전문기관에 크게 의존하고 있다. 이러한 광고대행사는 일반적으로 글로벌 광고대행사, 현지 광고대행사, 본국의 광고대행사로 구분될 수 있다.

글로벌 광고대행사를 이용할 경우의 이점으로는 광고에 대한 책임 및 회계관리의 집중, 조정 및 관리의 용이, 객관성 향상, 경험 축적에 따른 전문성, 관련 시장조사 및 제작 활동의 중복방지를 통한 비용절감 등을 들 수 있다. 그러나 기업이 현지국의 광고대행사를 이용하는 이유는 다음과 같다.

- 현지대행사의 특별서비스: 현지시장 및 고객정보를 기반으로 차별적인 서비스 제공

- 현지기업 이미지: 선량한 현지기업으로서의 이미지 제고
- 글로벌 대행사의 조정역할 미흡: 전 세계적 조정 역할의 한계

광고대행사 선정 시 고려사항은 시장 범위, 업무의 질, 마케팅서비스 수행 가능 여부, 기업 광고부서와의 역할분담, 소통 및 조정·통제 정도, 광고의 글로벌 표준화 또는 적응화, 기업의 글로벌 경영규모, 추구하는 기업 이미지, 기업의 조직구조, 해외사업 형태 등이다.

(4) 글로벌 광고 메시지의 선정

글로벌 광고 의사결정에 있어서 중요한 분야 중의 하나가 각 시장에 적절한 내용을 담은 효과적인 메시지를 개발하는 것이다. 세계적으로 사람들의 기본적인 욕구와 필요는 거의 동일하지만 그것이 충족되는 방식은 나라마다 차이가 있으므로, 광고 메시지는 이러한 지역적 현실에 부응해야 한다.

광고 예산을 많이 책정한다고 해서 반드시 광고가 성공하는 것은 아니며, 창조적인 광고 메시지가 광고 성공의 보다 중요한 요인이다. 특히 오늘날과 같이 광고비가 비싸고 경쟁이 심한 환경하에서는 창조적인 광고 메시지의 중요성이 더욱 커지고 있다.

목표시장의 제품 특성, 구매자 특성, 구매동기, 언어 특성, 시장차별화의 정도 등을 고려하여 광고 메시지를 글로벌 표준화할 것인가, 아니면 현지 시장에 적응화할 것인가를 결정해야 한다. 구매동기를 예로 들면, 제품에 대한 구매동기가 각 국가별로 유사할수록 동일한 광고 메시지의 사용이 바람직하다.

(5) 광고매체의 선정

글로벌 광고 메시지가 결정되면 이것을 전달할 광고매체를 선정해야 한다. 글로벌 광고매체의 선정 시 나타나는 문제는 나라마다 이용할 수 있는 매체가 다르며, 한 국가에서의 성공적인 광고매체가 다른 국가시장에서는 그대로 적용되는 경우가 많지 않다는 것이다.

따라서 글로벌 광고매체를 이용하기 위해서는 먼저 해당국의 정치, 경제, 사회, 문화적 특성에 관한 지식이 있어야 하며, 특히 대상 국가의 광고 관계 법률을 숙지해야 한

다. 또한 여러 가지 광고매체 대안 중에서 각 매체가 지닌 메시지의 전달 범위나 도달 능력, 각 매체의 활용 가능성 및 비용 등을 감안하여 자사와 자사제품에 가장 적합한 매체를 선정하여야 한다.

(6) 광고효과의 평가

오늘날 해외광고의 중요성에 대한 인식이 높아지면서 국제광고비 지출이 증가하고 있다. 따라서 해외광고에 막대한 비용을 투입하는 기업이라면, 당연히 투입에 대한 산출이라는 측면에서 비용 지출에 따른 광고의 효과성에 대하여 관심을 갖게 된다.

광고의 효과를 극대화하기 위해서는 광고를 실시하기 전과 실시한 후에 테스트하는 두 가지 방법이 있다. 사전조사(pretesting measures)는 본격적인 광고를 실시하기에 앞서 예상 광고 대상자를 대상으로 의견이나 태도를 조사함으로써 여러 대안의 광고캠페인 중에서 가장 효과적인 것을 선정하기 위한 것이다. 사후조사(post-testing measures)는 광고매체를 통해 나타난 후 광고 대상자들에게 광고주의 의도와 표현 내용이 제대로 전달되었는가와 실제로 얼마만큼의 판매 증대효과가 있었는가를 측정하는 것이다.

03 글로벌 판매촉진

1) 글로벌 판매촉진의 개념

글로벌 판매촉진이란 해외시장에 소비자들의 제품구매의사를 강력하게 자극하기 위한 단기적인 유인을 말하는데 광고, 인적판매, 홍보를 제외한 모든 촉진 활동을 포함한다. 광고가 시장 또는 시장점유율을 확보하기 위한 장기적 전략 목적을 지니는 활동인 데 비해, 판매촉진은 단기적 매출 목적을 달성하기 위한 글로벌 촉진활동이라고 할 수 있다.

글로벌 판매촉진이란 해외시장에 소비자들의 제품구매의사를 강력하게 자극하기 위한 단기적인 유인을 말하는데 광고, 인적판매, 홍보를 제외한 모든 촉진활동을 포함한다. 광고가 시장 또는 시장점유율을 확보하기 위한 장기적 전략 목적을 지니는 활동인 데 비해, 판매촉진은 단기적 매출 목적을 달성하기 위한 글로벌 촉진활동이라고 할 수 있다.

글로벌 시장에서의 판매촉진활동은 국내시장 판촉활동과 크게 다르지는 않으나 다음 사항들을 유의해야 한다.

- 경제적 측면: 통상 개발도상국 시장일수록 판매촉진의 효과가 크다. 그러나 이것이 선진국에서는 판매촉진의 효과가 없다는 것을 의미하지는 않는다.
- 법률적 측면: 판촉활동을 규제하는 정부정책과 법률이 각 국가마다 많은 차이가 있다. 대체로 미국이나 유럽국가 등 선진국에서 판촉활동에 많은 제한을 가하고 있는데, 이는 판촉활동이 고객을 현혹시키거나 기만할 수 있기 때문이다. 또한 대부분의 국가들이 소비자를 보호하기 위하여 광고보다 판촉활동에 대해 더 강력하게 규제를 하고 있다.
- 문화적 측면: 경품권, 프리미엄 등은 고객들이 그 시장국의 문화적 배경에 따라 달리 해석되기도 하기 때문에 신중을 기해야 한다.
- 유통 측면: 소비자를 대상으로 한 판촉활동을 하려면 해외중간상들을 개입시켜야 하기 때문에 이들의 능력도 고려해야 한다.

현대사회에서는 글로벌 경쟁이 심화되면서 글로벌 판매촉진활동의 중요성이 점차 증가하고 있다. 글로벌 판촉활동은 해외시장에 제품을 처음 도입할 때 아주 효과적이다. 또한 기존의 제품시장이 매우 경쟁적이며 표준화되어 있을 때, 특히 단가는 낮지만 매출이 많은 제품의 경우 촉진의 효과가 크게 나타난다.

제품수명주기에 따른 광고와 판매촉진의 효과를 비교해 보면, 제품이 처음 개발되어 시장에 도입된 후 성숙기에 이르기까지는 국제광고의 효과가 더 크게 나타나지만, 제품이 표준화되어 쇠퇴기에 이르면 글로벌 판매촉진의 효과가 더 크게 나타난다.

2) 글로벌 판매촉진의 유형

글로벌 판매촉진에 사용되는 수단은 매우 다양하다. 글로벌 판매촉진은 누구를 대상으로 하느냐에 따라 크게 판매점 판매촉진(dealer gates promotion)과 소비자 판매촉진(consumer promotion)으로 나눌 수 있다.

(1) 판매점 판매촉진

판매점 판매촉진은 해외 판매점의 구매욕구를 환기시키거나 자극하기 위한 글로벌 마케팅 소통의 한 방법이다. 판매점 판매촉진의 궁극적인 목적은 판매점 촉진과 판매점 원조를 통해 해외 판매망을 확충함으로써 해외매출액을 증대시키는 것이다. 해외 판매점에 대한 글로벌 판매촉진 수단으로는 현금 환불, 기관지 발행, 판매점 콘테스트, 판매점 지원 등이 있다.

- 현금 환불(rebate): 현금 환불은 제조업체와 판매점의 공존공영을 목적으로 기업 이익의 분배를 통한 판매촉진방법으로서, 판매점이 일정매출액을 넘어서면 판매점 인도 가격에는 변함이 없지만 일정 기간 후에 지불금액의 일부를 일정비율로 환불해 주는 방법이다.
- 기관지 발행(house organ): 글로벌 기업이 해외시장에 기업의 사명이나 특징, 기술 개발 내용이나 기타 고객에게 유용한 정보를 제공하는 정기간행물을 발간함으로써 매출액 증진과 함께 제조업체와 판매점 그리고 소비자와의 소통이 원활하게 이루어지도록 하는 촉진방법이다.
- 판매점 콘테스트(dealer contest): 판매점끼리의 콘테스트를 실시하는 판매촉진방법으로서, 이를 통해 판매점이 자사제품을 우선적으로 판매하게끔 유도하고 소매점의 교육이나 의식 향상, 아이디어의 수집 등을 얻을 수 있다. 구체적인 유형으로는 판매량 콘테스트, 진열 콘테스트, 점포 콘테스트, 판매기술 콘테스트, 아이디어 콘테스트 등이 있다.
- 판매점 지원(dealer helps): 해외 판매점에 대한 장기적인 측면의 판매촉진활동으로서, 해외 판매점의 경영지도 및 육성과 해외 판매점의 판매에 대한 지원 및 원조의 두 가지로 구분된다.

(2) 소비자 판매촉진

소비자 판매촉진이란 판매점을 통해 판매촉진을 추구하는 것이 아니라 최종 소비자에게 직접 판매촉진 활동을 행하는 것을 말한다. 해외 소비자에 대한 판매촉진 수단으로는 견본 증여, 우대권, 전단, 사은품 등이 있다.

- 견본 증여(sampling): 상품 또는 그 모형을 소비자에게 제공함으로써 소비자의 동 제품 사용을 유도하는 방법으로서, 무료로 제공하는 경우와 대여해 주는 경우가 있다. 화장품, 의약품, 음료수 등의 일상용품은 무료가 많고, 생산재 등 고가의 신제품인 경우에는 대여해 주는 방법이 많이 사용된다.
- 우대권(coupon): 명시된 제품의 구매 시 구매자들에게 할인을 제공한다는 증빙서이다. 우대권은 신제품에 대한 초기 구매를 촉진하거나 성숙기에 들어선 제품의 판매를 자극할 수 있다.
- 전단(bill): 전단은 일정지역의 광범위한 대상을 위주로 광고전단을 대량 살포하는 방법이다. 제작이 용이하고 제작비용이 적게 들며, 효과가 즉시 나타나고 배포에 극적인 면을 도입할 수 있다는 장점이 있다. 전단은 판매가격을 강조하거나 행사 중 즉각적인 효과가 필요할 때, 서비스나 분위기의 앙양을 통한 이미지 제고가 필요할 때 주로 사용된다.
- 사은품(free gift): 제품의 구매를 유도하기 위한 일종의 보상으로 다른 제품을 무료 또는 낮은 비용으로 제공하는 판매촉진이다. 또한, 사은품을 이용한 판매촉진에는 정가에 보다 많은 제품을 판매하는 방식도 있다.

3) 특수한 형태의 글로벌 판매촉진

글로벌 마케팅에서만 찾아볼 수 있는 독특한 형태로는 해외시장에 제품을 전시하는 국제박람회, 종합전시회, 견본시장 등이 있는데 구체적 명칭에 따라 개최 목적, 참가 대상 및 규모, 관람 대상, 행사기간 등이 조금씩 다르다.

기업이 국제박람회 등의 행사에 참가하는 목적은 해외기업의 경영자, 구매담당자, 엔지니어, 마케팅 담당자 등에게 자기 회사와 제품을 널리 알림으로써 글로벌 마케팅을 촉진시키기 위함이다. 이러한 형태의 글로벌 판매촉진의 장점은 다음과 같다.

- 효율적인 접촉 기회: 국제박람회 등에는 세계 각지에서 많은 판매자와 구매자가 모여들기 때문에, 다른 방법으로는 몇 년이 걸려도 어려울 정도의 고객과의 접촉 및 상담이 단기간에 가능하다.
- 시장 테스트 기회: 본격적인 출하에 앞서 제품의 판매 가능성과 잠재적인 유통업자들의 반응을 측정할 수 있기 때문에 시장실험의 기회로 삼을 수 있다.
- 경쟁사 정보 수집: 행사에 참여하는 기업들은 저마다 홍보효과 또는 고객들의 관심을 얻기 위해 최고의 제품과 새로운 기술을 선보이기 때문에 경쟁업체에 대한 시장조사의 기회를 가질 수 있다.

04 글로벌 인적판매

1) 글로벌 인적판매의 개념

인적판매는 영업사원이 직접 대화를 통해 잠재 고객을 설득하여 제품 구매를 유도하는 개인화된 커뮤니케이션 활동이다. 이는 일방향적인 광고와 달리 양방향 커뮤니케이션을 통해 고객의 반응을 실시간으로 파악하고 대응할 수 있다는 장점이 있다.

글로벌 인적판매는 다음과 같은 상황에서 특히 효과적이다. 첫째, 복잡한 산업재나 고가 제품의 판매 시 고객이 구체적이고 정확한 제품 정보를 필요로 할 때이다. 둘째, 광고 매체가 제한되거나 규제가 있는 개발도상국 시장에서 주요 홍보 수단으로 활용된다. 셋째, 임금 수준이 낮은 국가에서는 비용 효율적인 판매 전략이 될 수 있다.

주요 장점으로는 고객 맞춤형 정보 제공, 실시간 피드백 및 대응, 직접적인 구매 유도가 가능하다는 점이다. 반면 단점으로는 높은 비용, 숙련된 인력 확보의 어려움, 문화적·언어적·법적 장벽 존재 등이 있다.

2) 글로벌 인적판매의 유형

글로벌 인적판매에서 가장 중요한 과제는 우수한 판매 인력의 확보이다. 판매 인력의 유형은 크게 세 가지로 구분되며, 각각은 서로 다른 특성과 적용 상황을 가지고 있다.

첫째, 해외파견 판매원은 본사 직원을 해외시장에 파견하는 전통적인 형태이다. 이는 주로 관리 직위 충족 및 관리 능력 활용, 중역진의 글로벌 경험 축적, 본사와의 조정 및 통제 강화 등의 목적으로 활용된다. 해외파견 판매원의 가장 큰 강점은 높은 기술적 지식과 전문성을 보유하고 있으며, 기업 및 제품에 대한 상세한 이해와 본사에 대한 높은 충성도를 가지고 있다는 점이다. 그러나 높은 파견 비용 및 생활비 지원이 필요하고, 문화적·법적 장벽으로 인한 적응의 어려움이 있으며, 장기 해외 거주를 희망하는 직원이 부족하다는 한계가 있다. 또한 현지에서 외국 기업의 이미지를 강화시킬 우려도 있다.

둘째, 현지인 판매원은 현재 가장 선호되는 형태로, 현지에서 직접 채용하여 활용하는 방식이다. 이 방식이 선호되는 이유는 문화적·법적 장벽이 없고, 현지 시장에 대한 깊은 이해를 가지고 있으며, 상대적으로 낮은 인건비로 운영할 수 있고, 외국 기업 이미지를 완화하는 효과가 있기 때문이다. 하지만 본사 언어 및 문화에 대한 이해가 부족하여 기업 전체 차원의 의사소통에 어려움이 있으며, 이를 해결하기 위한 체계적인 교육 및 훈련이 필요하다는 한계점이 있다.

셋째, 제3국인 판매원은 기업 국제화 진전에 따라 등장한 새로운 형태로, 본사국이나 현지국이 아닌 제3국 출신 인력을 활용하는 방식이다. 이러한 형태가 등장한 배경에는 기업의 글로벌화 가속, 개인 능력과 동기가 국적에 좌우되지 않는다는 인식 확산, 다양한 문화적 배경을 가진 인재 풀의 확대 등이 있다. 제3국인 판매원은 다양한 문화적 경험과 언어 능력을 바탕으로 글로벌 시장에서 유연하게 활동할 수 있다는 장점이 있다.

궁극적으로 어떤 유형의 판매원을 선택할지는 언어 및 문화적 차이, 법적 제약 사항, 인건비 차이, 시장 특성 및 제품 복잡성 등의 요소들을 종합적으로 고려하여 결정해야 한다. 각 기업은 자신의 상황과 목표 시장의 특성에 맞는 최적의 판매 인력 구성을 통해 글로벌 시장에서의 경쟁력을 확보할 수 있다.

Brief Case 방판 '판' 바뀌나 … 아모레, 전용 온라인몰 연다

아모레퍼시픽이 방문판매(뉴커머스)방식으로 영업하는 카운셀러에게 온라인으로 화장품을 판매할 수 있도록 길을 열어주기로 해 방문판매업계가 촉각을 곤두세우고 있다. 코로나-19 후 라이브방송(라방) 등 소셜미디어가 주요 판로로 부상했지만, 방문판매원은 법(방문판매 등에 관한 법률)에 가로막혀 온라인을 활용해 영업할 수 없었다.

하지만 지난달 법이 개정되면서 인적 네트워크에 전적으로 의존하던 방문판매원의 운신의 폭이 넓어졌다. 아모레퍼시픽은 이 법에 근거해 카운셀러가 손쉽게 온라인 판매에 나설 수 있도록 커머스몰 서비스를 시범 운영한다고 3일 발표했다. 방문판매원에게 온라인 판매를 허용한 것은 코로나-19로 업계가 고사 위기에 처했기 때문이다. 방문판매는 그간 인적 네트워크를 활용한 대면방식으로만 가능했다. 코로나-19가 창궐하고 방역당국이 "방문판매가 코로나-19 감염에 취약하다"고 경고하면서 급격히 쇠퇴했다. 한때 4만명 수준까지 늘었던 아모레퍼시픽의 카운셀러 숫자는 현재 절반 수준인 2만명대로 줄었다. 업황이 악화하자 방문판매업계에서는 온라인을 활용한 영업 · 판매를 허용해 숨통을 틔워달라고 정부에 건의했다. 그 결과 지난달 21일 방문판매 등에 관한 법률이 개정됐다. 방문판매방식에 방문판매업자 등이 개설 · 운영하는 사이버몰을 통한 판매도 포함됐다.

방문판매업계에선 정부가 법을 개정하고 아모레퍼시픽이 전용 플랫폼으로 카운셀러의 마케팅을 지원하기로 함에 따라 방문판매업의 기본 문법이 뒤바뀔 것이라는 관측이 나온다. 방문판매 채널이 소셜미디어 등 온라인 채널로 확장되면서 보다 적극적인 영업이 가능해졌기 때문이다. 이 영향은 아모레퍼시픽과 같은 화장품 회사뿐 아니라 hy, 코웨이 같은 방문판매업을 하는 다른 기업에도 미칠 전망이다.

중 · 장년층 위주였던 고객층이 젊은 세대로 확장할 것이라는 기대도 나온다. 아모레퍼시픽도 2040세대를 겨냥한 새로운 회원 체계 기반의 디지털 사업모델을 구상 중이다. 온라인으로 고객의 피부 고민을 파악하고 이에 맞는 화장품 샘플을 제공하는 등 온 · 오프라인을 넘나드는 마케팅 방식이다.

문제는 온라인 문법에 익숙하지 않은 기존 방문판매원이 이런 변화를 적극적으로 받아들일 수 있느냐는 점이다. 업계에선 "기존 방문판매 조직이 동요하게 되면 방문판매를 핵심 영업방식으로 하는 기업들 입장에선 되레 경쟁력이 약화할 가능성이 있다"는 분석도 나온다. 한 방문판매 사업자는 "온라인 판매가 정착하면 지금과 같은 방식의 방문판매는 사실상 완전히 사라지게 될 것"이라고 내다봤다.

출처: 한국경제 (2023.4.3).

05 글로벌 홍보

1) 글로벌 홍보의 개념

글로벌 홍보는 기업이 매체에 기업이나 제품에 대한 뉴스거리를 제공하여 글로벌 판매를 촉진하는 커뮤니케이션 활동이다. 전통적으로 홍보는 광고비나 수수료 등의 직접적인 대가를 지불하지 않는 형태로 정의되어 유상의 글로벌 광고와 구분되었다. 그러나 현재는 기업광고, 언론 관계, 전시 및 디자인, 내부 의사소통, 각종 시청각 활동 등을 모두 포괄하는 통합적 개념으로 발전했다.

글로벌 시장에서 제품의 성공은 브랜드, 제품, 기업의 이미지에 크게 좌우된다. 긍정적인 이미지는 해외시장에서의 제품 수용도를 높이고 판매 증대로 직결되기 때문에, 글로벌 기업은 지속적인 이미지 관리를 통해 경쟁우위를 확보해야 한다.

글로벌 홍보는 매체 사용료를 지불하지 않고 뉴스거리 개발과 관리인력에 대한 비용만 투입하면 되므로, 글로벌 광고 대비 매우 효율적인 인식도 제고방법이다. 흥미로운 기사거리가 개발되면 다수의 매체에서 자발적으로 보도하여 고비용 광고와 동등한 효과를 창출할 수 있다. 더욱 중요한 것은 홍보가 광고보다 소비자에게 더 신뢰할 수 있는 정보로 인식된다는 점이다. 이러한 특성으로 인해 글로벌 기업은 장기적 관점에서 해외시장 기회를 극대화하기 위해 체계적인 홍보활동을 전개해야 한다.

2) 글로벌 홍보방식

글로벌 홍보의 경우에 기업 또는 제품에 대한 홍보의 수단으로는 대표적으로 다음과 같은 것들이 있다.

(1) 간행물

기업은 해외시장 소비자들에게 자사와 제품을 효과적으로 알리기 위해 다양한 간행물을 발간한다. 주요 간행물로는 연차보고서, 기업 브로슈어, 사보, 전문 잡지, 시청

각 자료 등이 있으며, 이들은 기업의 전문성과 신뢰성을 구축하는 데 중요한 역할을 한다.

(2) 특별행사

신제품 출시나 기업 활동에 대한 관심을 유도하기 위해 다양한 특별행사를 기획한다. 기자회견을 통한 언론 노출, 세미나와 컨퍼런스를 통한 전문성 어필, 전시회와 시연회를 통한 제품 체험 기회 제공, 각종 컨테스트와 기념행사를 통한 브랜드 참여도 증대 등이 대표적인 방법이다.

(3) 뉴스 콘텐츠 개발

해외 언론매체에 제품이나 기업에 관한 흥미로운 뉴스거리를 제공하는 것은 효과적인 홍보 전략이다. 성공적인 뉴스 콘텐츠 개발을 위해서는 스토리텔링 능력, 기사화 역량, 언론 관계 구축 등의 전문성이 필요하다.

(4) 경영진 커뮤니케이션

최고경영자의 대중매체 출연이나 업계 행사에서의 연설은 기업 이미지 제고에 강력한 영향을 미친다. 리더십과 비전을 효과적으로 전달할 수 있는 경영진의 커뮤니케이션 역량은 기업의 신뢰도와 브랜드 가치 향상에 직접적으로 기여한다.

마무리사례 **2023년 HFSS 규제 시행, '단짠단짠'과의 작별을 준비하는 영국**

영국이 비만과의 전쟁을 선포했다. 늘어나는 비만 인구와 비만으로 인한 사회적 비용이 증가하자 국가가 칼을 빼든 것이다. 그 해결책으로 영국 정부는 HFSS(High Fat, Sugar and Salt) 규제 정책을 통과시켰다. HFSS 규제는 고지방, 고당, 고염분 식품의 광고 및 홍보를 제한하는 정책으로 영국 시민들이 건강하지 못한 음식을 덜 섭취하도록 유도하고, 비만율, 그중에서도 특히 아동 비만율을 낮추는 것을 목표로 하고 있다. HFSS 규제로 인해 2023년 10월부터 영국의 마트 매대와 미디어 풍경이 사뭇 달라질 것으로 보인다. 해당 규제는 수입제품에도 차별 없이 적용되므로 영국에 식음료를 수출하고 있는 우리 기업들의 발 빠른 대처가 필요하다.

영국 정부 조사결과, 영국 성인의 무려 63%가 과체중 혹은 비만인 것으로 집계됐다. 아동의 경우 10~11세 아동의 1/4도 과체중 혹은 비만이며, 이마저도 초등학교를 졸업할 때가 되면 그 비중이 1/3로 늘어났다. 비만이 그저 몸무게가 많이 나가기만 한다면 국가에서 개입할 필요가 없다. 그러나 비만은 당뇨, 고혈압 등의 합병증을 일으키는 등 건강에도 해롭다. 심지어는 비만인 사람이 코로나-19에 걸릴 경우 죽을 확률이 더 높은 것으로 나타났다. 이는 지방이 자연스러운 몸의 면역작용을 왜곡시켜 원인불명의 바이러스가 몸 안에 들어왔을 때 비정상적인 염증반응을 일으키기 때문이다. 영국 건강보험공단(National Health Service: NHS)에서 매년 비만으로 인한 합병증에 지출하는 금액이 연간 60억 파운드(한화 약 9조6,642억 원)에 달할 정도로 비만 문제는 영국이 해결해야 할 큰 과제로 부상했다. 이에 영국 정부는 살찌는 식품을 덜 매력적인 선택지로 만들기로 했다. 그 배경에는 원래 비만이 될 때까지 먹을 일이 없는 사람들이 식품 제공업자의 마케팅 수법으로 인해 필요 이상으로 달고, 짜고, 기름진 음식을 먹었다는 데 있다. 대부분의 사람은 매일 마트에서 장을 보고 직 · 간접적으로 미디어에 노출되는데, 마트에서 눈에 가장 잘 띄는 곳에 미디어에서 먹음직스럽게 광고하던 그 상품이 있으면 사람들은 자연스럽게 그 물건을 집어 자기 카트에 넣는다는 것이다. 마침 해당 상품이 원 플러스 원 행사라도 하는 경우 그 유혹은 더욱 떨치기가 어렵다. HFSS 규제는 이런 무의식적인 구매 유도행위를 막는 데 초점을 두고 있다.

HFSS 규제는 사람들을 비만으로 만드는 '덜 건강한, 고지방 · 고당 · 고염분의 음식'의 TV 광고와 판매촉진 행사를 제한한다. 덜 건강한 선택지들이 눈에 띄지 않으니 소비자들은 상대적으로 건강한 선택지를 고를 수 있고, 자연스럽게 지방, 염분, 당섭취량도 줄어들게 될 것이라는 게 요지다. HFSS 규제 정책은 2018년 정부의 '소아비만 대책(Childhood Obesity Plan)' 발간과 함께 처음 논의됐으며 약 3년간의 협의 절차를 끝으로 2021년 12월 의회에서 의결됐다.

HFSS 규제는 크게 판매촉진 금지, 미디어 홍보 금지 두 가지로 나뉜다.

1) 판매촉진 금지

주스 한 병을 사러 간 마트에서 자신도 모르게 이것저것 구매한 경험이 있을 것이다. 이런 경험을 너도나도 가지고 있는 이유는 마트가 필요하지 않은 물건을 사고 싶도록 탐이 나게 진열해 두었기 때문이다. 마치 주류 코너까지 가려면 수많은 신선식품, 냉동식품, 과자류 등의 진열대를 거치도록 만들어 술만 사려던 소비자가 안주까지 사게 만들듯 어떤 물건이 어디에 위치하고 있는지는 마트의 매출에서 중요한 부분을 차지한다. 실제로 청량음료를 복도 끝에 비치하는 것만으로도 그렇지 않았을 때보다 매출이 50% 이상 증가한다. 뿐만 아니라 눈길을 사로잡는 원 플러스 원 행사 스티커는 필요하지도 않았던 물건이 '지금 안 사면 후회될 물건'으로 보이도록 만들어준다. 사람들은 행사상품을 사면 돈을 절약한다고 생각한다. 하지만 행사상품은 오히려 필요한 양보다 20%가량 많이 사게 만들어 절약보다는 살을 찌우는 데 더 효과가 좋다.

따라서 앞으로는 상점의 입구, 복도의 끝, 계산대 앞 등 소비자의 구매욕을 불러일으키는 위치에 고지방·고당·고염분 음식을 비치하지 못하고, 해당 식음료는 원 플러스 원 등 판매촉진 행사를 진행할 수 없다. 온라인도 오프라인 매장과 같은 제한을 적용받아 주요 위치라 볼 수 있는 홈페이지, 식품 카테고리로 이어지는 랜딩 페이지, 장바구니 페이지, 계산 페이지에서 FHSS 식품을 홍보할 수 없다. 이 제한은 2000스퀘어 피트(약 185㎡, 56평)를 넘는 소매상에 한해 적용되며, 초콜릿 가게 등 특수한 목적의 상점의 경우 면제된다. 또한 사전에 묶음판매용으로 나온 제품이더라도 HFSS에 해당하는 경우 제한사항을 따라야 한다. 진열 관련 규제 위반에 대한 책임은 소매업자에게 있기 때문에 소매업자의 세심한 주의가 필요하다.

2) TV 광고 금지

HFSS 식품 광고는 앞으로 9시 이전 TV에 방영될 수 없다. 현재도 키즈 채널 혹은 어린아이를 주 타깃으로 하는 채널 방영 시간 중에 HFSS 식품을 광고하는 것은 금지돼 있다. 그러나 아이들이 온라인 미디어를 접하는 시간이 늘어나면서 이 제한조치만으로는 어린아이들이 TV에서 막대한 양의 HFSS 식품 광고로부터 보호할 수 없다는 판단에 이르렀다. 정부에서 확인한 결과, 주요 TV 채널에서 내보내는 식품 광고의 절반이 HFSS 식품이었으며, 오후 6시부터 9시 사이에는 그 비중이 60%까지 높아졌다. 동시에 아이들이 가장 TV를 많이 보는 시간도 오후 6시부터 9시까지인 것으로 나타났는데, 아이들은 자연스럽게 HFSS 광고에 자주 노출되고, 자신도 모르는 사이 HFSS 식품에 대한 선호가 생기고 있다.

이번 규제로 모든 종류의 광고가 제한되는 것은 아니다. HFSS 규제는 돈을 주고 제작하는 광고에 한해 적용되며, 자사 블로그, 웹사이트, 소셜미디어 페이지 등 브랜드가 소유한 채널에 광고하는 것은 허용된다. 라디오와 팟캐스트에만 하는 음성 광고나 B2B 판매를 위한 광고 또한 이 법에 적용을 받지 않는다. 고용인이 250명 미만인 작은 사업장 역시 면제 대상이다. 판매촉진 행사 금지에 대한 위반 책임은 소매업자에게 있듯, 광고 금지 위반에 대한 책임은 방송사와 온라인 동영상 콘텐츠 제공자에게 있다. 영국에 서버를 두고 있지 않은 유튜브의 경우에는 광고주에게 그 위반 책임이 있다.

3) 기타

그 외 마트 판매촉진 행사나 미디어 광고에는 해당하지 않지만, 비만 문제를 해결하기 위한 규제사항 중 하나로 식당에서의 음료 리필 금지 조항이 추가됐다. 무제한으로 제공되는 음료는 사람들이 과도하게 음료를 마시도록 만들기 때문이라는 이유에서다.

HFSS 식품 배치에 대한 규제는 2022년 10월부터 시행됐지만, 식품업계의 재고 처분기간 및 준비기간을 고려해 규제 내 원 플러스 원 행사 등 판매촉진행위 금지는 2023년 10월부터 시행하고, 온라인 광고 규제는 2024년 1월부터 시행할 예정이다.

▶ HFSS 해당 여부를 확인하려면?

영국은 HFSS 규제를 원활히 시행하기 위해 제품이 규제에 해당하는지를 상세히 설명하고 있다. 점수표를 만들어 건강하지 않은 정도를 측정하는 척도인 A와 건강함의 척도를 측정하는 C를 계산한 뒤 A에서 C를 뺀 값을 기준으로 해당 여부를 정한다. A 점수는 100g에 포함된 칼로리, 포화지방, 설탕, 소금의 양을 각각 점수로 환산해 더한 값이고, C 점수는 100g당 과일, 채소, 견과류 함량, 비전분다당류(NSP FIBRES) 혹은 소화불능 다당류(AOAC FIBRES), 단백질의 양을 점수로 환산해 더한 값이다. 음식의 경우 A에서 C를 뺀 값이 4점 이상인 경우, 음료의 경우 A에서 C를 뺀 값이 1점 이상인 경우 '덜 건강한' 음식으로 분류돼 HFSS 규제하에 놓이게 된다. 이 점수표는 예외 없이 모든 식음료에 적용된다.

HFSS 규제는 생산지와 상관없이 영국 내에서 팔리는 모든 제품에 적용된다. 따라서 영국으로 식품을 납입하는 경우 자사제품이 HFSS에 해당하는 식음료인지 반드시 확인해야 한다. HFSS 제품이라고 해 수출이 제한되는 것은 아니지만 좋은 위치에 상품을 진열할 수 없고, 광고도 제한될 뿐만 아니라 건강하지 못한 식품으로 분류되면서 브랜드 이미지에도 크게 타격을 줄 수 있어 때문에 매출에 직접적인 영향이 있을 수 있다. 또한 각 성분들의 함유량을 체크해 놓아 혹시라도 불이익을 당하지 않을 수 있도록 대비해야 한다.

이처럼 영국은 정부가 나서 국민들의 식습관을 바로잡고자 노력하고 있으며 위반 책임을 공급자가 아닌 중간 판매자가 진다는 점에서 준수 효과가 더욱 강력할 것으로 보인다. HFSS 규제에 해당하는 식품을 만드는 업계는 레시피를 수정하거나 홍보를 포기해야 하고, 소매업자들은 그동안 고심해서 만든 마케팅 방식을 전면 수정해야 할 것이다. 해당 규제로 식품업계 및 소매업계에 큰 변화가 일 것으로 전망된다.

출처: 코트라 해외시장뉴스 (2022.10.17).

학·습·정·리·문·제

1. 글로벌 촉진관리의 소통 과정에서 부호화(encoding)와 해독(decoding) 단계가 중요한 이유는 무엇인가? 문화적 차이가 이 과정에 미치는 영향을 설명하시오.

2. 글로벌 촉진관리의 고려 요소 중 정부 규제, 언어, 문화, 매체 요인이 촉진전략에 미치는 영향을 각각 구체적 사례와 함께 설명하시오.

3. 글로벌 광고의 의사결정 과정에서 광고 목표 설정, 예산 책정, 광고대행사 선정, 메시지 선정, 매체 선정, 효과 평가 단계별 주요 고려사항은 무엇인가?

4. 글로벌 판매촉진의 유형을 판매점 판매촉진과 소비자 판매촉진으로 구분하여 각각의 주요 수단과 특징을 설명하시오.

5. 글로벌 인적판매에서 해외파견 판매원, 현지인 판매원, 제3국인 판매원의 장단점을 비교 분석하고, 어떤 상황에서 각각을 선택하는 것이 효과적인지 설명하시오.

글로벌 마케팅의 미래에서는 인터넷 마케팅과 글로벌 기업의 사회적 책임(CSR)이 무엇인지에 대해 학습한다. 인터넷 마케팅은 글로벌 마케팅 전반의 패러다임에 변화를 주고 있으며, 다양한 방향으로 진화하고 있다. CSR 역시 단순 봉사 개념이 아닌 글로벌 기업의 새로운 마케팅 가능 영역으로 자리잡았다.

GLOBAL
MARKETING

PART 05

글로벌 마케팅의 미래

CHAPTER 12

GLOBAL MARKETING

글로벌 마케팅의 새로운 이슈

학 습 목 표

이 장에서는 첫째, 기업의 사회적 책임이 중요하게 대두된 과정과 글로벌 기업의 사회적 책임에 대한 전략적 접근방법을 학습한다. 둘째, 최근 ESG 관점에서 그 중요성이 커지고 있는 회계 투명성과 관련하여 글로벌 마케팅 감사의 개념 및 절차에 대해 학습한다.

1. 글로벌 마케팅과 기업의 사회적 책임(CSR) | 2. 글로벌 마케팅 감사

CHAPTER 12 글로벌 마케팅의 새로운 이슈

도입사례 주주 자본주의에서 이해관계가 자본주의로

▶ "대기업 착한 척 하지마!", 안티 워크 자본주의 떴다.

최근 ESG는 기업의 지속 가능한 발전을 위한 동인이며, 노동/환경/인권의 취약지역에 대한 교역을 통제하는 수단이 되고 있다. ESG의 추세와 더불어, 보호무역주의가 강화됨에 따라 ESG가 국제적인 표준으로 고착화될 가능성이 커지고 있다.

영국은 2025년까지 모든 기업에 ESG와 관련한 정보공시 의무화를 발표했으며, 우리나라 금융위원회도 상장사를 대상으로 2030년까지 기업의 지속가능경영보고서 공시 의무화를 발표한 바 있다. 물론 미국, 일본 등 주요 국가에서도 ESG 공시 확대를 지속적으로 추진하고 있다. 투자자들이 관련 공시를 요구하고, 고객도 지속가능경영 준수를 요구하면서, 사회문제에 대한 국제적 이니셔티브나 국가적 정책 변화를 통해 기업의 역할 및 책임의 변화, 이해관계자 통합 관점의 신뢰경영으로, 새로운 변화의 물결이 나타나고 있다(이준희, 2021).

결국, 이러한 시점에서 우리는 ESG 경영을 관통하는 핵심 개념이 '이해관계자 자본주의'임을 주지해야 한다. 밀턴 프리드먼은 '기업의 사회적 책임은 보유자원을 활용해 이윤 증대에 집중하는 것'이라 강조했지만(Friedman, 1970), 이제는 새로운 변화가 요구되고 있다. 주주자본주의 폐해를 막고 지속 가능한 경제를 만들어야 한다는 인식이 많은 지지를 받게 되면서, 그 해결방안으로 ESG 경영이 주목을 받게 되었다. 그동안 주주자본주의는 경제학과 경영학과 같은 학문적 영역에 이바지함은 물론 글로벌 경제의 실질적 번영에도 크게 이바지한 것이 사실이다. 그러나 주주자본주의는 기업의 재무적성과 극대화 중시로 인해 지속적인 경제발전 토대를 빠르게 훼손하기도 했다. 결국, 이해관계자 자본주의는 그동안 자본주의를 지배해 온 주주자본주의 철학에서 벗어나 '기업과 관련된 이해관계자 및 생태계 모두를 고려해야 한다.'는 철학을 반영하여 탄생된 개념으로 볼 수 있다(한상범 · 권세훈 · 임상균, 2021).

아래의 표를 보면, 이해관계자 자본주의는 장기적 안목에서 경영이 가능하며, 주주를 포함한 다양한 이해관계자들의 이익 극대화에 초점을 두고 있음을 알 수 있다.

구분	이해관계자 자본주의	주주 자본주의
기업 이념	기업은 한 공동체	주주가 기업의 주인
경영 목표	이해관계자들의 이익 극대화	주주 이익 극대화
기업성과 측정방법	주식가격, 고용관계, 공급자와 구매자의 거래관계 등	기업의 시장가치(주식가격)
장점	• 장기적 안목에서 경영 가능 • 이해관계자의 이해상충 조화	• 투자위험 분산으로 일반인 투자 촉진 • 소유와 경영 분리로 경영 효율 제고
단점	• 주주이익 경시 가능성	• 경영자의 단기성과주의

출처: 조선경제, Weely Biz (2022.6.9).

01 글로벌 마케팅과 기업의 사회적 책임(CSR)

글로벌 기업의 사회적 책임(CSR)은 해외시장에 진출한 기업 활동과 현지화 전략에 중요한 요소로 간주되고 있다. CSR에 대한 기업의 인식은 소극적 관점에서 점차 전략적 관점으로 발달하였다.

소극적 관점에서는 CSR을 기업 이익에 배치되는 요인으로 생각하였다. 이후 자발적 관점에서는 기업이 속한 사회적 환경의 발전이 결과적으로 기업에 이익을 준다는 방향으로 인식의 변화가 있었다. 최근에는 이러한 CSR을 전략적 관점에서 접근한다. 사회투자 관점(social investment theory)으로 접근하여 기업 성장과 CSR이 공통의 연결고리로 묶여 있다고 인식하고 있다.

글로벌 기업의 전략적 CSR 활동은 이러한 변화를 기반으로 CSR 활동을 해외시장 진출 시 중요한 의사결정의 한 축으로 분류하여 현지화 전략에 활용하려 한다.

1) 전략적 CSR과 ESG 경영

기업의 사회적 책임을 강조하는 분위기가 무르익으면서 국제사회기구들도 글로벌 기업의 CSR에 대한 다양한 가이드라인을 제시하기 시작하였다. 〈표 12-1〉은 UN이 발표한 글로벌 콤팩트 10대 원칙이다.

❖ **표 12-1** UN 글로벌 콤팩트 10대 원칙

구분	원칙
1. 인권	원칙 1. 기업은 국제적으로 공표된 인권의 보호를 지지하고 존중한다.
	원칙 2. 기업은 인권 학대에 연루되지 않을 것을 분명히 한다.
2. 노동	원칙 3. 기업은 실질적인 결사의 자유 및 단체교섭권을 인정한다.
	원칙 4. 기업은 모든 형태의 강제노동을 철폐한다.
	원칙 5. 기업은 아동 노동을 실질적으로 철폐한다.
	원칙 6. 기업은 고용과 작업에서의 차별을 철폐한다.
3. 환경	원칙 7. 기업은 환경문제에 대한 사전주의적 접근법을 지지한다.
	원칙 8. 기업은 보다 큰 환경적 책임을 장려하는 조치를 수행한다.
	원칙 9. 기업은 환경친화적인 기술의 개발과 확산을 촉진한다.
4. 반부패	원칙 10. 기업은 금품강요 및 뇌물수수 등을 포함하는 모든 형태의 부패에 반대한다.

UN은 크게 4가지 영역, 인권, 노동, 환경, 반부패 등을 대상으로 글로벌 기업의 CSR 활동 원칙을 제시하고 있다. UN의 이러한 발표는 우선 글로벌 기업의 경영활동에 표의 내용을 중심으로 한 운영원칙을 일반적으로 적용하려는 데 있다. 다음으로 UN을 포함한 보편적 인간복지 발전을 고민하는 다양한 국제기구의 목표를 글로벌 기업 활동에 반영하려는 목적이다.

이외에도 2006년 책임투자원칙 PRI(Principles for Responsible Investment) 설립을 주목할 필요가 있다. PRI는 기관투자자를 중심으로 창설된 국제금융기관 네트워크로 UN의 지원을 받지만 산하기구는 아니며, PRI 구축을 공식적으로 주도한 주체는 UN Global Compact(UNGC)과 유엔 환경계획금융이니셔티브(UNEP FI)라고 할 수 있다.

PRI의 6대 책임투자원칙은 ESG를 투자실무에 통합하기 위한 자발적인 투자원칙으로 투자자들을 위해, 투자자들에 의해 개발되었다. PRI가 등장한 2006년 이후 ESG가 전 세계적으로 확산되고 기업들의 비재무정보를 포함해 투자 결정을 내려도 재무성과에 근거한 투자에 비해 수익률이 낮지 않다는 견해가 제시되었다. 특히 'The Materiality of Social, Environmental, and Corporate Governance Issues to Equity Pricing'(UNEP FI, 2006.06)에서 ESG 이슈를 이용한 통합투자방식이 수익성에 긍정적인 영향을 미친다는 연구결과가 제시된 이후, ESG와 재무적 성과 간의 연구가 활성화되었다.

❖ **표 12-2** PRI 6대 책임투자원칙

원칙	내용
원칙 1 (ESG 통합)	우리는 ESG 이슈들을 투자분석 및 의사결정 과정에 반영한다.
원칙 2 (적극적인 소유권 행사)	우리는 능동적인 투자자가 되며, ESG 이슈들을 소유권 정책 및 실행에 반영한다.
원칙 3 (보고 및 공개)	우리는 피투자기업에게 ESG 이슈에 대한 적절한 정보공개를 요구한다.
원칙 4 (협력 강화)	우리는 본 원칙들에 대한 금융산업 내의 수용 및 실행을 촉진한다.
원칙 5 (효과적인 협력)	우리는 본 원칙 시행의 효과성 증진을 위해 상호 협력한다.
원칙 6 (지속적인 개선)	우리는 본 원칙에 관한 우리 각자의 활동과 진전 상황을 보고한다.

2) ESG 경영의 효과

글로벌 기업의 ESG 경영은 전통적 기업성장 관점에서 보면 이해하기 어려운 현상이다. 이윤추구를 기본으로 하는 기업이 해외시장의 지역사회 발전에 공헌하고 수익 확대에 위배되는 활동을 전개하기 때문이다. 기존 글로벌 기업의 성장과 관련한 접근은 장기적 관점에서 생각하면 다른 결론에 도달한다. 글로벌 기업의 CSR은 마케팅 전략 측면에서 활용 가능한 지점이 많다. 이로써 얻을 수 있는 장기적 효과는 다음과 같다.

(1) 글로벌 기업, 제품 이미지 제고

CSR의 기본 접근은 기업 활동과 관련한 모든 사람을 이해관계자로 보는 데 있다. 직원, 고객, 지역사회, 임원 등이 모두 한 기업의 이해관계자이다. 이들의 이해는 서로 다른 지점이 있지만 관계를 형성한다는 점에서 공통분모가 있다. 글로벌 기업의 CSR은 이해관계 간의 신뢰를 형성하는 데 도움을 주므로 장기적으로 기업 이미지를 제고하는 데 효과가 있다.

(2) 사회책임투자(Social Responsible Investment, SRI) 가능성

21세기 글로벌 환경에서 기업의 사회적 책임은 더 이상 권고사항이 아니며, 기업의 성장과 평판에 영향을 주는 요인이다. 최근에는 기업의 단순 재무성과가 아닌 CSR 활동을 결합한 시장에서의 평판과 활동 내역으로 투자를 하는 집단이 성장하고 있다. 사회책임투자가는 이러한 기관으로 안정적 투자 재원 역할을 할 수 있다.

(3) 우수인재 확보

글로벌 기업은 해외시장에 진출하면서 외국기업으로서 위치를 얻게 된다. 외국기업에 대한 이미지는 국가별 상황에 따라 다르지만 무차별적인 호의를 보이는 경제권역은 드물다. 글로벌 기업의 CSR을 활용한 마케팅 활동은 이러한 기업 이미지에 좋은 평판을 유도할 수 있다. 투자와 더불어 진출 지역에 기여하는 활동을 하는 기업으로 이미지를 쌓으면 우수한 현지 인재를 확보하는 데 유리하다.

(4) 현지화 전략 실행 효과

글로벌 기업은 현지화 압력을 받으면서도 정작 외국기업으로서의 어려움이 있어 현지 사회에 완전동화하는 모습을 보이기 어려운 경우가 많다. 글로벌 기업의 CSR은 진출 대상 국가나 시장의 구성원으로 자리 잡는 데 도움을 준다. 다양한 사회공헌 활동으로 진출 국가 내 여론을 우호적으로 조성하고, 단순히 수익만을 추구하는 기업이 아닌 함께 성장하는 기업이라는 이미지를 줄 수 있기 때문이다.

3) ESG 경영과 글로벌 CSR 전략

글로벌 CSR 전략은 사회적 책임에 대한 다국적기업의 인식이 변화하면서 새로운 방향으로 발전하였다. [그림 12-1]은 이러한 전략적 글로벌 CSR의 실행 과정을 보여준다.

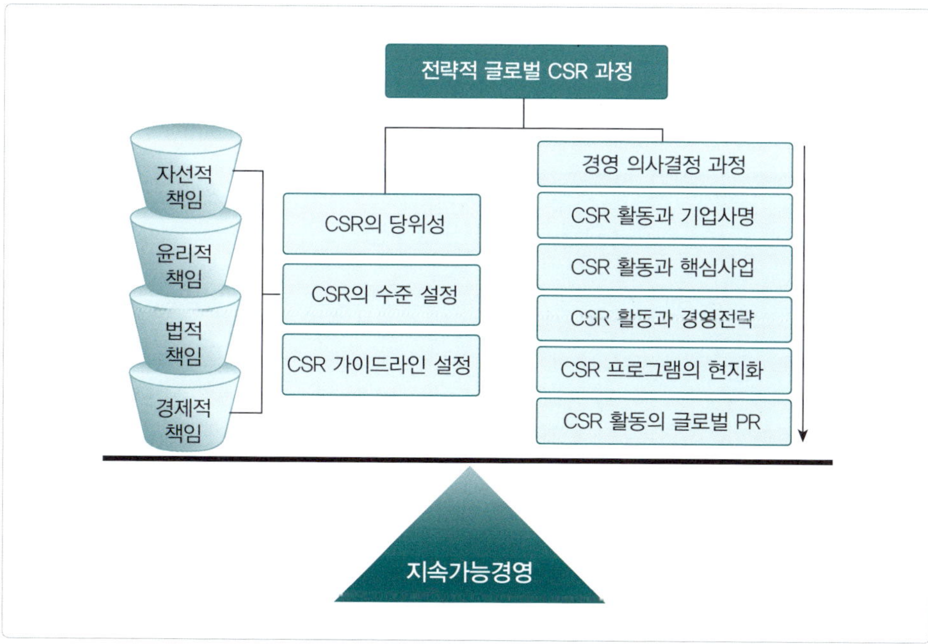

❖ **그림 12-1** 글로벌 CSR 과정

전략적 글로벌 CSR 과정을 보면 CSR의 핵심요소인 자선적·윤리적·법적·경제적 책임을 기반으로 CSR의 당위성과 수준을 설정한다. 이후 경영 의사결정 과정을 고쳐 기업사명(mission), 핵심사업을 정하고 경영전략을 수립한다. 모든 활동은 결과적으로 CSR 활동의 현지화를 통해 드러난다. 또한, 전략적 글로벌 CSR 활동은 지속 가능 경영의 균형 위에서 진행된다. 다시 말해 지나친 CSR로 기업의 지속 가능 성장에 어려움을 주지 않는 선에서 진행된다.

허스티드와 앨런(Husted & Allen, 2007)의 연구를 기반으로 글로벌 기업의 CSR 전략을 살펴보면 다음과 같으며, 이러한 CSR 전략은 글로벌 기업의 ESG 경영 및 마케팅 관점에서 여전히 중요한 시사점을 제공하고 있다.

(1) 가시적 CSR 전략

전통적 마케팅 전략이 제품과 서비스에 대한 브랜드를 고객에 인식시키는 데 있다면 CSR 전략에서는 제품과 서비스에 투영한 CSR 부가가치를 알리는 방법으로 접근한다. 즉, CSR 활동의 구체적 내용을 제품과 서비스에 투영하는 전략을 사용한다. 이로써 해당 제품을 소비하는 고객이 글로벌 기업의 CSR 활동을 제품과 서비스를 통해 인식하게 만드는 전략이다.

(2) 자발성 CSR 전략

자발성 CSR 전략은 법적·제도적 규범이 정하는 범위 이상의 영역에서 CSR 활동을 전개하는 것을 말한다. 즉, 글로벌 기업의 CSR 활동에 있어 진출 대상국의 정부, 사회기관이 요구하는 정도에 대한 수동적 대응이 아니 능동적 CSR 활동으로 기업 이미지와 평판 제고를 추구하는 전략이다.

(3) 중심적 CSR 전략

중심적 CSR 전략은 기존 마케팅 전략과 달리 사회적 이슈와 관련한 제품과 서비스를 출하여 CSR 활동을 시장에 알리는 전략이다. 기존 마케팅 전략에서 혁신은 제품과 서비스의 속성에서 출발한다고 보았다. 그러나 CSR 전략을 활용하면 사회적으로 민감한 현안에 대응할 수 있는 제품과 서비스를 선제적으로 출시하여 진출 시장이 속한 사회가 갖는 문제를 해결하는 데 앞장서야 한다.

(4) 활용 가능 CSR 전략

CSR 초기 연구들은 사회공헌활동이 별도의 보상을 요구하지 않는 순수한 선행이라는 관점에서 접근했다. 그러나 최근에는 사회공헌의 결과를 활용할 수 있도록 글로벌 기업의 이해관계자에게 CSR 활동을 인식시킬 것을 요구한다. 즉, CSR 결과를 글로벌 기업의 고객, 주주, 협력기업, 외부기관 등이 인식할 수 있도록 접근해야 함을 의미한다.

02 글로벌 마케팅 감사

글로벌 마케팅은 해외시장 간 환경의 차이와 거리와 언어, 관습, 전통의 차이로 인한 의사소통의 문제로 마케팅 통제활동에 여러 어려움을 가져다준다. 앞의 조직 부문에서 언급했듯이, 글로벌 기업은 사업 규모가 커지고 자회사가 늘어남에 따라 지역본부와 같은 중간 본사를 만들게 된다. 이것은 마케팅 통제 시스템에 또 다른 조직단위를 추가하게 된다. 이러한 이유로 글로벌 마케팅 통제는 국내 마케팅 통제와 여러 면에서 차이가 나며, 더 많은 요인들이 영향을 미친다.

일반적으로 경영학에서 통제는 경영자가 조직의 목표를 달성하는 데 있어 자원이 효율적으로, 그리고 효과적으로 사용되었다는 것을 확인하는 과정이라고 정의한다(Keegan, 2014). 마케팅 통제는 이러한 목적을 달성하기 위해 마케팅 활동에 대해 통제활동을 실시하는 것이다. 글로벌 마케팅 통제 과정에서 만들어진 평가와 측정지는 글로벌 마케팅 계획을 수립하는 데 주요한 고려요인으로 이용된다.

1) 글로벌 마케팅 감사의 개념

글로벌 마케팅 감사는 글로벌 기업의 전체 또는 사업부를 단위로 현재와 잠재적인 문제, 기회가 무엇인지를 찾아 글로벌 마케팅 성과를 개선하기 위한 행동계획을 제시하기 위한 목적으로, 글로벌 마케팅의 환경, 목표, 전략, 프로그램, 정책 및 활동들을 종합적으로, 체계적으로, 그리고 주기적으로 검사하는 것이다(Keegan, 2014). 이러한 글로벌 마케팅 감사는 기업의 글로벌 마케팅 활동을 평가하고 개선하기 위한 수단이다. 즉, 기업의 글로벌 마케팅 목표, 기회 및 자원에 비추어서 마케팅 전략, 정책 및 절차가 얼마만큼 효율적으로 그리고 효과적으로 이루어졌는지를 평가하기 위한 활동이다.

마케팅 감사는 두 가지 특성이 있다. 첫째, 체계적이고 공식적 활동이다. 무작위로 계획 없이 질문을 하는 것은 마케팅 감사가 아니며, 마케팅 감사는 순차적으로 진단단계를 밟아서 이루어진다. 둘째, 연례적으로 이루어진다. 대부분의 문제는 그 문제가 완전히 드러나서 위기로 확대되기 전까지 계속적으로 진행된다. 따라서, 마케팅 감사가 주기적으로 이루어지는 것이 중요하다. 특히 겉으로 보기에 아무런 문제나 어려움이 없는 경우에도 마케팅 감사는 주기적으로 이루어져야 한다.

마케팅 감사의 범위는 경우에 따라서 다르나, 전체 마케팅 감사는 포괄적으로 이루어진다. 이 경우 종합적으로 모든 마케팅 믹스 분야, 즉 제품, 가격, 유통, 마케팅 커뮤니케이션, 고객서비스와 마케팅 조사 전략 등 분야에서 마케팅 환경, 목표, 경쟁, 전략, 조직, 시스템과 절차에 대해 평가를 하는 것이다.

마케팅 감사는 독립적인 외부기관에 의뢰할 수도 있고 내부에서 진행할 수도 있다. 독립적인 마케팅 감사는 기업의 영향력에서 자유로운 외부인에 의해서 진행되나, 완전히 객관적일 수는 없다. 왜냐하면, 기업이 돈을 지불하는 컨설턴트나 전문적 감사기관에 영향을 미칠 수 있기 때문이다. 따라서 진정으로 독립적인 감사를 원하면 객관적 감사의 중요성에 대해 외부감사인에게 강조해서 이해를 구해야 한다. 외부감사의 또 다른 한계는 해당 산업에 대해 이해가 부족하다는 점이다. 산업에 종사하는 노련한 실무자는 쉽게 알아낼 수 있는 것들을 경험이 없는 외부감사인은 인식하지 못할 수 있다. 반면, 경험 많은 내부 실무자가 알아보지 못하는 객관적 징후들을 외부감사인이 찾아낼 수도 있다.

이러한 외부감사의 한계 때문에 산업을 잘 이해하는 마케팅 인력에 의해 진행되는 내부감사 또는 자체감사는 매우 가치가 있다. 그러나 내부감사는 외부감사의 장점인 객관성이 결여될 수 있다. 이러한 두 감사 형태의 장점과 단점 때문에 두 가지 감사가 동일한 범위에 동일한 기간 동안 동시에 이루어지는 것이 바람직하다. 그리고 그 결과를 비교하면 마케팅 부문의 성과를 개선할 수 있는 방법에 대한 보다 깊은 통찰력을 얻게 될 것이다(Keegan, 2014).

2) 글로벌 마케팅 감사의 절차

글로벌 마케팅 감사는 몇 가지 단계로 이루어진다.

첫 번째 단계는 감사팀과 경영자가 만나 감사의 목적, 범위, 깊이, 자료원, 보고서 양식, 기간에 대해 합의하는 것이다. 구체적으로 마케팅 감사에는 마케팅 환경 감사, 마케팅 전략 감사, 마케팅 조직 감사, 마케팅 시스템 감사, 마케팅 생산성 감사, 마케팅 기능 감사 등이 포함된다.

이처럼 감사의 목적과 범위, 기간 등이 결정되면 두 번째 단계는 자료를 수집하는 단계이다. 감사팀은 구체적 인터뷰 계획, 2차 자료수집, 내부자료 검토 등의 자료수집 계획을 세워 자료를 수집한다. 자료수집의 기본적 원칙은 감사받는 사람의 의견에만 전적으로 의존하지 말라는 것이다. 예를 들어, 영업 조직을 감사할 때, 영업 관리자와 마찬가지로 현장의 영업사원의 이야기를 듣는 것이 중요하다. 또한, 고객과 공급업체에 직접 접촉하여 이들의 이야기를 듣는 것도 매우 중요하다.

또한 감사팀에서 창의적인 감사기법들을 개발해야 한다. 예를 들어, 한 부서의 책임자가 그 부서의 활동에 대해 실제 파악하고 있는지, 그리고 부서원들과 실제 접촉하고 있는지를 알기 위해서, 해당 부서의 우편물 보관실을 방문하여 책임자가 그 방을 방문한 적이 있는지를 알아보는 것도 좋은 방법이다. 만약 책임자가 그 방을 방문한 적이 한 번도 없다면, 그것은 책임자의 관리 스타일과 부서의 분위기에 대해 많은 것을 이야기해 준다.

세 번째 단계는 수집한 자료를 분석하는 단계이다. 많은 자료를 수집했더라도 제대로 분석이 되지 않는다면 의미가 없다. 특히 글로벌 마케팅 감사에서 해외시장에 관한 자료가 포함되어 있는 경우에는 해외시장에 대해 잘 알고 있는 현지 인력과 본사의 전략과 다른 나라에서의 비슷한 경험에 대해서 알고 있는 본사 스태프에 의해서 공동으로 분석이 이루어져야 한다.

마지막 네 번째 단계는 보고서를 준비하고 발표하는 단계이다. 자료수집과 분석이 끝났으면 감사보고서를 작성하여 발표해야 한다. 감사 발표에서는 감사 목적과 범위를 다시 설명하고, 주요 감사결과, 추천 전략, 그리고 결론을 이야기해야 하며, 또한 앞으로 계속 조사할 부분에 대해서도 언급해야 한다.

3) 문제점 및 향후 과제

글로벌 감사는 많은 문제점과 단점이 있다. 예를 들어, 감사의 목적이 주요한 문제를 포함하지 않는다면, 감사 목적을 잘못 설정한 것이다. 감사자는 감사를 수행하면서 필요하다면 감사 목적과 우선순위를 변경하는 데 유연해야 한다. 마찬가지로 새로운 자료가 감사 중간에 나타나면 감사자는 열린 마음으로 그 자료를 대해야 한다. 따라서 감사자는 체계적으로 미리 결정된 계획에 따라 감사를 진행해야 하며, 동시에 감사하는 동안에 나타나는 새로운 자료와 방향에 대해 유연하게 접근해야 한다.

글로벌 마케팅 감사의 가장 큰 문제 중의 하나는 감사를 시킨 경영자가 실제 실적이 보여주는 것보다 감사가 더 많은 것을 제시할 것이라는 높은 기대를 가지고 있는 것이다. 설령 감사결과가 중요한 새로운 방향이나 만병통치약 같은 해결책을 제시하지 못해도 감사는 가치 있는 것이다. 조직의 모든 구성원들이 약간의 추가적 개선책이 성공과 평범함을 다르게 만드는 것이라는 사실을 깨달아야 한다. 감사를 통해 극적인 해결책이나 만병통치약을 찾지 말고, 추가적인 약간의 개선이 글로벌 마케팅에서 승자가 되는 비결이라는 사실을 받아들여야 한다.

글로벌 마케터는 다양한 해외시장 환경에서 펼쳐지는 마케팅 활동을 평가받기 위해 국내 마케터보다 더 많은 마케팅 감사를 필요로 한다. 성공적 글로벌 기업의 경우 전략 수립과 실행의 탁월성을 위해서는 글로벌 마케팅 감사가 첫 번째 우선순위가 되어야 한다.

계획의 수립과 통제는 상호 보완적이며 중첩된다. 글로벌 마케팅 감사에서 나온 정보로 계획 수립이 시작되고 계획 수립의 결과로 더 효과적인 자료를 만들어 낸다. 계획 수립은 크게 전략계획과 운영계획으로 나누어진다. 전략계획은 시장과 제품의 관점에서 기회를 찾아내고, 목표를 설정하고, 목표를 달성하기 위해 인적자원과 재무적 자원을 배분하는 과정이다. 반면, 운영계획은 전략계획에서 설정한 전략적 목표와 자원배분이 구체적인 실행 프로그램과 프로젝트로 녹아들어가는 과정이다(Keegan, 2014).

글로벌 마케팅 감사는 국내 마케팅 감사에 비해 추가적인 어려움이 있다. 글로벌 기업의 환경 변화는 각 해외시장의 환경 변화가 합해진 것이라고 볼 수 있다. 이러한 복합적 환경으로 인해 글로벌 마케팅 감사는 보다 복잡하고 이질적인 환경을 다루어야 되고, 그 결과 더 많은 어려움이 따르게 된다. 또한 본사와 해외시장 간의 거리 격차와 각국 마케팅 관리자 간의 언어, 습관과 관행의 차이로 인해 글로벌 마케팅 감사는 의사소통 문제가 추가적으로 발생하게 된다. 이러한 문제점들이 글로벌 마케팅 감사가 해결해야 할 추가적인 과제들이다.

글로벌 기업이 글로벌 전략을 수립하려고 하면, 자회사의 사업에 대한 통제가 자회사 자체에서 본사로 반드시 옮겨져야 한다. 물론, 글로벌 전략을 수립하는 과정에서 자회사는 계속 가치 있는 정보를 투입하지만, 전략에 대한 통제는 자회사에서 본사로 옮겨져야 한다. 이러한 통제권의 이동은 자연스럽게 조직 권력의 이동을 수반하며, 변화에 대한 저항이 생길 수 있다. 즉, 자회사의 자치권과 현지 문제는 현지에서 해결한다는 전통이 본사의 영향력과 통제력을 약화시킬 수 있다.

이 문제를 해결하고 본사에서 통제권을 확보하기 위해 경영자는 세 가지 대안을 사용할 수 있다. 첫째, 데이터 관리 기제를 사용하는 방법이다. 둘째, 경영관리 기제를 사용하여 경영자의 인식을 자회사의 자치권보다 전 세계적인 글로벌 성과가 중요하다는 것으로 변화시키는 것이다. 셋째, 갈등 해결 기제를 사용하여 본사와 자회사 간의 갈등을 해결하는 것이다(Keegan, 2014).

4) 계획 수립과 예산

마케팅 계획과 예산은 글로벌 마케팅 활동을 통제하는 기본적인 두 가지 수단이다. 마케팅 계획은 매출 계획, 이익 목표, 그리고 마케팅 프로그램에 대한 지출 계획이 표시되며, 이런 내용들이 금전적으로 예산에 의해 구체화된다. 예산은 재무적 목표와 이 목표를 달성하기 위한 지출을 나타낸다. 통제는 실제 매출과 지출을 측정하며, 실제 성과와 예산 사이에 차이가 없거나 긍정적인 차이가 발생하면, 추가적 수정 활동이 취해지지 않는다. 그러나 계획보다 매출이 감소하는 등 부정적 차이가 발생하면 지역 본부와 국제 본사의 경영자와 스태프 부서의 주의를 받게 되고, 이들은 부정적 성과의 원인을 찾고 이를 개선하려는 행동계획을 수립하고 실행에 옮긴다.

5) 성과 평가

성과를 평가할 때, 일반적으로 글로벌 기업들은 실제 성과를 예산에서 설정한 목표 성과와 비교한다. 따라서 예산에서 어떻게 기준을 정하느냐가 평가에서 매우 중요하다. 대부분의 글로벌 기업들은 예산을 정할 때 두 가지 기준, 즉 작년의 실적과 산업 평균 또는 역사적 기준을 많이 사용한다. 보다 당위적인 방법은 본사에서 각 해외시장을 조사하여 달성 가능하고 바람직한 성장 목표를 추정하여 이를 기준으로 삼는 방법이다.

규모가 큰 글로벌 기업들은 전 세계의 시장에서 해당 제품의 성과를 계속적으로 추적하고 모니터링하는 제품 전문가를 본사에 둔다. 이들 전문가의 역할은 제품의 출시부터 시장에서 퇴장할 때까지 제품을 책임지는 것이다. 일반적으로 제품은 규모가 크고 발달된 국가에서 먼저 소개되고, 순차적으로 규모가 작고 덜 개발된 국가에 소개된다. 그 결과, 전 세계적으로 보면 한 제품이 서로 다른 시장에서 다른 제품수명주기 단계에 놓여 있게 된다. 따라서, 제품 전문가의 주된 역할은 제품이 먼저 소개되었던 선진국에서의 경험과 교훈이 후발 개도국의 제품 관리에 접목되도록 하는 것이다. 또한 제품 전문가는 동일한 실수를 해외시장에서 반복하는 것을 막으려고 노력하며, 한 나라에서 배운 것을 다른 나라에 적용하려고 노력한다.

반면 규모가 작은 글로벌 기업들은 제품 전문가를 두는 대신 핵심시장에서의 핵심제품 관리에 집중한다. 여기에서 말하는 핵심제품이란 매출, 이익 목표 및 경쟁 상황에 주요한 영향을 미치는 제품을 의미하며, 시장에 처음 소개되고 많은 관심을 요하는 신제품이 되는 경우가 많다. 이런 핵심제품의 실적이 예산에서 설정한 목표와 차이가 발생하면 본사에서 직접 개입하여 문제의 원인이 무엇인지를 찾고, 현지 관리자가 이 문제를 해결할 수 있도록 도와준다.

6) 계획 및 예산 수립 시 고려사항

아래와 같은 요인들은 글로벌 마케팅 계획과 예산에 중요한 영향을 미치므로, 글로벌 마케터는 이들 요인을 고려하여 마케팅 계획과 예산을 수립해야 한다.

첫째, 해외시장의 잠재력이다. 제품의 시장잠재력이 어느 정도인지를 평가하는 것은 제품 계획의 중요한 요소이다. 한 제품을 복수의 해외시장에 출시하는 글로벌 마케팅 계획의 경우 각 해외시장의 시장잠재력을 평가하여, 이를 계획에 반영하여야 한다.

둘째, 해외시장의 경쟁이다. 글로벌 마케팅 계획은 각 해외시장의 경쟁을 고려하여 수립되어야 한다. 현지시장의 경쟁이 심할수록 시장점유율을 올리기 어렵고, 새로운 시도에 대한 경쟁자의 대응이 강력하다. 특히 현지 경쟁자의 움직임은 글로벌 마케팅 계획 수립에 매우 중요한 요소이다. 왜냐하면 대부분의 글로벌 기업들은 자기들이 강한 본국에서 강한 경쟁자가 존재하는 해외시장으로 옮겨가기 때문에, 본국의 경험에서 얻은 시장 기준이나 마케팅 성과에 대한 기대는 강력한 현지 경쟁자가 존재하는 해외시장에서는 비현실적이고 맞지 않다.

셋째, 대체품의 영향력이다. 시장에서의 경쟁의 원천 중 하나는 대체품의 존재이다. 서로 다른 발전 단계에 있는 해외시장에 제품이 출시되면, 대부분의 경우 이를 대체하는 기존 제품이 존재한다. 따라서 글로벌 마케팅 계획을 수립할 때 반드시 이러한 대체품의 영향과 위협을 고려하여 계획을 수립해야 한다.

넷째, 계획 수립 과정이다. 글로벌 마케팅 계획과 예산의 목표치가 결정되는 방법 못지않게 중요한 것은 해외 자회사 관리자와 목표에 대해 의사소통하는 과정이다. 오늘날 사용되는 가장 정교한 목표에 대한 의사소통방법 중의 하나는 쌍방향 계획 수립방법(indicative planning method)이다(Keegan, 2014). 이 방법은 먼저 본사에서 해외 지역에 대한 추정치를 국가별로 분할하여 각 국가의 자회사 관리자에게 하나의 지침으로 전달한다. 그러면 해외 자회사는 본사에서 보내온 지침과 현지시장의 고객, 경쟁자 및 중요한 시장환경의 변화에 대해 자체적으로 분석한 자료를 같이 고려하여 자체의 계획을 수립한다. 이러한 쌍방향 계획수립은 본사의 글로벌 시각과 추정치와 현지에서 자기들이 자체적으로 수립한 구체적 마케팅 계획과 결합하여 이루어지기 때문에 우수한 성과를 만들어 낸다.

본사가 자회사에 내려주는 지침을 만들 때, 즉 현지시장의 시장잠재력에 대한 추정과 현지 자회사의 경쟁력에 대한 정보를 기반으로 현지시장의 예상 매출과 이익에 대한 지침을 만든다. 그리고 이러한 본사의 지침이 현지 자회사에 의해서 반드시 받아들여지는 것은 아니다. 쌍방향 계획수립 방법이 정상적으로 가동되거나 본사의 지침이 현지 사정을 반영하지 못해 비현실적이라면 자회사에서 본사를 가르칠 수 있다. 반면, 본사의 지침이 합리적이면 자회사에서는 본사의 지침이 제시한 달성 가능한 그러나 야심적인 목표를 선택할 것이다. 만약 자회사에서 본사에서 제시한 목표를 달성할 방법을 모른다면 토론과 본사의 개입을 통해 자회사에서 본사에서 제시한 목표를 달성할 수 있는 계획을 수립하거나, 또는 본사에서 실현가능한 목표로 지침을 수정하게 될 것이다.

다섯째, 시장점유율이다. 마케팅 성과를 측정하는 또 다른 중요한 측정치는 시장점유율이다. 시장점유율은 해외시장에서의 자사의 성과를 경쟁자의 성과와 비교하여 보여주기 때문에 중요한 측정치다. 비록 추정치라도 이 자료가 없으면, 해외시장에 대해 정확하게 파악하지 못한다. 따라서, 개별 해외시장의 시장점유율에 관한 자료가 글로벌 마케팅 계획수립에 반영되어야 하며, 특히 매출이 큰 시장의 경우에는 제품별 시장

점유율이 반영되어야 한다.

여섯째, 비공식적 통제방법이다. 예산에 덧붙여 마케팅 계획 수립에 비공식적 통제방법이 중요한 역할을 한다. 주요 비공식적 통제방법 중의 하나는 사람을 한 시장에서 다른 시장으로 이동시키는 것이다. 일반적으로 관리자가 다른 시장으로 이동하게 되면, 이전 시장의 경험, 특히 마케팅 성과에 대한 기준을 같이 가져간다. 따라서 실적이 낮은 시장을 맡았을 때 새로운 시각으로 그 시장을 보게 되고, 그 결과 성과기준을 수정하거나 실적이 낮은 원인을 찾아낸다. 또 다른 비공식 통제수단은 자회사의 스태프와 본사의 스태프 또는 자회사 간 스태프들이 만나는 것이다. 이러한 접촉은 마케팅 계획과 통제에 유용하게 활용될 수 있는 정보와 판단을 교환할 수 있는 기회를 제공한다. 특히 한 지역의 스태프들이 함께 모일 수 있는 연례행사는 마케팅 계획과 예산 수립에 비공식적 정보를 투입하는 중요한 계기가 된다.

학·습·정·리·문·제

1. 기업의 사회적 책임에 대한 기업들의 인식 과정의 변화를 설명하시오.

2. CSR 활동이 글로벌 기업의 현지화 전략에 미치는 영향을 설명하시오.

3. 글로벌 마케팅 감사의 절차에 대해 설명하시오.

4. 글로벌 마케팅 계획과 예산을 수립할 때 고려해야 할 요인에 대해 설명하시오.

참/고/문/헌/

김병구, 강신애, 김재진, 양지연, 이강문 (2020). 국제경영학. 경문사.

김철, 김경희, 김진, 오윤조, 황윤섭 (2013). 디지털 네트워크 시대의 국제 마케팅론. 청람.

문병준, 김재범, 서용구, 정인식, 최진아 (2012). 국제마케팅. 비즈프레스.

문준연 (2006). 글로벌마케팅. 명경사.

박길상 (2012). 국제마케팅. 비엔엠북스.

서민교, 박병일 (2013). 글로벌 경영. 서울경제경영.

서민교, 오한모, 이유경, 조연성, 김병구, 문철주 (2016). 글로벌마케팅. 이프레스.

서민교, 이건희, 권순환, 정재휘, 배문규 (2023). 글로벌마케팅. 이프레스.

이기형 (2007). 지적재산권 리스크 관리를 위한보험제도 활용방안. 보험개발원.

이장로, 신만수 (2018). 국제경영(7판). 무역경영사.

이철 (2020). 글로벌마케팅. 학현사.

이철 (2024). AI 시대의 글로벌 경영(4판). 학현사.

이태희, 오현석, 홍의, 정재휘, 이건희, 원동환, 최돈승 (2023). 국제통상의 이해. 이프레스.

특허청 (2022.12). 지식재산권의 손쉬운 이용.

한상만, 김종대, 허대식, 박찬수, 김재구, 이경전, 홍철규, 이준서, 정진섭 (2023). 이해관계자 중심 경영. 박영사.

Becker, G. S. (1964). *Human Capital: A Theoretical and Empirical Analysis, with Special Reference to Education*. New York: Columbia University Press for the National Bureau of Economic Research.

Buckley, P. J., & Casson, M. C. (1998). Analyzing foreign market entry strategies: Extending the internalization approach. *Journal of international business studies*, *29*, 539-561.

Cateora, P. R., Gilly, M. C., & Graham, J. L. (2015). *International Marketing*(17th ed.). Mc-Graw-Hill.

Cavusgil, S. T. (1996). Pricing for g lobal m arkets. *The Columbia Journal of World Business*, *31*(4), 66-78.

Chakravarthy, B., & Perlmutter, H. V. (1985). Strategic Planning for a Global Business. *Columbia Journal of World Business*, *20*(2), 3-10.

Chinese Culture Connection. (1987). Chinese values and the search for culture-free dimensions of culture. *Journal of Cross-Cultural Psychology, 18*(2), 143-164.

Czinkota, M. R., & Ronkainen, I. A. (2004). *International Marketing*(7th ed.). Thomson Learning.

Czinkota, M. R., & Ronkainen, I. A. (2009). *International Marketing*(9th ed.). South-Western College Pub.

Czinkota, M. R., & Ronkainen, I. A. (2013). *Global Marketing*(10th ed.). South-Western Cengage Learning.

Daniels, Radebaugh & Sullivan (2019). *International Business*(16th Global edition.). Pearson.

Deloitte (2020). 코로나-19에 따른 기업의 대응 방안.

Frazier, G. L. (1999). Organizing and managing channels of distribution. *Journal of the Academy of Marketing Science, 27*(2), 226-240.

Friedman (2006). *The world is flat: a brief history of the twenty-first century*(expanded ed.). New York, NY: Farrar, Strauss and Giroux.

Gillespie, K., & Hennessey, H. D. (2011). *Global Marketing*(3rd eds.). South-Western CENGAGE Learning.

Global Reporting Initiative (2011). Sustainability Reporting Guidelines.

Green & Keegan (2020). *Global Marketing*(10th Global edition). Pearson.

Grief (1993). " Contract enforceability and economic institutions in early trade: The Maghribi traders' coalition", *American Economic Review, 83*, 525-548.

Hall, E. T. (1976). *Beyond Culture*. NY: Anchor Press, Doubleday.

Hill, C. W., Jones, G. R., & Schilling, M. A. (2014). *Strategic Management: Theory: An Integrated Approach*. Cengage Learning.

Hofstede, G. (1990). *Cultures and Organizations: Software of the Mind*. London, McGraw-Hill.

Hofstede, G., & Bond, M. (1988). The Confucius connection: From cultural roots to economic growth. *Organizational Dynamics, 16*, 4-21.

Hofstede, G., Hofstede, G. J., & Minkov, M. (2010). *Cultures and Organizations: Software of the Mind: Intercultural Cooperation and Its Importance for Survival*(2nd ed.). McGraw-Hill, London.

House, R., Javidan, M., Hanges, P., & Dorfman, P. (2002). Understanding Cultures and Implicit Leadership Theories Across the Globe: An Introduction to Project GLOBE. *Journal of World Business, 37*, 3-10.

Howell, L. D. (2001). *The handbook of country and political risk analysis*. (No Title).

Howell, L. D. (2011). *International country risk guide methodology*. East Syracuse, NY: PRS Group, 7.

Husted, B. W., & Allen, D. B. (2007). Strategic Corporate Social Responsibility and Value Creation among Large Firms: lessons fromm the Spanish experience. *Long Range Planning, 40*(6), 594-610.

Johansson, J. K. (2009). *Global Marketing: Foreign Entry, Local Marketing, and Global Management*(5th ed.). McGraw-Hill Higher Education.

Kahn, H. (1979). World Economic Development 1979 and Beyond. *Journal of Economic Issues, 15*(3). 809-812.

Keegan, J. W. (2014). *Global Marketing Management*(8th ed.). Pearson.

Keegan, J. W., & Green, C. M. (2012). *Global Marketing*(7th eds.). Prentice-Hall.

Keegan, J. W., & Green, C. M. (2015). *Global Marketing*(9th ed.). Pearson.

Keller, K. (2013). *Strategic Brand management*(4th eds.). Pearson.

Knorr, Andreas & Arndt, Andreas. (2003). *Why Did Wal-Mart Fail in Germany?*. University of Bremen Working Paper.

Korbin, S. J. (1982). *Managing Political Risk, Assessment: Strategic Response to Environment Change*. Berkeley: University of California Press, 29.

Kostova & Zaheer (1999). "Organizational legitimacy under conditions of complexity: The case of the multinational enterprise". *Academy of Management Review, 24*(1), 64-81.

Kotabe, M., & Helsen, K. (2010). *Global Marketing Management*(5th eds.). Wiley.

Kotler, P., & Armstrong, G. (1998). *Principles of Marketing*(8th ed.). Prentice-Hall.

Laufs, K., & Schwens, C. (2014). Foreign market entry mode choice of small and medium-sized enterprises: A systematic review and future research agenda. *International business review, 23*(6), 1109-1126.

Lee, J. A. (1966). Cultural analysis in overseas operations. *The International Executive, 8*(3), 5-6.

Li, Hernandez, & Gwon (2019). "When do ethnic communities affect foreign location choice? dual entry strategies of Korean banks in China". *Academy of Management Journal, 62*(1), 172-195.

Li, Li, Zhang, & Gwon (2023). "Stronger together: Country-of-origin agglomeration and multinational enterprise location choice I an adverse institutional environment". *Strategic Management Journal, 44*(4), 1053-1083.

Lonner, W. J., Berry J. W., & Hofstede, G. (1980). Culture's Consequences: International Differences in Work-Related Values, University of Illinois at Urbana-Champaign' s Academy for Entrepreneurial Leadership Historical Research Reference in Entrepreneurship, Available at SSRN: https://ssrn.com/abstract=1496209.

Mentzer, J. T., & Konrad, B. P. (1991). An efficiency/effectiveness approach to logistics performance analysis. *Journal of Business Logistics, 12*(1), 33.

Nebus, & Rufin (2010). "Extending the bargaining power model: Explaining bargaining outcomes among nations, MNEs, and NGOs". *Journal of International Business Studies, 41*(6), 996-1015.

North, D. C. (1990). *Institutions, Institutional Change and Economic Performance*. Cambridge University Press.

Peng, M. (2003). Institutional transitions and strategic choices. *Academy of Management*

Review, *28*(2), 275-296.

Piketty (2014). *Capital in the Twenty-First Century*. Cambridge, MA: Belknap Press.

Rosenbloom, B. (2018). *Marketing Channels*. Cengage Learning.

Shimp, T. A., & Andrews, J. C. (2012). *Advertising, Promotion, and Other Aspects of Integrated Marketing Communications*(9th ed.). South-Western Cengage Learning.

Smith, A. (1776). The Wealth of Nations.

Statista (2020). Burgernomics: The price of a Big Mac in global comparison.

Steenkamp & Hofstede (2002). *International market segmentation: issues and perspectives*.

Stern, L. W., El-Ansary, A. I., & Coughlan, A. T. (1996). *Marketing Channels*(5th ed.). Prentice Hall.

Suhhash, C. J. (2008). *Essentials of Global Marketing*. Marsh Publications.

Turner, P. (1993). Measuring international price and cost competitiveness.

Tybout, A. M., & Hauser, J. R. (1981). A marketing audit using a conceptual model of consumer behavior: Application and evaluation. *Journal of marketing*, *45*(3), 82-101.

Usunier, J. C., & Shaner, J. (2002). Using Linguistics for Creating Better International Brand Names. *Journal of Marketing Communications*, *8*(4), 211-229.

뉴스, 신문, 잡지 등

매일경제 (2023.5.2). "대중차 아닌 고급차" … 현대차·기아 승부수 통했다.

브랜드브리프 (2025.2.28). 아시아 최고의 광고대행사는 '덴츠 도쿄'… 제일기획 4위, 이노션 21위에.

서울신문 (2020.11.15). '아프리카의 뿔'로 번지는 위기 … 에티오피나 내전 확산.

서울파이낸스 (2024.3.2). 글로벌 노리는 '이마롯쿠' … 동남아서도 퀵배송 등 차별화 전략 가속도.

아시아경제 (2025.4.21). 현대차, 인도에서 통했다 … 성공의 열쇠는 '철저한 현지화'.

연합뉴스 (2021.10.20). 남아공 LG전자 폭동 딛고 30% 성장세. '임가공 전환방침'.

조선비즈 (2023.3.1). 확 바뀐 설화수·이니스프리, 글로벌 고객 눈높이 맞춘다.

조선일보 (2023.5.31). 기도 시간에 꺼지고, 케밥 척척... 삼성·LG "이젠 중동".

조선일보 (2025.5.12). CJ제일제당, 비비고 앞세워 K-푸드 세계화 이끈다.

중앙일보 (2022.9.4). 제품인가 창작품인가…美 미술전 우승 AI그림에 커지는 논쟁.

코트라해외시장뉴스 (2022.10.17). 2023년 HFSS 규제 시행, '단짠단짠'과의 작별을 준비하는 영국.

쿠키뉴스 (2025.1.21). 예측불가' 트럼프에 유통업계 대응은 … "현지화 사업, 정책 흐름 주시해야.

한국경제 (2023.3.6). 스타벅스 라테 가격 보면, 그 나라 화폐가치가 보인다

한국경제 (2023.4.3). 방판 '판' 바뀌나 … 아모레, 전용 온라인몰 연다.

한국경제 (2024.5.24). 문화 마케팅에 열 올리는 제네시스.

한국일보 (2022). 김치부터 물까지 … '할랄 인증'으로 20억 무슬림 입맛 노리는 K-푸드.

BBCNEWS 코리아 (2025.4.3). '한국, 중국, EU 등에 대한 트럼프 관세' … 한 눈에 보기.

Ethiopian News Agency (2024.10.23). Premier Expresses Ethiopia's Readiness in Fostering Multilateralism as BRICS Family Member.

저자소개

이건희

서강대학교 경영학박사(국제경영전략 전공)
University of Colorado, Boulder, MBA(Finance)
현, 영남대학교 글로벌 비즈니스학과 교수
현, 한국전략경영학회 부회장
현, 한국국제경영학회 부회장
현, 한국국제경영관리학회 부회장
주요 저서: 최신 전략경영(한경사) 등 다수

정재휘

서강대학교 경영학박사(국제경영 전공)
현, 광운대학교 국제통상학부 부교수
현, 한국국제경영학회 편집위원, 상임이사
현, 한국국제경영관리학회 편집위원, 부회장
현, 한국경영컨설팅학회 편집위원, 부회장
현, 경제정의실천연합 경제정의연구소 위원
수상: 2021년 한국국제경영관리학회 우수논문상, 2024년 경영컨설팅학회 우수논문상
주요 저서: 글로벌 마케팅(이프레스) 등 다수

정갑연

한국외국어대학교 경영학박사(국제경영 전공)
University of Georgia, Bachelor of Art & Sciences
현, 국립경국대학교 무역학전공 부교수
현, 한국국제경영관리학회 부회장
현, 한국국제경영학회 상임이사
현, 한국무역통상학회 상임이사
주요 저서: 해외시장진출전략(이프레스) 등 다수

이재은

연세대학교 경영학박사(국제경영전략 전공)
현, 국립순천대학교 무역학전공 교수
현, 국제경영연구 편집위원장
현, 기업경영연구 편집위원장
현, 국립순천대학교 지역특화청년무역전문가양성사업(GTEP사업) 단장
주요 저서: 국경 없는 경영: 초국적 솔루션 (역서) 등 다수

김용현

국민대학교 경영학박사(인사조직 전공)
현, 광운대학교 국제통상학부 겸임교수
현, 제이어스 컨설팅 책임컨설턴트
현, 한국경영컨설팅학회 이사

송윤아

연세대학교 경영학박사(국제경영전략 전공)
현, 조선대학교 경상대학 무역학과 교수
현, 한국무역통상학회 이사
주요 저서: 글로벌전략(초아출판사) 등 다수

배문규

영남대학교 경영학박사(국제경영 전공)
현, 영남대학교 무역학부 강사
현, 한국국제경영학회 이사
현, 무역통상학회 이사
수상: 2022년 한국경영학회 우수논문상

불확실성 시대의 글로벌 마케팅

1판발행 2025년 9월 5일 1판 1쇄 인쇄 | 2025년 9월 10일 1판 1쇄 발행

지은이 이건희, 정재휘, 정갑연, 이재은, 김용현, 송윤아, 배문규
펴낸이 최용구 | 펴낸곳 도서출판 이프레스
주소 (04316) 서울시 용산구 원효로 89길 19 (원효로1가)
전화 02) 537-1720(영업부), 537-1721(편집부), 537-1711(팩스)
이메일 epress01@naver.com | 홈페이지 www.epress1.com
등록 2009년 12월 10일 제16-2710호
기획마케팅 최용구 장만동 최충구 송대용 | 책임편집 석기은 황가연

ISBN 979-11-91348-98-9 93320
정가 27,000원